中伦研究院出品

中伦研究院出品

1993-2023 | 中倫 ZHONG LUN

文化娱乐教育

法律思维重塑数字化市场规则

中伦研究院 / 编

CULTURE, ENTERTAINMENT AND EDUCATION

HOW LEGAL THINKING RESHAPES DIGITAL MARKET RULES

法律出版社 LAW PRESS · CHINA

北京

图书在版编目(CIP)数据

文化娱乐教育 ：法律思维重塑数字化市场规则 / 中伦研究院编. -- 北京 ：法律出版社，2023
ISBN 978-7-5197-7997-9

Ⅰ. ①文… Ⅱ. ①中… Ⅲ. ①文化事业－法律－研究－中国②教育法－研究－中国 Ⅳ. ①D922.164

中国国家版本馆 CIP 数据核字(2023)第 101679 号

文化娱乐教育
——法律思维重塑数字化市场规则
WENHUA YULE JIAOYU
—FALÜ SIWEI CHONGSU SHUZIHUA SHICHANG GUIZE

中伦研究院 编

责任编辑 李争春 翁潇潇
装帧设计 汪奇峰

出版发行 法律出版社
编辑统筹 法规出版分社
责任校对 晁明慧
责任印制 耿润瑜
经　　销 新华书店

开本 710 毫米×1000 毫米 1/16
印张 24.25 **字数** 394 千
版本 2023 年 7 月第 1 版
印次 2023 年 7 月第 1 次印刷
印刷 北京中科印刷有限公司

地址：北京市丰台区莲花池西里 7 号(100073)
网址：www.lawpress.com.cn
投稿邮箱：info@lawpress.com.cn
举报盗版邮箱：jbwq@lawpress.com.cn
销售电话：010-83938349
客服电话：010-83938350
咨询电话：010-63939796

书号：ISBN 978-7-5197-7997-9
定价：126.00 元

凡购买本社图书，如有印装错误，我社负责退换。电话：010-83938349

中伦律师事务所创立于1993年，是中国最早获批设立的合伙制律师事务所之一。经过30年快速、稳健的发展壮大，中伦已成为中国规模最大的综合性、国际化律师事务所之一。来自全球18个办公室，包含420余位权益合伙人在内的2500多名专业人员，分别专精于特定的专业领域，通过合理的专业分工和紧密的团队合作，中伦有能力在各个领域为客户提供高质量的法律服务。

随着中国企业进一步迈向国际化，中伦与全球不同国家和法域的律师事务所建立了多维度、多渠道的合作关系，服务网络持续延伸，搭建了多元化、深层次的全球服务平台，形成了跨区域、跨领域、跨法域的综合发展格局，更加有效地为客户提供全方位、一站式的法律服务。

中伦研究院创立于2017年，依托中伦作为大型国际化律所的海量实践经验，集成中伦在行业内的前沿案例，结合全球化的法律与商业思维，致力于为法律服务注入前瞻性、创新性、综合性的知识成果与智力资产，推动法律行业变革与进步，并以科技解读法律，以法律赋能未来。

序　言

2023年，是中伦律师事务所成立三十周年。而立之年驻足回眸，一代代中伦人在朝与夕的传承中坚守，在变与革的创新中突围，融入助力国家法治发展的大潮之中，脱颖而出。在既往的耕耘中，中伦见证并参与了经济与社会的发展，也受益于中国与全球的交流融合，始终保持理性、充满信心、彰显韧性。

三十年来，中伦践行律师使命，以法为业，以律为师，夯实理论基础、坚持专业化升级，与客户风雨兼程、同舟共济，共同把握时代机遇，迎接历史挑战。今天，中伦已经成长为一家提供全方位法律服务的大型综合性律所，在三十多个业务领域处于国内乃至世界领先地位，整体专业实力持续领跑中国法律服务市场。同时，中伦以“立足中国，连接全球”为出发点，不断提高为客户在全球配置最优法律服务资源的能力，并在国际舞台上贡献属于中国律师的智慧。

三十年来，中伦不断探索现代化中国律所建设之路，注重科学的组织和制度建设，以文化塑造人、以事业凝聚人，力争打造有活力、有温度、有效率、有目标、有原则的专业机构，构建优质的企业生态系统。同时，中伦努力承担社会责任，致力于慈善公益、法律援助、法学教育、国际交流、建言献策、参与立法、对外共享研究成果，于不同层面参与法治建设，推动律师行业发展和社会进步。中伦与中伦人共同成长，互相成就，攥指成拳，合力致远。

最近五年面对世界大变局和诸多不确定因素，中伦努力把握时代脉搏，在发扬光大传统优势领域的基础上，积极适应新场景、学习新技术、运用新工具、创造新模式。其中一个重要方面就是以行业部门为入口，服务于国家产业政策，面向未来发展趋势，培养精通专业、熟谙行业、兼具全球视野和本地专长的业务团队,从而为客户提供更精准、更全面、更优质的全产业链服务。

这套中伦三十周年系列文集正是展现了这方面的成果,共六卷,分别聚焦房地产与基础设施、能源与自然资源、金融行业、通讯与技术、健康与生命科学、文化娱乐教育六大行业。它的问世离不开中伦合伙人和律师们的不辞辛劳;在繁忙的业务之暇,他们将执业中的经验凝结为一篇篇兼具专业性、针对性和实用性的文章。这是他们为中伦三十岁生日献上的一份厚礼,更是中伦奉献给读者们的一份答卷。

三十周年是"百年中伦"的一个重要里程碑,也是中伦面向未来的一个关键时刻。中伦将秉承"专业、进取、包容、共享"的核心价值观,以"制度化、专业化、国际化"为抓手,拥抱科技创新革命,为建设成为国际上受人尊敬的法律专业服务机构,为推进中国法治化进程,笃行不怠,踔厉风发。

志之所趋,无远弗届,穷山距海,不能限也。

是为序。

中伦律师事务所管理委员会主任

赵　靖

目　　录

二、网络短视频与直播运营

三、体育赛事与法律实务

四、影视节目与品牌保护

五、艺人与法律风险防范

CHAPTER 01

数字化与人工智能

元宇宙经济系统的现实法律思考

——与 NFT 的梦幻联动

樊晓娟*

* 作者简介：

樊晓娟，中伦律师事务所上海办公室私募基金与资管部合伙人，电邮为：fanxiaojuan@ zhonglun. com。

2021 年是元宇宙(Metaverse)元年。3 月 10 日,号称元宇宙第一股的沙盒类游戏平台 Roblox 在纽约交易所上市,上市首日市值突破 400 亿美元,其招股说明书直陈公司业务涉及元宇宙概念。Axie Infinity(AXS、SLP)在 7 月 15 日的单日收入达 820 万美元,超过手游《王者荣耀》平均单日收入①。Sandbox(SAND)、Decentraland(MANA)、My Neighbor Alice(ALICE)也都受到了市场大力追捧。腾讯、Facebook、NVIDIA 等大厂也纷纷开始在元宇宙概念上发力。

市值、收入等属于传统财务指标。虚拟财产、虚拟货币在元宇宙平台中更是惊人活跃,它们构建的元宇宙经济系统的繁荣不亚于现实世界的经济系统。元宇宙经济系统并不是脱离现实独立存在的,其必须与现实衔接,并且受制于现实世界的法律规则。

一、元宇宙的概念

"元宇宙"的概念源于 1992 年出版的科幻小说《雪崩》。《雪崩》构建了一个虚拟世界,在这个虚拟世界中,人们各自有一个现实世界的分身,可以按照自己设计的身份相互交往和生活;就像小说的主角,在现实生活中是一个比萨速递员,在虚拟世界中却是黑客和使用双刀战斗的高手。2018 年的电影《头号玩家》则用影像的形式更为形象生动地描绘了虚拟世界"绿洲"。

但仅以虚拟世界来简单概括"元宇宙"又不够全面。"元宇宙"应当是一个与现实世界互相联系,而又平行于现实世界的虚拟世界。目前,大部分为人熟知的元宇宙平台多为游戏平台,如 Roblox, Sandbox 等,这是因为游戏产业是元宇宙概念最易被接受和应用的领域;但元宇宙的概念更为宽泛,其还应当包括虚拟世界的社交功能和经济系统。

根据 Roblox 的 CEO 的观点②,"元宇宙"至少包括以下要素:(1)虚拟社区中拥有和经营虚拟身份;(2)社交功能;(3)沉浸式体验;(4)低延迟,在互联网和信息技术发展成熟之后,元宇宙中的一切都是同步发生的;(5)内容、玩法、道具的多

---

① 币圈帅哥:《元宇宙,通往虚拟世界的大门,区块链游戏能否实现元宇宙?》,载 My Token 网 2021 年 7 月 21 日,https://www.mytokencap.com/news/276798.html。

② Roblox CEO Dave Baszucki Believes Users Will Create the Metaverse, the supertimes (Jan. 27, 2021), https://thesupertimes.com/news/roblox-ceo-dave-baszucki-believes-users-will-create-the-metaverse/。

元化;(6)用户能够较容易地进入元宇宙的世界;(7)经济系统,用户能够在其中进行生产和消费活动;(8)包含虚拟文明。

二、元宇宙经济系统

不少人认为,《头号用户》中的"绿洲"是元宇宙的终极形态。虽然现有的元宇宙平台受限于技术,并未达到复刻"绿洲"的程度;但是,日益发展的技术,尤其是区块链技术赋予了"元宇宙"生机,使其不仅存在于科幻小说和电影里,也正在越发接近"绿洲"。

"低延迟""随地"等要素由于网络速度的原因,还暂时无法实现;除了少数平台,例如经过 17 年沉淀的 Roblox,积累了超过 3000 万人的日活用户(Daily Active User,DAU),并以用户创造内容的玩法作为其主要模式,因此内容呈现多元化外,大部分标榜"元宇宙"概念的平台,尚在起步阶段,内容的多元化和精致程度都有待时间证明。相比之下,元宇宙的经济系统是元宇宙最先成熟起来的要素。

(一)元宇宙的经济活动

作为现实世界的平行世界,元宇宙几乎具备了现实世界的大部分经济活动,包括生产、分配、交换甚至抵押融资等金融性质的活动。用户在元宇宙中生产虚拟内容,而这些虚拟内容具有一定经济价值,属于用户的虚拟财产。而用户可以在元宇宙中互相交换特定虚拟财产,或者将虚拟财产兑换成虚拟货币,甚至也可以通过元宇宙虚拟货币的升值获取利润。

以元宇宙游戏 Roblox 为例,Roblox 拥有自己的游戏货币。用户可以通过在 Roblox 平台开发游戏,销售游戏内道具等获得游戏货币,游戏货币在整个 Roblox 平台不同的小游戏宇宙中流动,同时游戏货币与美元可以互换,为货币系统注入了更多的活力。[①] 而在 Axie Infinity 中,用于繁殖下一代小怪兽的药水瓶(Smooth Love Potion,SLP)也是一种游戏货币。

(二)与 NFT 的梦幻联动

中国当代艺术行业独立策展人顾振清认为,"NFT 可以借由网络游戏接口进入虚拟社交的元宇宙世界。其实,所有的 NFT 都有可能进入元宇宙中,与元宇宙

---

① 参见《元宇宙走向滥觞?元宇宙概念到底存在哪些问题?》,载腾讯网,https://new.qq.com/omn/20210716/20210716A0BP9000.html。

产生梦幻联动”。可以说,NFT所链接的其实就是一个通向线上虚拟社会“元宇宙”的转换接口,而NFT通证就是一路通关的驾照和通行证。对于虚拟世界大同社会愿景中的元宇宙而言,NFT是入口。①

The Sandbox中的虚拟土地和Axie Infinity中的小怪兽都属于NFT。这些NFT增加了游戏趣味性,提高用户黏性;同时,这些NFT也可以在相应的市场上开展交易。

NFT的非同质化通证使其天然地适用于元宇宙,除了常见的游戏装备、游戏道具等,还可以代表元宇宙中用户的虚拟身份、用户的虚拟财产,等等。

三、法律思考

元宇宙的经济活动中,包括NFT在内的虚拟财产不断进行流通与交易。元宇宙与NFT作为最前沿的概念,国内外暂时还没有相关法律法规出台。但是,国家对于虚拟财产的保护和监管早已开始。笔者将从虚拟财产保护的角度出发,观察元宇宙与NFT等虚拟财产联动所催生的法律问题。

(一)虚拟财产的法律性质

虚拟财产包括游戏装备、游戏道具、网络游戏货币等,是一种狭义的数字化、非物质化的财产,并且在一定条件下可以转化成现实中的财产。② 中国人民银行等七部委于2017年9月4日联合发布的《关于防范代币发行融资风险的公告》将比特币(BTC)、以太坊(ETH)等虚拟货币定义为虚拟商品,所以虚拟货币也属于广义的虚拟财产范畴。

虚拟财产往往是经过所有人的劳动(如游戏中花费时间练级、“挖矿”)、交易(如以法币交换游戏道具)所获得的,具备财产的基本特征,应受到法律的保护,而《民法典》第127条也作出规定,“法律对数据、网络虚拟财产的保护有规定的,依照其规定”。可以认为,数据和网络虚拟财产属于民事财产权利的保护客体范围。

实务中,不少法院已经按照《最高人民法院、国家发展和改革委员会关于为新

---

① 参见冯铭:《NFT来势汹汹,如何与元宇宙产生梦幻联动?》,载新浪科技网,https://finance.sina.com.cn/tech/2021-07-19/doc-ikqcfnca7819761.shtml。

② 参见百度百科对虚拟财产的定义,https://baike.baidu.com/item/%E8%99%9A%E6%8B%9F%E8%B4%A2%E4%BA%A7/3602187。

时代加快完善社会主义市场经济体制提供司法服务和保障的意见》作出裁判[①]。实际上，此前已经有相关法院判决反映了该意见的主要思想，即将取得他人游戏账户控制权后，转移或抛售账户中的虚拟财产，并将交易所的占为己有的行为判处盗窃罪，并对被告人处以相应刑罚[②]。

可见虚拟财产的财产性质已然得到承认，我国不仅在法律规定上，在实务中也切实保护虚拟财产所有人的利益。

（二）虚拟财产的交易

虚拟财产的交易根据财产的性质，受到不同的规制。对于虚拟财产中虚拟货币的交易，国家目前仍实行严格的管控政策，而对于 NFT、游戏道具等偏商品类的虚拟财产的交易，国家暂时没有出台相关法律法规予以规制。

NFT、游戏道具的法律性质更偏向于商品，所以多通过拍卖行或二手买卖平台的途径进行交易。其中 NFT 虽然也具有一定虚拟货币的性质，但其主要监管风险仍在于其炒作导致的市场秩序混乱。故 NFT 和游戏道具作为商品交易时，需要选择具有拍卖资质的拍卖行及正规二手交易平台，并避免炒作扰乱市场秩序。

而虚拟货币在我国目前的法律体制下，属于“虚拟商品”的一种，我国对于其作为虚拟财产的法律地位没有否认，其属于可以通过金钱作为对价进行转让、交易并产生收益的财产。但要注意，在交易过程中仍然要防止炒作和投机，并杜绝代币融资，进行违法金融活动。

（三）反洗钱

虚拟财产由于具有非面对面的匿名性、复杂性、交易快捷性、使用广泛性等特点，存在较高的洗钱风险。据上海市人民检察院透露，2020 年洗钱案件的上游犯罪主要集中于非法集资，而与此相关的洗钱行为进一步加大了侦查和司法机关追赃挽损的难度。[③]

---

① 该意见要求司法系统加强对数字货币、网络虚拟财产、数据等新型权益的保护，充分发挥司法裁判对产权保护的价值引领作用。

② 参见广东省高级人民法院《盗窃游戏装备行为如何定性——广东高院发布 2017 年度涉互联网十大案例之四》。

③ 参见《上海检察院：虚拟币游戏币成新型洗钱载体》，载光明网，https://legal.gmw.cn/2021-05/14/content_34843058.htm。

金融行动特别工作组（Financial Action Task Force on Money Laundering，FATF）于1989年建立，旨在打击洗钱、恐怖融资、大规模杀伤性武器扩散融资（扩散融资）等危害国际金融体系的活动。FATF制定了《反洗钱及反恐融资国际标准——FATF建议》①，该建议于2021年6月进行了更新。其中Recommendation 15针对新兴科技领域反洗钱措施作出一系列规定，其中最主要的一点是：各国应要求虚拟资产服务提供商在其本国取得审批或登记注册，以便各国当局采取必要措施进行监管、监测。需要说明的是，该等发牌的监管机关必须是相应法域所对应的权威监管机关，而非自律管理组织。

世界各国为防止通过虚拟货币进行洗钱，陆续建立起一系列反洗钱制度。例如，美国财政部下属金融犯罪执法局（Financial Crimes Enforcement Network，FinCEN），在2013年3月18日发布了针对虚拟货币进行监管的说明。新加坡金融监管局（Monetary Authority of Singapore，MAS）则根据FATF建议，加快对金融业与非金融业反洗钱的监管，针对不同对象和交易类型，制定不同的关于防止洗钱和打击资助恐怖主义的措施包括对银行发布了*Notice 626 Prevention of Money Laundering and Countering the Financing of Terrorism-Banks*（《第626号通知防止洗钱和打击恐怖主义融资——银行》）②，对持牌财务顾问发布了*Notice FAA-N06 on Prevention of Money Laundering and Countering the Financing of Terrorism - Financial Advisers*（《关于防止洗钱和打击资助恐怖主义的通知FAA-N06-财务顾问》）③，对支付系统运营商、财务公司、信用卡持牌人等发布了*PSN10 Prevention of Money Laundering and Countering the Financing of Terrorism-Exempt Payment Service Providers*（《PSN10防止洗钱和打击恐怖主义融资—豁免支付服务提供商》）④，对持牌信托公司发布*Notice TCA-N03 Prevention of Money Laundering and Countering the Financing of Terrorism-Trust Companies*（《公告TCA-N03防止洗钱和打击资助恐怖主义—信托公司》）⑤等，一系列通知的发放均旨在加大反洗

① *Guidance on Proliferation Financing Risk Assessment and Mitigation*, The Financial Action Task Force, http://www.fatf-gafi.org/publications/financingofproliferation/documents/proliferation-financing-risk-assessment-mitigation.html。

② See https://www.mas.gov.sg/regulation/notices/notice-626。

③ See https://www.mas.gov.sg/regulation/notices/notice-faa-n06,

④ See https://www.mas.gov.sg/regulation/notices/psn10-notice-to-exempt-psp。

⑤ See https://www.mas.gov.sg/regulation/notices/notice-tca-n03。

钱力度。瑞士金融市场监督管理局(FINMA)于2017年9月发布了《ICO监管指南》(*FINMA Guidance* 04/2017 *Regulatory Treatment of Initial Coin Offerings*),从反洗钱等各个方面对首次代币发行(Initial Coin Offering,ICO)的监管作出了较为细致的规定。

我国已经有一套反洗钱的法律法规,并在不断进行完善,如《反洗钱法》、《刑法》以及2021年8月1日生效的《金融机构反洗钱和反恐怖融资监督管理办法》等。而虚拟财产服务供应商也应当遵守上述法律法规的要求,做到客户身份识别(Know Your Customer,KYC),建立大额可疑交易报告制度、保存交易记录等,从而建立较为完善的反洗钱制度。

合理的监管会促进交易的繁荣,一个规整健康的交易体系会吸引更多的玩家加入元宇宙世界中,享受虚拟世界带来的快乐,促进元宇宙经济系统的发展。反洗钱制度的建立给高速发展的虚拟财产交易市场系上了一道安全带。

(四)税务问题

虚拟财产交易如产生现实层面的交易和收入,从根本上来说仍具有可税性,但相关税款该如何征收,仍然是值得研究的课题。

早在2008年,国家税务总局就规定:网络游戏虚拟币加价后向他人出售取得的收入,属于个人所得税应税所得,应按照"财产转让所得"项目计算缴纳个人所得税。① 但该政策实际执行起来,仍具有很大的难度。首先,税收主体难以确定,且财产原值也没有相应标准可以确认,更不用说交易的多样性和运营商、交易平台方可能消极配合的问题。如果要推行对网络游戏虚拟币、游戏道具交易的税收政策,笔者建议:第一,要完善相关法律,做到有法可依;第二,要规范运营商、交易平台的商业行为,保证交易记录有迹可循;第三,要积极推进税收监管的科技化、电子化,以便加强监管力度。

而如BTC一类虚拟货币的税收法律,目前在我国仍处于空白阶段。但其他国家已有对虚拟货币征收税款的先例,如美国国家税务局(Internal Revenue Service,IRS)为了应对逐渐火热的虚拟货币交易市场,发布了Notice 2014-21和

---

① 参见《国家税务总局关于个人通过网络买卖虚拟货币取得收入征收个人所得税问题的批复》。

2014-16 I. R. B. 938 号文件①,作为个人企业使用虚拟货币交易的税务处理的指南。随后发布了《有关虚拟货币交易的常见问题解答》(*Frequently Asked Questions on Virtual Currency Transactions*),就虚拟货币交易中主要的税务问题作出回应,并根据实际情况不断作出更新。日本也在 2017 年通过了税法修正案,将虚拟货币交易带来的收入归类为“杂项所得”,由投资者申报所得利润。

其他国家对于虚拟货币的税收法则,或将成为我国对于虚拟货币税收监管措施的指路灯。相信在不久的将来,我国将根据国情,制定出完整的虚拟财产税收监管制度,虚拟财产的税收实践之路将更加顺畅。

四、结语

元宇宙与 NFT 的联动开辟了市场,带来一片繁荣景象,而虚拟世界在与现实世界联动的同时,也应受限于现实世界的法律规定,从而保证虚拟财产交易市场的健康稳定发展。当然,作为全新的领域,元宇宙与虚拟财产的碰撞将会产生更多的法律问题,也期待立法的完善与进步,能够弥补这部分的空白。

① *Frequently Asked Questions on Virtual Currency Transactions*, IRS(02-May-2023), https://www.irs.gov/individuals/international-taxpayers/frequently-asked-questions-on-virtual-currency-transactions。

元宇宙相关知识产权法律问题研究

王红燕*

* 作者简介：

王红燕，中伦律师事务所杭州办公室知识产权部合伙人，电邮为：gracewang@ zhonglun. com。

2021年年末，国家语言资源监测与研究中心发布“2021年度十大网络用语”，“元宇宙”（Metaverse）这一新兴科技概念赫然在目。作为时下最热门的议题之一，元宇宙所描绘的虚拟现实世界博得无数关注，随着其内涵的不断丰富和发展，元宇宙已成为金融、科技界的“风口”。研究者认为，元宇宙适用现实世界和互联网的多数规则，包括数据安全、隐私保护、反垄断以及知识产权保护等。本文基于对元宇宙概念和内涵的理解，以现有知识产权法律制度为框架，探讨元宇宙发展过程中可能涉及的知识产权问题，为元宇宙相关知识产权侵权风险提供新的认识思路和规制路径。

一、元宇宙的概念和内涵

在众说纷纭的元宇宙定义中，笔者认为清华大学新媒体研究中心的观点具有一定参考性，其认为：元宇宙是整合多种新技术而产生的新型虚实相融的互联网应用和社会形态，其基于扩展现实技术提供沉浸式体验，基于数字孪生技术生成现实世界的镜像，基于区块链技术搭建经济体系，将虚拟世界与现实世界在经济系统、社交系统、身份系统上密切融合，并且允许每个用户进行内容生产和世界编辑。①

据此，不难提炼出元宇宙的核心要素，包括：人工智能（AI）、增强现实（AR）、虚拟现实（VR）、混合现实（MR）、区块链（Blockchain）等技术要素以及身份、朋友、沉浸感、低延迟、多元化、随地、经济系统和文明等内部衍生要素。这些核心要素是众多元宇宙问题的起源，而元宇宙中的知识产权问题也正围绕着上述要素从底层逻辑和内部衍生两个层面不断产生。

二、元宇宙相关知识产权问题：挑战与革新

探讨元宇宙相关知识产权法律问题需基于现有的知识产权法律制度，围绕不同层面和发展阶段，从虚拟和现实两个维度展开。

（一）元宇宙基础技术的专利权保护

就初级元宇宙而言，其底层逻辑包含大量技术要素，如5G、人工智能、云计

① 参见清华大学新媒体研究中心：《清华大学2021年元宇宙发展报告》，载微信公众号“本硕博企业智库”2021年9月18日，https://mp.weixin.qq.com/s/Epcba9EN7lxVKcWHbRSMCw。

算、区块链以及相关基础设施等，此类新技术的发展和应用给知识产权尤其是专利权保护带来的挑战不容小觑：5G 技术中的标准必要专利纠纷，人工智能、云计算相关的专利授权以及 VR、AR 基础设施的专利技术侵权等问题都在相当程度上考验专利制度的理论和实务。

以通过计算机算法实现特定功能的人工智能、云计算技术为例，如何使计算机软件符合《专利审查指南》所要求的利用自然规律、解决具体技术问题一直困扰众多开发者，而人工智能生成的“发明”“外观设计”等能否申请专利又引发监管部门、产业机构和学界的高度关注。毋庸置疑，元宇宙中的每一项新技术都有可能引发辐射全球的广泛争论，而这些与底层逻辑紧密相关的技术是否受到知识产权法律制度的保护和规制又在相当程度上影响元宇宙的建构和稳定发展。元宇宙行业中的基础设施开发者则需要在专利布局、保护和使用过程中关注专利法对计算机技术等对象的特殊规定，避免陷入不予保护的不利局面。总而言之，妥善应对元宇宙基础技术相关的专利保护困境，及时制定和完善知识产权法律制度是保障元宇宙行业稳步发展的当务之急。

（二）元宇宙与著作权保护

从元宇宙开发者的角度而言，建构虚拟现实世界场景是提供用户体验的基础，当前阶段的开发者为提高场景的真实体验感，一般会将现实世界元素置入其设计的场景中，包括现实中的建筑、道路、自然风景等基础设施以及产品、作品等人造事物，而这些元素的引入往往容易引发著作权纠纷。例如，将现实世界中的各类作品（包括部分建筑）引入虚拟世界可能存在著作权侵权风险，而将各类商标（尤其是驰名商标）引入虚拟世界则可能存在商标侵权风险等。此前，美国某俱乐部向法院提起诉讼，认为美国游戏公司 R 星（Rockstar）开发的沙盒类游戏“侠盗猎车手”中的某些俱乐部场景元素剽窃了他们的创意，尽管 R 星公司最终赢得这场诉讼，但仍无法平息各界对虚拟世界场景侵权的广泛争论。根据我国《著作权法》第 3 条的规定，作品不仅包括文字作品，还包括美术、建筑作品、艺术作品以及图形作品和模型作品等，因而元宇宙开发者将现实世界中的作品引入虚拟世界以提高用户体验感的行为具有一定的法律风险。

就用户的角度而言，元宇宙相关著作权问题与其在元宇宙中的行为紧密相关。例如，用户可以在虚拟现实世界中利用开发者提供的各项工具创作“作品”、设计“专利”等。与一般游戏不同的是,元宇宙中的此类行为性质更接近创作本身而非游戏体验,此时用户创作作品的性质应如何界定、权利又该如何归属,目前尚没有定论。除狭义著作权外,邻接权的认定和保护也可能会产生争议。例如,用户在元宇宙中用虚拟形象“表演”作品是否享有表演者权,若有其他用户“录制”了该“表演”并存储在元宇宙中,则该“录制”行为的本质是等同于现实世界的录制行为,还是应界定为单纯的代码复制?这也将直接决定该用户是否享有“录制者权”。

此外,与网络游戏直播画面的著作权认定类似的是,元宇宙中的画面是否具有可版权性也值得探讨。初级元宇宙中的背景画面一般来自开发者,但拥有高度自主性的用户可以凭借自身偏好不断增加或删减画面中的构成要素,那么由此形成的新画面是否具有可版权性,若具有可版权性,则权利应当如何归属?与此同时,用户或开发者在元宇宙中拍摄、截取相关画面是否涉嫌著作权侵权也待商榷。

就著作权的一般问题,笔者认为元宇宙中作品构成要件之一的独创性认定可能会遭遇新的困境。例如,独创性中“独”的判断标准是否因元宇宙的特殊背景而改变,独创性中“创”的判断标准又是否仍要求对智力成果以及“接触+实质性相似”中“接触”的认定因元宇宙的高度互通性而有所变化等。此外,元宇宙中大量用户生成物(UCG)的著作权应如何归属,例如非同质化代币(NFT)将图片、视频或者音乐等内容转变为数字资产,其制作、流转以及使用等都有可能引发著作权纠纷;元宇宙中对著作权的限制,即法定许可和合理使用的情形是否增加,例如引入部分现实作品是否构成合理使用;元宇宙中的著作权侵权行为和现实世界的处罚措施和标准是否一致;平台在元宇宙著作权保护中又充当何种角色等,都将是元宇宙发展过程中可能遇到的著作权难题。

(三)元宇宙与专利权保护

除上文提到的元宇宙底层逻辑相关专利权问题外,元宇宙内部衍生过程中也可能存在专利纷争,而此类争论的焦点在于:元宇宙内部衍生过程中是否引入专利法律制度。

众所周知,发明的核心要素之一是正确利用自然规律,而元宇宙中是否存在或可能被赋予自然规律却存疑,随之而来的问题便是用户用在元宇宙中创造出新的技术方案解决元宇宙中的技术难题能否被认定为“发明”;同理,目前对实用新型的定义为经过产业方法制造，有确定形状、构造且占据一定空间的实体。那么，是否可以认为元宇宙中的“实用新型”占据了元宇宙中的一定空间而被授予实用新型专利？

此外，联系元宇宙与现实世界，不难产生这样的疑问：用户利用元宇宙模拟现实世界自然规律创造发明或实用新型能否被授予专利；元宇宙中“发明”和“实用新型”若能够被授予专利，则该项专利的权利保护场景局限于元宇宙中还是现实世界也予认可，其权利归属又该如何确定以及利用 AR、VR 设备在元宇宙中虚拟生产各类现实专利产品为个体提供使用体验的行为是否构成专利侵权，即在元宇宙中虚拟生产侵犯专利权的产品是否要承担侵权责任等。

综上，笔者认为相较于著作权问题，元宇宙中的专利权问题更为抽象，且多数问题对现有专利法律制度和原则冲击较大，应对时需更为谨慎。

（四）元宇宙与商标权保护

商标是区分商品或服务来源的标志，建立商标权的目的是使消费者能够正确联系注册商标与其所指示的商品或服务，防止产生混淆。元宇宙中与商标权相关的法律问题大致可以归纳为以下两类：

1. 将现实世界的商标引入虚拟现实世界，在虚拟现实世界生产贴标产品或利用该商标的外观打造场景是否构成商标侵权。此类情形下具有代表性的案例有“第二人生”游戏商标侵权案、“使命召唤”系列游戏商标侵权案等。

以 2020 年美国纽约南区法院审理的 AM General LLC v. Activision Blizzard, Inc. 案为例。该案中，法官认为游戏开发者使用商标是为提升游戏的真实感而非简单地盈利，且现实中商标的受众为军方，该款游戏的受众则为普通消费者，因而不支持商标权人的诉求。① 笔者认为，判断和解决虚拟现实世界的商标权纠纷仍应围绕商标保护的核心目的展开。元宇宙和虚拟游戏具有本质区别，元宇宙的虚拟现实本质决定了生产贴标产品不是单纯地为提高游戏体验，而应将其界定为“生产行为”，这种行为与现实世界中的生产行为相对应。事实上，元宇宙中的商标侵权人觊觎了该商标上承载的已有商誉和消费者信任（此类商誉和信任源于现实世界），混淆了同样源于现实世界的元宇宙用户对商品的判断，应认定为商标侵权行为，现实世界中商标权人的权益应延展到元宇宙中。

---

① See AM General LLC v. Activision Blizzard, Inc., 450 F. Supp. 3d 467 (2020).

2. 元宇宙与商标权相关的问题还包括商标注册，即元宇宙中产生的“商标”能否获得注册；权利保护，即获得注册商标后，其权利保护场景是局限于元宇宙中还是现实世界也予认可以及元宇宙中的“商标”是否会因为不在现实世界中实际生产使用而被宣告无效等。笔者认为，思考上述问题应回归商标的功能，据此考虑元宇宙中“商品”的本质是虚拟产品还是与现实世界构成联系的产品，以及现实中的商标权人不在元宇宙中生产（开发）任何商品，则其商标在元宇宙中是否有保护的必要（除本身属于虚拟产品开发公司以及驰名商标外）等。

（五）元宇宙与商业秘密保护

信息化时代的商业秘密作为一种重要资源，越来越受到关注，并成为企业获取竞争优势的核心来源。数据显示，我国61.83%的企业偏向于用商业秘密的形式来保护自己的技术信息，这一比例已赶超著作权和专利权。[①]

元宇宙时代的来临无疑给商业秘密的保护带来史无前例的挑战。以商业秘密的保密性为例，基于互联网技术的元宇宙很难像现实世界一般建立起物理层面的保护屏障，随时面临着商业秘密被窃取的风险。例如，可口可乐的配方在现实世界中被重重保护，一系列严格的解密程序使其在百余年的发展过程中一直未被曝光。然而，若将可口可乐的配方以代码的形式保存在元宇宙中，即使加密技术再先进也很难保证不存在漏洞，而来自全世界的黑客则都可以通过互联网对其发起技术攻击。可以想见，当前阶段元宇宙中的商业秘密相较于在现实世界中可能遭受的侵权风险将大幅增加。此外，商业秘密的保密性要求权利人采取合理的保护措施，而如何界定元宇宙中的“合理保护措施”势必也将成为认定商业秘密的难点之一。

（六）元宇宙与知识产权地域性

知识产权之所以具有地域性，根本原因在于知识产权是法定权利，同时也是公共政策产物，其权利内容与各国的发展程度、法律政策等因素息息相关。然而，元宇宙的出现必将打破严格的地域边界，因此，地域性在元宇宙中能否实现，甚至是否有必要存在都值得探讨。笔者认为，除非有可靠的技术能够准确界定元宇宙中的不同地域以及认定行为发生的节点，否则知识产权的地域性将难以在元宇宙中为继，各国应达成新的协议或建构新的知识产权规则以体现不同知识产权政策意志。

① 参见王先林：《竞争法学》，中国人民大学出版社2018年版，第148页。

事实上，无论是开发者还是用户，元宇宙中的知识产权问题之所以区别于普通游戏具有特殊性，是因为元宇宙参照现实世界建构了新的虚拟现实世界，这一新的场景不是局部、割裂的，而是与现实产生联系却又不完全相同的。元宇宙中的用户行为本质不是游戏参与，而是生活，是将现实世界中的规则在虚拟世界中重现。因而，知识产权法律制度不仅要应对上述新问题的产生，更需考虑其基本原则是否会因场景、表达形式的不同而发生变革。

三、知识产权法律制度的完善：发展与展望

基于上文对元宇宙相关法律问题的探讨，不难发现元宇宙中的知识产权保护大都以数据为基础，因而数据安全无疑成为元宇宙相关法律制度完善的重要考量因素。元宇宙作为一个虚拟现实空间，需要大量记录用户的身份信息、生理反应、行为路径、社会关系、人际交往以及财产资源等内容，并对上述内容进行深层次地分析和利用，而上述隐私数据中的相当一部分在现实生活中是不被记录的，这部分数据在元宇宙中却面临随时被曝光的风险。如何规制元宇宙中的数据存储和利用，如何避免个人信息等数据被侵权以及如何确定侵权者并追究侵权责任等已成为相关法律制度完善的核心前提。于知识产权保护而言，如何确保元宇宙中未公开或未完成作品、专利以及商标等的数据安全是知识产权法律制度完善的重要议题之一。

随着现代科学技术的不断发展，知识产权法律制度越来越成为鼓励创新、保障合法权益的利器，但也同时遭受着来自新技术的各类挑战。毋庸置疑，元宇宙的建构和发展既是对知识产权法律制度的一次重大考验，也是其变革和完善的契机。面对元宇宙发展过程中形形色色的新事物、新场景，知识产权法律制度表现出怎样的包容力和转变态度不仅影响法律制度本身的健全，更决定着元宇宙的发展命运。笔者认为，无论当下对元宇宙的发展前景有怎样的顾虑甚至不屑，法律制度本身都不应受其影响，而是要给予已经产生或未来一段时间可能产生的争议足够关注，并不断完善自身制度、规则。如此，才能从容应对接踵而至的法律争议和纠纷，为新技术发展保驾护航。

（叶嘉诚对本文亦有贡献）

中国境内 NFT 交易平台监管规则梳理及展望

——NFT 行业将如何发展

胡 骏*

* 作者简介：

胡骏，中伦律师事务所北京办公室私募基金与资管部合伙人，电邮为：hujun@ zhonglun. com。

2022 年 8 月 16 日,数字藏品交易平台“幻核”发布公告称将停止数字藏品发行,所有在“幻核”平台购买过数字藏品的用户可选择继续持有或发起退款申请①。自 NFT 在全球范围内爆火以来,包括腾讯、阿里、京东、网易、百度等在内的互联网龙头企业均有上线 NFT 交易平台的尝试。“幻核”平台于 2021 年 8 月正式上线,最初定位为 NFT 作品发售平台,后来随着国内相关政策和法律法规的出台和调整,“幻核”于 2022 年 3 月将平台内所有 NFT 相关字样调整为“数字藏品”。“幻核”在成立刚满一年时即关闭相关业务,在一定程度上反映出国内 NFT 作为新兴领域所存在的不确定性和风险性,本文也将从以下几个方面对 NFT 交易平台的监管合规事宜进行探讨。

一、什么是 NFT——从一只独一无二的猴子说起

2021 年 9 月,NBA 球星斯蒂芬·库里更换了自己的 Twitter 头像,库里的新头像是一个穿着土色花呢西装的猴子。这不是一只普通的猴子,而是一只来自无聊猿游艇俱乐部(The Bored Ape Yacht Club,BAYC)的猿猴,彼时价值 18 万美元②。BAYC 是由 4 名创始成员和 1 名兼职插画师设立的融合了艺术设计与新型数字技术的 NFT 创作项目,首批共设计了 10,000 款不同风格的猿猴头像,这些猿猴中的每一只在设计完成后,都作为一组元数据被存储于区块链上,其后续的流转交易也均将被记录在区块链上,不可随意修改。基于区块链技术,每只猿猴都成了一个 NFT 作品,拥有自己的专属编码和区块链地址,具有独一无二的特征。

NFT 是 Non-Fungible Token 的缩写,即非同质化代币。不同于 FT(Fungible Token,同质化代币③),每一个 NFT 都是独一无二且不可相互替代的。但是与 FT 相同,NFT 的发行也依赖于底层的区块链技术。NFT 相关内容由其创作者创作完成后,其相关信息将会被保存到对应的区块链上,即完成 NFT 上链。得益于区块链技术可以为每个 NFT 加盖时间戳并赋予其独特标签的特性,每个 NFT 都可以

---

① 参见《幻核停售:体面退出背后,腾讯的战略选择》,载新浪网,http://finance.sina.com.cn/tech/csj/2022-08-16/doc-imizmscv6442029.shtml。

② See Isabelle Lee, *Steph Curry jumps into NFTs with $180,000 purchase of Bored Ape digital artwork*, Markets Insiders (Aug 30, 2021), https://markets.businessinsider.com/news/currencies/steph-curry-nft-bored-ape-yacht-club-180000-ethereum-nba-2021-8.

③ 如比特币,每一个 FT 都是等价且可以互相替代的,例如,每一枚比特币的价格都是完全一样的且可以被另外一枚比特币所替代。

永久存储在区块链上且不能被任意篡改。而NFT的收藏价值也正源于前述独特性和稀缺性,依托区块链技术,NFT的购买者可以获得对于该NFT及其底层内容拥有"所有权"的特定证明。几乎所有艺术作品(如图片、视频、相片、歌曲等)都可以通过区块链技术被打造为NFT作品并记录于区块链之上,这对于进一步鼓励数字艺术创作、保护知识产权具有一定积极意义。

2021年6月23日,支付宝在"蚂蚁链粉丝粒"小程序上发布了敦煌飞天和九色鹿两款付款码NFT限量皮肤,该两款皮肤由支付宝和敦煌美术研究所联合发售,全球限量发行16,000个,均具有唯一的NFT编码①。用户在付款购买后,即可在支付宝App中使用有别于普通付款页面的独一无二的主题付款页面。该两款皮肤一经发售及引发抢购潮,在闲鱼上的挂牌价最高达到百余万元(原价人民币9.9元)②。但是,支付宝平台却于2021年6月24日后下架了所有NFT,并作出声明称NFT并非虚拟货币,支付宝此举仅为鼓励数字创作的知识产权保护③。由此可见,境内企业在NFT交易领域也在不断作出尝试。但由于NFT的特殊性,其本身的属性在我国尚未被明确定性,除部分地区政府在其发布的相关政策文件中对NFT有所提及,我国就NFT行业尚未制定具体的和有针对性的法律法规,这也客观表明NFT这一行业仍存在很大的不确定性。

二、NFT交易流程介绍

NFT交易大多基于NFT交易平台进行,在国外,NFT大多依托于以太坊④等公有链进行交易;而在国内,NFT主要依托于联盟链(如蚂蚁区块链和腾讯区块链)进行交易。其主要交易流程如图1所示:

---

① 参见《支付宝NFT付款码皮肤被抢空 蚂蚁链:NFT不是代币 旨在保护知识产权》,载新浪财经网,https://finance.sina.cn/blockchain/2021-06-23/detail-ikqciyzk1377665.d.html。

② 参见《10元/个的支付宝皮肤炒至150万元,闲鱼紧急下架,系阿里限量发行》,载搜狐网2021年6月24日,https://www.sohu.com/a/473796849_120780844。

③ 参见《【蚂蚁链小课堂】NFT不是虚拟币》,载微信公众号"蚂蚁链"2021年6月24日,https://mp.weixin.qq.com/s/NGPPScx2VKhe2_whAnTe-w。

④ 以太坊(Ethereum),一个去中心化的有智能合约功能的公共区块链平台,为加密货币以太币和诸多去中心化应用程序提供支持。

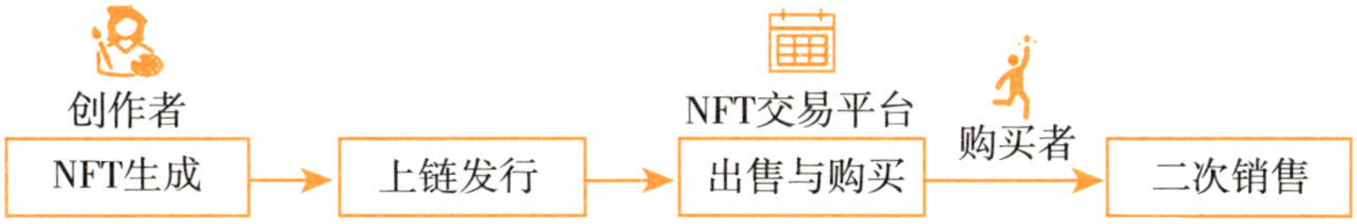

图 1　NFT 常见交易流程

总体而言，NFT 的底层艺术作品由其创作者创作完成后，创作者本人可以自行或授权 NFT 交易平台通过技术手段完成上链工作，在区块链上生成 NFT 并获得记录元数据的区块链存储凭证。NFT 上链后，便可在 NFT 交易平台中进行交易，消费者可在 NFT 交易平台上浏览挑选心仪的 NFT 并支付以完成购买。消费者购买 NFT 后，部分 NFT 交易平台还支持 NFT 的二次销售（NFT 购买者可在购买 NFT 后通过平台发起出售）。

三、NFT 交易平台相关监管要求及风险

我国对虚拟货币领域一直持严监管态度，国家发改委等 11 部委于 2021 年 9 月发布了《关于整治虚拟货币"挖矿"活动的通知》，认为虚拟货币"挖矿"活动对国民经济贡献度低，对产业发展、科技进步等带动作用有限，且虚拟货币生产、交易环节衍生的风险越发突出，其盲目无序发展对推动经济社会高质量发展和节能减排带来不利影响。同月，中国人民银行、中央网信办等 10 部委发布了《关于进一步防范和处置虚拟货币交易炒作风险的通知》，明确虚拟货币不具有与法定货币等同的法律地位，开展法定货币与虚拟货币兑换业务、虚拟货币之间的兑换业务属于非法金融活动。

尽管现阶段我国尚未出台法律法规对 NFT 交易进行监管和约束，但中国互联网金融协会、中国银行业协会、中国证券业协会于 2022 年 4 月联合发布了《关于防范 NFT 相关金融风险的倡议》，认为 NFT 作为一项区块链技术创新应用，在丰富数字经济模式、促进文创产业发展等方面显现一定的潜在价值，但也存在炒作、洗钱、非法金融活动等风险隐患。因此，NFT 作为新兴技术产物，在我国既有的法律框架下对其进行定性和限制存在困难，但一旦未来 NFT 交易量大规模增长，NFT 的发行、销售、流转都可能面临更加严格的监管。

从政策面上，2022 年 6 月 12 日，上海市人民政府办公厅发布了《上海市数字

经济发展“十四五”规划》，提出将在“十四五”期间推动数字贸易，支持龙头企业探索 NFT 交易平台建设，研究推动 NFT 等资产数字化、数字 IP 全球化流通、数字确权保护等相关业态在上海先行先试。作为国内首个提出探索建设 NFT 交易平台的地方人民政府，上海在一定程度上传达出了对未来 NFT 交易所持的积极支持态度。

针对 NFT 交易平台，尽管在政策层面，国内目前仍处于探索阶段，但从相关领域规则及实践层面看，NFT 交易平台在现有监管框架下仍可能需取得特定的资质证照以实现业务合规要求。

（一）区块链信息服务相关监管要求

NFT 作为依托于区块链技术发展的新兴产业，发行方需将 NFT 完成上链以赋予 NFT 作品独特性并便于后续交易。根据《区块链信息服务管理规定》，向社会公众提供区块链信息服务的主体是区块链信息服务提供者，其应当通过国家互联网信息办公室区块链信息服务备案管理系统履行备案手续；区块链信息服务提供者开发上线新产品、新应用、新功能的，应当按照有关规定报国家和省、自治区、直辖市互联网信息办公室进行安全评估。NFT 交易平台如依托于自主开发的区块链进行交易，可能被认为区块链信息服务提供者，进而需要按照上述规定完成备案及安全评估。

（二）提供互联网信息服务相关监管要求

NFT 交易平台在业务经营过程中，可能会涉及经营互联网信息服务以及为交易双方提供交易平台，根据《电信条例》《互联网信息服务管理办法》等相关规定，可能需要申请取得《增值电信业务经营许可证》①。

NFT 交易平台在向用户提供服务的过程中也可能会应用算法推荐技术②向用户提供互联网信息服务，根据《互联网信息服务算法推荐管理规定》，算法推荐服务提供者③应加强信息安全管理，建立健全数据安全和个人信息保护、反电信网络诈骗、安全评估监测等管理制度和技术措施，制定并公开算法推荐服务相关规则。

---

① 范围可能需要涵盖：B21 类在线数据处理与交易处理业务和 B25 类信息服务业务。

② 《互联网信息服务算法推荐管理规定》第 2 条规定，算法推荐技术是指利用生成合成类、个性化推送类、排序精选类、检索过滤类、调度决策类等算法技术向用户提供信息。

③ 即在中华人民共和国境内应用算法推荐技术提供互联网信息服务的主体。

同时,如果 NFT 交易平台被认定为是“具有舆论属性或者社会动员能力①的算法推荐服务提供者”,还需要通过互联网信息服务算法备案系统履行备案手续。

（三）个人信息保护相关监管要求

NFT 交易平台在处理交易的过程中会相应收集用户个人信息,“幻核”“鲸探”等交易平台还要求用户在购买 NFT 产品前完成个人实名认证。根据《个人信息保护法》等相关法律法规的规定,NFT 交易平台处理个人信息应当遵循合法、正当、必要和诚信原则,收集个人信息也应当限于实现处理目的的最小范围,不得过度收集个人信息,同时应当以显著方式、清晰易懂的语言真实、准确、完整地向用户履行告知义务。此外,NFT 交易平台涉及处理敏感个人信息②的,还应就处理敏感个人信息取得用户的单独同意。

（四）网络安全保护相关监管要求

NFT 交易平台作为网络运营者,需满足国家对于网络安全保护相关监管要求。根据《网络安全法》《信息安全等级保护管理办法》等相关法律法规的规定,我国实行网络安全等级保护制度,网络运营者应当按照网络安全等级保护制度的要求相应履行安全保护义务,包括制定内部安全管理制度,采取防范计算机病毒和网络攻击、网络侵入等危害网络安全行为的技术措施,采取监测、记录网络运行状态、网络安全事件的技术措施并留存相关网络日志,采取数据分类、重要数据备份和加密等措施等,保障网络免受干扰、破坏或者未经授权的访问,防止网络数据泄露或者被窃取、篡改。同时,新建第二级以上③信息系统的,应当在投入运行后

① 参考国家互联网信息办公室及公安部发布的《具有舆论属性或社会动员能力的互联网信息服务安全评估规定》,具有舆论属性或社会动员能力的互联网信息服务,包括下列情形:(1)开办论坛、博客、微博客、聊天室、通讯群组、公众账号、短视频、网络直播、信息分享、小程序等信息服务或者附设相应功能;(2)开办提供公众舆论表达渠道或者具有发动社会公众从事特定活动能力的其他互联网信息服务。

② 《个人信息保护法》第 28 条规定:敏感个人信息是一旦泄露或者非法使用,容易导致自然人的人格尊严受到侵害或者人身、财产安全受到危害的个人信息,包括生物识别、宗教信仰、特定身份、医疗健康、金融账户、行踪轨迹等信息,以及不满十四周岁未成年人的个人信息。

③ 《信息安全等级保护管理办法》第 7 条规定:信息系统的安全保护等级分为以下五级:第一级,信息系统受到破坏后,会对公民、法人和其他组织的合法权益造成损害,但不损害国家安全、社会秩序和公共利益。第二级,信息系统受到破坏后,会对公民、法人和其他组织的合法权益产生严重损害,或者对社会秩序和公共利益造成损害,但不损害国家安全。第三级,信息系统受到破坏后,会对社会秩序和公共利益造成严重损害,或者对国家安全造成损害。第四级,信息系统受到破坏后,会对社会秩序和公共利益造成特别严重损害,或者对国家安全造成严重损害。第五级,信息系统受到破坏后,会对国家安全造成特别严重损害。

30日内由其运营、使用单位到所在地设区的市级以上公安机关办理备案手续。

（五）网络出版服务经营相关监管要求

根据《网络出版服务管理规定》，网络出版服务是指通过信息网络向公众提供网络出版物，包括提供与已出版的图书、报纸、期刊、音像制品、电子出版物等内容相一致的数字化作品。NFT交易平台发售NFT作品可能被认定为属于通过信息网络从事网络出版服务，根据相关法律规定，需要经过出版行政主管部门批准取得《网络出版服务许可证》。

（六）消费者权益保护相关监管要求

NFT交易平台如果面向普通消费者，那么其在进行交易的过程中需注意对消费者合法权益的保护。《关于防范NFT相关金融风险的倡议》明确要求，相关主体应真实、准确、完整披露NFT产品信息，保障消费者的知情权、选择权及公平交易权。《消费者权益保护法》中亦有规定，消费者通过网络交易平台购买商品或者接受服务，其合法权益受到损害的，可以向销售者或者服务者要求赔偿；网络交易平台提供者不能提供销售者或者服务者的真实名称、地址和有效联系方式的，消费者也可以向网络交易平台提供者要求赔偿。

（七）金融领域相关监管要求

《关于防范NFT相关金融风险的倡议》明确了要坚决遏制NFT金融化证券化倾向，从严防范非法金融活动风险，不变相发行交易金融产品。虽然国内的NFT交易平台目前大部分都会将NFT定义为“数字藏品”，以避免其被认定为虚拟货币，但考虑到NFT与虚拟货币在底层技术上有一定同质性，这类“数字藏品”可能被主管机关认定为带有一定金融属性。因此NFT交易平台在进行相关交易时，可以考虑从发行数量、功能场景等角度避免使NFT具有虚拟货币的相关属性，并考虑避免使用NFT来购买任何商品或服务。

四、结语

目前，我国NFT行业的监管规则尚不完善，未来一段时间，可能会有新的法律法规随着该行业的发展不断出台和完善。从技术角度来看，NFT作为区块链技术的具体应用，其发展确实对于尊重和鼓励数字作品创新、保护知识产权等具有重要意义，同时为艺术藏品爱好者们提供了一个很好的交流和交易平台，但考虑到区块链技术的特点，加之其与艺术品、商品、金融产品和加密货币等均有相关性和紧密关联，针对该领域的监管法律法规的制定无疑是非常复杂的。未来 NFT 行业及相关政策监管将会如何发展，让我们拭目以待。

（胡圆圆、王周驰、付敏言对本文亦有贡献）

NFT 数字藏品生命周期里的著作权

葛 燕 王 飞*

* 作者简介：

葛燕，中伦律师事务所北京办公室争议解决部合伙人，电邮为：geyan@ zhonglun. com。

王飞，中伦律师事务所北京办公室争议解决部非权益合伙人，电邮为：philipwang@ zhonglun. com。

2022 年 4 月 13 日，中国互联网金融协会、中国银行业协会、中国证券业协会联合发布《关于防范 NFT 相关金融风险的倡议》，该倡议明确提出：近年来 NFT（Non-Fungible Token，非同质化通证）市场持续升温。NFT 作为一项区块链技术创新应用，在丰富数字经济模式、促进文创产业发展等方面显现一定的潜在价值，但也存在炒作、洗钱、非法金融活动等风险隐患。

上述倡议一方面肯定了 NFT 对于数字经济、文创产业的积极意义，另一方面对于该项创新应用带来的负面影响也明确进行了提示。作为行业内自律组织，三大协会同时发出“守正、守底”的倡议。本文依照 NFT 铸造、发行、流转、权利归属至灭失，即 NFT 的全生命周期里逐个阶段顺序，向大家揭示出 NFT 最重要的基础性权利——著作权的内涵及外延。

2022 年愚人节当天，某歌手在 Instagram 自爆自己持有的 BAYC #3738 NFT 数字藏品被盗，还特意强调这并不是玩笑。随后，这枚 NFT 数字藏品被以 110ETH、130ETH、150ETH 的价格多次转售，该歌手损失超过 50 万美元，这使 NFT 再次成为人们讨论的焦点。回溯至 2021 年 3 月，佳士得拍卖行的 NFT 数字艺术品《每一天：前 5000 天》拍出 6934 万美元高价，引起轰动，标志着 NFT 正式出圈。

NFT 作为非同质化通证的简称，其内核系存在于区块链数字账本中的一串记录商品所有权信息的数据单位。基于 ERC-721 合约，每一个 NFT 都能够对应唯一哈希值，且每一个代币的最小单位均为 1，无法再进行分割。正是由于 NFT 存在唯一性、不可分性和可追溯性等特点，使 NFT 得以与艺术家通过独创性劳动而产生的艺术作品实现天然的结合。通过 NFT 数字藏品的铸造，一件艺术品可以获得一个独一无二、可被追溯的编码，随着收藏者购买数字藏品，该编码所对应的所有权流转信息也将被储存在区块链中。这意味着，每一件 NFT 数字藏品都是唯一的，且数字藏品从出生开始就已被区块链完整记录而不可再篡改。基于此，每一件 NFT 数字藏品都可以被准确追踪到它的创作者、品牌和当下所有者等。类似于现实世界的艺术藏品，收藏者可以通过拍卖、购买、赠与等取得艺术藏品的物理原件以进行永久收藏。NFT 数字藏品是在虚拟世界中取得一件数字藏品的所有权，可在虚拟世界对外展示 NFT 数字藏品以彰显唯一所有者的身份。当然，持有 NFT 数字藏品仅代表对虚拟世界中数字藏品的所有权，而不享有对 NFT 数字藏品所承载作品的任何著作权权益，但 NFT 数字藏品从铸造出生到发行流转再到衍生开发均需以著作权为基础。

一、NFT 数字藏品铸造本身是一种作品复制行为

一般而言，NFT 数字藏品铸造源于已有作品，例如，阿里巴巴“鲸探”首次推出的 NFT 数字藏品是全球限量 16,000 张的敦煌飞天和九色鹿皮肤。这些早已存在的艺术形象或作品经过铸造上链，成为在互联网平台发售的 NFT 数字藏品。根据《著作权法》第 10 条第 5 项的规定，复制权，即以印刷、复印、拓印、录音、录像、翻录、翻拍、数字化等方式将作品制作一份或者多份的权利。在 NFT 数字藏品的铸造过程中，已存在的艺术作品通过在区块链上链这一数字化方式，实现了在互联网这一无形载体上的再现，是《著作权法》意义上的复制行为。当然，除原有艺术作品外，作者亦可将全新创作的艺术作品直接进行铸造并上链成为 NFT 数字藏品。无论作品类型（美术作品、音乐作品、视听作品等）、权利来源（原创、授权等）为何，NFT 数字藏品本质上是伴随着作品从现实或虚拟世界被复制到区块链的过程中产生的数字作品复制件。鉴于此，铸造产生 NFT 数字藏品应取得相应作品复制权授权。

当然，作品在铸造上链的过程中，NFT 数字藏品可能不能完整反映作品全貌，将涉及作品的修改权、保护作品完整权。而 NFT 数字藏品若将作品进行改编，例如将美术作品改编为视听作品类型的 NFT 数字藏品等，还将涉及作品的改编权。此外，除著作权外，若被铸造上链的内容含有他人肖像等，还需取得相应肖像权等授权。

二、NFT 数字藏品发行核心在于信息网络传播

将艺术作品铸造上链成为 NFT 数字藏品，再将其作为商品公开销售，此过程本质是对作品的发行，即以出售或者赠与的方式向公众提供作品的复制件。鉴于此，铸造产生 NFT 数字藏品再进行发行销售需要取得相应作品发行权授权。但不得不说的是，对于传统艺术作品而言，作者享有的发行权往往会受到“发行权一次用尽”原则的限制，即作品被首次销售或赠与后，针对作品所作的全部后手交易，都无须再经过原作者的许可，原作者也无权从后手的交易中获得任何佣金。

而 NFT 数字藏品本质上打破了这一规则，根据境外 OpenSea、LooksRare 等主流 NFT 交易平台规则，作者可收取 NFT 作品每一次在任何 NFT 交易市场或通过点对点成功交易的版税费用。

毋庸置疑，NFT 数字藏品的发行流转必然与信息网络传播密不可分。NFT 数字藏品交易平台在将 NFT 数字藏品销售的过程中必然要将对应作品通过信息网络向他人展示、提供，这就需要取得信息网络传播权授权。而涉及信息网络传播，就不可避免地要讨论"避风港"原则的适用。显然，NFT 数字藏品交易平台较难与普通的信息网络服务提供者进行类比，因为 NFT 数字藏品交易平台往往提供 NFT 数字藏品铸造上链服务，以收取特定比例的服务费（GAS 费），而非简单提供发行销售平台。不同于网络服务提供者收取一般性广告费、服务费等，NFT 数字藏品交易平台是从发行方、创作者创作发行的 NFT 数字藏品中直接获得特定联系的经济利益，显然应负有较高的注意义务，通知删除原则较难适用。鉴于此，NFT 数字藏品发行方、创作者、交易平台对于原始权利授权的完整性、充分性审查至关重要。

三、NFT 数字藏品流转仅是所有权发生转移

成立于 2017 年的 OpenSea 是目前全球规模最大的 NFT 交易平台，在 OpenSea 上铸造并交易的产品，不仅局限于艺术作品本身，同时也包含了游戏道具、域名、虚拟地产、金融产品在内的一系列虚拟商品。此外，针对 NFT 产品每笔交易，OpenSea 均会向 NFT 作品创作者支付版税。而受监管政策限制，中国大陆仅有数字藏品的概念，且仅能将艺术作品进行铸造上链，同时，部分主流平台无法对 NFT 数字藏品进行二次交易转售。腾讯"幻核"用户购买数字藏品后，作品将与用户的账户进行绑定，且不存在转售、赠与等功能选项。阿里巴巴"鲸探"用户通过平台转赠数字藏品，如作品系从发行方处购买，则用户需要首先持有作品 180 天；如用户系从转赠人处受赠数字藏品，则其必须在持有数字作品 2 年后才能再次进行转赠，且该功能仅支持无偿转赠给符合条件的支付宝实名好友，不支持任何形式的数字藏品转卖行为。

无论是境外还是境内，NFT 数字藏品收藏者所获得的权利均仅是虚拟商品的物权。收藏者购买 NFT 数字藏品后，数字藏品将被存入个人钱包，供收藏者欣

赏、展示,也就是说,收藏者实际获得的是绑定在用户账户中的数字藏品所有权。而 NFT 本身只是存储于区块链上的一串信息,用以证明该数字藏品的所有权归属,收藏者并不享有对 NFT 数字藏品上所承载作品著作权的任何权利。例如,阿里巴巴"鲸探"规定,数字藏品的版权由发行方或原创者拥有,除另行取得版权拥有者书面同意外,用户不得将数字藏品用于任何商业用途。美国 NFT 数字藏品铸造公司 Dapper Labs Inc. 对 NFT 平台中发生的交易与权利限制制定了规范的授权文件。NFT 数字藏品买家所享有的权利会受到如下限制:(1)禁止对数字藏品作出任何形式的修改;(2)禁止利用数字藏品进行广告宣传,或为其他第三人生产的产品或服务进行背书;(3)禁止以营利为目的对数字藏品进行销售,但每年由此获得的利润在 10 万美元以内的部分,作者予以许可;(4)禁止为数字藏品申请商标、著作权,或其他任何额外的知识产权;(5)禁止以使第三人获得商业利益为目的使用数字藏品等。

四、NFT 数字藏品本身的著作权从其约定

复制权、发行权、信息网络传播权事实上仅是解决了 NFT 数字藏品从铸造产生到发行流转的授权问题,以保证发行方或创作者有权将 NFT 数字藏品铸造上链、发行销售。但对于 NFT 数字藏品的投资者而言,基于原始权利授权创作、设计、制作形成的 NFT 数字藏品的著作权归属,是更为关切的内容。此外,对 NFT 数字藏品进行复制发行的利益分配;对 NFT 数字藏品再复制发行、展览、衍生开发等权利应当怎样约定;授权到期后 NFT 数字藏品怎样使用等,将构成 NFT 数字藏品投资交易中更为核心的商业权益。鉴于此,除取得完整充分授权保证 NFT 数字藏品有权铸造销售外,对于基于授权产生的 NFT 数字藏品著作权、衍生开发权等归属和利益分配需进行周延地约定和设计。

五、NFT 数字藏品的灭失

同毁灭一副物理画作一样,NFT 数字藏品也可以被人为焚毁(burning):第一,数字藏品持有人可以将持有的数字藏品发送至特定的电子钱包,该电子钱包虽仍存在于区块链中,但任何人均没有对其进行访问的权限。关于该数字藏品的全部交易信息也仍会被保留,但由于发送电子钱包的过程不可逆,且无人拥有电

子钱包的权限,NFT 数字藏品无法再被任何人持有。第二,若数字藏品交易平台不允许用户将作品发送至特定的电子钱包,则用户可以使用“黑洞地址”消灭 NFT 数字藏品。即用户可以将作品发送到一个并不真实存在的地址(“黑洞”),由于该地址并不真实存在,所以也没有任何人拥有访问“黑洞地址”的权限。根据预估,截至 2021 年年底,“黑洞地址”已经收集了价值超过 5.2 亿美元的数字藏品与代币。

虽然 NFT 数字藏品收藏者作为藏品的所有权人,有权对自己的所有物进行处置,但 NFT 数字藏品本身还承载着原作品作者享有的精神权利。鉴于此,将 NFT 数字藏品焚毁将可能损害作者精神权利。《伯尔尼公约》第 6 条之二规定:“不受作者经济权利的影响,甚至在上述经济权利转让之后,作者仍保有声明其为作品作者身份的权利,并有权反对对其作品的任何有损其声誉的歪曲、割裂或其他更改,或其他损害行为。”美国于 1990 年颁布的《视觉艺术家权利法案》指出,绘画、素描、版画、雕塑、仅供展览用的禁止摄影图像,及单一副本或限量版 200 份以内的前述形式的作品的作者,有权防止他人进行损害作者荣誉或声誉、或歪曲、损毁、修改作品的行为。此外,如作者的作品被认定为具有“公认的地位”,则作者可进一步防止他人对作品进行基于故意或重大过失的毁损。法国在 19 世纪早期的判例中确认,即使作者已将作品上享有的所有经济权利转让给第三人,但手稿的购买者仍然无权销毁作品原件。德国《著作权法》认为,作者有权禁止对作品进行歪曲或者其他会损害作者在其作品上所享有的精神利益与人格利益的行为。中国《著作权法》第 10 条第 4 项的规定虽并未直接解决作品原件持有人毁损作品是否构成对作者著作人身权的侵犯的问题,但特定情形下,直接将 NFT 数字藏品焚毁确有可能损害作者享有的精神权利。

作为依托区块链技术而生的新兴产物,NFT 数字藏品直接关联作品著作权,因此,无论是对于创作者、交易平台还是收藏者,探究并理解 NFT 数字藏品产生、发行、流转、衍生开发、灭失等生命周期里的著作权授权、归属、权利划分,以及对著作权权利行使的限制,将显得尤为重要。

(杜赛伦对本文亦有贡献)

中国 NFT 数字藏品第一案带来的启示

刘新宇*

* 作者简介：

刘新宇，中伦律师事务所上海办公室知识产权部合伙人，电邮为：jeffreyliu@ zhonglun. com。

2020 年以来"元宇宙"相关话题的热度爆发式增长,NFT 数字藏品作为元宇宙的重要部分之一,一直吸引着众多关注者的目光,与之相关的交易亦在如火如荼地开展。交易之所在,争议之所存。NFT 数字藏品铸造、交易过程也常常伴随着纠纷。2022 年 4 月 20 日,杭州互联网法院依法公开开庭审理原告奇策公司与被告某科技公司侵害作品信息网络传播权纠纷一案,并当庭宣判。本案被业内人士誉为中国 NFT 数字藏品侵权第一案,为我国 NFT 数字藏品领域的规范化运作提供了指引。本文将结合上述 NFT 数字藏品第一案探究 NFT 数字藏品平台的合规运营要点。

一、案情简介

这起侵权纠纷案的案情并不复杂,根据杭州互联网法院官方微信公众号内容可知,原告经漫画家马某授权,享有"我不是胖虎"系列作品在全球范围内独占的著作权财产性权利及维权权利,其发现被告经营的"元宇宙"NFT 平台上有用户铸造并发行"胖虎打疫苗"NFT。该 NFT 数字藏品与马某在微博发布的插图作品完全一致,甚至该 NFT 数字藏品右下角依然带有作者马某的微博水印。原告认为被告作为专业 NFT 平台,理应尽到知识产权保护义务,对于在其平台发布的 NFT 数字藏品权属情况应进行初步审核,然而被告并未履行审核义务。原告认为,被告行为构成信息网络传播权帮助侵权,因此诉至法院,要求被告停止侵权并赔偿损失 10 万元。

被告辩称:第一,被告系第三方平台,涉案作品系平台用户自行上传,其无须承担责任;第二,被告只有事后审查义务,而且被告已经将涉案作品打入地址黑洞,尽到通知—删除义务,所以也没有停止侵权的必要性;第三,被告并没有披露涉案作品对应 NFT 所在的具体区块链、节点位置,以及涉案作品 NFT 所适用的智能合约内容的义务,法律对此没有明文规定;第四,本案应适用权利用尽原则。

杭州互联网法院最终判令被告立即删除涉案平台上发布的"胖虎打疫苗"NFT 作品,同时赔偿原告经济损失及合理费用合计 4000 元。[①]

---

① 参见《用户发布侵权 NFT 作品,"元宇宙"平台要担责吗?法院判了》,载微信公众号"杭州互联网法院"2022 年 4 月 20 日,https://mp.weixin.qq.com/s/IQwjcF_a5EoYdc5CFkaQpA。

二、NFT 数字藏品是什么？

NFT 的全称是 Non-Fungible Tokens，即非同质化代币（又称非同质化通证），是能够记录关于特定客体的初始发行者、发行日期及未来每一次流转信息的权利凭证。① 通过 NFT 进行交易的图片、音乐、视频、3D 模型等数字作品，实践中被称为 NFT 数字藏品②（又称 NFT 数字作品、数字藏品等）。本案中的"胖虎打疫苗"就是一种图片形式的 NFT 数字藏品。

NFT 数字藏品最为重要的特征之一就是"唯一性"，每一个 NFT 数字藏品在当前的区块链上都具有唯一性，不能互相替代。与此同时，NFT 数字藏品也不可篡改、不可分割。在交易过程中，数字藏品的交易信息也会通过智能合约记录存储在区块链上，并以此实现可信追溯。

（一）国内 NFT 数字藏品平台示例

目前，国内多家公司均设有 NFT 数字藏品平台，详见表 1。

表 1 国内 NFT 数字藏品平台及所属公司

平台名称	所属公司	主要产品
鲸探	阿里	刘慈欣签名卡牌，杭州亚运火炬，《只此青绿》，越王宝剑，马踏飞燕等
幻核	腾讯	有声《十三邀》、胡彦斌二十周年纪念黑胶《和尚》等
灵稀	京东	京东吉祥物 Joy 等
百度	百度	《听琴图》，"冰雪溢彩"系列等
STEP INTO R-SPACE	小红书	"那个女孩"系列，龙猪等

（二）NFT 数字藏品 VS 虚拟货币

NFT 的英文名称中有"tokens"一词，通常被译为"代币"，故其与比特币等虚拟货币在名称上较易混淆。究其本质，NFT 数字藏品是否等同于比特币等虚拟货币？

---

① 参见《用户发布侵权 NFT 作品，"元宇宙"平台要担责吗？法院判了》，载微信公众号"杭州互联网法院"2022 年 4 月 20 日，https://mp. weixin. qq. com/s/IQwjcF_a5EoYdc5CFkaQpA。

② 参见陶乾：《论数字作品非同质代币化交易的法律意涵》，载《东方法学》2022 年第 2 期。

1. 理论层面的区别

NFT 数字藏品以艺术作品为模板，没有办法进行拆分，这使它在大部分情况下缺乏足够的细分尺度和连续性，并不具有货币的价值尺度性质。① 与之相反，比特币等同质化代币易于交换和拆分，功能近似于一种货币工具。而且 NFT 数字藏品因脱胎于艺术作品，具有艺术性，其价值会因购买方的理解不同而有所差异，这也与虚拟货币具有较大差别。因此，在理论层面上，NFT 数字藏品与虚拟货币并不相同。

2. 国内各大平台主张数字藏品与虚拟货币不同

人民网有报道称腾讯、阿里等大厂 NFT 相关产品平台上已经删去 NFT 字样，改为“数字藏品”等称呼。② “鲸探”在其首页也主张，其平台上的数字藏品与虚拟货币等同质化代币存在本质不同，数字藏品有特定作品、艺术品和商品的实际价值做支撑，也不具备支付功能等任何货币属性。③ 由此可见，在实践中我国 NFT 数字藏品平台均主张数字藏品不同于虚拟货币。

三、从中国 NFT 数字藏品第一案看数字藏品交易平台的义务

NFT 数字藏品第一案系侵权纠纷，核心要点在于判断案涉 NFT 数字藏品平台是否存在侵权行为，以及其是否需要对此承担相应责任。

（一）知识产权侵权行为的判定

法院认为 NFT 数字藏品在铸造与交易过程中包含对该数字藏品的复制、出售和信息网络传播三方面行为。NFT 数字藏品在铸造过程中包含对作品的上传行为，这是对著作权人复制权的侵害，不过因为该等复制行为是网络传播的步骤之一，因此无须对其单独评价，将其认定为信息网络传播权侵权即可。

1. 未经授权发行 NFT 数字藏品的行为构成对著作权人信息网络传播权的侵害

根据《著作权法》第 10 条的规定，信息网络传播权是“以有线或者无线方式向公众提供，使公众可以在其选定的时间和地点获得作品的权利”。因此，要构成信

---

① 参见苏宇：《非同质通证的法律性质与风险治理》，载《东方法学》2022 年第 2 期。

② 参见《NFT：通往元宇宙，还是走向大骗局？》，载人民网 2021 年 11 月 25 日，http://finance.people.com.cn/n1/2021/1125/c1004-32291740.html。

③ 参见《鲸探——数字藏品》，载鲸探网，https://antchain.antgroup.com/solutions/acdc。

息网络传播行为，首先，相关行为人应通过网络向公众提供作品，该等“提供作品”源自《世界知识产权组织版权条约》第 8 条中的“make available”[①]，因此，公众只要有获得作品的可能性即满足这一构成要件要求。其次，行为人的行为使公众能够在其选定的时间和地点获得作品。本案中发行 NFT 数字藏品的行为符合上述两项要求，构成对著作权人信息网络传播权的侵害应无疑义。

2. 未经授权发行 NFT 数字藏品的行为不会侵害著作权人的发行权

NFT 数字藏品平台主张本案应适用权利用尽原则。权利用尽原则又称“发行权一次用尽”或“首次销售原则”，是我国《著作权法》对发行权的限制。依照学界通说，发行行为的构成不仅要求行为人面向“公众”提供作品的原件或复制件，而且该行为应当以移转作品有形物质载体所有权的方式提供作品的原件或者复制件。[②] 本案中“发行”NFT 数字藏品的行为虽然能够使公众欣赏到作品的内容，但不能使公众获得作品的有形原件或复制件，只是一种信息流动，因此不构成对发行权的侵害。

不过，学界也有观点认为可适当扩张发行行为的认定范围。根据《关于办理侵犯知识产权刑事案件适用法律若干问题的意见》第 12 条的规定，“‘发行’包括总发行、批发、零售、通过信息网络传播以及出租、展销等活动”。由此可见，发行行为并不限于移转作品有形载体，而且“发行权的核心特征在于作品原件或复制件的所有权转让，无关乎作品载体是有形还是无形”[③]。在 NFT 数字藏品交易的情境下，购买 NFT 数字藏品后，交易信息会通过智能合约记录存储在相应的区块链上，此等方式的法律效果与所有权的获取似乎并不存在本质区别。基于此，或许可适当扩张发行行为的认定范围，将 NFT 数字藏品在相关平台上的发行行为归于《著作权法》发行权的规制范围内。

（二）NFT 数字藏品平台审查注意义务标准为何？

法院将案涉 NFT 数字藏品平台定性为网络服务提供者，且系“NFT 数字作品交易服务平台”。在知识产权侵权案件中，判断网络服务提供者是否需要承担侵权责任时，除需要关注行为是否符合侵权行为构成要件以外，同时还要关注其是

---

① 王迁：《知识产权法教程》，中国人民大学出版社 2016 年版，第 150 页。

② 参见王迁：《知识产权法教程》，中国人民大学出版社 2016 年版，第 134～136 页。

③ 何怀文：《网络环境下的发行权》，载《浙江大学学报（人文社会科学版）》2013 年第 5 期。

否具有免责事由，例如，网络服务提供者是否尽到了合理注意义务、网络服务提供者在收到权利人通知后是否及时将该通知转送相关用户，并根据侵权的初步证据和服务类型采取删除、屏蔽、断开链接等必要措施。

1. 合理注意义务

如果网络服务提供者已经尽到了合理注意义务，仍然不能意识到侵权行为存在的，通常情况下，其无须承担侵权责任。

本案法院认为案涉NFT数字藏品平台不仅需要履行一般网络服务提供者的责任，还应当建立一套有效的知识产权审查机制，对其平台上交易的NFT数字藏品的著作权进行初步审查，理由如下：其一，案涉平台作为专门为NFT数字藏品交易提供服务的平台知道也应当知道侵权行为，且理应采取合理措施防止侵权发生。其二，如果NFT数字藏品存在权利瑕疵，不仅将破坏交易主体以及案涉平台已经建立的信任机制，甚至会动摇NFT商业模式下的信任生态。其三，涉案平台对其平台上交易的NFT数字藏品具有较强的控制能力，也具备相应的审核能力和条件。其四，案涉平台在NFT数字藏品中直接获得经济利益，故其自然应对此负有较高的注意义务。

笔者认为，NFT数字藏品平台开启了危险源，其应当负有控制该危险的法律义务，因此要求其履行相对来说高标准的注意义务并不违反法理。基于此，NFT数字藏品平台确需建立知识产权审查机制、风险控制机制等内部管理与措施，以尽可能控制风险、降低危险。

2. 避风港原则

避风港原则为网络服务提供者的免责事由之一。根据《信息网络传播权保护条例》第23条的规定，网络服务提供者在接到权利人的通知后，及时断开链接的，无须承担赔偿责任。但避风港原则并非没有限制和例外，依照《民法典》第1197条的规定，“网络服务提供者知道或者应当知道网络用户利用其网络服务侵害他人民事权益，未采取必要措施的，与该网络用户承担连带责任”。因此，案涉NFT数字藏品平台如果主张适用避风港原则免于承担责任，须首先证明其不知道且不应当知道发行方利用其网络服务侵害他人民事权益。笔者认为，如果NFT数字藏品平台已经尽到了前述注意义务，一般不会被认定为“知道或者应当知道”。但在案涉平台未尽到审查义务的前提下，其并不能以避风港原则主张免于承担责任。

四、NFT 数字藏品平台合规要点提示

基于杭州互联网法院的观点，为保障 NFT 数字藏品平台合规性，笔者建议：

首先，相关平台应建立有效的知识产权审查机制，对 NFT 数字藏品平台上交易的 NFT 数字藏品的著作权做初步审查。平台可参考《最高人民法院关于审理涉电子商务平台知识产权民事案件的指导意见》规定的平台内经营者不存在侵权行为声明所需的材料，我们建议 NFT 数字藏品平台可要求发行方提供其真实身份信息、权属证明、授权证明等不存在侵权行为的初步证据及材料真实性的书面保证等。详细而言，相关平台可以在发行 NFT 数字藏品前要求发行方提供相关艺术作品的底稿（底片）、原件、著作权登记证书、认证机构出具的证明，或者其他能够证明该艺术作品在知识产权领域不存在争议的材料，在实践中，企业可根据具体情况对证明材料及审查标准予以调整和细化。

其次，NFT 数字藏品平台可通过构建内部违规处罚机制、自动清退机制等规则体系，对侵犯知识产权的行为予以威慑，形成发行方“不敢”与“不想”实施侵犯知识产权行为的良好氛围。

最后，笔者建议在平台服务协议中明确知识产权的划分机制、权利人的权利保障机制等内容，并建立投诉与举报机制，及时响应权利人的请求，以免因为没有及时采取必要措施，对损害的扩大部分承担连带责任。

五、结语

NFT 数字藏品作为新一代区块链和智能合约的创新应用，以其非同质化、智能化等技术特点被公认为元宇宙经济体系的核心支柱，在丰富数字经济模式、促进文创产业发展等方面显现出潜在价值。具有标志性的判决往往会促进法治的不断进步，本案在对 NFT 数字藏品技术原理、交易流程、商业模式、法律属性、权责划分等各方面的梳理分析，为我国方兴未艾的 NFT 数字藏品发展提供了规范指引，具有保护知识产权、引导科技向善的积极作用，也期待本案能够进一步推动未来 NFT 数字藏品的合规发展。

《个人信息保护法》与文娱行业的数字化转型

陈际红* 吴佳蔚 陈煜烺

* 作者简介：
陈际红，中伦律师事务所北京办公室知识产权部合伙人，电邮为：chenjihong@ zhonglun. com。

2021年8月20日，全国人大常委会通过《个人信息保护法》，该部法律于2021年11月1日正式实施。伴随《个人信息保护法》的生效，中国迎来了个人信息保护及企业数据合规的新纪元，行业产品设计理念与操作规范也发生巨变。

新冠疫情推动了文娱行业数字化转型的步伐，产生了一系列以数字技术和互联网为依托的新型文化产品，包括网络文学、网络游戏、网络直播、网络音乐、短视频等。而传统形式的文娱产业和产品的数字化转型也如火如荼地展开，诸如文博业、图书出版、广播电视电影、演艺等传统业态，借助大数据、5G等信息基础设施和数字化技术快速实现转型升级。

在这样的大环境下，文娱业从业者需要系统地理解《个人信息保护法》，并对数字化的文娱业务进行数据保护合规建设。

一、确定适用范围和核心概念，设定个人信息处理的六大原则

《个人信息保护法》增加《宪法》作为立法依据，系《宪法》中国家尊重和保障人权，公民的人格尊严不受侵犯，公民的通信自由和通信秘密受法律保护①之规范意旨的具体落实。同时，《个人信息保护法》在个人信息处理定义中新增"删除"环节，进一步从立法层面完善对个人信息的全生命周期保护。

（一）适用范围

《个人信息保护法》对适用范围的规定见表1。

表1 《个人信息保护法》适用范围

适用范围	条文解读	合规指引
属地原则	《个人信息保护法》第3条第1款设定了法律适用范围的基本原则——属地原则。无论数据处理者是否为境外主体，无论个人信息主体是否为外国人，只要数据处理活动发生在境内，即适用该法	任何主体在中国境内从事个人信息处理活动均应遵循《个人信息保护法》的要求

① 参见《宪法》第38条、第40条规定。

续表

适用范围	条文解读	合规指引
指向原则	除以属地原则为基础外，《个人信息保护法》第3条第2款明确借鉴欧盟《通用数据保护条例》（GDPR）第3条第2款[1]关于地域范围适用的规定，赋予《个人信息保护法》必要的域外适用效力，规定向境内自然人提供产品或服务，或分析、评估境内自然人的行为亦适用该法，使该法具有“长臂管辖”的效果。针对第3条第2款的情形，《个人信息保护法》第53条还进一步参考GDPR第27条[2]的规定，要求境外的个人信息处理者在境内设立专门机构或指定代表，并向履行个人信息保护职责的部门报送相关信息	在中国境外处理个人信息，如果涉及向境内自然人提供产品或服务，或分析、评估境内自然人的行为，亦应遵循与境内处理个人信息相同的合规要求。 上述适用《个人信息保护法》的境外企业应在境内设立专门机构或指定代表，并向履行个人信息保护职责的部门报送相关信息

注：[1] See Article 3 of GDPR: This Regulation applies to the processing of personal data of data subjects who are in the Union by a controller or processor not established in the Union, where the processing activities are related to: (a) the offering of goods or services, irrespective of whether a payment of the data subject is required, to such data subjects in the Union; or (b) the monitoring of their behaviour as far as their behaviour takes place within the Union.

[2] See Article 27 of GDPR: The controllers or processors not established in the Union shall designate in writing a representative in the Union.

（二）核心概念

《个人信息保护法》对核心概念的界定见表2。

表2 《个人信息保护法》核心概念

核心概念	条文解读	合规指引
个人信息	《个人信息保护法》第4条规定，个人信息是以电子或者其他方式记录的与已识别或者可识别的自然人有关的各种信息，不包括匿名化处理后的信息。个人信息的定义历经《网络安全法》《个人信息安全规范》《民法典》的多次修正，最终确立了“识别+关联”的判断路径。总体而言，《个人信息保护法》对个人信息的定义将采取“宽进严出”的态度，凡符合识别标准或关联标准，均可能构成个人信息。同时，该法还明确了匿名化之后的数据不再属于个人信息	企业可使用“识别+关联”标准以认定所处理数据是否构成个人信息： （1）识别标准：从信息到个人，即由信息本身的特殊性即可识别出特定自然人，例如身份证号。 （2）关联标准：从个人到信息，即已知特定自然人在其活动中产生的信息。例如已知特定自然人的位置信息、通话记录等

续表

核心概念	条文解读	合规指引
个人信息的处理	相比《个人信息保护法(草案二次审议稿)》(以下简称《二审稿》),《个人信息保护法》对于个人信息处理的范围新增了“删除”,体现了立法者对于个人信息全生命周期保护的进一步强化,也有利于将个人信息处理者删除、销毁个人信息的活动纳入《个人信息保护法》个人信息处理活动的规制范围	企业应在个人信息的收集、存储、使用、加工、传输、提供、公开、删除等全生命周期落实合规义务

(三)处理个人信息的六大基本原则

《个人信息保护法》规定的处理个人信息的基本原则见表3。

表3 《个人信息保护法》基本原则

基本原则	条文解读	合规指引
合法、正当、必要、诚信原则(第5条)	《个人信息保护法》第5条规定,处理个人信息应当遵循合法、正当、必要和诚信原则,不得通过误导、欺诈、胁迫等方式处理个人信息。作为一项基本原则,《个人信息保护法》坚持了《网络安全法》和《民法典》关于合法性要求的一贯立场,禁止采取误导、欺诈、胁迫等方式处理个人信息,这也是《个人信息保护法》对于个人信息处理者的基础和前提性要求。 同时,《个人信息保护法》将《二审稿》第6条的“必要性”要求前移至第5条,与合法性要求并列作为处理个人信息的最基本原则,结合网信办出台的《常见类型移动互联网应用程序必要个人信息范围规定》,体现出立法者已将必要性判断作为个人信息处理活动合规性审查的核心	相关原则对应的合规措施非常广泛,此处举例如下: 1. 不应以欺诈、诱骗、误导的方式收集个人信息; 2. 不应隐瞒产品或服务所具有的收集个人信息的功能; 3. 不应从非法渠道获取个人信息; 4. 收集的个人信息的类型应与实现产品或服务的业务功能有直接关联;具体范围可结合《常见类型移动互联网应用程序必要个人信息范围规定》予以认定; 5. 自动采集个人信息的频率应是实现产品或服务的业务功能所必需的最低频率; 6. 间接获取个人信息的数量应是实现产品或服务的业务功能所必需的最少数量

续表

基本原则	条文解读	合规指引
目的明确和直接相关原则（第6条）	《个人信息保护法》第6条规定，处理个人信息应当具有明确、合理的目的，并应当与处理目的直接相关，采取对个人权益影响最小的方式。收集个人信息，应当限于实现处理目的的最小范围，不得过度收集个人信息。GDPR 对于该原则的表述为“目的限制”原则，即“（b）基于具体、明确、合法的目的收集个人数据，且随后不得以与该目的相违背的方式进行处理”；并单独在（c）项中规定了“最小必要原则”，表述为“数据应是充足的、相关的并且限于数据处理目的的最小必要范围”。同时，《信息安全技术　个人信息安全规范》亦明确规定了“目的明确原则”和“最小必要原则”。 值得注意，《个人信息保护法》在《二审稿》的基础上将“必要”的要求前移至第5条，而替代采用“与处理目的直接相关”的表述，《信息安全技术　个人信息安全规范》[1]中将“直接关联”解释为“没有此等个人信息的参与，产品或服务的功能无法实现”；但未来对于“直接相关”的判断标准和尺度仍需进一步观察	企业提供产品或服务涉及的各项业务功能（个人信息处理活动）应有明确、合理使用场景，并告知用户各功能对应的目的
公开透明原则（第7条）	《个人信息保护法》第7条规定，处理个人信息应当遵循公开、透明原则，公开个人信息处理规则，明示处理的目的、方式和范围。该项原则对个人信息处理者课以公开、明示义务，同时也是对于个人信息主体知情权的保障，从而确保个人信息主体的同意是其在完全知情的基础上作出的意思表示。 实践中，此等明示义务通常以《个人信息保护规则》（或称《隐私政策》）、弹窗单独告知等形式实现，根据《个人信息保护法》第17条、第30条，所应明示的内容至少包括：（1）个人信息处理者的名称或者姓	企业应制定个人信息保护政策；所告知的信息应真实、准确、完整，包括但不限于产品运营者基本情况、个人信息收集、使用目的、范围及场景、个人信息处理方式及规则、对外共享及披露情形、个人信息主体权利保障机制、投诉处理渠道等； 个人信息保护政策应公开发布且易于访问，例如，在网站主页、移动互联网应用程序安装页、交互界面或设计等显著位置设置链接；

续表

基本原则	条文解读	合规指引
	名和联系方式;(2)个人信息的处理目的、处理方式,处理的个人信息种类、保存期限;(3)个人行使权利的方式和程序。同时,如处理敏感个人信息,信息处理者还应当向个人告知处理敏感个人信息的必要性以及对个人权益的影响	个人信息保护政策应逐一送达个人信息主体,例如,用户注册或首次运行产品时需主动提示用户阅读并勾选后才可继续使用
其他原则:准确性原则(第8条)问责性原则(第9条)数据安全原则(第9条)	除上述原则,《个人信息保护法》第8条至第9条还规定了处理个人信息应当保证个人信息的质量,避免因个人信息不准确、不完整对个人权益造成不利影响(准确性原则),同时个人信息处理者应当对其个人信息处理活动负责(可问责性原则),并采取必要措施保障所处理的个人信息的安全(数据安全原则)。 基于可问责性原则和数据安全原则,《个人信息保护法》第五章进一步课以个人信息处理者法定义务,例如,指定个人信息保护负责人(第52条),制定内部管理制度、实行分类管理、采取安全技术措施、确定个人信息处理的操作权限、定期进行安全教育和培训、制定并组织实施个人信息安全事件应急预案(第51条)	企业应综合考虑所收集个人信息的目的,开展必要的个人信息完整性和准确性审核。例如,通过公安机关提供的实名认证接口完成对个人所提供的个人信息是否满足《网络安全法》中实名制要求的必要审核; 企业应当结合自身的风险程度,尽早任命个人信息保护负责人,成立相关部门,建立内部合规管理制度并采取相关措施(具体见本文第五部分)

注:〔1〕《个人信息安全规范》第5.2条规定:对个人信息控制者的要求包括:a)收集的个人信息的类型应与实现产品或服务的业务功能有直接关联;直接关联是指没有上述个人信息的参与,产品或服务的功能无法实现……

二、个人信息处理的基本规则和合规应对策略

(一)个人信息处理活动的七项法律基础

《个人信息保护法》在第13条列举了七项可以处理个人信息的情形,除同意外,还包括:(1)订立、履行合同或者按照依法制定的劳动规章制度和依法签订的集体合同实施人力资源管理所必需;(2)履行法定职责或法定义务所必需;(3)应对突发公共卫生事件或紧急情况所必需;(4)为公共利益实施新闻报道、舆论监

督;(5)合理范围内处理公开个人信息;(6)法律、行政法规规定的其他情形。

《个人信息保护法》首次突破了《网络安全法》以“告知—同意”为核心的单一法律基础,对《民法典》第1035条①所规定的“法律、行政法规另有规定”进行了细化和扩展。相比《二审稿》,《个人信息保护法》在“履行合同所必需”的法律基础外提出了人力资源管理的情形,为企业收集、处理员工的个人信息提供了更加明确的合规路径。同时,在《二审稿》创造性提出的“处理已公开的个人信息”这一法律基础之上,《个人信息保护法》进一步对个人信息公开的渠道进行了细化解释,包括个人自行公开的个人信息及其他已经合法公开的个人信息。

对文娱企业而言,了解和梳理个人信息处理活动的目的、范围和方式,论证其对应的法律基础将成为合规工作的基本前提,特别是对于同意和其他法律基础的区分。一旦某处理活动适用其他法律,例如属于履行合同之必需,那么该等处理活动无须取得同意,除需满足合法性、必要性等基本原则及其他要求外,在隐私政策中进行披露和公示即可。虽然《个人信息保护法》还未像GDPR第13条,要求数据控制者在收集数据主体个人数据时说明处理的法律基础,但是,基于正当且合理的法律基础处理个人信息,有助于企业更好地把握个人信息处理的边界,以及应对个人对信息处理活动提出的异议,进而制定对应的数据合规策略,保证个人信息的全生命周期合规。

(二)获取同意的合法、有效标准

《个人信息保护法》第14条、第15条对基于个人同意处理个人信息的情形下,获得个人同意的有效标准及撤回同意作出规定。同意应由个人在充分知情的前提下自愿、明确作出,且可以被便捷地撤回。需要重点注意的是,《个人信息保护法》在第14条中提及“单独同意”和“书面同意”的概念,且在后文中,为部分场景下的个人信息处理活动设定了单独同意的要求,如向其他个人信息处理者提供个人信息、公开个人信息、处理敏感个人信息、向境外提供个人信息的情形。《个人信息保护法》第16条还规定,个人信息处理者不得以个人不同意或者撤回同意为由,拒绝提供产品或者服务。

在实务中,“单独同意”要求一旦生效,将对产品界面设置、个人信息处理活动

① 《民法典》第1035条规定:“处理个人信息的,应当遵循合法、正当、必要原则,不得过度处理,并符合下列条件:(一)征得该自然人或者其监护人同意,但是法律、行政法规另有规定的除外……”

的合法前提产生较大影响。按照立法目的,"单独同意"首先应当确保收集的"可感知性",个人充分知情,而不应与其他个人信息处理规则一并告知;其次,"单独同意"应当排除"捆绑授权";最后,"单独同意"应当排除"强迫或变相强迫同意"的情况,例如,倘若人脸识别信息不属于提供产品或者服务所必需,个人在拒绝后对产品或服务的使用不应被影响或限制。

（三）个人信息处理活动的透明化

《个人信息保护法》在第17条中列举了个人信息处理者在处理个人信息前应当向个人告知的事项。相较于《二审稿》,《个人信息保护法》就个人信息处理者的告知义务中增加了"真实、准确、完整"三大原则。另外,《个人信息保护法》在后文中也对个人信息处理者在特定情形下应披露的内容作出规定,情形包括因合并、分立等原因需要转移个人信息、向他人提供个人信息、处理敏感个人信息及向中华人民共和国境外提供个人信息。

鉴于《个人信息保护法》强调的"完整性"对个人信息处理规则提出了更高的要求,结合之前监管机构的实践及相关国家标准、指南,企业需避免使用"等""例如"等方式进行不完整列举。笔者建议文娱企业根据业务实践制定隐私政策或相关文本后,严格对照《个人信息保护法》对个人信息处理者告知义务的内容要求进行查缺补漏,确保满足法律法规的透明化要求。

（四）最小限度保存个人信息

《个人信息保护法》第19条规定了个人信息的保存期限,除法律、行政法规另有规定的情形外,均应当为实现处理目的的所必要的最短时间。

在实际业务中,企业需要在个人信息处理活动的开端即界定个人信息处理的目的,并依据目的厘清是否存在个人信息存储的法律要求及对应的存储期限,如不存在,则应在目的实现或约定的存储期限届满时履行删除或者匿名化处理义务。

（五）共同处理、委托处理及向他人提供个人信息

《个人信息保护法》第20条、第21条分别就共同处理及委托处理个人信息情形进行规定。在共同处理的场景下,双方共同决定个人信息的处理目的和处理方式的,应约定各自的权利和义务,如侵害个人信息权益造成损害的,双方应承担连带责任。在委托处理的场景下,双方应约定委托处理的目的、期限、处理方式、个

人信息的种类、保护措施、双方的权利和义务等，个人信息处理者还应对受托人的个人信息处理活动进行监督。其中，受托人除需遵守与个人信息处理者的约定，不得超出约定的处理目的、处理方式等外，还需遵守《个人信息保护法》第59条法律赋予的安全保障义务及协助义务。另外，《个人信息保护法》在第22条及第23条中还规定了因合并、分立、解散、被宣告破产等原因需要转移个人信息，以及向其他个人信息处理者提供个人信息时的告知义务及其他相关规定。

文娱企业在与第三方合作时，应基于合作的目的和方式约定与合作伙伴之间的关系和责任承担。在角色判断的过程中，双方的地位、个人信息处理活动的边界应与其应承担的权利与义务相对应，双方应妥善协商并签订协议，在事前进行安全影响评估（《个人信息保护法》第55条），结合合作关系涉及的个人信息处理活动的风险程度酌情采取审计、持续监控等措施，以避免后续纠纷。

（六）自动化决策的规则

《个人信息保护法》第24条规定，个人信息处理者如使用自动化决策，应保证决策透明和结果公平、公正，不得对个人在价格等交易条件上实行不合理的差别待遇，如市场上反映强烈的“大数据杀熟”问题。如通过自动化决策方式向个人进行信息推送、商业营销，应当同时提供不针对其个人特征的选项，或者向个人提供便捷的拒绝的方式。如个人信息处理者基于自动化决策作出对个人权益有重大影响的决定，个人有权要求其进行说明，并有权拒绝其仅仅通过自动化决策的方式作出决定。

在目前用户画像、算法推荐等新技术、新应用蓬勃发展的大背景下，《个人信息保护法》对自动化决策进行的针对性规范，是对社会热点的关切和呼应。企业在实务操作中，应首先依据《个人信息保护法》第55条的规定在事前进行风险评估，其次应明确业务拟通过自动化决策将要实现的目的，如自动化决策是为向个人进行信息推送、商业营销等，通常应基于同意的法律基础进行个人信息处理，并提供拒绝的方式。

（七）公开个人信息使用的合理边界

《个人信息保护法》在第25条中赋予个人信息处理者在公开个人信息时应取得个人单独同意的义务。依据《个人信息保护法》第13条，对于个人自行公开或者其他已经合法公开的相关个人信息，个人信息处理者在合理范围内的处理具有法律基础。但是,如《个人信息保护法》第 27 条所述,尽管处理可以在合理的范围内进行,但个人明确拒绝的不得处理,且如处理对个人权益有重大影响,应另行取得个人同意。

在实践中,对处理公开个人信息之合理范围的判断可能成为实务中的重难点。结合之前的司法实践来看,个人信息主体的明确拒绝和要求删除等行为可能是判断合理边界的重要依据。文娱企业应从个人权益的影响角度作出评估,避免造成直接侵入性的隐私损害。

(八)公共场所图像、身份识别信息采集

根据《个人信息保护法》第 26 条,在公共场所安装图像采集、个人身份识别设备所收集的信息,除取得个人单独同意外,只能用于维护公共安全的目的,并设置显著的提示标识。这一规定也与此前中央网信办、工信部、公安部、市场监管总局打击的摄像头偷窥等“黑产业”相对应。笔者建议企业排查工作地点、园区或其他场所的采集设备,并依据法律规定及时进行整改。

(九)敏感个人信息的保护和处理规则

《个人信息保护法》第 28 条对敏感个人信息进行定义,该类信息一旦泄露或者非法使用,即容易导致自然人的人格尊严受到侵害或人身、财产安全受到危害。《个人信息保护法》第 29 条赋予信息处理者处理敏感个人信息时应获得个人的单独同意的要求。另外,《个人信息保护法》相较于《二审稿》作出的重大变化之一是明确将不满 14 周岁未成年人的个人信息划入敏感个人信息范畴。根据第 31 条,对于不满 14 周岁未成年人的个人信息处理活动,个人信息处理者应取得其父母或其他监护人的同意,并制定专门的个人信息处理规则。

由于敏感个人信息如泄露或非法使用将造成严重后果,在涉及处理部分敏感个人信息如生物识别信息、医疗健康信息、金融账户信息的领域,均有特别法律法规进行针对性规定。《最高人民法院关于审理使用人脸识别技术处理个人信息相关民事案件适用法律若干问题的规定》即从侵权责任、违约责任和消费者公益诉讼角度对人脸信息处理涉及的责任及要求进行说明。文娱企业在了解涉及处理的个人信息类型的基础上,应区分其中的敏感个人信息类型,制定企业内部的分类分级标准,并采取更高水平的技术措施予以保护。针对未满 14 周岁的未成年人信息,文娱企业应在产品/服务端设计青少年模式,通过家长身份验证等方式确保个人信息处理合规,制定专门的儿童个人信息处理规则并公示。

三、多元化跨境传输的合法路径,确保实现同等保护水平

自《网络安全法》实施以来,个人信息跨境传输的合规治理一直备受关注,《个人信息保护法》系统地设计了符合中国国情的个人信息跨境传输方案,提出了多元化的合法传输路径(见图1)。

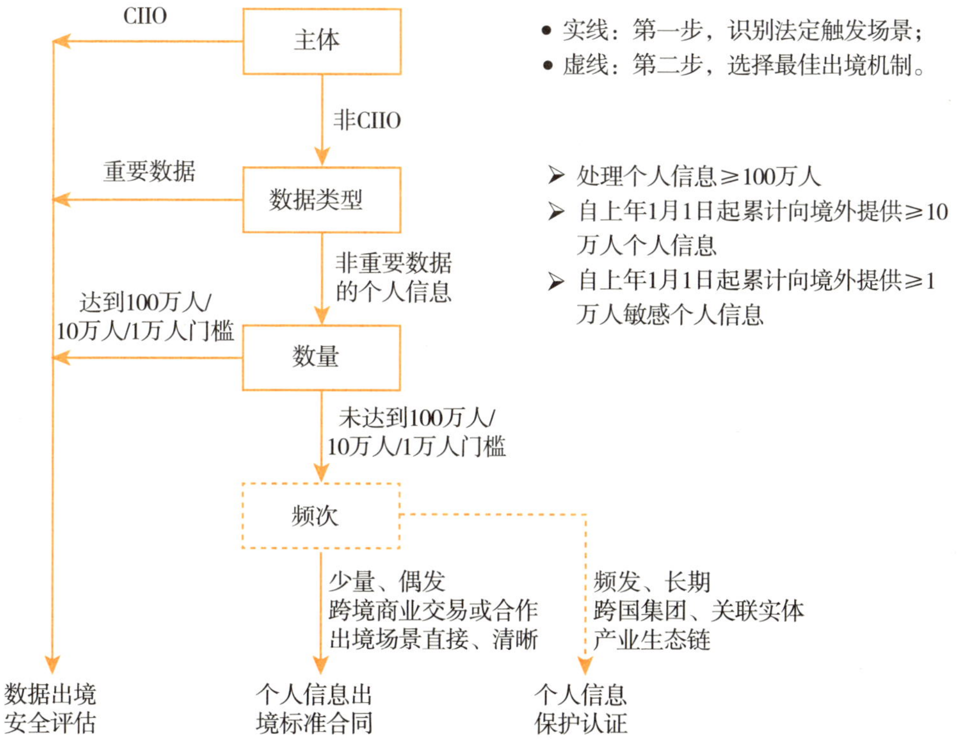

图1 数据跨境监管的一般机制

(一)跨境传输的通用要求

无论企业构成何种主体,只要涉及个人信息跨境传输①,即需要满足一些要求(见表4):

① 需要注意的是,参考《数据出境安全评估申报指南(第一版)》中的定义,数据处理者收集和产生的数据存储在境内,境外的机构、组织或者个人可以查询、调取、下载、导出,同样构成个人信息跨境传输。

表 4 个人信息跨境传输需要满足的要求

法规要求	相关解读
采取必要措施,保障境外接收方处理个人信息的活动达到《个人信息保护法》规定的个人信息保护标准(《个人信息保护法》第 38 条)	该要求为《个人信息保护法》中新增的内容,强调了企业所需采取的各项措施、需满足的各项要求。结合实践经验,企业可采取签订合同、审计评估、技术监测等措施来实现
告知个人个人信息跨境传输的相关情况(包括接收方的名称/姓名、联系方式、处理目的、处理方式、个人信息类型、向接收方行使权利的程序和方式等)并取得个人的单独同意(《个人信息保护法》第 39 条)	对于此等"单独同意"的形式,可通过单独弹窗告知并要求用户勾选同意等方式实现
事先进行个人信息保护影响评估(《个人信息保护法》第 55 条)	企业在进行评估时可参考《信息安全技术 个人信息安全影响评估指南》中的方法论及流程,对是否满足个人信息处理基本原则、对个人权益的影响及安全风险以及安全保护措施有效性等进行评估,并将评估报告及处理情况至少保存 3 年

(二)跨境传输的路径设计

对于个人信息处理者而言,在进行个人信息跨境传输时,除满足上述通用要求以外,还需要根据自身的性质满足相应的个人信息跨境传输要求。

1. 构成关键信息基础设施运营者(Critical Information Infrastructure Operator, CIIO)或处理个人信息达到国家网信部门规定数量的个人信息处理者

在《个人信息保护法》发布前夕,《关键信息基础设施安全保护条例》(以下简称《关基条例》)正式通过并于 2021 年 9 月 1 日起施行。根据《关基条例》,重要行业、领域[①]的主管部门和监督管理部门负责认定该行业、领域的关键信息基础设

① 《关基条例》第 2 条规定:本条例所称关键信息基础设施,是指公共通信和信息服务、能源、交通、水利、金融、公共服务、电子政务、国防科技工业等重要行业和领域的,以及其他一旦遭到破坏、丧失功能或者数据泄露,可能严重危害国家安全、国计民生、公共利益的重要网络设施、信息系统等。

施[①]。对于 CIIO 进行个人信息跨境传输的要求,《个人信息保护法》与《网络安全法》[②]一脉相承,均提出了数据本地化的要求。

对于企业而言,即使不构成 CIIO,若所处理的个人信息达到了国家网信部门所规定的数量,仍然需要遵循与 CIIO 一致的个人信息跨境传输要求。具体要求包括:

第一步,先进行数据本地化:企业应当将在中国境内收集和产生的个人信息存储在境内。

第二步,通过国家网信部门组织的安全评估:数据本地化并不意味着禁止将个人信息传输至中国境外,如果确实需要向境外提供的,则需要在通过国家网信部门组织的安全评估后再进行传输。根据网信办 2022 年 7 月发布的《数据出境安全评估办法》第 5 条,安全评估的重点内容包括:(1)数据出境和境外接收方处理数据的目的、范围、方式等的合法性、正当性、必要性;(2)出境数据的规模、范围、种类、敏感程度,数据出境可能对国家安全、公共利益、个人或者组织合法权益带来的风险;(3)境外接收方承诺承担的责任义务,以及履行责任义务的管理和技术措施、能力等能否保障出境数据的安全;(4)数据出境中和出境后遭到篡改、破坏、泄露、丢失、转移或者被非法获取、非法利用等的风险,个人信息权益维护的渠道是否通畅等;(5)与境外接收方拟订立的数据出境相关合同或者其他具有法律效力的文件等是否充分约定了数据安全保护责任义务;(6)其他可能影响数据出境安全的事项。

2. 其他个人信息处理者

如果企业不构成 CIIO 且所处理的个人信息未达到国家网信部门所规定的数量,个人信息跨境传输满足以下条件之一即可:

(1)参照《网络安全标准实践指南——个人信息跨境处理活动安全认证规范 V2.0》《信息安全技术　个人信息跨境传输认证要求(征求意见稿)》等规范,经专业机构进行个人信息保护认证。对于如何进行认证、哪些专业机构有权进行认证

---

① 《关基条例》第 10 条规定:保护工作部门根据认定规则负责组织认定本行业、本领域的关键信息基础设施,及时将认定结果通知运营者,并通报国务院公安部门。

② 《网络安全法》第 37 条规定:关键信息基础设施的运营者在中华人民共和国境内运营中收集和产生的个人信息和重要数据应当在境内存储。因业务需要,确需向境外提供的,应当按照国家网信部门会同国务院有关部门制定的办法进行安全评估;法律、行政法规另有规定的,依照其规定。

则有待后续明确；

（2）按照国家网信部门发布的《个人信息出境标准合同办法》及个人信息出境标准合同文本与境外接收方订立合同；

（3）法律、行政法规或者国家网信部门规定的其他条件。

基于上述分析，文娱企业首先需判断自身性质，并在此基础上设计符合自身情况的跨境传输路径。需要注意的是，除上述通用要求及特殊要求以外，企业还需关注所在的行业领域是否有其他特别的要求。以汽车行业为例，根据自 2021 年 10 月 1 日起实施的《汽车数据安全管理若干规定（试行）》，汽车数据处理者应该在中国境内依法存储重要数据（包括涉及个人信息主体超过 10 万人的个人信息），确需向境外提供的，应当通过国家网信部门组织的数据出境安全评估并满足其他相关要求。

四、个人信息有关主权和国家安全的特殊保护机制

个人信息跨境传输可能涉及国家安全、网络安全、数据主权等多方面的问题，《个人信息保护法》中对涉及其他国家或地区的个人信息保护特殊情形作出了规定。具体来说，主要包括以下三种情形：

第一种，外国司法机构或执法机构要求提供个人信息的情形。此种情形下，经主管机关批准才可提供存储在中国境内的个人信息，个人信息处理者不得擅自提供。

第二种，境外组织、个人从事不合法的个人信息处理活动的情形。若境外组织、个人从事的个人信息处理活动侵害中国公民权益或危害中国国家安全、社会公共利益，国家网信部门可以将此类组织、个人列入限制或者禁止个人信息提供清单。

第三种，其他国家或地区在个人信息保护方面对中国采取歧视性的禁止、限制等措施。在此情形下，我国可以根据实际情况对该国家或地区对等采取措施。

对于企业而言，要持续关注全球数据保护整体趋势，涉及个人信息跨境传输时紧密关注接收方所在国家或地区的法律环境及动态，在选用境外合作伙伴时对其个人信息保护技术能力、合规能力、声誉等进行充分的调查及评估，并与其签订适用的法律文件，及时调整业务策略，使业务活动正常平稳运行。

五、赋予个人信息主体十大权利

(一)赋予个人信息主体十大法定权利,首次引入可携带权

《个人信息保护法》第四章全面规定了个人在个人信息处理活动中的十大法定权利。《个人信息保护法》与《民法典》第1037条①及《信息安全技术　个人信息安全规范》第8条的有关规定相衔接,同时与GDPR以及《加利福尼亚州消费者隐私法》(CCPA)的相关规定类似,明确了在个人信息处理活动中个人的各项权利。

《个人信息保护法》规定的法定权利与GDPR以及CCPA的对比见表5。

表5 《个人信息保护法》、GDPR与CCPA项下的法定权利对比

《个人信息保护法》	GDPR	CCPA
知情权(第44条)	知情权	知情权
决定权(第44条)	/	/
限制权(第44条)	限制处理权	/〔1〕
拒绝权(第44条)	拒绝权	/
查阅权(第45条)	访问权	访问权
复制权(第45条)	访问权	访问权
可携带权(第45条)	可携带权	可携带权
更正权(第46条)	更正权	/
删除权(第47条)	被遗忘权	删除权
自动化决策相关权利(第24条)	自动化决策相关权利	/
/〔2〕	/	要求不得出售其个人信息(Not to sale)

注:〔1〕CCPA没有明确规定拒绝权、限制处理权,主要在CCPA第1798.120条规定,消费者有权在任何时间指示出售消费者个人信息给第三方的企业不得出售该消费者的个人信息。

〔2〕尽管《个人信息保护法》未将"要求不得出售其个人信息"列为一项个人信息主体的法定权利,但《个人信息保护法》第10条在《二审稿》基础上新增规定任何组织、个人不得非法买卖、提供或者公开他人个人信息。

---

① 《民法典》第1037条规定:自然人可以依法向信息处理者查阅或者复制其个人信息;发现信息有错误的,有权提出异议并请求及时采取更正等必要措施。自然人发现信息处理者违反法律、行政法规的规定或者双方的约定处理其个人信息的,有权请求信息处理者及时删除。

《个人信息保护法》第 45 条第 3 款首次引入了 GDPR 和 CCPA 项下的可携带权，即“个人请求将个人信息转移至其指定的个人信息处理者，符合国家网信部门规定条件的，个人信息处理者应当提供转移的途径”，该规定或将有利于打破目前国内数据领域的垄断乃至“数据孤岛”的局面，解决数据资源的封闭性问题。

（二）建立申请受理和处理机制

作为企业而言，响应个人信息主体行使上述权利将构成其在《个人信息保护法》项下的法定义务，具体而言，《个人信息保护法》第 50 条要求个人信息处理者应当建立便捷的个人行使权利的申请受理和处理机制，结合《信息安全技术　个人信息安全规范》①及相关合规实践，企业至少应在如下几个层面参照执行（见图 2）：

向个人信息主体主动提供查询个人信息，以及获取个人信息副本的渠道	• 包括但不限于个人信息的类型、来源、目的、已获得该个人信息的第三方身份或类型
向个人信息主体提供更正或补充信息的渠道	• 包括由个人信息主体自行操作以完成更正、补充，或向其提供相关负责人的联系方式，由企业负责人协助其完成更正、补充
向个人信息主体提供删除信息的渠道	• 当符合法定情形时，可供个人信息主体自行操作以完成删除，或向其提供相关负责人的联系方式，由企业负责人协助其完成删除
向个人信息主体提供撤回授权同意的渠道	• 例如，提供由用户选择是否打开获取相关权限的选项、拒绝接受基于其个人信息推送商业广告的选项等
向个人信息主体提供注销账户的渠道	• 包括由个人信息主体自行操作以完成注销，或向其提供相关负责人的联系方式，由负责人协助其在15个工作日内完成注销
关注监管机构就决定权、限制和拒绝权以及可携带权的具体指引	• 及时内化为行权响应机制
如果拟拒绝个人信息主体行使上述权利	• 企业应说明理由，且此等说明宜通过书面形式以留存相应证据；同时应向个人信息主体提供投诉的途径，建立投诉管理机制和投诉跟踪流程，并在合理时间内对投诉进行响应

图 2　企业建立《个人信息保护法》项下个人行使权利的申请受理和处理机制参考

① 参见《信息安全技术　个人信息安全规范》第 8 条对个人信息主体的权利的规定。

(三)死者的个人信息处理权利

《个人信息保护法》第 49 条规定,自然人死亡的,其近亲属为了自身的合法、正当利益,可以对死者的相关个人信息行使该章规定的查阅、复制、更正、删除等权利;死者生前另有安排的除外。相比《二审稿》,《个人信息保护法》对于死者近亲属行权增加了“为了自身的合法、正当利益”以及“死者生前另有安排的除外”的限制。

此项变化一方面体现立法者对于死者生前意愿的充分尊重,另一方面进一步限缩了近亲属行权的情形。未来企业在响应此等死者近亲属的请求时,将有权要求近亲属说明其行权目的,同时可对死者生前是否已对其个人信息的死后处理作出安排予以审查,如果有证据证明不符合上述法定情形,则可以拒绝响应行权请求。

六、个人信息处理者的系统性义务

(一)履行个人信息保护合规基本义务

《个人信息保护法》第 51 条至第 57 条明确了个人信息处理者应履行的基本义务(见图 3)。

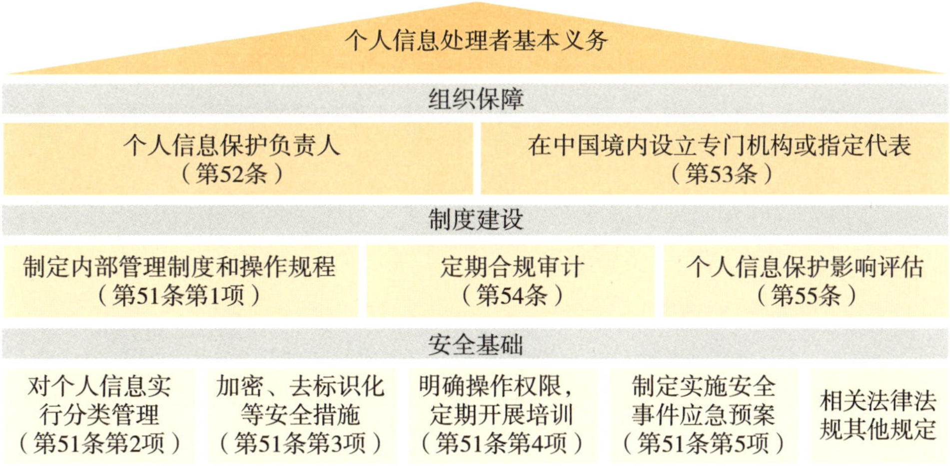

图 3 个人信息保护合规基本义务

企业应当构建起以组织为保障、以制度为贯穿、以安全为基石的个人信息保护体系,具体包括:

1. 专人负责

(1)指定个人信息保护负责人。如果企业处理个人信息达到国家网信部门规定数量,则应指定个人信息保护负责人,并在《隐私政策》或其他界面公开个人信息保护负责人的联系方式,并将个人信息保护负责人的姓名、联系方式等报送履行个人信息保护职责的部门。

(2)适用《个人信息保护法》的境外个人信息处理者则应当在中国境内设立专门机构或指定代表,并将该机构的名称或代表的姓名、联系方式等报送履行个人信息保护职责的部门。

2. 建立管理制度和流程

企业应当结合开展个人信息处理活动的具体情况,制定内部管理制度和操作规程,重点关注存在较高风险的处理场景。主要包括:

(1)制定内部管理制度和操作规程,将个人信息保护要求嵌入业务流程,确保个人信息信息处理活动流程清晰、要求明确。

(2)定期对个人信息处理活动开展合规审计,持续提升合规性。审计的重点在于确定个人信息处理活动是否符合法律法规的要求,既包括对组织措施的审计,也包括安全审计。

(3)开展个人信息保护影响评估。应开展评估的场景包括处理敏感个人信息,利用个人信息进行自动化决策,委托处理个人信息、向其他个人信息处理者提供个人信息、公开个人信息,向境外提供个人信息等。评估内容主要包括:①个人信息的处理目的、处理方式等是否合法、正当、必要;②对个人权益的影响及安全风险;③所采取的安全保护措施是否合法、有效并与风险程度相适应等。同时,评估报告及相关处理情况应至少保存3年。

3. 搭建安全防范机制

企业应当根据《个人信息保护法》《网络安全法》《数据安全法》等法律法规的要求,结合个人信息处理活动的具体情况,采取相应措施充分保障个人信息安全。主要包括:

(1)按照《网络安全法》《数据安全法》等强制性要求,履行基本网络安全、数据安全义务,包括但不限于建立等级保护制度、落实数据分类分级管理、建立全流程数据安全管理制度等。

(2)对个人信息实行分类管理。例如,结合不同的业务场景和数据本身的性质,企业应当针对个人信息进行分类并采取相对应的管理措施。

(3)采取相应的加密、去标识化等安全技术措施。根据所处理个人信息的敏感程度、重要性等,采取不同级别的加密措施。通过界面展示个人信息时应采取去标识化处理等措施以降低泄露风险①。

(4)合理确定个人信息处理的操作权限。明确内部涉及个人信息处理不同岗位的安全职责,建立发生安全事件的处罚机制;与从事个人信息处理岗位上的相关人员签署保密协议,对大量接触敏感个人信息的人员进行背景审查,以了解其犯罪记录、诚信状况等②。

(5)制定并组织实施个人信息安全事件应急预案。定期对从业人员进行安全教育和培训,使其掌握岗位职责和应急处置策略和规程。安全事件发生后根据应急预案采取措施:①记录事件内容;②评估事件可能造成的影响并采取必要措施控制事态、消除隐患;③按照《国家网络安全事件应急预案》等规定及时上报等③。

(二)压实重要互联网平台的个人信息保护义务

对于提供重要互联网平台服务、用户数量巨大、业务类型复杂的个人信息处理者,《个人信息保护法》第58条在《二审稿》的基础上新增了互联网平台应当制定平台规则,并明确平台内产品或者服务提供者处理个人信息的规范和保护个人信息的义务。其原因在于,互联网平台场景可能涉及多方义务主体,因此个人信息的收集者也可能包括平台内经营者、第三方SDK提供者等,同时鉴于实践中用户通常感知其个人信息的收集、使用主体为平台方,其提供个人信息也可能系基于对头部互联网平台本身的信任,因此,该条对平台进一步课以对其平台内产品或服务提供者进行管理之义务。

头部互联网平台涉及大量个人信息处理活动,应履行如下合规义务:

1. 按照国家规定建立健全个人信息保护合规制度体系,成立由外部成员组成的独立机构对个人信息保护情况进行监督。此等独立机构可类比上市公司的独立董事、外部董事等"和公司无关的人",与平台企业不得存在隶属关系,也不对平

---

① 参见《信息安全技术　个人信息安全规范》第7.2条对个人信息的展示限制的规定。

② 参见《信息安全技术　个人信息安全规范》第11.6条对人员管理与培训的规定。

③ 参见《信息安全技术　个人信息安全规范》第10.1条对个人信息安全事件应急处置和报告的规定。

台负责。

2. 遵循公开、公平、公正的原则，制定平台规则，规范平台内产品或服务提供者的个人信息活动及义务，包括但不限于要求产品或服务提供者制定独立的个人信息保护规则、具备数据安全能力等，并在与平台内产品或服务提供者的入驻协议中约定其需履行的合同义务，以及在严重违法违规处理个人信息时平台将停止提供服务的后果等。

3. 在平台《隐私政策》等规则中明确告知用户相关产品或服务提供者处理个人信息的情形，并告知用户相关处理活动将适用相应产品或服务提供者项下的个人信息保护规则。

4. 定期发布个人信息保护社会责任报告，接受社会监督。

（三）明确委托处理者的协助义务

《个人信息保护法》第 59 条规定了委托处理者的安全义务，该条规定在《二审稿》基础上调整了义务依据和内容，其应履行的义务包括但不限于《二审稿》第五章之规定，同时新增了受托处理者有义务协助个人信息处理者依法履行相关义务。结合《信息安全技术　个人信息安全规范》[①]及业务实践，此等协助义务主要包括：

（1）协助个人信息处理者开展个人信息保护影响评估，例如提供自身网络与数据安全能力证明材料、相关合规制度文本等；

（2）协助个人信息处理者响应个人信息主体行权；

（3）配合个人信息处理者对自身的审计；

（4）协助履行与个人信息处理者签订的数据处理协议中约定的其他义务。

七、结语

随着《个人信息保护法》的落地，文娱企业在面临全新的法律秩序与市场环境的同时，亟须重塑内部合规体系与管理制度，依据法律法规的要求对自身合规水平进行自查自纠，结合自身数据处理活动的风险，尽早采取应对措施。

（焦雅婷、杨润对本文亦有贡献）

---

① 参见《信息安全技术　个人信息安全规范》第 9.1 条关于委托处理的规定。

VR 世界的著作权规制

李 宁 王 飞*

* 作者简介：

李宁，中伦律师事务所北京办公室争议解决部合伙人，电邮为：lining@ zhonglun. com。

王飞，中伦律师事务所北京办公室争议解决部非权益合伙人，电邮为：philipwang@ zhonglun. com。

VR（Virtual Reality），即虚拟现实技术，是借助计算机系统及传感技术生成一个三维空间的虚拟世界，是一种崭新的人机交互方式，通过调动用户视觉、听觉、触觉等使用户如同身临其境一般体验虚拟世界。身临其境的体验需要 VR 设备和 VR 内容共同完成，VR 设备包括 VR 头盔、VR 眼镜、VR 动作捕捉器、VR 一体机等一系列硬件，VR 内容则包括 VR 视频、VR 游戏、VR 图书、VR 全景图等。作为被技术推动的法律，著作权法自诞生之初便与技术的发展相生相伴，VR 世界的创新和发展亦需要著作权法予以保护和规制。

一、VR 世界的著作权作品

VR 设备和 VR 内容是构建 VR 世界的基础，以著作权对其进行保护的前提是明晰保护的客体。对于 VR 设备而言，其核心技术是软件层面的底层算法以及硬件层面的发明创造，VR 内容的核心则在于满足用户视听享受的影像音频作品，由此，计算机软件和视听作品是 VR 世界最重要的著作权客体。

（一）计算机软件

VR 设备能够让用户有沉浸感的核心原理是，头部陀螺仪随着头部位姿传感采集数据通知图像生成引擎，利用三维引擎技术高频产生实时的立体图像，同时利用人类左右眼看到不同图像产生立体感，为用户双眼安排不同的画面，从而使用户沉浸于一个四维的虚拟世界之内。除强烈的沉浸感和立体感，VR 设备更重要的是允许用户和虚拟世界进行交互。VR 设备会对用户的行走、手势、动作、声音等进行采集，使用户在现实世界中的动作能够向 VR 世界进行实时正向反馈，进而产生用户能够理解的变化。

VR 设备沉浸感和交互式效果依赖于 VR 设备中装载的图形学引擎。此为专业的图形处理系统，也就是 VR 技术的底层算法，其内容实际就是计算机软件，受著作权法保护。VR 设备生产商多是国外企业，由于中国是《伯尔尼公约》的成员国，因此在境外的 VR 设备生产商所在国加入《伯尔尼公约》的情形下，其计算机软件同样受到中国《著作权法》保护。除权利保护外，计算机软件开源的商业传统与法律明确规定的“有限表达”抗辩为 VR 设备的开发应用提供了充足的设计空间。例如，VR 行业巨头 Oculus 公司 2020 年正式宣布开源第二代 VR 头显开发者套件，并分享了大部分原始开发数据，开源文档包括工程原理图、电路板设计、

CAD 图纸、知识共享署名 4.0 协议、BSD+Patent 许可下的固件等。但计算机软件开源并不意味着开源软件作者丧失其著作权，开源生态系统是在承认著作权的前提下，通过许可证来实现对开源软件的约束，每个开源软件的使用者只有在遵守约束的情况下，才有权复制、修改和发布软件或者从事与此有关的其他工作。鉴于此，若 VR 设备生产商使用开源计算机软件进行修改或演绎而形成新的作品，均必须严格遵守开源许可证的约束，避免违反协议构成侵权或违约。

计算机软件的侵权方式往往表现为代码的复制，此时需要比较著作权人、被控侵权人双方的软件源程序之间是否相同或者构成实质相同。不同于美术、文字等作品类型，计算机软件的设计受限于功能性的要求，表达方式较为有限，软件开发者的创作空间相对较小。对此，《计算机软件保护条例》第 29 条专门规定，软件开发者开发的软件，由于可供选用的表达方式有限而与已经存在的软件相似的，不构成对已经存在软件的著作权的侵犯。因此，即使 VR 设备之间功能具有相似的呈现方式，或能够运行权利方独家所有的内容，被诉侵权的 VR 设备生产商也可考虑以 VR 设备底层算法属于“有限表达”，或以均基于开源源代码进行演绎创作来进行抗辩。

鉴于本文旨在通过著作权探讨 VR 设备的保护问题，对于通过专利技术方案、商业秘密、竞争权益等形式的保护问题将不再展开。

（二）视听作品

VR 设备的性能、显示、操控等方面依赖于计算机软件的运行，而适配于 VR 设备甚至独家运行于 VR 设备之上的内容则是获得沉浸互动效果和 VR 未来持续发展的关键。例如，2015 年 Oculus Studios 成立以后始终致力于创建 VR 内容生态，而为帮助 VR 应用开发人员快速生产 VR 内容，Oculus 通过 Oculus Developer Guide 和 Oculus Best Practices Guide 等文档为开发者开发高品质 VR 作品提供详尽指导和参考。

VR 内容涉及多种智力创造成果的表达，涵盖全景图、音乐、视频、游戏等，但每一项 VR 内容在 VR 设备的呈现均必须符合该设备统一的接口标准，以 VR 应用的形式接入到 VR 设备平台之上才能进行展示。基于此，部分观点提出，VR 内容本质是在 VR 设备平台运行的计算机编程代码，因此应将 VR 内容归入计算机软件保护的范畴。该观点对于保护 VR 设备平台上应用的源代码并无问题，但传统著作权学说中的计算机软件，仅仅指运用计算机语言编写出的一系列可以运行的逻辑代码，不包括将代码运行之后产生的图像、音乐等。对于计算机执行程序指令时显示的视听和其他传统表达内容还是需要通过著作权法规定的其他作品类型进行保护。

从用户感知角度来看，VR 内容的价值体现在其最终呈现的全景式、交互式三维的虚拟场景。这种虚拟场景注重用户的视听体验，由一系列有伴音的三维画面组成，同时需要借助 VR 设备才能够传播与获取，这与视听作品“系列连续画面”的核心定义相吻合，亦与《视听表演北京条约》中视听录制品“通过某种装置可感觉、复制或传播的活动图像”的概念相符。由此，笔者认为，以视听作品保护 VR 内容更为合理。

单从字面意思来看，视听作品似乎无法包含能够带给人触觉乃至嗅觉的 VR 内容。但现阶段，法律对于视听作品的定义还没有明确的解释，其内涵外延仍旧存在很多争议。相比于其他类型的作品，视听作品最大的特点在于作品形式上的画面连续性以及作品内容上的汇编性，从默片到有声片的技术发展史也从侧面证明了视听作品具有吸收多种感官效果的可能性。因此，对视听作品进行扩大解释事实上能够囊括 VR 内容全部表达形式。

在华彩光影诉时光梦幻 VR 侵权纠纷案中，终审法院北京知识产权法院最终仅肯定了“时光梦幻公司播放的 VR 场景并未形成一个不同于华彩光影公司的新作品”的认定，但未对被制作成 VR 作品的《××殿》的作品类型进行定义。在 2018 年中国首例 VR 著作权纠纷案即全景客诉同创蓝天侵害著作权纠纷案中，法院认定涉案 VR 作品属于可 360 度全景再现客观物体和场景的摄影作品。2020 年修正的《著作权法》以“视听作品”替代了类电作品（以类似摄制电影的方法创作的作品）的表述，从而用此所指对象范围更广、更具说服力的术语来涵盖原类电影作品之外的其他视听类作品。在笔者看来，VR 作品的呈现已脱离原有的静态画面，是随着用户头部位姿、行走、动作等传感采集数据通知图像生成引擎，利用三维引擎技术高频产生的实时立体图像，本质上与视听作品“系列连续画面”核心定义相吻合，根据 2020 年修正的《著作权法》，将 VR 作品作为视听作品而非摄影作品进行保护更适当。

二、VR 世界的著作权权利

确定著作权保护的客体以后，需进一步讨论通过著作权的哪一种权利对 VR 作品进行保护。对于 VR 内容而言，其创作形成、传播等过程涉及不同权利。

（一）复制权与改编权

创建 VR 内容、在 VR 内容中实现互动都有可能涉及对现有作品的再现，再现情形主要包括在虚拟场景中再现现实作品、在虚拟场景中再现虚拟作品以及在现实世界中再现虚拟作品三种。其中，作品在虚拟世界与现实世界的跨界再现是否构成对在先作品表达的复制涉及对异维复制的理解。

复制权为著作财产权中的核心权利，其范围随着科技的发展而不断扩大。1990 年《著作权法》曾在第 52 条规定：按照工程设计、产品设计图纸及其说明进行施工、生产工业品，不属于本法所称的复制。但该条在之后的修法中被删除。2020 年《著作权法》修改时，增加了将原作品进行数字化为复制行为的规定。而《伯尔尼公约》第 9 条第 1 款规定的“复制”可以通过“任何方式”“任何形式”。由此可以看出，复制的本质是表达的再现，再现的方式、再现的跨维度、再现的跨界都不影响再现这一结果的认定。

同为对原作品表达的利用，复制与改编的差异在于对于原作品表达的使用程度以及是否增加了新的表达。相比于改编，复制是对于全部原作品的再现，任何人对原作品的复制都会形成同样的结果，或者说目的在于形成同样的结果（比如，临摹也是一种复制，虽然根据临摹水平的高低，最终的呈现结果会有差异，但临摹者临摹的主观目的均是达到与被临摹对象的一致）。

落点到 VR 内容，其在构建虚拟场景时，需要根据策划案设定相应的场景概念图及三视图，然后再利用三维制作软件进行三维建模，最后由开发设计的相应计算机程序对此场景进行控制和调度。其中设定场景概念图时就有可能侵犯到他人作品的复制权。在华彩光影诉时光梦幻 VR 侵权纠纷案中，时光梦幻公司在“淘宝造物节”展会上播放的宣传片显示的 VR 场景中再现了华彩光影公司享有著作权的《××殿》美术作品，两审法院均认定，判断使用作品之行为属于复制或改编无涉 VR 作品制作过程中的技术条件，核心在于 VR 场景显示效果与涉案原作品外观比对，并由此判定时光梦幻公司的涉案行为属于复制。法院在进行复制和演绎判断时,首先确定了原作品的著作权保护范围,即其具有独创性的表达;其次确定侵权VR作品的比对对象,排除专利层面的技术认定,仅从独创性外观构成中比对相似特征,最终认定构成对原作品的复制。

但值得注意的是,正如本文前述观点,VR作品属于视听作品,与原作品分属于不同作品类型。笔者认为,若VR作品仅是通过跨维度形式全部再现原作品,应当认定构成复制,而非直接认定只要改变作品类型的行为均构成对改编权的侵害;若VR作品仅保持原作品部分明确可见的基本表达,其本身已具有一定程度的独创性,区别于再现的复制行为,则应认定为改编。由此,复制与改编的区分关键在于,改编是对原作品的再创作,应将所利用的原作品中独创性表达整体与VR作品中的相应部分进行比对,再根据相应比例判断VR作品是对原作品的再现还是变动创作。

(二)公开传播权

公开传播权可以包含表演权、放映权、广播权、信息网络传播权和展览权等权利,其强调通过各种手段使公众感知到作品。VR内容的数字化传播是多样化的,既涵盖实时数字化传播,也包括定时数字化传播;既有交互式的数字传播,也有非交互式的数字传播。

国家版权局曾发布"剑网2020"专项行动,北京橙子维阿科技有限公司(以下简称维阿科技)侵犯影视作品著作权案,则是北京市文化执法总队办理的全国首起利用VR技术传播盗版影视作品的案件。维阿科技通过VR技术将盗版影片或小视频进行重新编辑和3D数字化后,上传到公司自营的手机App"橙子VR"上供用户观看。在接到举报并取证查实后,北京市文化执法总队最终认定维阿科技盗版美国电影协会拥有著作权的多部影片,据此对其进行了行政处罚。该案中,通过手机App"橙子VR"传播VR作品即属于对原作品信息网络传播权的侵害。

在爱奇艺诉热波系列案中,热波公司在其经营的"VR热播"IPAD端上向公众提供爱奇艺具有版权的3部影视作品。法院经审理后认为,爱奇艺公司基于授权继受取得涉案3部影视作品的独占性信息网络传播权,且在授权期间内有权以自己的名义进行维权。被告热波公司在其经营的"VR热播"IPAD端上向公众提供3部影视作品,使相关公众可以在其选定的时间和地点获得涉案作品,该行为未经原告许可,侵犯了原告享有的作品信息网络传播权。

鉴于广播权在《著作权法》中的扩张，若未来直播或广播电视涉及 VR 作品的传播，则属于广播权规制的范畴。而若 VR 作品进行线下实地播放，则会侵犯放映权的权利边界。但考虑本文已将 VR 作品定义为视听作品，由此笔者认为，传播过程中较难涉及展览权和表演权。

三、VR 世界的合理使用

VR 内容的制作生成离不开对已有作品的采集，而采集行为能否构成《著作权法》上的合理使用必须结合具体场景展开讨论。

（一）全景自由

在利用 VR 技术进行虚拟世界构建，特别是影像式 VR 的制作过程中，为了增进虚拟现实空间的真实性，往往会采用摄影的方式获得真实世界的影像，此时能否适用《著作权法》合理使用的“全景自由”条款成为 VR 技术中争议较大的问题。

全景自由指公众能够自由对设置或者陈列在公共场所的艺术作品进行临摹、绘画、摄影、录像，该行为属于合理使用。《著作权法》第 24 条第 1 款第 10 项对此进行了规定。但该条仅从行为出发，未对使用目的进行限制，此种合理使用情形是否应该排除商业性使用目的仍未有定论。在“董永与七仙女”雕塑作品案中，被告在其销售的麻糖包装纸上使用了原告放置在公共场所中的“董永与七仙女”雕塑作品的照片，就此，法院认为被告的麻糖产品包装上使用原告杨某的雕塑作品图片，并不影响原告杨某对该作品的正常使用，也不存在不合理地损害原告杨某著作权项下的合法利益的问题，属于合理使用。而在“鸟巢烟花”案中，被告生产销售外形酷似“鸟巢”建筑作品的烟花，法院则认为，只要未经权利人许可，对建筑作品所体现出的艺术美感加以不当使用，即构成对建筑作品著作权的侵犯，此种使用不受所使用载体的限制。法院判决被告的使用行为不属于合理使用，构成著作权侵权行为。“磁器口更夫”雕塑作品案中，法院也持该类商业使用行为超出了《著作权法》规定的合理使用范围的观点。

我国《著作权法》对合理使用具有“不得影响该作品的正常使用、不得不合理地损害著作权人的合法权益”的限制。结合美国版权法的“四要素”开放式判定模式，即对于某一行为是否属于合理使用，法院需综合考虑使用作品的目的与性质、被使用作品的性质、同被使用作品相比使用部分的数量和内容的实质性以及使用对被使用作品潜在市场或价值的影响四个要素进行考虑。笔者认为，在判断某一使用行为是否属于全景自由时，应当着重考虑使用行为的商业性后果而非使用行为的商业性目的。具有商业性后果包括是否影响原作品权利人就原作品实现可能的衍生性价值，但这种衍生价值的实现需要具有高度可能性。和上文复制行为无须判断再现形式的思路一致，此处的合理使用判断也无须过多关注再现的技术，理由在于：一方面，商业性目的作为主观状态，较难识别；另一方面，商业性目的使用不一定会侵蚀原作品权利人的利益。如将某个地标性建筑的照片放在个人社交平台中为自己吸引流量，这一行为就具有商业性目的，但其使用后果一般并不会影响原建筑作品的商业价值。

就对在公共场所中的艺术品摄影并对该影像进行 VR 化处理形成全景 VR 作品的行为而言，首先，全景 VR 作品对原作品构成全面的复制，公众观赏全景 VR 作品可以获得几乎与观赏原作品同样的体验，这会使很大一部分原作品的受众放弃对原作品的观赏。其次，全景 VR 作品具有商业利益，而通过摄影采集公共场所中艺术品数据信息，制作成全景 VR 作品的行为难言独创性，更多的是技术性行为，此种搭便车行为所产生的利益与付出的成本之间不相匹配。最后，“云游览”是公众获得艺术享受的重要途径，全景 VR 形式越来越成为原艺术作品权利人实现作品商业价值的重要途径。基于此，笔者认为以陈列或放置在公共场所中的艺术品为素材制作 VR 全景图在实际争议中较难归于合理使用的范围。

（二）数据抓取

为实现产品的交互性与沉浸式要求，VR 的三维模型设计与人工智能程序设计过程类似，均需要抓取存在于数字环境中的大量数据，这些数据既可能是存在于公共领域的公共数据，也可能是受到版权保护的作品信息。不同于对于作品表达的直接再现，数据抓取分析行为不在于利用作品内容，而在于使用作品表达的相关信息。日本《著作权法》将合法的数据抓取限定为“为提供新知识和信息”，英国《版权、设计和专利法案》规定“利用计算机对作品内容进行非商业性研究分析”才属于合理使用范畴，欧盟《数字化单一市场版权指令》专门在合理使用部分增加了“文本与数据挖掘行为”。

中国《著作权法》合理使用行为类型中未明确列出数据抓取的情形，VR 模型设计过程中数据挖掘行为的合理性可以从数据类型、抓取目的、行为价值三个角度进行分析。首先,如果抓取的数据本来就属于公共领域,则抓取分析行为的合理性毋庸置疑,如果抓取数据对象为著作权保护客体,VR 设计者需通过正当途径合法获取。其次,抓取行为的目的不应该是作品表达的再现或利用,而应该是对其上承载信息的分析,否则属于直接侵害复制权或改编权。最后,应当考察 VR 产业发展过程中对于数据抓取行为的依赖程度,结合对于原作品的使用和权利人利益影响的关系,判断数据抓取的合理性。

VR 身临其境的体验正在颠覆既有的娱乐体验,其发展必然会成为未来的趋势,对现有著作权法的适用提出挑战。明晰 VR 世界的著作权客体以及权利内容对于 VR 产业的未来发展意义深远,特别是对于 VR 内容而言,扩大视听作品内涵以使其可以规制 VR 作品,在保持著作权法现有体例下对其进行保护,亦是定义作品类型最为合理的方式。在确定著作权客体后,再对 VR 内容创作生成、传播过程中涉及的权利权项进行判定以及是否构成合理使用进行分析才具备合理基础和前提。

(谭梦溪对本文亦有贡献)

虚拟偶像背后的著作权

葛 燕 王 飞*

* 作者简介：

葛燕，中伦律师事务所北京办公室争议解决部合伙人，电邮为：geyan@ zhonglun. com。

王飞，中伦律师事务所北京办公室争议解决部非权益合伙人，电邮为：philipwang@ zhonglun. com。

随着数字世界与现实世界的“次元壁”不断被打破，虚拟偶像在元宇宙的带动下频频出圈，从短视频到直播，从演唱会、选秀节目到游戏、网剧、电影，虚拟偶像的身影几乎遍布所有真人偶像可以涉足的领域。2020 年，Bilibili 举办了中国最早的虚拟偶像线下演唱会“BML-VR”，演出嘉宾全部为虚拟歌手和虚拟主播 Vtuber（Virtual YouTuber）；2021 年，超写实数字人（Metahuman）“AYAYI”成为天猫超级品牌日的数字主理人，并和安慕希合作推出全球首款数字酸奶；2022 年，集映画工作室推出的原创虚拟偶像“集原美”与讯飞输入法合作推出首款元宇宙虚拟偶像超级皮肤，持续扩大虚拟偶像的应用场景。虚拟偶像的影响力和商业价值正在不断提升，作为融合了音、画、技术等元素并能够创造、传播作品的客体，其创作、开发、运营的各个环节都会涉及与著作权法相关的问题。

一、虚拟偶像的概念与分类

根据《2021 年虚拟数字人深度产业报告》，虚拟数字人指存在于非物理世界中，由计算机图形学、图形渲染、动作捕捉、深度学习、语音合成等计算机手段创造及使用，并具有多重人类特征（外貌特征、人类表演能力、人类交互能力等）的综合产物。虚拟数字人的具体应用可分为服务型虚拟数字人和身份型虚拟数字人，虚拟偶像便是身份型数字人的典型代表之一。

按照不同的分类标准，虚拟偶像可以划分为多种类型，如按照生成技术，可以分为完全虚拟人格的数字合成偶像、真人动作捕捉合成的虚拟偶像以及明星的虚拟化形象等；按照行业领域，可以分为虚拟歌手、虚拟主播、虚拟 KOL 等；按照设计风格，可以分为二次元虚拟偶像和高仿真虚拟偶像等。

但为探究虚拟偶像背后的著作权，本文将从虚拟偶像所依托的版权内容对其进行类型区分：一是依托于拟人化的歌声合成软件形成的虚拟偶像（声音虚拟偶像），例如，基于 VOCALOID 歌声合成软件进行演唱的虚拟偶像“初音未来”“洛天依”等；二是真人动作捕捉合成的虚拟偶像（动捕虚拟偶像），如乐华娱乐和字节跳动推出的虚拟偶像团体“A-SOUL”；三是完全虚拟人格的数字合成偶像（数字虚拟偶像），如魔珐科技与次世文化依托 3D 动画、AI 表演动画等技术打造的虚拟 KOL“翎_LING”。

二、虚拟偶像外在表现的著作权

无论是声音虚拟偶像、动捕虚拟偶像，还是数字虚拟偶像，其外在表现的著作权均涉及对外展示的形象和对他人作品的表演。

（一）虚拟偶像形象中的著作权

虚拟偶像的形象设计包括手稿绘制、原画创作、3D建模、动画渲染等流程，这些流程所形成的图形作品和美术作品是虚拟偶像形象的核心著作权。但在设计虚拟偶像形象时，应当避开在先创作的人物形象设计，包括整体造型、面部特征及其他具有独创性的元素。以现有人物形象为原型设计的，则应当获得有关主体的美术作品授权，并在授权协议中充分约定授权期限、授权权项、使用范围、使用方式等内容，特别是应当注意基于已有作品授权创作形成的形象权利归属以及未来衍生开发的收益分成约定。虚拟偶像制作方委托他人进行形象设计创作的，除需明确约定成果的知识产权归属以及瑕疵担保责任外，对于未来围绕虚拟偶像开发手办、玩偶、数字藏品等周边衍生产品的约定，亦需特别注意转授权和使用合同项下成果进行新创作的约束。

除虚拟偶像形象设计过程中需避免侵犯在先权利外，该形象本身也拥有相应权利，虚拟偶像的形象可以单独作为美术作品进行保护。某游戏曾因一款发型与虚拟偶像A-SOUL成员嘉然形象高度相似而被认为构成侵权，之后该款游戏立即停止侵权并公开道歉，不但下架该款发型，而且向游戏玩家收回已发放的侵权发型。在上海米哈游天命科技有限公司与广州伊秀网络科技有限公司侵害作品信息网络传播权纠纷案中，被告未经许可在其运营的手机游戏“妖姬录”的广告宣传中使用原告欲进一步开发成虚拟偶像的NOva的形象，广州互联网法院最终判定被告侵犯原告案涉美术作品的信息网络传播权。

（二）虚拟偶像表演他人作品时的著作权

2020年修正的《著作权法》对广播权、录音制作者广播获酬权进行调整后，虚拟偶像演唱他人作品涉及的著作权需区分不同场景：通过直播表演清唱、自弹自唱，需要取得词曲广播权授权；通过直播表演唱歌但使用原唱伴奏，需要取得词曲广播权授权且需要向录音制作者支付报酬；通过现场演唱会表演并进行现场直播，需要取得词曲表演权、词曲广播权授权；鉴于《著作权法》亦对录音制作者机械表演获酬权进行了调整，若演唱会现场还播放音乐或使用原唱伴奏，需要向录音制作者支付报酬；直播演唱进行录制后通过互联网传播或直接发布翻唱歌曲，需要取得词曲和录音制品信息网络传播权授权；针对词曲进行改编的，需要取得词曲改编权授权。同样，虚拟偶像翻跳他人舞蹈作品、表演他人视听作品、表演他人文字作品等也将涉及取得前述著作权授权。Y 公司虚拟艺人曾在直播时翻跳了网易游戏与知名舞者合作推出的游戏推广曲的舞蹈，二者无论是从舞蹈、配乐还是拍摄镜头都十分类似，因此网易游戏方发表声明认为其构成侵权，之后 Y 公司道歉并下架该视频。

三、虚拟偶像内在要素的著作权

数字虚拟偶像表演全部由数字技术生成，不会有真人参与，一般不会产生声音虚拟偶像、动捕虚拟偶像涉及的与“中之人”（原意为日本动漫人物的配音演员，现也用来指代虚拟偶像的动作捕捉演员）相关的著作权问题。而声音虚拟偶像、动捕虚拟偶像内在的著作权均涉及真人参与表演的内容，声音虚拟偶像是真人通过软件表演演唱，动捕虚拟偶像则是真人直接表演演唱、舞蹈、直播等。鉴于此，对于声音虚拟偶像、动捕虚拟偶像而言，内在的著作权权属与“中之人”的关系是判断著作权归属的关键。

（一）声音虚拟偶像

1. 通过声音虚拟偶像创作作品的著作权归属

通过声音虚拟偶像软件创作的作品，根据创作主体不同，可以分为用户生成内容（User Generated Content，UGC）、专业生成内容（Professionally Generated Content，PGC）和专业用户生成内容（Professional User Generated Content，PUGC）三类。其中，PGC 是声音虚拟偶像软件版权方直接与专业内容创作者合作进行二次开发与运营形成的，一般合作之时即有较为明确的权属约定，著作权归属较为清晰。需讨论的是用户自行使用声音虚拟偶像软件独立创作的内容（UGC、PUGC）的著作权归属问题。

（1）基于声音虚拟偶像形象二次创作作品的著作权归属

声音虚拟偶像软件之所以受到追捧，不仅是因为其便捷的歌声合成功能，更为关键的是用户基于声音虚拟偶像的角色形象可以二次创作，产生优质的“同人”

作品。用户使用角色形象创作出的新作品的著作权一般由软件版权方和用户共有，软件版权方通常会在用户协议中约定如何进行商业化使用以及一些权利限制。

如今，越来越多的声音虚拟偶像软件版权方会对 UGC 和 PUGC 采取开放性的知识共享模式，例如，"初音未来"所属公司 Crypton Future Media（以下简称 Crypton）为解决"初音未来"二次创作产生的版权问题设立了一个创作分享网络平台 piapro，piapro 的角色授权协议约定，用户可以在不以营利为目的且未获得报酬的情况下免费使用角色进行二次创作，使用范围包括在社交媒体发布、免费展示或分发周边衍生品、参加角色扮演活动等。piapro 对应的中国平台为 poppro，由"初音未来"在中国的 IP 总代理上海新创华文化发展有限公司运营，《poppro 初音未来形象二次创作协议》约定，使用者可以对"初音未来"等电子歌手软件角色进行改变（剪切、截取等改动但未产生新作品）、改编（翻译、编曲，或是通过变形、着色、商品化、电影化等方式改变作品的表现形式或者用途产生新作品）或二次创作（根据改变作品、改编作品进行再次创作而产生新作品），并以复制、表演、上映、信息网络传播、展示等方式对外公布。改变作品的著作权仍归 Crypton 所有，改编作品、二次创作作品的著作权归改编作品、二次创作作品的作者、上海新创华及 Crypton 共有，任一方在对上述作品进行任何发布或用于其他商业化用途时，需取得其他方的书面同意。此外，使用者不得将代理公司在协议中许可的权利再许可给第三方。

（2）基于声音虚拟偶像软件创作音乐作品的著作权归属

用户使用正版授权的声音虚拟偶像软件创作的音乐作品，原则上由用户享有著作权，但应遵守软件用户协议的相关规定。例如，"初音未来"软件的用户协议中约定，用户对使用软件合成音乐的商业性使用须得到 Crypton 的追加许可。此外，软件版权方一般还会在协议中规定用户无偿授权软件版权方以营利、宣传等目的在国内外非独占使用（复制、出版、发行、展示、出租、翻译、修改、影视化、商品化等）用户创作的作品；而用户使用软件创作时涉及侵害他人著作权，由此引发的相关法律纠纷由用户自行处理，软件版权方不承担责任等。

同时，用户还需要注意声音虚拟偶像软件是否需要与其他软件配套使用，并取得相应授权。例如，"初音未来"是使用 Crypton 自主研发的 NT 歌声合成引擎和日本 Yamaha 公司 VOCALOID 引擎的声音库软件，必须配合声音编辑器使用。若用户以营利为目的使用该软件创作歌曲，除了购买捆绑 Piapro Studio Standalone 编辑器的正版“初音未来”中文版软件外，还必须同时购买声音库软件与 VOCALOID 编辑器，否则将涉嫌侵害 Crypton 公司或 Yamaha 公司著作权。

2. 基于声音虚拟偶像软件表演的表演者权归属

首先应当明确的是，本文认为，虽然声音虚拟偶像的作品在对外展示时会以声音虚拟偶像的名字署名，但该署名只是表明声音虚拟偶像演唱者的身份，声音虚拟偶像本身并不能构成《著作权法》上的表演者，《著作权法》规定的表演者必须是“人”，包括自然人和法人，并不包括虚拟人物。

声音虚拟偶像的表演本质是声音虚拟偶像软件的歌声合成，其“表演”内容是软件进行“唱歌”。用户通过输入歌词、设置软件的音高、音调、音符间隔等参数，使用声音库软件与编辑器进行类似于真人演唱效果的歌声创作。用户使用声音虚拟偶像软件创作的过程中，声音虚拟偶像表演的呈现方式是形成一个音乐作品。鉴于此，用户既是该音乐作品的作者，也是声音虚拟偶像软件背后真正的“表演者”。

用户作为音乐作品（词和曲）的作者，其通过声音虚拟偶像软件创作的作品可以被著作权涵盖，如表明身份的权利可以被署名权涵盖、保护表演形象不受歪曲的权利可以被保护作品完整权涵盖、其他财产性权利可以被著作财产权涵盖。但用户通过声音虚拟偶像软件对其音乐作品进行“表演”形成录音制品，是否就理所应当将表演者权归属于用户则值得商榷。虽然用户是实际意义上利用声音虚拟偶像软件对作品进行“表演”的表演者，但脱离于声音虚拟偶像软件，用户的“表演”也无从实现。由此，本文认为，认定用户和声音虚拟偶像软件权利人共同作为表演者更符合民法公平和诚实信用原则。例如，知名创作者 supercell 创作的热门歌曲“メルト”在专辑中会标注“メルト supercell feat. 初音未来”，可以理解为是在表明歌曲表演者是用户和声音虚拟偶像软件权利人（此处“初音未来”是声音虚拟偶像软件权利人 Crypton 对外表明其表演者身份的一种形式，而非表明声音虚拟偶像“初音未来”是表演者）。但必须指出的是，约定优先原则仍应适用。若声音虚拟偶像软件用户协议就表演者权作出明确约定的，应当依约定确定权利归属。例如，虽然“初音未来”软件的用户协议未明确表演者权的归属，但明确约定对于基于软件形成作品的商业性使用须得到 Crypton 的追加许可。这意味着,用户通过"初音未来"软件"表演"音乐作品形成的录音制品,即使关于表演者权权属约定并不清晰,对于表演者权利的商业性使用也必须得到 Crypton 的追加许可,基于表演者权所取得的财产性收益亦应当向 Crypton 支付。当然,用户通过声音虚拟偶像软件对其音乐作品进行"表演"形成录音制品,录音制作权的归属同表演者权的情形类似,本文不再展开。

(二)动捕虚拟偶像

动捕虚拟偶像是虚拟偶像行业内占比较高的一类,其开发成本相较于数字虚拟偶像较低,真人演员的扮演使动捕虚拟偶像更加接近于真实偶像,而 VTmini 等虚拟主播软件的出现亦使动捕虚拟偶像被广泛应用。"中之人"是动捕虚拟偶像外壳下真正的表演者,其通过动作捕捉技术控制动捕虚拟偶像的身体动作、手势、表情、口型等,此外还会为动捕虚拟偶像提供人声配音。

1. 动捕虚拟偶像表演形成作品的著作权归属

"中之人"一般是受动捕虚拟偶像制作公司的雇佣、聘请或委托,通过动捕虚拟偶像进行"表演",其所表演的内容可能是新的创作,也可能是已有作品,表演过程中将可能会形成音乐作品、舞蹈作品、视听作品等作品。实践中动捕虚拟偶像制作公司与"中之人"的合同中一般会明确约定相应作品的著作权完全归属于制作公司,甚至即使"中之人"是作品作者的,亦不允许"中之人"以作品作者身份使用真实姓名进行署名,无法实际享有作品的署名权。这样的规定使动捕虚拟偶像表演形成作品的归属原则类似于《著作权法》中规定的法人作品。

虚拟偶像作品和人工智能生成物有异曲同工之处,"中之人"为虚拟偶像的塑造提供数据素材,但最终作品表达的呈现离不开数字技术。在中国人工智能生成物第一案北京菲林律师事务所诉某网讯科技有限公司侵害作品著作权案中,法院认为 A 数据库自动生成的分析报告不属于作品,无论是 A 软件开发者还是使用者都不能以作者署名,但分析报告仍未进入公共领域,软件研发者(所有者)可通过收取软件使用费,使其投入获得回报,且缺乏传播成果的动力,故不应赋予其相应权益。软件使用者通过付费使用进行了投入,基于自身需求设置关键词并生成了相应内容,具有进一步使用、传播的动力和预期,因此软件使用者可以采用合理方式表明其享有相关权益。借鉴该案中法院促进创作物生成和传播的价值导向,虚拟偶像作品形成主要靠资本的力量，因此，将相应作品归属于虚拟偶像制作公司也符合《著作权法》激励创作的目的。

2. 动捕虚拟偶像表演形成制品的表演者权归属

同为数字技术发展的产物，相比于人工智能生成物，虚拟偶像表演形成过程中“中之人”的贡献更大，“中之人”与虚拟偶像间的联系也更密切，“中之人”言语、肢体表达习惯乃至性格对虚拟偶像的塑造都起着至关重要的作用。

“中之人”明明行了表演之实，实践中却并未予其以表演之名。类似于迪士尼公司禁止其人偶演员在游客面前脱下玩偶服，动捕虚拟偶像行业较显著的特点就是，“中之人”不可对外宣示其动捕虚拟偶像背后的真人身份，动捕虚拟偶像表演均是以动捕虚拟偶像名称对外展示。因具有人格权属性而不可转让、不可表明表演者身份以及保护表演形象不受歪曲的权利均通过合同约定由虚拟偶像制作公司行使，更遑论能够通过合同方式转移的应由表演者所享有的财产性权利。“中之人”作为实际意义上的表演者，仅能够通过与虚拟偶像制作公司签订的合同享有获酬权，“中之人”的议价能力也较低，因此相应报酬也较难产生正向的激励效果。实践中出现的问题也多是“中之人”在虚拟偶像运营一段时间后辞职跳槽，导致前期大量资本投入的虚拟偶像无法继续营业。乐华娱乐打造的虚拟偶像 A-SOUL 组合中的成员珈乐这一虚拟形象在其“中之人”离职后，也随即进入直播休眠状态，之后“中之人”工作模式、“中之人”被“开盒”等一系列讨论接踵而至。此前，Activ8 所运营的虚拟偶像绊爱也因增加、替换“中之人”使这一虚拟偶像迅速掉粉、人气暴跌。前述虚拟偶像“塌房事件”表明，粉丝能够感受到虚拟偶像背后“中之人”的存在，且转粉原因除虚拟偶像靓丽的外表外更在于其有趣的灵魂。

综上所述，虚拟偶像背后的著作权可按照声音虚拟偶像、动捕虚拟偶像、数字虚拟偶像进行划分，根据其类型相应地约定著作权条款，从虚拟偶像表演成果的归属、使用、流转和权利瑕疵担保等方面，对虚拟偶像涉及的软件、用户、“中之人”进行权属和利益约定，实现虚拟偶像 IP 的长线运营，让虚拟偶像在元宇宙的舞台上迸发新活力。

（豪日娃、谭梦溪对本文亦有贡献）

人工智能生成物的知识产权保护之著作权视角

王红燕* 陈 茜

* 作者简介：

王红燕，中伦律师事务所杭州办公室知识产权部合伙人，电邮为：gracewang@ zhonglun. com。

人工智能技术的迅速发展,改变了人类传统的创造或创作方式,带来了各种人工智能的产物,包括人工智能生成的音乐、美术作品、文学作品、影视作品等。例如,Watson Beat 可以通过"聆听"至少 20 秒的音乐创造出新的曲目,一个著名例子是"Not Easy",Watson Beat 研究了超过 26,000 首热门歌曲,包含各种音调、和弦、流派,格莱美提名制作人 Alex 向 Watson Beat 发出指令,比如"给我一些听起来很浪漫的音乐",Watson Beat 就会产生一个"原创音乐作品"①;又如,Deep Dream 能够通过重复多次解释随机噪声图像、放大图像等软件操作创造出梦幻般的图片②;微软的人工智能少女小冰不仅是个拥有亿万粉丝的人气美少女,还是诗人、歌手、主持人、画家和设计师,创作了包括《我知我新》《微风》《我是小冰》《好想你》等音乐作品,推出了《阳光失了玻璃窗》《花是绿水的沉默》等"个人"诗集③。

人工智能生成物主要有以下特点:(1)人工智能生成物的数量越来越多;(2)人工智能生成物的内容、形态、表达方式日趋接近人类作品。如果没有与之配套的法律制度进行保护、规制和引导,势必会有越来越多的人工智能生成物面临被随意复制、抄袭等各种问题,而降低人工智能开发者、所有者、使用者和投资者的积极性,进而影响人工智能产业的发展。

目前,在司法实践中,已经出现多例与人工智能生成物相关的著作权纠纷案件,这些案件也引发了诸多问题,例如,人工智能生成物是否具有可著作权性,人工智能生成物的著作权归属于谁?这些问题对现有的著作权法律框架产生了冲击,因此,关于人工智能生成物的著作权保护是当前的一个学术热点,也是一个值得研究的理论问题。与此同时,由于人工智能的复杂度和普及度日益增长,人工智能与人类之间的界限也越来越模糊,使人工智能生成物的可著作权性问题的紧迫性也随之增长。

一、人工智能生成物的作品属性

《著作权法》属于私法的范畴,适用民事法律制度,民事法律主体的"人"包含

---

① Lisa Amini, *Making "Cognitive Music" with IBM Watson*, IBM Research Blog (October 24, 2016), https://www.ibm.com/blogs/think/2016/10/watson-music/.

② See https://deepdreamgenerator.com.

③ 参见百度百科,https://baike.baidu.com/item/小冰/19880611? fr=aladdin。

自然人和法人。《著作权法》第 2 条规定“中国公民、法人或者非法人组织的作品，不论是否发表，依照本法享有著作权”，由此可见，现行我国著作权制度中只有自然人、法人或非法人组织的作品才能受《著作权法》保护。随着人工智能技术的发展，人工智能生成物中与人类有关的因素占比正在减少，这给以人类为中心的著作权制度带来了巨大的挑战。

根据我国《著作权法》第 3 条，作品是指文学、艺术和科学领域内具有独创性并能以一定形式表现的智力成果。根据该法条，人工智能生成物构成《著作权法》意义下的作品，需要满足四个要件：(1)属于文学、艺术和科学领域；(2)具有独创性；(3)能以一定形式表现；(4)属于智力成果。人工智能生成物是否具有可著作权性首先要判断人工智能生成物是否构成作品？显然，人工智能生成物的形式和内容基本与人类作品相似，可以被涵盖在文学、艺术或科学领域里，符合《著作权法》中作品的第 1 个和第 3 个构成要件。但是，人工智能生成物是否具有“独创性”以及是否为“智力成果”，就值得进一步探讨。

关于“独创性”，应当从“独”和“创”两个方面进行把握：“独”要求作品必须是作者独立创作完成的。“创”要求作品具备“最低限度的创造性”，即与现有其他作品相比存在可被区分的变化。2018 年 4 月 20 日发布的《北京市高级人民法院侵害著作权案件审理指南》第 2.2 条规定“独创性的认定”应当考虑如下因素：(1)是否由作者独立创作完成；(2)对表达的安排是否体现了作者的选择、判断；认定表达是否具备独创性与其价值无关。该条规定显示了我国在认定“独创性”时需要考虑“作者”这一作品创作主体的独立性以及其对表达的选择和判断。司法实践中，越来越多的法院在判断作品的“独创性”时，适用“最低限度的创造性”这一客观判断标准①。因此，针对人工智能生成物的独创性，目前争论的焦点不在于创造性的高低，在满足了“最低限度的创造”这一要求后，需要判断创作者是否为自然人，以及表达是否体现了创作者的选择和判断。

关于“智力成果”，目前很多国家都将自然人作为作品的创作主体，自然人创作完成仍应是著作权法上作品的必要条件。例如，美国《版权法》第 7 条规定，版权应授予“固定于任何有形的表达媒介中的作者的独创作品”②，这里虽然没有界

① 参见孙正樑：《人工智能生成内容的著作权问题探析》，载《清华法学》2019 年第 6 期。

② 17 USC § 102(a).

定“作者”一词的范围，但通过不同的判例法，可以确定作者是指人类作者而不是非人类作者。例如，在经典的猴子自拍案（Naruto v. Slater）中，动物组织 PETA 对摄影师 Slater 提起诉讼，指控其侵犯了版权，PETA 认为版权属于拍摄自拍照的猴子，尽管相机的设置是由摄影师完成的，但美国法院驳回了 PETA 的论点，并指出美国版权法没有为动物提供版权保护①。西班牙《版权法》第 5 条②明确指出，作者是创作文学、艺术或科学作品的自然人。即只有由自然人创作的作品才具有版权。而在人工智能“创作”背景下，随着人工智能的拟人化能力的增强，在人工智能生成相关内容的过程中，人类因素占比越来越小，甚至在没有任何人类输入的情况下，人工智能都能创作出作品。根据上述国家的规定，如果将人工智能确定为创作主体，则不能将人工智能生成物称为“智力成果”，进而不能认定人工智能生成物具有作品属性。考虑到在人工智能创作的过程中仍然需要人工智能开发者、人工智能使用者等自然人的介入，并且人工智能生成物的表达体现了人工智能开发者、人工智能使用者的选择和判断，则可将人工智能生成物确定为自然人的“智力成果”。

二、人工智能生成物的著作权归属

著作权法中，作者身份不仅在作品属性的判断中占有重要地位（传统领域），在权利归属方面更是发挥着决定性作用。我国《著作权法》第 11 条规定：“著作权属于作者，本法另有规定的除外。创作作品的自然人是作者。由法人或者非法人组织主持，代表法人或者非法人组织意志创作，并由法人或者非法人组织承担责任的作品，法人或者非法人组织视为作者。”可见，对于传统作品，著作权归属于自然人、法人或非法人组织。但是，因为人工智能生成作品是人工智能时代下的新型作品，目前，我国对人工智能生成物的著作权归属没有明确规定，学术界也有很多不同的观点。一种观点认为，因为人工智能生成物的获得离不开人工智能开发者基于数据对算法的开发所付出的创造性工作，所以人工智能生成物的著作权属于人工智能开发者。另一种观点认为，我国《著作权法》制定之初，法人也不是作

① Naruto v. Slater, 15-cv-04324-WHO(2016).

② Artículo 5 “1. Se considera autor a la persona natural que crea alguna obra literaria, artística o científica. 2. No obstante, de la protección que esta Ley concede al autor se podrán beneficiar personas jurídicas en los casos expresamente previstos en ella.”

者，但随着社会的发展，最终赋予法人著作权法意义上的主体资格。可见，《著作权法》中的作者包含了自然人以外的主体。因此，可以赋予人工智能拟制的法律人格，使人工智能生成物的著作权属于人工智能本身。但是，在这种前提下，正如《著作权法》第11条所规定的，将法人或者非法人组织视为作者时，该作品不仅由法人或者非法人组织主持，代表法人或者非法人组织意志创作，更重要的是，由法人或者非法人组织承担责任。而人工智能与法人存在本质区别，它不具备意思能力、行为能力和承担责任的能力，如果赋予人工智能拟制的法律人格，那么会引发如何认定人工智能的意思表示、侵权行为、责任承担方式等法律问题。还有一种观点认为，由于人工智能生成物的产生没有人为介入，所以不应该被授予著作权，这些人工智能生成物直接进入公共领域，每个人都可以自由使用。但是，这种做法会使人工智能开发者、使用者、所有者或投资者失去创作和传播的动力，影响人工智能产业的发展。

我国《著作权法》的立法宗旨是“保护文学、艺术和科学作品作者的著作权，以及与著作权有关的权益，鼓励有益于社会主义精神文明、物质文明建设的作品的创作和传播，促进社会主义文化和科学事业的发展与繁荣”。保护著作权只是手段，为了鼓励作品的创作和传播、促进社会主义文化和科学事业的发展和繁荣，必须要解决人工智能生成物的著作权归属和权利分配问题。

解决人工智能生成物的著作权归属和权益分配问题，首先需要认定人工智能生成物的创作主体，其次判断该创作主体是否对作品具有传播的动力。关于“创作主体”，基于人工智能技术的特点，由于目前正处于弱人工智能的时代，人工智能仍然被预先设定了一套学习新任务的指令，还没有完全自主的人工智能技术，因此，通常在人工智能生成物的产生过程中，有两类自然人主体可能成为创作主体，即人工智能开发者和人工智能使用者。英国《1988年版权、外观设计和专利法》第9条第3款规定，对于计算机生成的作品，作者应是为这种创作作出必要安排的人①。做了所有准备工作、开发了程序并在算法中输入了数据的人应该被赋予作者资格。“必要安排”意味着人工智能生成物的作者，应当是贡献更多创造性

---

① Section 9: Authorship of work. (1) In this Part "author", in relation to a work, means the person who creates it…(3) In the case of a literary, dramatic, musical or artistic work which is computer-generated, the author shall be taken to be the person by whom the arrangements necessary for the creation of the work are undertaken.

智力劳动之人。在认定人工智能生成物的创作主体时，应根据具体情况，分别分析人工智能开发者和人工智能使用者所投入的创造性智力投入，以及人工智能生成物的表达体现的是人工智能开发者还是人工智能使用者的选择和判断。通常来说，人工智能开发者和人工智能使用者不是人工智能生成物的“合作作者”。著作权法上的合作作品，是指两个以上的作者经过共同创作所形成的作品。要成为合作作者，除了有共同创作的意识，还需以合作作者身份共享著作权的想法。实质上，人工智能的程序开发者和使用者均无共同创作与共享权利之想法。关于“传播动力”，对于人工智能开发者来说，可以通过收取软件使用费等方式获得开发投入的回报和收益；且其为了扩大软件使用费的收入，可能会有人工智能生成物的传播动力。对于人工智能使用者来说，如果其为了使用人工智能技术而支付了对价，那么其对人工智能生成物就有进一步的传播动力。

因此，人工智能生成物著作权归属认定应考虑责任承担能力。在目前法律制度没有明确规定的情况下，可以根据创作主体的创造性智力贡献和传播动力，将人工智能生成物的著作权归属于人工智能的开发者或人工智能使用者，或者是他们所代表的法人或其他组织。但是，即便是这种方法，也仍然存在很多问题，例如，如果将人工智能生成物的著作权归属于人工智能的开发者，那么只要人工智能开发者开发了计算机程序，计算机程序运行可以源源不断地产生新的作品，人工智能开发者就将获得这些所有作品的著作权，这是否属于过度激励？

三、人工智能生成物的侵权责任

在对人工智能生成物的可著作权性进行认定时涉及的第三个问题是：如果人工智能生成物出现侵权行为，谁应该对该侵权行为负责，是人工智能开发者、人工智能使用者还是人工智能本身？

就人工智能生成物侵权的责任而言，目前有一种理论是将其按照代理—委托关系处理，将 AI 程序视作为委托人完成任务的代理人。委托人控制 AI 的生产方式和内容。如果 AI 产生的工作是委托人不喜欢的，委托人可以修改人工智能的现有指令以反映委托人的愿望。最终，委托人是从人工智能创造的工作中受益的人。因此，当代理人制作的作品侵犯版权时，委托人应该为该侵权行为对受害方负责。

四、我国司法实践典型案例

在被称为“人工智能生成物著作权纠纷第一案”的北京某律师事务所诉北京某网讯科技有限公司一案中，原告北京某律师事务所在威科先行数据库中检索关键词，使用数据库“可视化”功能，自动生成包含图表和文字的分析报告《影视娱乐行业司法大数据分析报告——电影卷·北京篇》，并在其微信公众号上发表。后被告未经许可在其经营的自媒体平台上发布被诉侵权分析报告。该案原、被告的主要争议焦点在于人工智能自动生成的大数据分析报告中的文字内容是否构成作品。2019年4月25日，北京互联网法院作出一审判决，认为从分析报告生成过程看，选定相应关键词，使用“可视化”功能自动生成的分析报告，其内容涉及对电影娱乐行业的司法分析，符合文字作品的形式要求，涉及的内容体现出针对相关数据的选择、判断、分析，因此，肯定了该人工智能生成报告具有一定独创性，但还是认为具备独创性并非构成文字作品的充分条件，根据现行法律规定，文字作品应由自然人创作完成，自然人创作仍应是《著作权法》下作品的必要条件，由此，北京互联网法院否定了该人工智能生成报告的作品属性。上述分析报告的生成过程有两个环节有自然人作为主体参与：一是软件开发环节，二是软件使用环节。软件开发者（所有者）没有根据其需求输入关键词进行检索，该分析报告并未传递软件研发者（所有者）的思想、感情的独创性表达，故不应认定该分析报告为软件研发者（所有者）创作完成。同理，软件用户仅提交了关键词进行搜索，应用“可视化”功能自动生成的分析报告亦非传递软件用户思想、感情的独创性表达，故该分析报告亦不宜认定为使用者创作完成。综上，软件研发者（所有者）和使用者均不应成为该分析报告的作者。分析报告系威科先行数据库利用输入的关键词与算法、规则和模板结合形成的，某种意义上讲可认定威科先行数据库“创作”了该分析报告。由于分析报告不是自然人创作的，因此，即使威科先行数据库“创作”的分析报告具有独创性，该分析报告仍不是著作权法意义上的作品，依然不能认定威科先行数据库是作者并享有著作权法规定的相关权利。关于该分析报告的权利归属问题，北京互联网法院认为，对于软件研发者（所有者）来说，其利益可通过收取软件使用费用等方式获得，其开发投入已经得到相应回报；且分析报告系软件使用者根据不同的使用需求、检索设置而产生的，软件研发者（所有者）对其缺乏传播动力。因此,如果将分析报告的相关权益赋予软件研发者(所有者),软件研发者(所有者)并不会积极应用,不利于文化传播和科学事业的发展。对于软件使用者而言,其通过付费使用进行了投入,基于自身需求设置关键词并生成了分析报告,其具有进一步使用、传播分析报告的动力和预期。因此,应当激励软件使用者的使用和传播行为,将分析报告的相关权益赋予软件使用者,否则软件的使用者将逐渐减少,使用者也不愿进一步传播分析报告,最终不利于文化传播和价值发挥。① 二审北京知识产权法院支持了这一观点。

而在"某互联网公司诉某科技公司"案中,原告某互联网公司诉被告旗下资讯平台未经其允许,抄袭原告所开发自动写作软件撰写的文章。2020 年 1 月,深圳市南山区人民法院作出判决,认为:涉案文章由原告主创团队人员运用所开发的自动写作软件生成,其外在表现符合文字作品的形式要求,其表现的内容体现出对当日上午相关股市信息、数据的选择、分析、判断,文章结构合理、表达逻辑清晰,具有一定的独创性。原告主创团队在数据输入、触发条件设定、模板和语料风格取舍上的安排与选择属于与涉案文章的特定表现形式之间具有直接联系的智力活动。从整个生成过程来看,如果仅将该自动写作软件自动生成涉案文章的这两分钟时间视为创作过程,确实没有人的参与,仅仅是计算机软件运行既定的规则、算法和模板的结果,但该软件并非无缘无故自动运行或具有自我意识,其自动运行的方式体现了原告的选择,也是由自动写作软件这一技术本身的特性所决定。该文章的特定表现形式及其源于创作者个性化的选择与安排,并由该软件在技术上"生成"的创作过程均满足著作权法对文字作品的保护条件,故认定涉案文章属于我国《著作权法》所保护的文字作品。② 这是我国法院第一次承认了人工智能生成物满足我国《著作权法》对文字作品的保护条件。

通过这两个典型案例可以看出,两家法院在人工智能生成物的作品属性认定上作出了不同的判决,导致这一差异的原因在于两家法院在依据人工智能生成物的生成过程来认定人工智能生成物的作品属性时,采用了不同的时间段作为创作过程,从而出现在创作过程中有没有自然人参与的分歧。北京互联网法院认为分析报告系威科先行数据库利用输入的关键词与算法、规则和模板结合形成的,不

① 参见北京互联网法院(2018)京 0491 民初 239 号。
② 参见广东省深圳南山区人民法院(2019)粤 0305 民初 14010 号。

是自然人直接创作的，因此该分析报告不是著作权法意义上的作品。深圳市南山区人民法院认为自动写作软件的自动运行体现了原告的选择，故认定涉案文章属于我国《著作权法》所保护的文字作品。

五、结语

总体来说，目前许多国家与地区的学者都还在探讨人工智能生成物的可著作权性问题，并且各国版权法关于人工智能生成物的可著作权性规定也有所不同，未达成一致意见。我国司法实践中对人工智能生成物的可著作权性也尚无统一判断标准，还需结合具体案情进行分析。2020 年修正的《著作权法》第 3 条增加了第 9 项“符合作品特征的其他智力成果”，实际上也是给人工智能生成物是否可以被认定为著作权法意义上的作品留了窗口。而关于人工智能生成物的著作权归属问题，在目前法律制度没有明确规定的情况下，应考虑从促进人工智能产业发展的长远角度出发，根据《著作权法》的初衷明确激励的对象，分析创作主体的创造性智力贡献和传播动力以及责任承担能力，在具体案例中确定人工智能生成物的著作权归属对象。

AI 绘画著作权属性之争

樊晓娟*

* 作者简介：
樊晓娟，中伦律师事务所上海办公室私募基金与资管部合伙人，电邮为：fanxiaojuan@zhonglun.com。

近期,AI 绘画引起人们热议。2022 年 8 月,美国科罗拉多州举办了艺术博览会,其中一张名为《太空歌剧院》[①]的画作赢得了数字艺术类的冠军。

据媒体报道,该幅画作并非由人类创作,而是通过 AI 制图工具 Midjourney 生成后,再通过 Photoshop 进行调整润色,并使用 Gigapixel 无损放大而得来的。评选结果一公布便引爆了艺术家们的评论热潮,不少艺术家纷纷表态,这是“艺术的消亡”。

AI 绘画不仅引起了艺术界的热烈讨论,也引起了法律界的密切关注。AI 绘画是否受到著作权保护,以及它对于著作权现有保护体系的冲击又在哪里等问题,有待一一探讨。

一、人工智能政策指引

(一)全国性纲要

2021 年 3 月 11 日全国人民代表大会发布的《国民经济和社会发展第十四个五年规划和 2035 年远景目标纲要》多次提到人工智能,将人工智能定义为国家重要的战略科技力量。

(二)地方性政策

各地政府对于人工智能的发展总体持积极态度,纷纷发布地方政策以抓住人工智能发展的重大战略机遇,推动地方人工智能产业创新发展。

上海为提升城市能级,重塑竞争新优势,十分重视人工智能对于产业发展的重要意义,制定了《上海市促进人工智能产业发展条例》,并于 2022 年 9 月 22 日正式发布,同年 10 月 1 日正式实施。该条例着重强调产业治理与安全,鼓励在人工智能领域的创新,致力于建立健全人工智能产业链,在推动人工智能的规模化应用的同时,使产业治理更规范,让产业发展更健康。

二、什么是 AI 绘画

(一)人工智能的原理

人工智能是总结规律的计算机程序,它以大量的客观事实为基础,再通过使

---

① 参见《当 AI 的作品获得了人类艺术比赛大奖……》,载红星新闻网 2022 年 9 月 9 日,https://baijiahao.baidu.com/s?id=1743477582507521137&wfr=spider&for=pc。

用人的特定输入,给出最有可能符合使用人需求的结果。例如,无人驾驶、声纹识别、机器翻译,都是利用人工智能达成的。

(二)AI 绘画的定义

AI 绘画也是人工智能应用的一种。AI 绘画一般需要通过文字描述画面的内容,再指定画面的类型(如布面油画、水墨画、壁画、水彩画等),选定画面的风格和艺术家对画面进行修饰,人工智能将会根据使用人的文字描述及选定的风格、类型,自动生成出画作。

AI 绘画的兴起对艺术市场造成了一定冲击。一般情况下,每位画家对于色彩和风格都有着自己的理解,画家需要通过长期练习掌握扎实的基本功,再通过真实的劳动才能创造出一幅画作。而 AI 绘画不仅省去了掌握技术与积累经验的环节,而且色彩、风格与绘画类型都能直接通过算法来解决。这种"捷径"是引起矛盾的主要原因之一。

三、AI 绘画的作品属性

(一)作品的定义

根据《著作权法》第 3 条,"作品"是指文学、艺术和科学领域内具有独创性并能以一定形式表现的智力成果。较《著作权法》而言,国务院颁布的行政法规《著作权法实施条例》对"作品"的定义进一步细化,更强调"作品"是能以某种有形形式复制的智力成果。

不难看出,法律意义上的"作品"需满足三个要求:一是具有独创性,二是具有一定表达形式,三是必须是智力成果。

(二)AI 绘画是否是作品

法律都是具有滞后性的,《著作权法》对于 AI 绘画还没有直接、清晰的认定。应当根据《著作权法》中现有的判定标准,对 AI 绘画是否属于作品作出认定。

1. 独创性

作品的独创性是指投入有创造性的劳动,反映出作者个性的标记。这不仅需要作者进行创造性劳动,也要着重判断是否满足最低限度的创造性,后者也是司法实践中的重要裁量标准。

AI 绘画中,用户通过输入对画作的具体描述,选择风格、流派及表现形式而生成最终的画作，用户投入一定劳动且画作生成过程体现了其个性化选择，有理由认定AI绘画具有一定独创性。

2. 表现形式

一件作品是需要通过表现形式完成外在表达的，《著作权法》对于纯粹的思想或方法不作保护，只保护通过特定表现形式呈现的作品，即作品不仅要反映文学、艺术或科学的内容，也要有一定的载体形式。

AI绘画通过生成数字图片，反映了艺术性的画作内容，满足了作品的表现形式要求。

3. 智力成果

智力成果是指通过智力劳动取得的成果，与体力劳动相区别。大部分国家及一些学者仍保留只有创作文学、艺术或科学作品的自然人才能创作智力成果这一观点。这一观点认为，人工智能虽然通过"学习"获得了抓取信息和产出结果的能力，具有拟人化的能力，但因其并没有"灵魂"，没有智力劳动的过程，所以不能将人工智能生成物定义为"智力成果"。

AI绘画凝聚了用户投入的创造性劳动，满足作品独创性的要求；通过生成数字图片，满足了作品表现形式的要求；但根据上述观点，AI绘画不是自然人通过智力劳动得出的，不能满足作品是人类智力成果的要求。

结合法律规定及司法实践，类似AI绘画的人工智能生成物是否可以落入《著作权法》项下"作品"的保护范畴，值得未来进一步讨论。

（三）司法实践对人工智能生成物的认定

当前，司法实践对类似AI绘画的人工智能生成物是否属于作品，各地司法裁判并没有达成统一口径。

在（2019）京73民终2030号案件中，审判法院认为应遵循《著作权法》的规定，以自然人创作完成为作品认定的必要条件，所以认定人工智能生成物并不构成作品；但是，属于涉案文章中具有独创性表达的内容，应受《著作权法》关于作品完整权的保护，被告方未经许可，在其经营的网络平台上向公众提供了被诉侵权文章内容，供公众在选定的时间、选定的地点获得，侵害了原告享有的信息网络传播权，应承担相应的民事责任。

在全国首例将人工智能生成的文章认定为构成作品的案例①中，判决书中明确提到，应当从是否独立创作。外在表现是否与已有作品存在一定程度的差异、是否具备最低程度的创造性对案涉人工智能生成物是否属于“作品”进行分析判断。案涉人工智能软件 Dreamwriter 生成的文章，在外在表现上符合文字作品的形式要求，其表现的内容体现出对当日上午相关股市信息、数据的选择、分析、判断，文章结构合理、表达逻辑清晰，具有一定的独创性。所以在该案中，人工智能生成物被判定为“作品”。

虽然对人工智能生成物是否属于“作品”众说纷纭，但是从司法实践中，法院仍对未经许可随意传播人工智能生成物的行为所持的否定态度也可以推断出，鼓励创作与文化传播仍是著作权法司法实践的内在精神。

四、AI 绘画的著作权所有人

根据《著作权法》第 11 条的规定，著作权一般属于作者。创作作品的自然人是作者；由法人或者非法人组织主持，代表法人或者非法人组织意志创作，并由法人或者非法人组织承担责任的作品，法人或者非法人组织视为作者。AI 显然不属于“自然人”或“法人、非法人组织”的行列，不能被认定为作者，但 AI 绘画本身仍然可以有著作权所有人。

如果 AI 绘画系统与使用人通过《用户协议》或提示等方式，约定了 AI 绘画著作权的归属，那么 AI 绘画的著作权根据约定，可能归属于软件制作者，也有可能归属于使用人。

例如，根据 6penart AI 的弹窗提醒，6penart AI 使用的大部分模型都采用了 MIT 协议开源，故 6penart AI 将生成出来的图片著作权完全授权给使用人本人，使用人是图片的著作权所有人。

在 AI 绘画系统没有约定著作权归属的前提下，如果 AI 绘画系统的开发者与使用人为同一主体，著作权的权利归属不存在异议，均归属于该开发者/使用人；但当 AI 绘画系统的开发者与使用人不一致时，AI 绘画的著作权归属便会存在一定争议。

人工智能技术已经应用于绘画、新闻撰写、智能翻译等各个领域，人工智能生

① 参见广东省深圳市南山区人民法院（2019）粤 0305 民初 14010 号。

成物的著作权问题也引起了各界的深入探讨。《著作权法》在保护著作权人利益的同时,也具备鼓励有益于社会主义精神文明、物质文明建设的作品的创作和传播的作用。尽早明确人工智能生成物的法律定义及审判口径,对于AI绘画的商业化乃至整个人工智能行业的发展都有着十分重要的推动作用。

五、结语

AI绘画已经成为一种趋势,且正在向商业化的道路大踏步前进。目前的《著作权法》没有对AI绘画进行明确而清晰的规定,司法实践中也没有统一的标准。此次引发讨论的AI绘画著作权属性之争只是未来人工智能相关争议的缩影,早日明确人工智能生成物的著作权归属,对于人工智能的有效利用和行业发展具有重要促进意义。

继往开来
——网络游戏著作权保护之路纵观

马远超*

*作者简介：
马远超，中伦律师事务所上海办公室知识产权部合伙人，电邮为：myc@zhonglun.com。

根据中国互联网络信息中心(CNNIC)发布的第51次《中国互联网络发展状况统计报告》,截至2022年12月,我国网络游戏用户规模达到5.22亿人;2022年1~12月,网游业务收入2658.84亿元。① 面对如此庞大的市场蛋糕,网络游戏商之间的竞争日趋白热化,非良性竞争导致的侵权诉讼案件也层出不穷。据统计,在网络游戏知识产权侵权纠纷案件中,著作权侵权纠纷案件占比近一半,其次为商标侵权、不正当竞争纠纷案件。②

根据我国现行《著作权法》,网络游戏不是《著作权法》保护的独立客体,但可以从中分解出美术作品、文字作品、音乐作品、类电影作品③、计算机软件作品等。从作品的受侵害权利类型角度分类,可将侵权行为划分为侵害署名权、修改权、发表权、保护作品完整权、复制权、发行权、信息网络传播权、改编权等类型。一起网络游戏著作权侵权纠纷案件,往往涉及多种作品类型、多种著作权权利,在侵权认定方面具有很强的法律技术性。笔者尝试将网络游戏著作权保护路径划分为"分解型""复合型""抽骨型"三种类型,并揭示其演化趋势。

一、分解型

所谓"分解型"保护路径,是指权利人首先分解出网络游戏中包含的各类受《著作权法》保护的具体作品,如美术作品、文字作品、音乐作品;其次与被控侵权网络游戏中的对应内容进行比对,主张各类作品著作权权利均遭受侵害。这是一种最为常见的网络游戏著作权侵权纠纷类型。

分解工作包括两方面:

1. 分解作品内容。权利人分别分解出自身网络游戏中可能遭侵权的作品内容,以及被控侵权网络游戏中对应的内容。这是一项必不可少、非常关键的基础性工作。

---

① 参见第51次《中国互联网络发展状况统计报告》,载中国互联网络信息中心网,https://cnnic.cn/n4/2023/0302/c199-10755.html。

② 参见诺诚律师团队:《2016游戏行业民事诉讼大数据:诉讼已成游戏公司市场竞争策略》,载微信公众号"网游圈里的那些事"2016年12月29日,https://mp.weixin.qq.com/s/7Vv68tQItNh4oPyMvvEbJA。

③ 2020年11月11日公布、2021年6月1日施行的《著作权法》第3条把修正前的《著作权法》中"电影作品和以类似摄制电影的方法创作的作品"改为"视听作品"。本文涉及的案例适用的是修正前的《著作权法》,故使用的是"类电影作品"表述。

2. 分解著作权权利。权利人首先需要分解出自己享有的著作权权利，包括人身性权利与财产性权利。权利人享有的著作权权利既可能是自己原始获得的，也可能是通过转让、许可等方式继受获得的。如果是后者，权利人就需要明确自身在什么权能范围、地域范围、使用范围、时间范围内享有著作权权利，然后通过比对权利人作品内容与涉嫌侵权内容，分解出各作品被侵害的具体著作权权利。

在《我叫 MT》与《超级 MT》之间的网络游戏侵权纠纷案[(2014)京知民初字第 1 号]中，原告同时主张了文字作品与美术作品权利：文字作品包括《我叫 MT》动漫名称以及 5 个人物名称，美术作品包括 5 个人物形象及游戏 App 头像。该案中，法院均未认定被告对权利人文字作品、美术作品构成著作权侵权，其理由是：权利人主张的名称文字缺乏独创性，不属于文字作品；被告使用的人物形象与 App 头像与权利人主张的美术作品不构成实质性相似。

不过，并不是每一个案件中权利人都可以分解出多种作品，也可能仅有一种作品类型。在暴雪娱乐有限公司、上海网之易网络科技发展有限公司诉北京分播时代网络科技有限公司、广州市动景计算机科技有限公司、成都七游科技有限公司《魔兽世界：德拉诺之王》与《全民魔兽》之间的网络游戏侵权纠纷案[①]中，原告仅主张了美术作品侵权，即《魔兽世界：德拉诺之王》游戏中的 18 个英雄形象、7 个怪兽形象、20 个装备图案以及 5 个副本地图都构成美术作品。法院经审理认为，被告侵害了上述美术作品的署名权、复制权和信息网络传播权。

二、复合型

所谓“复合型”保护路径，是指权利人并不将网络游戏内容分解成文字作品、音乐作品、美术作品予以分类主张，而是主张由文字、音乐、图案、游戏规则等要素组成的网络游戏画面整体构成类电影作品。

上海知识产权法院于 2017 年作出二审判决的《奇迹 MU》与《奇迹神话》网络游戏著作权侵权纠纷案[②]，是全国首例认定网络游戏整体画面构成类电影作品侵权的案件。该案中，一审法院（上海市浦东新区人民法院）认为，游戏画面由一系列有伴音或者无伴音的画面组成，通过电脑进行传播，具有和电影作品相似的表

① 参见广东省高级人民法院(2016)粤民终 1719 号。
② 参见上海知识产权法院(2016)沪 73 民终 190 号。

现形式。涉案游戏的整体画面是否构成类电影作品,取决于其表现形式是否与电影作品相似,故涉案游戏的整体画面可以作为类电影作品获得《著作权法》的保护。二审法院不仅认可一审法院关于作品类型的认定,在阐述两者构成实质性相似的理由时,进一步阐明:“经比对,两款游戏前 400 级三大角色剑士、魔法师、弓箭手的所有技能均与权利游戏中的部分技能相同或基本相同,而等级设置、角色名称及技能、地图场景、武器装备、怪物及 NPC 等方面均基本相同,足以认定两款游戏整体画面实质性相似。”

通过上述案例不难发现,复合型保护路径看似干脆利落,但在对比实质性相似过程中的复杂程度远甚于分解型。首先,分解型保护路径比对的是静态型作品,如文字作品、美术作品,而复合型保护路径是将作品整体作为连续性画面,属于动态性画面对比。其次,分解型保护路径是单一作品的逐一对比,即文字作品与文字作品对比、美术作品与美术作品对比,而复合型保护路径是将文字、声音、图案、游戏规则等各种元素组合进行综合对比,且包含了法官的两次主观判断——第一次是在确定单一元素是否实质性相似过程中的主观判断,第二次是将各元素作为整体进行综合对比以确定是否实质性相似过程中的主观判断。最后,分解型对比的对象仅包括视觉、听觉可直接感知的作品,如文字、图案、声音,不包括游戏玩法规则;复合型对比的对象不仅包括文字作品、美术作品、音乐作品等视觉、听觉可直接感知的作品,而且包括游戏玩法规则等玩家主观抽象感知类元素。

关于复合型保护路径,部分法官仍对网络游戏画面是否属于类电影作品存有顾虑。例如,《网络游戏知识产权司法保护》一书设有专门章节讨论了以下 5 个问题:(1)不同类型的网络游戏画面是否都适合认定为类电影作品?(2)网络游戏不断升级改版的表现形式是否会对作品的稳定表达产生影响?(3)无法查明网络游戏全部画面内容的情况下,是否可以推定整体画面构成类电影作品?(4)如果将网络游戏整体画面作为类电影作品,如何与网络游戏作为计算机软件“双重保护”进行协调?(5)如何认定网络游戏整体画面著作权人归属?①

三、抽骨型

所谓“抽骨型”保护路径,是指权利人不再主张文字作品、美术作品、音乐作品

① 参见孙磊、曹丽萍:《网络游戏知识产权司法保护》,中国法制出版社 2017 年版,第 350~354 页。

等具有听觉、视觉具体表达的作品侵权，而是归纳出游戏的具体的、细化的游戏玩法规则，主张被控侵权游戏的玩法规则与其构成实质性相似，从而构成对权利人网络游戏的改编权的侵害。

在以往案例中，权利人在一起案件中同时主张被告构成对美术作品、文字作品、玩法规则的著作权侵权的情况并不鲜见。对此，法院以往通常认为美术作品等属于《著作权法》保护客体，而游戏的玩法规则属于思想范畴，不属于《著作权法》保护客体。在暴雪娱乐有限公司、上海网之易网络科技发展有限公司与上海游易网络科技有限公司《炉石传说》与《卧龙传说：三国名将传》网络游戏侵害著作权纠纷案①中，权利人将"炉石标识"及 14 个界面、卡牌牌面设计作为美术作品予以保护的主张，将卡牌上的文字说明整体作为文字作品予以保护的主张，将视频和动画特效（不同于受玩家操作影响的游戏画面）作为类电影作品予以保护的主张，均得到了法院的支持。但是，权利人关于保护卡牌和套牌的组合的主张，法院认为其实质是游戏的规则和玩法，鉴于《著作权法》仅保护思想的表达，而不延及思想本身，因此法院未予以保护。

北京市高级人民法院蒋强法官认为，"石头—剪刀—布"之类的游戏规则因过于简单和抽象，表达空间有限，确实没有独创性。但是，对于精心设计的复杂游戏规则，如果具体化、细化到了一定程度，完全超出了创作巧合的空间，就有可能产生独创性，从而成为《著作权法》保护的作品。如果将游戏规则一概认定为思想，不以《著作权法》保护而以《反不正当竞争法》保护，也可能对《著作权法》和《反不正当竞争法》的关系形成新的挑战。②

在苏州市中级人民法院审理的《花千骨》与《太极熊猫》网络游戏侵权纠纷案③中，一审法院认为：一方面，《太极熊猫》游戏整体画面构成类电影作品，但是，《花千骨》游戏的 IP 来自《花千骨》同名电视剧，其游戏整体运行动态画面设计均与《太极熊猫》不同，该部分内容和要素系基于同名小说及电视剧作品《花千骨》而创作，故玩家从外观上可在一定程度上识别出其与原作品的区别；另一方面，《太极熊猫》游戏整体画面中游戏玩法规则的特定呈现方式构成《著作权法》保护

① 参见上海市第一中级人民法院（2014）沪一中民五（知）初字第 23 号。

② 参见蒋强：《游戏改编："独创性"的司法认定》，载《中国知识产权》2016 年第 9 期。

③ 参见江苏省苏州市中级人民法院（2015）苏中知民初字第 00201 号。

的客体。《花千骨》游戏在游戏玩法规则的特定呈现方式及其选择、安排、组合上整体利用了《太极熊猫》的基本表达,并在此基础上进行美术、音乐、动画、文字等一定内容的再创作,侵害了著作权人享有的改编权。

蒋强法官的观点与上述一审判决的思路不尽相同。蒋强法官认为,游戏玩法规则一旦具体化、细化到了一定程度,可以成为《著作权法》保护的作品。以此作为逻辑起点,如果他人侵害游戏玩法规则的著作权,是对游戏玩法规则这一作品的人身性、财产性权利的侵害,而不是对游戏本身(尽管游戏本身属于哪一类作品,尚无定论)著作权的侵害。上述一审判决则认为,具体、细化的游戏玩法规可以作为《著作权法》保护的客体,属于受《著作权法》保护的、具有独创性的表达(其同样没有说明游戏玩法规则属于哪一类作品);被告侵害的是权利人就《太极熊猫》游戏享有的改编权,即类电影作品的改编权,而不是游戏玩法规则作为作品享有的著作权权利。

王迁教授认为,仅仅根据原作品的思想创作出新作品并非受改编权控制的行为,只有在保留原作品基本表达的情况下通过改变原作品创作出新作品,才是《著作权法》意义上的改编行为。[①] 因此,具体、细化的游戏玩法规则是属于受《著作权法》保护的表达,还是属于不受著作权保护的思想范畴,便成了争论的焦点与问题的关键。

在琼瑶诉于正等关于《梅花烙》与《宫锁连城》之间的著作权侵权纠纷案[②]中,北京市高级人民法院将文学作品的人物设置、情节结构、内在逻辑关系视为受《著作权法》保护的表达,与上述一审判决的思路存在异曲同工之处。该法院认为,文学作品的表达,不仅表现为文字性的表达,也包括文字所表述的故事内容;但人物设置及其相互的关系,以及由具体事件的发生、发展和先后顺序等构成的情节,只有具体到一定程度,即文学作品的情节选择、结构安排、情节推进设计反映出作者独特的选择、判断、取舍时,才能成为《著作权法》保护的表达。确定文学作品保护的表达是不断抽象过滤的过程……文学作品中,情节的前后衔接、逻辑顺序将全部情节紧密贯穿为完整的个性化表达,这种足够具体的人物设置、情节结构、内在逻辑关系的有机结合体可以成为《著作权法》保护的表达。如果被诉侵权作品中

---

① 参见王迁:《知识产权法教程》,中国人民大学出版社 2016 年版,第 155 页。

② 参见北京市高级人民法院(2015)高民(知)终字第 1039 号。

包含足够具体的表达，且这种紧密贯穿的情节设置在被诉侵权作品中达到一定数量、比例，就可以认定为构成实质性相似；或者被诉侵权作品中包含的紧密贯穿的情节设置已经占到了权利作品中足够的比例，即使其在被诉侵权作品中所占比例不大，也足以使受众感知到源于特定作品时，可以认定为构成实质性相似。该法院最终认为，被告构成对权利人剧本《梅花烙》的改编权的侵害。本案中，法院对比的也不是《梅花烙》与《宫锁连城》之间具体的文字层面的表达，而是文字表达背后所体现的具体人物设置、情节结构、内在逻辑关系层面的表达。

四、网络游戏著作权保护路径的演化趋势

如前所述，“分解型”保护路径，仅保护视觉、听觉可直接感知的美术作品、文字作品、音乐作品，并不涉及保护游戏玩法规则；“复合型”保护路径，在认定游戏整体画面构成类电影作品时，不仅考虑游戏中包含的美术作品、文字作品、音乐作品的实质性相似，同时考虑游戏中玩法规则的实质性相似；“抽骨型”保护路径，不再考虑游戏中包含的美术作品、文字作品、音乐作品的实质性相似，仅考虑游戏中玩法规则是否构成实质性相似，从而判断是否构成对权利人游戏改编权的侵害。

随着网络游戏竞争的白热化，网络游戏开发者之间的“借鉴”不再仅仅止于视觉、听觉等可以直接感知的内容范畴，而可能同时“借鉴”其他游戏的游戏玩法规则。因此，权利人将不满足于“分解型”保护路径，而会不断通过“复合型”“抽骨型”保护路径试探司法保护的底线，这是可预见的演化趋势。对于这种游戏玩法规则的深层次“借鉴”行为，究竟应通过《著作权法》予以规制，还是应通过《反不正当竞争法》予以规制，抑或其属于合理借鉴范畴、不应予以司法干涉？目前，关于这一问题，业界还存在很大争论。

笔者认为，《著作权法》所保护的智力成果，仅限于有形的表达方式，即通过人的视觉、听觉进行直接感知的符号信息。人通过直接感知这些符号信息，在大脑中形成了审美体验（二次感知或者间接感知）。直接感知的符号信息，属于受《著作权法》保护的表达；二次感知获得的审美体验，属于“透过表达看思想”，即体验作者通过表达展现的思想，不属于《著作权法》保护的客体。著作权保护制度的宗旨在于鼓励对人类可直接感知表达方式的多样化、差异化创作，而不问创作者是否基于相同的思想。创作者的思想必然具有抽象、相对具体、十分具体等多个层

面,但都需要相对方通过直接感知后,在大脑中进行二次感知才能体验。无论思想如何复杂、如何具体,终究还是思想。越是复杂、具体的思想,其表达方式越丰富、越多样,反之亦然。此时,不同作者才越可能创作出丰富多彩的不同表达方式,从而极大丰富人们的文化精神生活,因而创作不同表达方式的自由越不应受到限制,该思想或者创意受著作权保护的程度也应当越低。如果该思想或者创意首创者可以合法垄断已知的(首创者的表达方式)、潜在的不同表达方式(后来者的表达方式),将无益于文化精神生活的繁荣。在网络游戏中,玩家首先通过对文字、图案、音乐等具体表达信息的直接感知,然后经过大脑判断、取舍等逻辑演绎,即经过二次感知之后,才能识别出网络游戏蕴含的游戏规则玩法。因而,游戏规则玩法不属于有形的表达,理应属于思想范畴。

CHAPTER 02

网络短视频与直播运营

强监管时代 KOL 和 MCN 直播营销风险防范指南

方建伟* 陈 霖 江佳颖

* 作者简介：

方建伟，中伦律师事务所上海办公室合规与政府监管部合伙人，电邮为：jfang@ zhonglun. com。

2022 年 10 月 31 日，国家电影局等 7 部门联合印发《关于进一步规范明星广告代言活动的指导意见》，进一步明确了明星在广告代言活动中的义务和责任，并且将网络直播中的商品介绍行为纳入广告代言活动的监管范围。此前相继出台的《网络主播行为规范》《网络直播营销管理办法（试行）》《关于加强网络直播规范管理工作的指导意见》等系统规制 KOL 及 MCN 直播营销行为的法律法规、行业规范，亦昭示着直播营销活动已经进入强监管时代，落实合规义务任重而道远。本文基于直播营销的商业模式分析可能适用的法律规定，借此定位各方法律角色，识别潜在法律风险，为直播营销的合法经营提供初步指引。

一、直播营销商业模式的法律分析

网络直播带货红火的背后是一条由品牌商和工厂或产业基地、直播平台以及各路资本、MCN 机构和大小主播、用户等构成的完整产业链。MCN 机构既可能依托直播平台营销，也可能依托短视频平台嵌入外部电商平台实现流量变现，从直播营销整体业态而言，其商业模式如图 1 所示。

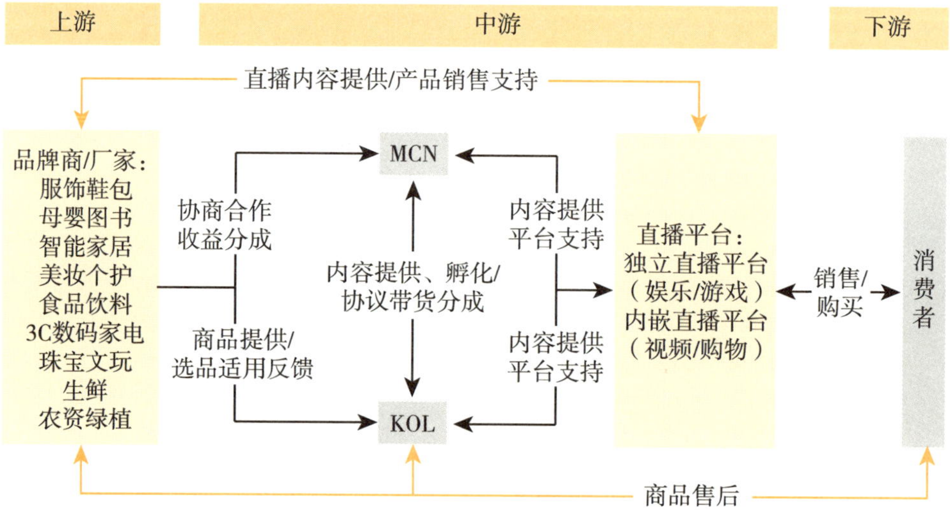

图 1　直播营销商业模式

就内容创作角度而言，MCN 与 KOL 在直播营销过程中也已经形成较为成熟的生态（见图 2）：

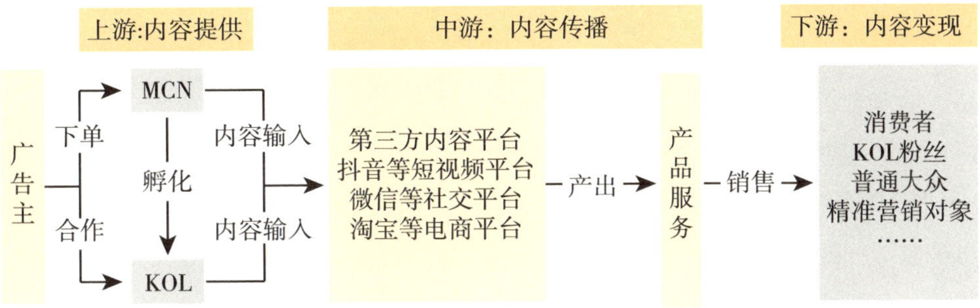

图 2　MCN 与 KOL 直播营销内容创作生态

因此,由于直播营销过程涉及多重主体以及多层次法律关系,KOL 与 MCN 的法律定位需要在不同情境下综合分析。

(一)直播营销的法律适用

由于不同法律规范行为的类型既存在差异又可能存在重叠之处,直播营销行为可能同时受到不同法律规制,直播营销主体或承担多重法律责任。笔者认为,KOL 和 MCN 可能适用如下法律规定:

首先,直播营销行为适用《网络直播营销管理办法(试行)》《关于加强网络直播营销活动监管的指导意见》等规定,KOL 和 MCN 可能构成直播间运营者、直播营销人员、网络直播者、直播营销人员服务机构等身份。

其次,尽管与传统广告的媒介不同,直播营销仍表现为对特定商品的推销推介,本身属于商业广告行为。在商业本质及目的上,直播带货与《广告法》所规制的商业广告活动没有实质性差异①,即"通过一定媒介和形式直接或者间接地介绍自己所推销的商品或者服务",因此,直播营销行为受到《广告法》的调整。KOL 及 MCN 可能构成我国《广告法》第 2 条项下的广告主、广告经营者、广告发布者、广告代言人等主体。

再次,《反不正当竞争法》第 2 条从维护市场秩序这一立法目的出发对经营者的概念进行了界定。KOL 和 MCN 通过在线推销营利的行为或属于"提供服务"的经营行为,故双方可能落入《反不正当竞争法》的"经营者"规制范围。

最后,带货的终极目的是实现商品的销售,因此 KOL 及 MCN 与商品的关系

① 参见宋亚辉:《网络直播带货的商业模式与法律规制》,载《中国市场监管研究》2020 年第 8 期。

亦可能影响其是否构成“销售者”“电子商务经营者”“平台内经营者”等的身份认定，从而适用《产品质量法》《电子商务法》《民法典》等法律规定的责任规则，就商品对消费者承担一定的产品责任及合同责任。

（二）直播营销中各方法律身份的识别

KOL 及 MCN 可能因情境的差异而产生不同法律身份的竞合（见图 3），因此直播营销行为的具体法律适用需要依据其与商品、平台及直播间的关系进行综合判断。

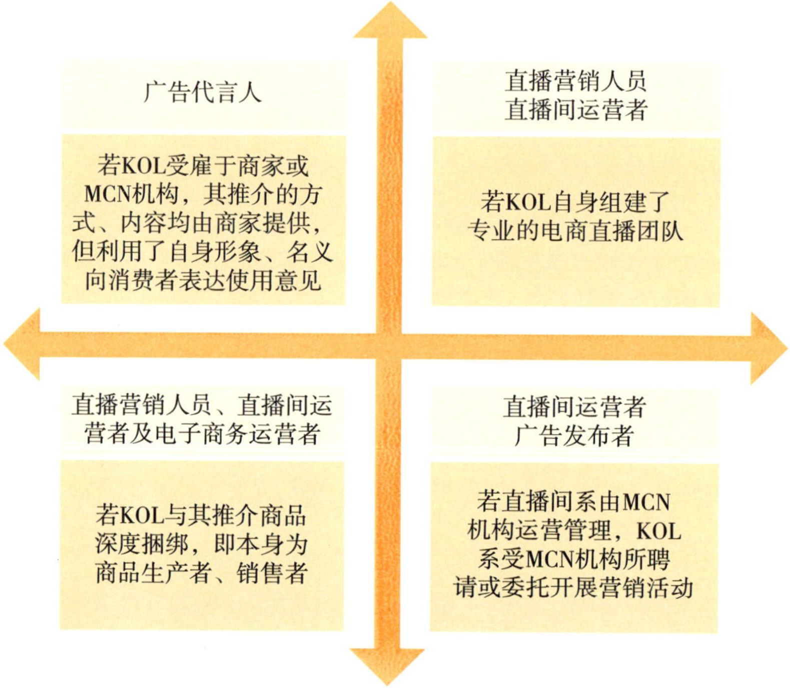

图 3　法律身份识别

作为新兴业态，网络直播营销活动的法律规则仍在持续变动发展的过程中，上述法律身份的识别亦存在执法上的灵活区间，但“打擦边球”的行为在强监管的时代已经难以卸责。KOL 和 MCN 在网络直播营销活动中必须把握好合规尺度，背负起自身的主体责任，方能行稳致远。

二、直播营销的侵权责任风险

（一）侵害消费者权益的责任

1. 产品质量责任：KOL 以及 MCN 推销的商品或服务应符合相关法律法规对商品质量和使用安全的要求，满足其所宣称的使用性能、采用标准、允诺等，且不存在危及人身或财产安全的不合理风险。如果 KOL、MCN 明知所推销的产品不符合保障人身、财产安全的要求而进行带货营销和虚假宣传，依据《民法典》第 1168 条、《广告法》第 56 条可能与商家承担连带责任。

2. 消费欺诈责任：如果 KOL、MCN 使用虚假的或者具有误导性的营销话术向消费者推销产品，构成消费欺诈的，依据《消费者权益保护法》第 55 条的规定，甚至可能需要承担 3 倍赔偿的责任。北京互联网法院在一则案例中分析认为主播引流后的销售方式包括直接销售和第三方跳转以及非典型的私下交易方式，其均是通过网络销售商品的经营活动，构成经营行为，因此主播就其售卖假货的消费欺诈行为需要依据《消费者权益保护法》第 55 条承担 3 倍赔偿责任①。

（二）商品侵犯知识产权的责任

MCN 和 KOL 在直播营销时，应当依据《广告法》等规定对所售商品的知识产权尽到一定审查义务。若明知带货产品侵犯了他人知识产权而进行推销、代言的，可能需要承担连带的侵权责任。若销售的链接指向了自营商品、店铺，或 MCN、KOL 直接与生产厂家、品牌方达成了销售协议，那么此时 MCN 和 KOL 属于销售者，或需要直接对产品的知识产权侵权承担责任。在所销售的商品侵害他人知识产权的情况下，销售者需要举证证明商品的来源合法和对侵权情况的不知情，才有可能依法减轻或者免除赔偿责任②。

因此，在直播营销时，KOL 和 MCN 应在选品时对产品知识产权进行初步审查，保留产品合法的证据，包括但不限于登记留存产品生产来源、产品商标、相关授权文件、版权登记证书，以证明其已经尽到了合理的审查义务。

三、直播营销的不正当竞争风险

由于网络直播营销具有准入门槛较低、行业急速扩张、即时性强、传播速度快

---

① 参见北京互联网法院（2020）京 0491 民初 7972 号。

② 参见《商标法》第 64 条、《专利法》第 77 条。

等特点,虚假宣传的现象较为普遍。根据京冀消协联合开展的直播带货消费体验调查活动,100个直播带货体验样本中即有17个样本涉嫌虚假夸大宣传行为①。根据《反不正当竞争法》《广告法》《关于进一步规范明星广告代言活动的指导意见》等法律法规,直播营销中的虚假宣传行为或导致行政处罚、名誉损失,此外,封号禁言等平台自律措施也会给KOL和MCN造成较大影响。从实践角度看,直播营销者可能就商品/服务本身、商品/服务的价格、流量数据和评价等事项作出虚假宣传,亦可能对竞品作出不实的评价,对消费者形成误导,构成不正当竞争行为(见图4)。

01 对产品的性能、功效、资质等进行夸大或虚构,如宣传普品具备特殊功效、虚构产品成分、虚构产品认证

02 使用不恰当或片面的比价、减价、折扣等措辞,误导消费者对产品价格产生错误认知

03 利用熟人或专业团队虚构粉丝量、点赞量、销量等数据,或故意触发竞争对手的反刷单惩罚

04 通过捏造散布虚伪事实等不正当手段,对竞争对手的商业信誉、商品信誉进行诋毁、贬低

图4 直播营销的不正当竞争风险

(一)商品和服务的虚假宣传

在直播营销的过程中,由于专业资质不足、内容管理不严、产品了解不充分、对法律禁区认识不足等因素,直播营销人员可能会对商品和服务作出与真实情况不符的营销宣传,如果无法提供相应的证据支持,可能需要承担虚假宣传和虚假广告的法律责任。实践中较为典型的商品虚假宣传包括:宣传普品具备特种功效、虚构产品成分、虚构专业人员资质、虚构产品来源背景以及以无效专利进行宣传等。

KOL和MCN可以采取下列措施对直播营销内容进行管理,避免实施商品虚

---

① 河北省消保委:《权威发布‖京冀消协联合发布直播带货消费体验调查结果》,载微信公众号“河北省消保委”2021年10月30日,https://mp.weixin.qq.com/s/h89Lq2UhMdWaDIQS5b0kTQ。

假宣传违法行为：

1. 强化选品把关，对产品资质、类别、性能等参数进行全面审核，留存记录；

2. 建立用词负面清单和话术管理制度，强化脚本审核以及直播人员培训；

3. 建立事前审核机制，加强对直播脚本的管理和审核；

4. 对“三品一械”等特殊品类的商品，需遵照特殊产品广告审查的特殊规定；

5. 定期研究和学习平台自律管理规则，把握平台合规尺度。

（二）价格的虚假宣传

头部 KOL 凭借价格与带货产品的优势建立流量资本，通过粉丝群体流量获得议价能力，向商家争取优惠价格以进一步吸引消费者扩大流量池，由此形成电商直播营销的闭环。但是，在营销过程中，KOL 为引流变现可能使用不恰当或片面比价措辞，对消费者造成误导或诱导，产生虚假宣传的风险。

1. 虚假折扣。电商营销的价格竞争激烈，实践中不乏因虚构价格折扣诱导消费者而被处罚的案例：某电商企业在直播过程中宣称向品牌方补贴 100 万元获得低价，给消费者造成其以亏损的价格销售商品的错误印象，但实际并不存在补贴行为，该企业被行政机关以虚假宣传处以罚款①。

2. 绝对化用语。主播在直播间带货过程中时常承诺的“全网最低价格”等绝对化用语不符合《广告法》第 9 条第 3 项的规定，可能导致处罚②。KOL 应当避免在直播营销过程中使用该等绝对化的用语，避免广告处罚风险和价格违法风险。

国家市场监督管理总局 2022 年 4 月发布的《明码标价和禁止价格欺诈规定》中明确了价格比较行为、折价减价行为、赠送物品或服务、其他价格欺诈行为的边界，KOL 在带货过程中应当谨遵上述规定，明码标价，并提供真实准确的价格、比价和折扣信息，避免对价格和价格优惠作出虚假不实的陈述。

（三）刷单炒信的虚假宣传

直播营销的繁荣诱发了通过刷单、刷好评等方式营造虚假繁荣的“作弊”行为。在监管部门不断加强对刷单炒信行为的打击力度之下，网络刷单的套路也从虚构数据衍生出物流刷单、反向刷单等多种形式（见图 5）。

---

① 参见苏市监处罚（2021）00031 号行政处罚决定书。

② 参见京工商兴处字（2019）第 1763 号行政处罚决定书。

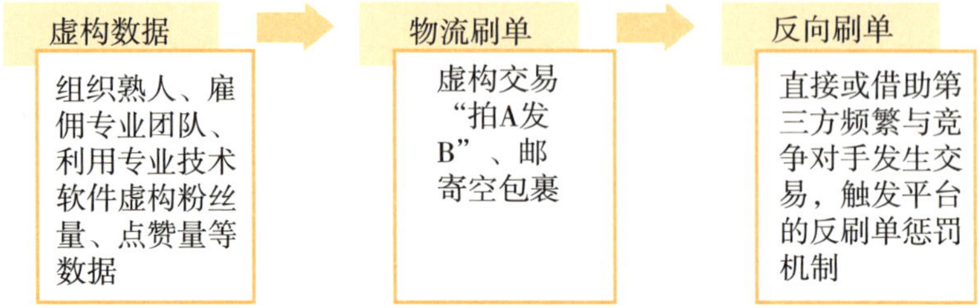

图5 刷单炒信的虚假宣传行为

然而,无论是再隐蔽的正向或反向刷单行为都依旧有迹可循。2021年,市场监管总局公布多起网络虚假宣传不正当竞争典型案例,集中曝光了直播带货中虚构关注度、流量,雇佣专业团队和“刷手”虚假交易的刷单炒信行为。前述行为被市场监管部门认定构成虚假宣传行为并给予相应处罚①。刷单的本质是虚构交易行为,在扰乱市场竞争秩序的同时还可能侵害他人财产权益,KOL和MCN在直播营销活动中均应避免触碰上述法律禁区。

(四)商业诋毁行为

为突出产品的竞争优势,产品比较是直播过程中常见的推销手段之一。比较行为若实施不当,或构成《反不正当竞争法》规制的商业诋毁行为。近期,一MCN机构在推销涉案产品中贬低了同类型竞品,损害竞争对手的商业信誉、商品声誉,被上海市市场监督管理局处以98万元罚款②。此外,亦有某知名带货主播在推销某品牌纸尿裤时对比评价竞品“不好用”“渗透性很差的,吸水真的很不好用”,被法院认定构成商业诋毁行为,判决其公司承担消除影响、赔偿经济损失等责任③。

若主播在销售过程中的“拉踩”行为构成捏造、散布虚假信息,损害他人商业信誉、商品声誉,并给他人造成重大损失,或依据《刑法》第221条规定承担相应刑事责任。在甘肃法院审理的一起损害商业信誉、商品声誉刑事案件中,某带货主播在抖音账号中捏造、散布有关竞争产品的虚假信息视频并大量传播,导致对方销售商销量锐减从而取消订单,造成对方严重经济损失,被法院依法判处拘役及

① 参见《2021年度重点领域反不正当竞争执法典型案例——网络虚假宣传篇(第一批)》,载微信公众号“市说新语”2021年7月22日,https://mp.weixin.qq.com/s/s5VHh0ogWgHvO4LYO5VeBw。

② 沪市监徐处(2022)042022000067号行政处罚决定书。

③ 参见上海市杨浦区人民法院(2021)沪0110民初11719号。

罚金①。

MCN 及 KOL 在直播营销的过程中，应当尽量避免与竞品进行片面的、主观的对比评价，即使需要对市面上同类商品进行比较，亦应当严格以事实证据和科学依据为基础，并对具体品牌信息进行匿名化、模糊化、去标识化处理，避免引致民事纠纷甚至行政、刑事调查风险。

四、直播营销的广告代言风险

特定情形下，直播营销可能构成代言活动。近期出台的《关于进一步规范明星广告代言活动的指导意见》明确规定，明星在网络直播过程中对商品进行介绍，构成广告代言行为；该意见要求明星在接受代言前充分了解被代言企业和代言商品，亲自使用代言商品，对于明星虚假、违法代言应直接处罚明星个人而不能以处罚明星经纪公司代替。可见，名人的代言行为监管趋严，KOL 亦需要注意广告代言人的特殊限制和义务责任。

（一）特殊行业的限制

第一，医疗、药品、医疗器械、保健食品等行业不得使用广告代言人，且在发布广告前必须进行事前审查；《关于进一步规范明星广告代言活动的指导意见》明确明星不得为烟草及烟草制品（含电子烟）、校外培训、医疗、药品、医疗器械、保健食品和特殊医学用途配方食品进行广告代言。因此，KOL 对该特殊品类的商品的推销应当慎之又慎，避免过度绑定和完全背书。

第二，KOL 在特殊行业带货及销售需要取得相应特别资质。对于需要较高专业水平（如医疗卫生、财经金融、法律、教育）的直播内容，主播应取得相应执业资质，并向直播平台进行执业资质报备②。在直播销售药品、医疗器械、保健食品、特殊医学用途配方食品等特殊商品时，如构成销售者则应当依法取得相应的资质或行政许可③。

第三，KOL 在销售“三品一械”等特殊产品时，需要严格注意措辞，不得对产品的功效、疗效等作出保证；在销售母婴食品时，不得表述产品可全部或部分替代

---

① 参见甘肃省白银市白银区人民法院（2020）甘 0402 刑初 333 号。

② 参见《网络主播行为规范》第 13 条。

③ 参见《广告法》第 16 条、第 17 条、第 18 条。

母乳。在一起网络购物合同纠纷中，法院认为被告销售的“氨糖软骨素钙”并未经药品备案而在直播宣传中称案涉商品对手脚麻木、骨质疏松等有功效，违反了《消费者权益保护法》和《食品安全法》的相关规定①。因此，在直播销售过程中，对特殊种类商品需要更为审慎，在审核资质的同时，KOL 还需注意措辞。

（二）特殊身份的限制

在直播营销活动中，具备特定专业身份或职业身份的 KOL 可能受到更加严格的限制。2022 年 5 月，国家卫健委等 9 部门印发的《2022 年纠正医药购销领域和医疗服务中不正之风工作要点》中即明确“严肃查处医疗机构工作人员利用职务、身份之便直播带货”。因此，专业型 KOL 在带货前亦需特别关注自身职务身份与商品的关系，避免利用职务之便推销商品；如具备特殊的公职身份的，更需要确认是否存在特殊限制。

五、直播营销中的合同履行风险

（一）KOL、MCN 与品牌方违约风险

在直播营销行业中，MCN 作为直播服务合同的直接相对方，可能会产生对品牌、商家的违约责任。常见的违约情形包括：

1. MCN 旗下 KOL 未按照合同约定履行义务

这一情形的常见表现类型见图 6。

KOL在直播过程中出现重大失误，对品牌及产品造成恶劣影响

KOL未直播，或因直播经验不足、设备场地等硬件条件不到位、不熟悉平台直播规则等主观或客观原因造成未能满足直播带货合同所约定的直播次数、时长、场地、平台等要求

KOL未完成在直播带货协议中承诺的业绩或粉丝量等指标

图 6　未按照合同约定履行义务的情形

在此种违约情形下，MCN 作为品牌方的合同相对方将直接面对违约风险。

① 参见广东省恩平市人民法院（2021）粤 0785 民初 3348 号。

因此,MCN 与 KOL 签署的经纪合同等协议中应对 KOL 违约事项及赔偿责任进行明确约定,并通过加强对 KOL 的业务培训和行为规范指导等方式降低违约风险。

2. MCN 机构未按照直播服务合同约定履行直播义务

具体而言,若 MCN 旗下 KOL 擅自停播①,未达到合同约定的业绩目标②,或因为未能合理安排旗下 KOL 时间日程,从而无法安排品牌方指定的主播提供直播服务③,均可能构成违约,承担相应责任。

当然,品牌方直播服务合同义务的履行不得与法律的合规要求相抵触。在苏州工业园区人民法院审理的某直播纠纷案件中,MCN 在已经收到大量消费者投诉的情况下,仍要求 KOL 按照"剧本"介绍商品,并通过"刷单"的方式虚增销量,"包装"销售成绩。KOL 认为继续直播会侵犯消费者权益而拒绝直播。法院认为该案中 KOL 拒绝直播系其为履行其法定义务的结果,不应认定为违约行为④。

因此,MCN 应对 KOL 的粉丝流量、带货能力以及产品市场潜力等作出理性判断,避免对直播带货所要达成的业绩等指标给出超出自身能力的承诺,对于未完成承诺下的违约责任也应当在直播带货协议中予以明确约定,尽量避免承担超出佣金的支付义务。

(二)KOL、MCN 与平台违约风险

在平台自律体系逐渐完善且日渐严格的背景下,KOL、MCN 在直播带货过程中也应履行平台的自律管理规定,对平台自律管理规定中的"违规行为处置"等规定进行重点关注⑤。

对于直接与平台签约的 KOL 来说,在受到平台管理约束,且与平台具有经济和人身从属性关系时,与平台之间签订的直播协议可能会被认为是劳动合同⑥,可

---

① 参见广东省广州市中级人民法院(2021)粤 01 民终 19925 号。

② 参见上海市徐汇区人民法院(2022)沪 0104 民初 8522 号。

③ 参见河南省郑州高新技术产业开发区人民法院(2021)豫 0191 民初 1960 号。

④ 江苏高院:《"网红"主播不卖假货,反遭索赔 50 万? 我疑惑了……》,载微信公众号"江苏高院"2021 年 9 月 7 日,https://mp.weixin.qq.com/s/NowFP7sra_xefyQ7k65vXw。

⑤ 淘宝网于 2022 年 4 月 22 日公示调整《淘宝直播管理规则》及《关于主播缴存/扣除风险保证金的实施细则》,并新增《主播合规安全码实施规则(试行)》,这 3 个规定已经于 2022 年 4 月 29 日正式生效。

⑥ 参见山东省德州市(地区)中级人民法院(2021)鲁 14 民终 84 号。

能需要承担竞业限制等义务；在实践中，由于直播营销模式的更新迭代，KOL与平台之间签订的各类网络直播主播经纪人协议往往是无名合同，若合同对双方权利义务作出明确约定，则能避免被法院认定为构成劳动关系①。此外，KOL与平台对合同目的、合作分成也应尽量在合同中明确，以更妥善保障自身权益②。因此，在签署“合作协议”“独家直播协议”时，KOL需明确权利义务、合作目的，以更全面权衡限制与义务，避免不必要的争议与纠纷。

六、结语

网络直播营销活动逐渐被纳入法律监管轨道，KOL和MCN在直播营销过程只有缘法而行，依法设计直播营销的商业模式和法律架构，审慎管理直播营销业务活动，拒绝触碰灰色地带和法律禁区，才能实现业务可持续增长。

（刘兆莉对本文亦有贡献）

（刘兆莉对本文亦有贡献）

① 参见辽宁省阜新市中级人民法院（2021）辽09民终154号。

② 参见浙江省杭州市临平区人民法院（2022）浙0113民初1125号。

以后还能混剪影视剧短视频吗？基于《著作权法》的几个问答

程　芳　王广巍*　冯颢宁

* 作者简介：

程芳，中伦律师事务所上海办公室知识产权部合伙人，电邮为：helencheng@ zhonglun. com。

王广巍，中伦律师事务所上海办公室争议解决部合伙人，电邮为：willwang@ zhonglun. com。

2021 年 4 月 9 日,50 余家影视公司、五大长视频平台及影视行业协会发出联合声明,呼吁广大短视频平台和公众账号生产运营者未经授权不得对相关影视作品实施剪辑、切条、搬运、传播等。同年 4 月 23 日,超过 70 家影视传媒单位及 500 多名艺人再发联合倡议,倡导短视频平台即日起清理未经授权的切条、搬运、速看和合辑等影视作品内容。4 月 28 日,国家电影局也发文,矛头直指当前比较突出的"××分钟看电影"等短视频侵权盗版问题。

至此,影视剧混剪短视频的著作权问题在 4 月 26 日世界知识产权日前后引发各方争论。赞成者认为混剪行为食人而肥,著作权应当依法得到保护;反对者担忧著作权泛化造成垄断,将扼制创作自由。孰是孰非,笔者特梳理网络上较集中的八个问题,简述一家之言,以求教大方。

一、混剪使用的是影视剧片段甚至截图,也可能构成侵权吗?

答:是的,影视剧片段或截图受到保护,混剪使用可能构成侵权。

有网友提出过这一问题,换句话说,这其实是混剪使用的影视剧片段或截图是否受《著作权法》保护的问题。

根据《著作权法实施条例》第 2 条的规定,独创性是受著作权保护的核心要件。首先可以明确的是,电影、电视剧等影视剧是具有独创性的,构成受保护的"视听作品"(修改前的《著作权法》规定为"电影和以类似摄制电影的方法创作的作品",简称类电作品)[①]。同样,如果影视剧的片段甚至若干帧截图具有独创性,那么也能够得到《著作权法》保护。

对此,法院在《三生三世十里桃花》图解侵权案中就指出,类电作品的实质是静止画面的集合和连续播放,类电作品中一帧帧的画面也应是该作品的组成部分。[②] 笔者理解,大部分被混剪的片段或截图都具有一定独创性,否则也不会被筛选入短视频中。因此,混剪使用的片段或截图受保护的可能性较高。

---

① 于 2021 年 6 月 1 日生效的新《著作权法》将"电影和以类似摄制电影的方法创作的作品"修改为"视听作品",并修改了权利归属的相关规定,这一修改不影响本文观点。

② 参见北京知识产权法院(2020)京 73 民终 187 号民事判决书。

二、影视片段或截图的权利属于影视剧的摄影师，但为何摄影师都没提出任何诉求？

答：影视剧片段或截图的权利人是制片者，而不是摄影师。

有网友质疑，如果影视片段或截图享有著作权，权利也属于摄影师，但为何并没有摄影师提出短视频侵权？这一理解是错误的。

根据《著作权法》第 17 条，"视听作品中的电影作品、电视剧作品的著作权由制作者享有，但编剧、导演、摄影、作词、作曲等作者享有署名权，并有权按照与制作者签订的合同获得报酬。前款规定以外的视听作品的著作权归属由当事人约定；没有约定或者约定不明确的，由制作者享有，但作者享有署名权和获得报酬的权利"。要说明的是，此"制作者"并非在影视剧中署名的自然人制片人，而是指组织拍摄的机构，如影视公司等。因此，影视剧中析出的片段或截图的著作权人是制作者，而不是摄制时的摄影师。另外，现实中很多影视剧的著作权人都不是制作者，其原因在于，制作者在取得影视剧的著作权后，还可以根据约定将著作权转让给他人。

三、影视混剪可能侵犯著作权中的哪些权利？

答：有可能侵犯改编权、信息网络传播权、保护作品完整权、修改权。

文首影视行业的联合声明中提及的"剪辑、切条、搬运、传播"等行为是业内的惯常说法，但并非法律术语。结合混剪过程来看，影视剧混剪短视频的诞生往往会经过如下过程：选择性剪辑影视的片段并将其进行拼接，再添加配音进行解说，然后将完成的短视频上传至平台供用户播放。

在这一过程中，剪辑、拼接、配音等构成受《著作权法》规制的改编行为，将完成的短视频上传至公众平台属于受《著作权法》规制的信息网络传播行为。另外，因为剪辑、拼接、配音涉及对影视的改动，还可能涉及修改权，而一旦改动构成对影视剧的歪曲、篡改，还可能涉及保护作品完整权。

根据《著作权法》的规定，如果未经授权对作品实施了受《著作权法》规制的一项或几项行为，在没有免责事由的情况下，就构成著作权侵权。因此，影视剧混剪可能构成对改编权、信息网络传播权、修改权、保护作品完整权的侵犯。

四、影视混剪有无可能构成合理使用，从而不构成侵权？

答:这取决于短视频的混剪情况,不能一概而论。

《著作权法》规定了若干免责事由,而合理使用就是最常见的免责事由之一。只要行为符合合理使用的规定,未经授权实施受《著作权法》规制的行为,也不构成著作权侵权。

《著作权法》第24条共规定了13种合理使用的情形,目前支持影视混剪的网友最常援引的是第2项"适当引用"。该条款规定:"在下列情况下使用作品,可以不经著作权人许可,不向其支付报酬,但应当指明作者姓名或者名称、作品名称,并且不得影响该作品的正常使用,也不得不合理地损害著作权人的合法权益:……(二)为介绍、评论某一作品或者说明某一问题,在作品中适当引用他人已经发表的作品……"可见,"适当引用"的目的是"介绍、评论作品或说明问题",限度是"适当引用"。

混剪只是一种处理视频的技术手段,是否符合"适当引用"的规定还要结合特定短视频的混剪情况。例如,剪辑、拼接电影的核心情节,配上解说制成短视频,用以讽刺剧情的荒诞(或褒扬摄制技法的精巧)。考虑到该短视频的目的是为评价电影,不使用电影片段不足以使观众了解评价对象,而且混剪者还配上自己的解读,没有照搬电影内容代替自己的创作,所以,此类短视频被认定为"适当引用"的可能性较高(当然,还应当指明作者姓名、作品名称)。笔者理解,知名的影视鉴赏节目《第10放映室》即为适当引用适例。此类合理使用的规定也在一定程度上保障了类似的二次创作自由。

但是,如果只是为使观众能快速了解电影的主要人物、核心情节、剧情走向等,将两小时电影剪辑浓缩到几分钟,而且全部或绝大部分内容都剪辑自电影,旁白也只是介绍电影梗概,那么该种短视频可能极难符合合理使用的要求。依笔者的生活经验观察,目前短视频平台上的大部分影视剧混剪短视频大都属于此类。

五、传统曲艺中的评书和混剪短视频的行为类似，是不是也构成侵权？

答:不是,评书与混剪短视频在法律上涉及不同行为,不能简单照搬结论。

有支持混剪短视频的网友称,评书的创作与混剪的行为类似,如果混剪构成著作权侵权，评书作为历史悠久的传统艺术，难道也侵权？对于这一问题，答案当然是否定的。

根据笔者的了解，评书可能由评书艺术家直接原创，也可能基于对已有文字作品的改编。对于前者，评书艺术家使用原创作品，当然不构成侵权。对于后者，被改编的文字作品往往是早已超出保护期的名著，如《三国演义》《封神演义》等，对这些公有领域的作品进行改编、口述当然也不构成侵权。只有当文字作品还在保护期内时，未经授权进行改编创作和口述表演评书，才可能有侵权之虞。①

反观混剪短视频，根据混剪的性质，应当不存在纯原创的情况，而且被剪辑的影视剧几乎都处于保护期内。因此，影视剧混剪短视频与评书这一传统艺术形式并不类似，不能简单套用结论。

六、混剪短视频不以营利为目的，是否可以不算作侵权？

答：不能，不以营利为目的仍然可能构成侵权。

不以营利为目的（网友通常所说的“为爱发电”）就不构成侵权，是对著作权侵权的一个常见误解。首先，著作权侵权并不考虑行为有无营利目的，只要实施的行为是受《著作权法》规制的行为，在没有免责事由的情况下就构成侵权。

其次，不以营利为目的也不必然构成法定的 13 种合理使用情形。虽然《最高人民法院关于充分发挥知识产权审判职能作用　推动社会主义文化大发展大繁荣和促进经济自主协调发展若干问题的意见》第 8 条在法律规定外，曾提出过判断合理使用的四要素，但即便如此，是否以营利为目的也只是判断要素之一，不以营利为目的不必然构成合理使用。

最后，混剪短视频未必不是以营利为目的，因为以营利为目的并不仅限于直接取得利益。例如，虽然上传短视频时没有取得网友打赏、平台付酬等直接收入，但客观上，这一短视频为混剪者获取了流量，间接提高了账号的商业价值，这同样可能会被认定为以营利为目的。

---

① 根据《著作权法》第 23 条对著作权保护期的规定，自然人的著作财产权的保护期为作者终生及其死亡后 50 年，法人或非法人组织的著作财产权的保护期为作品创作完成后的 50 年。

七、混剪短视频可以对被混剪的影视起到宣传效果，是否可以不算作侵权?

答:不能,行为是否侵权与其对权利人产生的影响是积极还是消极无关。

有网友表示,是看了混剪短视频后才知道或才去观看相应影视剧。这一观点的逻辑是,因为混剪行为对被混剪的影视剧起到了宣传效果,所以不构成侵权。但这一观点其实不能成立。特定行为是否构成著作权侵权,完全取决于相应行为是否符合侵权的构成要件。如前文所述,行为是否对权利人实际产生了有利影响,并不是侵权判断的构成要件。

举例来说,某人为方便儿童领略金庸先生的作品之美,未经授权就将宏大的《天龙八部》缩写为一册小书加以销售,许多读罢该册小书的儿童被情节所吸引,纷纷购买原版《天龙八部》进行阅读,客观上使作品销量上升。但是,这一缩写行为仍然是著作权侵权行为(属于前文所述的改编),在进行侵权判断时,法律不会也不可能衡量行为的市场价值。

八、之前没人提出过混剪短视频是侵权行为，所以短视频混剪是否是法律未规定的灰色地带?

答:特定的混剪短视频是否侵权的结论是明确的,不追究不代表不侵权。

题述观点也是网络上的常见误解。虽然混剪这一行为是否侵权无法一概而论,需要结合具体的短视频加以判断,但是,法律对于某个特定短视频是否侵权肯定有一个明确的结论,不存在所谓的灰色地带。是否追究侵权责任取决于权利人的选择,即便之前权利人基于各种考虑没有主张混剪短视频构成著作权侵权,但这也不意味着混剪行为就是合法的。

行文至此,相信各位读者对于文中的问题都有自己的判断。其实,在社会技术革新和商业模式演进的浪潮中,著作权时而隐于幕后助推产业升级,时而勇立潮头屹立风口浪尖,这也是短视频时代无法回避的风险与问题。据笔者了解,目前除了影视剧混剪外,还存在赛事、综艺、动漫等混剪短视频,而这些短视频在著作权法上的性质亦不可简单与影视剧混剪等量齐观,相应的法律风险仍需要进行具体分析。这波影视剧混剪短视频的纷争将去向何方,让我们拭目以待。

从诉讼禁令看短视频发布平台的版权合规趋势

何　丹*

* 作者简介：

何丹，中伦律师事务所武汉办公室知识产权部合伙人，电邮为：hedan@ zhonglun. com。

2021年6月1日新《著作权法》生效后，著作权侵权违法成本大幅提升，法定赔偿额上限提高到500万元人民币；侵权行为情节严重的，还可以适用赔偿数额1倍以上5倍以下的惩罚性赔偿。一时间，视频发布平台头部企业之间因短视频侵权引发的高赔偿案件频发：6月4日，重庆市一中院作出《斗罗大陆》诉前禁令；6月11日，短视频平台T向重庆一中院申请关于《亮剑》的禁令，要求另一视频平台Q停止侵权。除了与《亮剑》相关的诉讼，平台T还就《中国好声音2020》在重庆一中院提起诉讼，要求平台Q赔偿经济损失1000万元。短视频领域的版权合规问题已经成为视频行业亟待解决的热点问题。新《著作权法》将"电影作品和以类似摄制电影的方法创作的作品"统一修改为"视听作品"。立法去掉"电影"这一限制性名词，将"电影作品"和"类电作品"的外延扩大，体现了国家对整个视频行业一体化保护的倾向。以下，笔者分别从短视频制作、侵权应对和权利保护方面探讨短视频发布平台的版权合规问题。

一、视频制作的版权合规

通过剪辑技术对已经发表的视频作品进行剪辑而产生的新的视频，即本文讨论的"短视频"。短视频侵权方式包括对影视作品进行剪辑(将一部或多部影视作品的片段剪辑在一起成为一个新的作品)、切条(将一整部电影切成两个或三个长视频上传)、搬运(将原作者的影视作品或二次创作的视频原封不动地搬运到自己的视频号上)、播放、传播等行为。切条、搬运、传播一般都会被认定为构成侵权，但是经过视频剪辑二次加工形成的短视频是否构成侵权值得探讨。行为人如果取得原视频著作权人的许可或者符合《著作权法》规定的"合理使用"范围，可以进行视频剪辑、制作短视频。但是，如果没有取得原视频著作权人的许可，也不属于"合理使用"的范围，则侵犯了原视频著作权人的著作权，应承担停止侵权、赔偿损失的责任。

在短视频制作领域的版权合规，其关键点是"合理使用"问题。短视频中涉及很多素材，在涉及他人作品的情况下，从版权角度讲，平台发布方需要审查是否构成《著作权法》中的"合理使用"。根据《最高人民法院关于审理侵害知识产权民事案件适用惩罚性赔偿的解释》第1条第1款的规定，"原告主张被告故意侵害其依法享有的知识产权且情节严重，请求判令被告承担惩罚性赔偿责任的，人民法院应当依法审查处理”。同时,该解释第4条第2款规定:“被告有下列情形的,人民法院可以认定为情节严重:……(三)伪造、毁坏或者隐匿侵权证据;(四)拒不履行保全裁定;(五)侵权获利或者权利人受损巨大……”新《著作权法》也规定了惩罚性赔偿条款,侵权人的侵权成本大大提高。情节严重的,侵权人可能会被判决承担违法所得的最多5倍的惩罚性赔偿责任。惩罚性赔偿的规定使短视频发布方面临前所未有的高额侵权责任风险。本文提到的视频侵权案件中,根据法院裁定的内容,由于平台Q及时删除了涉嫌侵权作品,法院并没有支持行为保全禁令的申请,当然也可能减轻后续可能发生的惩罚性赔偿责任。

《伯尔尼公约》规定了“合理使用”的“三步检验法”:(1)“合理使用”只能作为例外情况明确界定;(2)“合理使用”不得与作品的正常使用相冲突;(3)“合理使用”不得不合理地损害著作权人的合法权益。原《著作权法》第22条规定了三步检验法中的第一步,而《著作权法实施条例》第21条规定了后两步。新《著作权法》第24条则系统完整地规定了“合理使用”的一般规则和具体情形,其规定:在下列情况下使用作品,可以不经著作权人许可,不向其支付报酬,但应当指明作者姓名或者名称、作品名称,并且不得影响该作品的正常使用,也不得不合理地损害著作权人的合法权益:……与原法相比,新法增加了兜底规定,即“不得不合理地损害著作权人的合法权益”。同时,还规定了例外情况可以通过相关法律法规加以扩展,给“合理使用”的认定带来更多可能。根据上述规定,判断是不是“合理使用”,要从使用效果进行评判,如果使用行为与著作权人正常使用作品的行为之间没有冲突,不会对著作权人产生影响,没有损害著作权人的合法权益,则能够被判定为“合理使用”。反之,如果影响了著作权人正常使用作品,损害了著作权人的合法权益,则不属于“合理使用”。根据司法案例,法院一般从作品使用目的,作品的性质,使用作品的数量和质量,使用作品对市场的影响等方面进行综合判断。实践中,对于未经原视频作品著作权人许可的视频剪辑,应从其使用原作品的程度,包括内容、数量、质量、可替代性等多个角度综合考虑,以判定是否属于“合理使用”。如果剪辑者个人创作内容比例很低,或使用原作品的部分构成原作品的“实质部分”,是原作品的本质、核心所在,或者超出了介绍、评论的必要限度,在客观上起到了替代原作品的效果,甚至整体可替代观看原片的,就超出了作品“合理使用”的边界,不构成“合理使用”。具体合规要点如下:

(1)取得权利方的授权。短视频制作的合规,最直接有效的措施就是取得权利人的授权,这是首要的合规方式。

(2)尽量使用公共素材。如果所有素材都要取得权利方的授权,那么合规成本会过高,短视频制作者可以选择使用属于公共领域的作品。根据《著作权法》的规定,著作权保护期限为自然人权利人死后 50 年或法人权利人首次发表后 50 年。作品的著作权保护期过后,其相关的财产性权利即失去法律保护,成为属于公共领域的作品,这能够大大降低合规成本,也能够利用原作品的知名度加大自身传播的影响力。

(3)短视频制作应以短小精悍为标准,过长很容易超出"合理使用"的限度。应尽可能加入创作元素,体现独创性。切忌单纯地展现影视作品的画面,尽可能达到受众记住的不是单纯的原视频画面,而是短视频作者的独创内容。同时,尽量避免可能会对原作品的发行造成不良影响的评价,损害原作品著作权人的权益,从而不被认定为"合理使用"。

二、著作权侵权指控应对及维权合规

2021 年 5 月 17 日,12426 版权监测中心正式发布《2021 中国短视频版权保护白皮书》:"2019 年 1 月至 2021 年 5 月,受权利人及监管部门委托,12426 版权监测中心对 1300 万件原创短视频及影视综等作品的二次创作短视频进行监测,累计监测到 300 万个侵权账号,成功通知删除 1478.60 万条二创侵权及 416.31 万条原创侵权短视频;综合视频、新闻资讯及短视频平台占比分别为 34.4%、31.8% 和 29.3%。涉及点击量 5.01 万亿次,按万次点击 10 元计算,挽回直接经济损失 50.1 亿元"。从上述数据看,短视频领域的侵权程度是非常严重的,短视频发布平台方仅仅遵循"通知—删除"规则显然已经不适应短视频领域的快速发展。

视频作品发布(发行)平台方作为网络技术服务提供者,按照所谓技术中立原则,应在实务中建立一整套"通知—删除"规则,对网络用户上传于其平台的内容并不负担事先审查、过滤义务,仅在接到权利人侵权通知后不及时采取合理的必要措施的情况下,或者虽未接到权利人侵权通知但侵权内容明显而未采取合理的必要措施的情况下,才就权利人损失扩大部分承担相应侵权责任。诞生于美国《千禧年数字版权法》的"通知—删除"规则,与当时的网络技术水平相匹配。然而,网络技术日新月异,进行事先的主动审查、过滤,技术上已经可以轻易实现。上文中提到,6 月 4 日,重庆市第一中级人民法院作出《斗罗大陆》诉前禁令,要求平台 T 立即删除平台内所有侵权视频,并采取有效措施,过滤和拦截用户上传、传播相关侵权视频。可见,在新《著作权法》生效后的司法实践中,已经出现了超越了该规则的探索。笔者认为,要求短视频平台提高注意义务,对相关有高度侵权嫌疑的短视频主动进行拦截、屏蔽、过滤,以阻止侵权短视频反复上传,可能是未来司法实践的发展趋势。

综上所述,短视频发布平台在遭到或可能遭到侵权指控时的具体合规要点如下:

(1)取得短视频权利方的授权,注意对短视频使用素材的合规审查。同时应当和短视频提供者约定涉诉赔偿后的追偿责任条款,明确约定一旦短视频侵权涉诉造成平台方损失的,应赔偿损失。

(2)短视频平台应建立必要的版权审查和过滤机制、侵权投诉机制、侵权账号惩处机制和相应的公示机制,减小承担惩罚性赔偿义务的可能性。

(3)在发现平台使用者提供的短视频有高度侵权的可能性或第三人权利人向自身主张权利且具备初步证据时,应该及时主动地将相关争议视频作下架或撤回处理并主动与权利方沟通,避免造成权利方进一步的损失。

相应地,在平台发布的短视频被侵权时,平台可以帮助权利人主动维权,具体合规要点如下:

(1)要注意在作品上加上权利标记和维权声明,将短视频对外授权的,应保存好授权传播的证据。

(2)对侵权行为可以进行证据保全,固定证据后向侵权人或播出平台方发侵权警告函,要求其删除视频,停止侵权,并可以要求其赔偿损失。如果不能达到目的,可以向法院提起诉讼,申请行为禁令,要求其立即删除平台内所有侵权视频,并采取有效措施,过滤和拦截用户上传、传播相关侵权视频并赔偿损失。

(3)要注意保存侵权行为证据,包括损害程度的具体证据,如侵权持续时间、侵权影响范围、被告盈利情况以及其他侵权情节严重程度的证据,以提高侵权赔偿额。

三、结语

无论是长视频还是短视频，只要构成作品，都平等地受到《著作权法》的保护。长视频和短视频的权利人，往往是你中有我，我中有你。从这个意义上说，短视频侵权之争，并非泾渭分明的权利人和侵权人之争，而是视频领域的市场竞争主体在短视频版权合规边界的交锋，在版权保护边界不清晰的地带，还往往伴随着不正当竞争诉讼。短视频发布平台，特别是头部平台，肩负着维护包括短视频在内的整个视频行业领域健康发展的社会责任，应积极运用现代网络技术，尊重“合理使用”的版权保护边界，做好版权合规工作，在主动维护自身权益的同时，积极鼓励和包容创新，使包括短视频在内的视听作品百花齐放。

网络视频平台的合规治理

郭建华[*]　张　馨

[*] 作者简介：

郭建华，中伦律师事务所南京办公室公司业务部非权益合伙人，电邮为：guojianhua@zhonglun.com。

我国网络视频行业发展迅速，根据中国网络视听节目服务协会发布的《2023中国网络视听发展研究报告》，“截至2022年12月，我国网络视听用户规模达10.40亿，超过即时通讯（10.38亿），成为第一大互联网应用。网络视听网民使用率为97.4%，同比增长1.4个百分点，保持高位稳定增长。泛网络视听产业市场规模为7274.4亿元，较2021年增长4.4%”。从最开始的以用户上传内容的UGC模式为主的网络视频时代开始，随着互联网的发展、综合流量变现的需求和付费习惯的形成，网络视频平台开始向电影、电视剧、综艺节目和动画等长视频内容的运营转变，通过自制、购买版权等方式不断增加长视频内容的储备和类别，形成会员订阅+广告收入的商业模式；随着移动智能终端的普及和创新技术的发展，视频传播的速度和时效性大大增强，同时音视频内容制作的门槛大大降低，以抖音、快手等为代表的移动短视频平台迅速崛起。与此同时，算法的进步也使垂直类视频网站和直播得到了快速发展。

到目前为止，我国网络视频行业已经形成了“长视频”“短视频+直播”“UGC+PGC/OGC”①的综合发展模式，网络视频平台提供的网络视听产品和服务也呈现多元化、复合化、精细化的特点②。作为被强监管的行业之一，网络视频平台的合规治理也成为实践中的重点，本文将从网络视听行业的监管体系、网络视频平台的业务资质两个方面展开论述。

一、网络视听行业的监管体系

（一）网络视听行业的基本监管规范

网络视听节目服务，是指制作、编辑、集成并通过互联网向社会公众提供音视频节目，以及为他人提供上载传播视听节目服务的活动。

1999年10月1日，原国家广播电影电视总局（以下简称原广电总局）发布了《关于加强通过信息网络向公众传播广播电影电视类节目管理的通告》（已失

---

① UGC（User generated content）即用户生成内容，伴随提倡个性化的Web2.0而形成，用户将自己原创的内容通过互联网向其他用户分享和展示；PGC（Professional generated content）指专业生产内容，相比于UGC，PGC在内容质量上更有保证，从内容生产、内容推广到品牌的形成、粉丝的汇聚，最终内容品牌被粉丝反哺并形成自推广的整套生态闭环。与PUG相似的还有OGC（Occupationally generated content），即职业生产内容，这一模式下，内容生产主体为从事相关专业领域工作的专业人士，并领取相应报酬。

② 参见汤捷：《网络视听行业：现状、发展与精细化管理》，载《青年记者》2021年第9期。

效），首次就我国境内单位和个人利用信息网络传播广播电影电视节目行为进行规范，明确了从事信息网络传播视听节目实行许可制度。

2003 年、2004 年广电总局先后通过第 15 号令、第 39 号令公布了两版《互联网等信息网络传播视听节目管理办法》（均已废止），明确了“视听节目”“信息网络传播视听节目”等概念，以及申请《信息网络传播视听节目许可证》的条件和程序。

2007 年广电总局、信息产业部共同发布《互联网视听节目服务管理规定》，该规定于 2015 年进行了修订，形成目前针对网络视听节目进行管理的综合性单行法律规范。2019 年 11 月 18 日，国家互联网信息办公室、文化和旅游部、国家广播电视总局联合印发《网络音视频信息服务管理规定》，从市场准入、新技术安全、内容合规等角度再度明确了对网络音视频信息服务提供者的合规要求。

在此基础上，中国网络视听节目服务协会发布了《网络视听节目内容审核通则》，明确网络视听节目实行先审后播的制度，并详细列举了内容审核的标准。除此之外，针对不同网络视听节目类型的内容合规，中国网络视听节目服务协会先后发布了《网络短视频内容审核标准细则》《网络短视频平台管理规范》《网络综艺节目内容审核标准细则》等，形成了一套规范网络音视频节目管理的行业规范。

（二）网络视听节目实施分类监管

随着网络音视频内容多元化、垂直类视频内容的精细化，对网络视听服务的管理也形成了分类监管的格局并正在不断细化。

1. 新闻类视听节目

根据《互联网新闻信息服务管理规定》，互联网新闻信息服务包括互联网新闻信息采编发布服务、互联网新闻信息转载服务、互联网新闻信息传播平台服务。2017 年 6 月 1 日生效的《互联网新闻信息服务管理规定》相比于 2005 年的旧规定，删除了“时政类新闻信息”的限定描述，更加注重新闻信息本身的社会公共属性和社会影响，其根本目的在于要求参与互联网新闻传播的各方承担相应的社会责任。根据这一规定，通过互联网站、应用程序、论坛、博客、微博、公众账号、即时通信工具、网络直播等形式向社会公众提供互联网新闻信息服务，都需取得互联网新闻信息服务许可。

（1）互联网新闻信息服务属于禁止外资准入的范畴。《互联网新闻信息服务管理规定》第7条规定:“任何组织不得设立中外合资经营、中外合作经营和外资经营的互联网新闻信息服务单位。”已经设立的互联网新闻服务单位与外商投资企业进行涉及互联网新闻信息服务业务相关合作的,应当报经国家互联网信息办公室,由其根据《国家安全法》等进行安全评估。对于传播平台服务,采用VIE架构等是否需要进行安全评估,还有待进一步考察。《互联网新闻信息服务管理规定》同时规定:“符合条件的互联网新闻信息服务提供者实行特殊管理股制度。”例如,趣头条在上市之前向人民网旗下基金、澎湃新闻发行优先股就是尝试通过这种特殊安排符合监管的要求。

(2)相比于转载服务和传播平台服务,互联网新闻信息采编发布服务具有严格的市场准入限制,其申请主体只能是新闻单位及其控股单位或新闻宣传部门主管的单位。所谓的“新闻单位”,只能是依法设立的报刊社、广播电台、电视台、通讯社和新闻电影制片厂,非公有资本不得介入互联网新闻信息采编发布业务。

(3)根据《互联网新闻信息服务管理规定》对“互联网新闻信息服务”的定义,自媒体等PGC/OGC内容生产者也被纳入监管范围,这也符合规定的目的。因此,对于综合性网络视频平台而言,除了履行自身资质证照要求并在许可范围内提供互联网新闻信息服务、遵守互联网新闻信息转载可溯源的要求外,还需要对在其平台上开设公众账号、服务账号、媒体账号等提供有关新闻信息报道、转载、评论的主体履行相应的资质审查义务,对账号主体的身份信息、是否具有互联网新闻信息服务资质及服务范围进行审核,并与普通用户账号相区分,实行分类备案。①

2. 娱乐类视听节目

根据广电总局《关于加强互联网传播影视剧管理的通知》,通过互联网传播的影视剧,必须符合广播电影电视管理的有关规定,依法取得《电影片公映许可证》《电视剧发行许可证》《电视动画片发行许可证》等,同时还需要获得著作权人对网络播映的授权。

2012年,广电总局与网信办联合发布《关于进一步加强网络剧、微电影等网络视听节目管理的通知》,明确强调网络剧、微电影实行“谁办网谁负责”和“先审后

---

① 普通公众个人通过个人微博账号、微信公众号等发布、转载信息不属于互联网新闻信息服务许可的审查范围,但仍需遵守《网络安全法》《互联网信息服务管理办法》等其他有关法律法规的规定。

播”的管理原则，网络视听节目服务提供者应当组织审核员对节目内容进行审核，并在节目片头标注审核单位编制的审核序列号。审核通过的网络剧、微电影等网络视听节目信息应当报网络视听节目服务提供者所在地省级广电部门备案。

2014 年，广电总局在《关于进一步完善网络剧、微电影等网络视听节目管理的补充通知》中进一步明确，网络用户个人制作并上传的网络剧、微电影等网络视听节目，由转发该节目的互联网视听节目服务单位履行生产制作机构的责任。互联网视听节目服务单位只能转发已核实真实身份信息并符合内容管理规定的个人上传的网络剧、微电影等网络视听节目。

因此，对于聚集众多 UGC 内容的网络视频平台而言，需严格履行网络实名制的要求，并建立相应的机制对制作、上传的网络视听节目内容进行审核。

3. 网络直播

根据网信办等部门联合发布的《关于加强网络直播规范管理工作的指导意见》，网络直播活动根据其开展直播活动涉及的内容实行准入管理，即开展经营性网络表演活动直播的平台需取得《网络文化经营许可证》；开展网络视听节目服务直播的平台需取得《信息网络传播视听节目许可证》；开展互联网新闻信息直播的平台则应当持有《互联网新闻信息服务许可证》。

同时，开展网络直播的视频平台应当严格履行包括内容审核、主播实名制管理、用户行为规范引导、直播打赏管理、未成年人保护等在内的平台责任。

二、网络视频平台的业务资质

（一）《信息网络传播视听节目许可证》

根据《互联网视听节目服务管理规定》，在我国境内从事互联网视听节目服务应当依法取得《信息网络传播视听节目许可证》（AVSP）或履行备案手续。按照《互联网视听节目服务业务分类目录（试行）》，AVSP 实行分类授予、分类监管原则，取得 AVSP 的主体必须在许可的业务范围开展互联网视听节目服务，不得变更或超出范围提供服务。

2015 年修订的《互联网视听节目服务管理规定》延续了 2007 年的规定，申请 AVSP 的主体仍然只能是国有独资或国有控股单位，因此其他民营企业、外商投资企业或个人无法通过申请取得 AVSP。目前，国家广电总局已不再受理新增

AVSP 的申请。根据国家广电总局公布的数据，截至 2021 年 2 月，全国取得 AVSP 的企业共有 571 家。①

2016 年，原广电总局发布第 196 号令《关于加强微博、微信等网络社交平台传播视听节目管理的通知》，进一步明确利用微博、微信等各类社交应用开展互联网视听服务的网络平台，应当取得 AVSP 以及其他法律法规规定的相关资质，并严格在许可证载明的业务范围内开展业务。在这类网络平台上，通过微博账号、微信公众号等各类社交应用开展互联网视听节目服务的机构，已取得《信息网络传播视听节目许可证》的，应当按照许可证的各项要求开展业务活动；未取得《信息网络传播视听节目许可证》的机构和个人利用微博账号、微信公众号等开展互联网视听节目服务，应由该网络平台作为该项服务的开办主体承担相应的资质合规义务，并履行视听节目内容审查义务和实名制管理责任。平台上允许开展的节目范围不得超出平台自身许可证载明的业务范围。

对于无法通过申请取得 AVSP 的企业而言，除了通过股权收购间接取得 AVSP 以外，还可以作为 PGC/OGC 内容生产者通过持证平台提供网络音视频服务，或与持证机构进行合作，但应当注意的是，特定内容的网络音视频节目（如时政新闻类节目）仍必须取得相应的行政许可。

（二）ICP 许可或备案

根据《电信条例》，国家对电信业务经营按照具体电信业务分类实施许可。按照《电信业务分类目录（2015 年版）》对增值电信业务的分类，B25 类信息服务业务，是指通过信息采集、开发、处理和信息平台的建设，通过公用通信网或互联网向用户提供信息服务的业务。具体包括：①信息发布平台和递送服务（如新闻网站、信息推送、应用商店等）；②信息搜索查询服务（如搜索引擎）；③信息社区服务（如社交网站、微博、虚拟社区、聊天室等）；④信息即时交互服务（如即时通信、交互式语音服务、基于互联网的端到端双向实时话音业务等）；⑤信息保护和处理服务（如终端设备信息内容保护、垃圾信息拦截等）。

通过互联网向社会公众提供包括网络音视频制作、上传、下载、分享、观看等服务，属于信息发布平台和递送服务的内容，因此需要取得 B25 类增值电信业务

---

① 参见《〈信息网络传播视听节目许可证〉持证机构目录》，载国家广播电视总局网，http://www.nrta.gov.cn/art/2021/5/1/art_3569_56268.html。

许可或备案，即ICP许可或备案。

根据《互联网信息服务管理办法》第3条、第4条的规定，互联网信息服务又区分为经营性互联网信息服务和非经营性互联网信息服务。从事经营性互联网信息服务实行许可制度，而非经营性互联网信息服务则实行备案制度。

根据当下网络视听行业的现状，网络视频平台以免费+会员订阅的复合商业模式发展，以用户订阅会员+广告收入作为主要营利模式。① 根据《网络音视频信息服务管理规定》《互联网新闻信息服务管理规定》等相关法规，开展经营性（包括直接面向用户收费以及通过电子商务、广告、赞助等方式间接获取利益）网络音视频信息服务的，属于经营性信息服务，应依法取得《增值电信业务经营许可证》（ICP）。

（三）《网络文化经营许可证》

根据2017年修订的《互联网文化管理暂行规定》，开展经营性（包括直接向上网用户收费或者以电子商务、广告、赞助等方式获取利益的）互联网文化活动，须取得省、自治区、直辖市政府文化部门批准的《网络文化经营许可证》。

互联网文化活动指提供互联网文化产品及其服务的活动，具体来说主要包括：①专门为互联网而生产的网络音乐娱乐、网络游戏、网络演出剧（节）目、网络表演、网络艺术品、网络动漫等互联网文化产品的制作、复制、进口、发行、播放等活动；②将音乐娱乐、游戏、演出剧（节）目、表演、艺术品、动漫等文化产品以一定的技术手段制作、复制到互联网上传播，或者通过互联网、移动通信网等信息网络发送到计算机、固定电话机、移动电话机、电视机、游戏机等用户端以及网吧等互联网上网服务营业场所，供用户浏览、欣赏、使用或者下载的在线传播行为。这一定义几乎可以囊括目前网络视频平台提供者的所有商业模式和产品，因此《网络文化经营许可》构成网络音视频平台提供者的重要资质合规义务之一。

根据文旅部办公厅《关于进一步调整〈网络文化经营许可证〉许可经营范围进一步规范审批工作的通知》，网络表演是指以网络表演者个人现场进行的文艺表演活动等为主要内容，通过互联网、移动通信网、移动互联网等信息网络，实时

---

① “根据爱奇艺2020年第四季度财报，爱奇艺会员服务收入为38亿元人民币，全年会员服务营业收入达165亿元人民币，相比2019年增长14%；第四季度广告收入则为19亿元人民币，全年广告收入为68亿元人民币。会员服务收费已经取代广告收入成为平台的首要收入来源。”参见汤捷：《网络视听行业：现状、发展与精细化管理》，载《青年记者》2021年第9期。

传播或以音视频形式上载传播而形成的互联网文化产品。因此,电商直播、教育类网课直播、金融类、美食类、体育类等直播活动不属于网络表演,无须办理《网络文化经营许可证》。

专门制作的网络音乐娱乐、网络游戏、网络演出剧(节)目、网络表演、网络艺术品、网络动漫等文化产品或者将原创音乐、游戏、演出剧(节)目、表演、艺术品、动漫等文化产品复制到互联网上传播的,还同时构成《网络出版服务管理规定》第2条第3款的"网络出版物"①,需要取得《网络出版服务许可》。

三、关于 UGC 内容治理合规之重点

UGC 内容是伴随着互联网兴趣社区而出现的创作活动,通过对版权作品的利用进行再创作,生成各种形式的新内容。大多数的 UGC 内容都存在侵犯已有作品著作权人专有权利的可能,在当下垂直类视频内容深度细化、网络视频平台服务功能多元的背景下,借助算法 UGC 内容创作有利于快速聚集同类兴趣的用户,为平台带来流量价值,而数字技术发展又使创作门槛大大降低,促进了 UGC 内容的涌现。对于网络视频平台而言,因 UGC 内容侵犯已有作品著作权人专有权利而构成共同侵权的风险也大大增加,对 UGC 内容的治理成为平台合规的重中之重。

(一)网络视听行业常见的 UGC 内容及侵权分析

1. 字幕组

(1)定义。字幕组是通过技术提取在国外率先发行的影视作品/动画作品/漫画等的字幕并进行翻译,在网络上单独传播翻译过的字幕文件或者传播包含翻译字幕的视频/漫画文件的团体。字幕组在我国内地曾经十分流行,如曾经的人人字幕组。许多国外影视作品在国内的传播和流行都曾被字幕组翻译和推广。

(2)权利基础。对字幕的翻译涉及翻译权,根据《著作权法》第10条第1款第15项,翻译权属于著作权人享有的经济性权利之一,受到《著作权法》的保护。即使《著作权法》保护翻译者对翻译作品享有的著作权,其行使权利也不得影响或损

① 根据该条款的规定,网络出版物的范围包括:"(一)文学、艺术、科学等领域内具有知识性、思想性的文字、图片、地图、游戏、动漫、音视频读物等原创数字化作品;(二)与已出版的图书、报纸、期刊、音像制品、电子出版物等内容相一致的数字化作品;(三)将上述作品通过选择、编排、汇集等方式形成的网络文献数据库等数字化作品;(四)国家新闻出版广电总局认定的其他类型的数字化作品。"

害原作品的著作权。

（3）侵权分析。如果通过技术手段将翻译后的字幕同原作品相结合并在网络视频平台上上传、提供观看等，则同时构成对原作品复制权、信息网络传播权的侵害；《著作权法》中关于"合理使用制度""著作权法保护例外"的相关规定也无法正当化此类行为。目前，不少网络视频平台已经通过购买版权取得部分国外影视作品的信息网络传播权及翻译权，打包传播翻译字幕及原作品的行为还可能侵犯其他平台的权利。

2. 同人作品（fanfiction）

（1）定义。同人作品是指某一特定作品的粉丝利用原作的角色形象、人物关系、背景、情节等元素进行再创作而产生的作品。典型例子如江南利用金庸作品创作的《此间少年》、宝树未经刘慈欣授权续写的《三体》续集。

（2）理论基础。由于同人作品本身就是建立在对原有作品角色、性格、人物关系、故事情节等元素的基础上进行的再创作作品，因此，同人作品非常重要的一点在于区分作品的思想和表达，因为《著作权法》只保护作品的表达而不保护思想。"将一部文学作品中的内容比作一个金字塔，金字塔的底端是由最为具体的表达构成，而金字塔的顶端是最为概括抽象的思想。"[①]在文字作品中，人物关系、情节事件、情节发展串联、人物与情节的交互关系、矛盾冲突等交织在一起达到足够具体的程度便可能构成作品表达。[②] 因此，判断同人作品是否侵权关键在于在多大程度上"借用"了原著的故事情节、情节串联发展的逻辑和任务的交互关系等。而在动画作品、漫画中，由于角色形象已经足够具体，同人作品直接借用或重现角色形象就已经构成对原作著作权的侵犯。[③]

（3）具体侵权分析。随着短视频的发展和视频制作技术门槛的降低，以UGC为生态特色的网络视频平台上的一大类内容即用户通过剪辑技术自制的同人视频或为已有同人作品配上音乐等制成的短视频。对于自制同人视频，剧本、台词作为作品整体中的一部分，属于文字作品，其是否构成侵权，有赖于同人作品与原作品在故事情节发展、串联、交互、逻辑关系上是否构成实质性相似的判断。并且

① 北京市第三中级人民法院（2014）三中民初字第07916号。

② 参见湖北省武汉市中级人民法院（2018）鄂01民初5015号。

③ 参见刘颖、何天翔：《著作权法修订中的"用户创造内容问题"——以中国内地与香港的比较为视角》，载《法学评论》2019年第1期。

这类同人作品可能涉及侵犯著作权人享有的改编权，即在保留原作品基本表达的情形下创作出新作品的权利。对于演绎型同人作品而言，改编往往是其主要创作方式之一，在未获得原作品著作权人许可的情形下进行改编就可能侵犯原著作权人的改编权。而对于续写型、前传型同人作品，其创作本身建立在对原有作品角色特征、人物关系、故事情节等元素的利用基础上，但并不是对原作品本身的改动，而是在原作品之外进行的创作，因此通常不会构成对原作品改编权的侵犯。如果这类作品并不涉及对原作的歪曲、丑化，则通常也不构成侵犯原作著作权人的保护作品完整权。而将相应的同人作品上传到网络并传播，则可能侵犯著作权人的信息网络传播权。①

3. 视频剪辑、拼接(mash-up)

(1)定义。视频剪辑、拼接是指通过剪辑手段将其他已有作品的片段进行组合、杂糅形成新视频的行为。

(2)类型细分及侵权分析

①粉丝视频。这类视频的创作往往以某个/某些明星或原创动漫人物形象为主，通过收集、剪切、拼接来自不同作品的片段、配以新的背景音乐或旁白来制作新的视频。② 这类 UGC 内容是兴趣社区的典型体现，往往能够聚集和吸引多大多数粉丝，但可能同时涉及对多个作品、不同类型的著作权的侵犯，在大量使用受《著作权法》保护的已有作品的情形下，构成侵权应无疑问。

②戏仿视频。这类视频是以评论、批评或解说为目的而剪接音视频片段形成的新视频。这类 UGC 内容是短视频发展的产物之一。戏仿类视频为了达到自身所追求的幽默、戏谑批判效果或解说效果，往往会大量使用原作品的核心部分并按需求进行剪辑，且数量往往很大，按照现有《著作权法》合理使用制度，难以构成《著作权法》第 24 条的“为介绍、评论”而“适当引用”。在司法实践中，对戏仿视频的“合理使用”的判断存在分歧，例如，在首例“图解电影”案中，一审法院认为“涉案图片集目的并非介绍或评论，而是迎合用户短时间内获悉剧情、主义画面内容的需求，故不属于合理使用”③，将是否符合“介绍、评论或者说明的合理需要”

---

① 本文仅列举一般性的情况，对同人作品类型的区分以及不同类型同人作品侵权审查重点的讨论，参见陆佳佳：《同人作品的知识产权冲突问题探讨》，华东政法大学 2012 年硕士学位论文。

② 这类作品还可能涉及真人同人作品、原创同人作品的权利冲突与保护问题。

③ 北京互联网法院(2019)京 0491 民初 663 号。

作为判断是否构成合理使用的标准。而在李某晖与广州华多网络科技有限公司著作权侵权纠纷案一审中,法官则指出“判断是否构成合理使用,一般应当考虑使用作品的目的和性质、受著作权保护的作品的性质、所使用部分的性质及其在整个作品中的比例、使用行为是否影响了作品正常使用、使用行为是否不合理地损害著作权人的合法权益等”。[①] 如果使用产生了新的指向意义和功能,且不会不合理损害著作权人的合法权益,则属于转换性使用,不构成侵权,这似乎为一些正向的解说类 UGC 内容提供了有利的依据,但理论界及司法实践对于“转换性使用”仍存在争议[②],这也加大了网络视频平台版权合规管理的难度。

4. 涉版权作品的直播或反应视频(reaction)

通常情况下,在直播中翻唱受《著作权法》保护的作品、转播或播放作品片段,都需要先取得权利人的许可,否则即构成侵权。[③]

(二)网络视频平台针对 UGC 内容的合规重点

1. “避风港规则”的适用及其在司法实践中的修订

虽然“避风港规则”为作为网络空间提供者的网络视频平台提供了“盾牌”,成为各大聚合网络视频平台遭遇知识产权侵权纠纷时常用的抗辩理由,即如果被告知侵权,履行删除侵权内容、屏蔽侵权链接义务即可免于承担侵权责任,否则才被视为共同侵权并就扩大的损失承担侵权损害赔偿责任。但随着技术的发展以及网络视听行业的竞争、整合,网络视频平台往往已经不再是网络空间服务提供者的单一角色,这一规则也在实践中不断修正。例如,在《老九门》案件中,法院就认为被告字节跳动对侵权行为处于明知或应知状态,因为其并未通过正常审核途径予以删除,故构成共同侵权。

《信息网络传播权保护条例》第 22 条也细化了网络视频平台免责的条件:①明确标示其网络服务提供者的身份及相关信息;②未改变用户所提供的作品、表演、录音录像制品;③不知道也没有合理的理由应当知道用户提供的作品、表演、录音录像制品侵权;④未从用户提供作品、表演、录音录像制品中直接获得经济利益;⑤收到权利通知后,及时删除。

---

① 广东省广州市南沙区人民法院(2016)粤 0115 民初 4345 号。

② 参见罗祥:《影视解说视频合理使用的困境与出路——由首例“图解电影”案引发的思考》,载《科技与法律》2021 年第 4 期。

③ 游戏直播由于不同游戏的类型、主播的操作对独创性的影响等难以一概而论,本文不予讨论。

在判断平台是否应知或明知时，侵权视频的密度、是否为同一用户反复上传、平台是否建立了有效的检测和过滤机制等都会影响对平台是否“善意”的评价。部分平台还会在用户入驻时要求作者将作品除署名权外的各种权益（包括但不限于复制权、改编权、信息网络传播权、表演权、制作衍生品等权益）转让给平台，同时平台也将这些权益开放给平台上的其他用户，从而达成资源共享，这也会影响对平台是否获益的判断。

2. 对网络视频平台在进行 UGC 内容合规治理时的具体建议

基于上述内容，网络视频平台在进行 UGC 内容合规治理时，应当重点注意以下内容：

（1）建立必要的版权审查和过滤机制

网络视频平台要充分利用智能 AI 技术对上传视频进行比对，及时删除秒盗视频和完全复制的视频，同时建立人工复核制度，在平台内部将 UGC 内容审核制度化。

（2）建立有效的侵权投诉机制

网络视频平台要建立具体包括侵权账号处罚、限流、降低权重等机制，履行“通知—删除”规则，对同一账号的反复侵权行为或多重投诉制定应对措施，缩小侵权作品的传播范围，降低因构成共同侵权而承担侵权责任或惩罚性赔偿的可能性。

（3）建立公共素材库

对于聚合众多 UGC 内容的网络视频平台，非常有必要建立公共素材库，为用户制作视频内容提供公有领域内的作品及素材选择，以合理降低合规成本及平台运营成本。

（4）尽最大努力取得权利人的授权

取得权利人的授权是最直接有效的措施，也是首要的合规方式，可以通过与权利人签订授权许可形成平台自有素材库，或在用户上传原创作品时取得除作品署名权外的其他各种权益授权或转让。

（5）建立原创声明制度

在用户上传制作的音视频节目时，网络视频平台应当要求用户提供原创声明，要在原创声明中明确约定如涉诉声明原创的用户承担最终责任，因侵权造成平台损失时需对平台承担赔偿责任，并对原创作品提供限制下载、水印等特别服务。

四、关于未成年人保护的内容的监管重点

值得注意的是，关于未成年人保护的内容是目前网络视听行业的重点合规内容。2020 年修订的《未成年人保护法》新增了对未成年人的网络保护相关内容，特别是明确了网络游戏、网络直播、网络音视频等网络服务提供者针对未成年人提供服务时，要设置相应的时间管理、权限管理、消费管理等功能，并且设置相应的内容保护。

（一）《关于加强网络直播规范管理工作的指导意见》对未成年人的保护

2021 年 2 月，网信办等部门联合发布《关于加强网络直播规范管理工作的指导意见》，该意见中明确规定网络直播平台禁止为未满 16 周岁的未成年人提供网络主播账号的注册服务，为已满 16 周岁未满 18 周岁的未成年人提供网络主播账号注册应当取得监护人的同意；应当向未成年人用户提供“青少年模式”，防范未成年人沉迷网络直播，屏蔽不利于未成年人健康成长的网络直播内容，不得向未成年人提供充值打赏服务；建立未成年人专属客服团队，优先受理、及时处置涉未成年人的相关投诉和纠纷，对未成年人冒用成年人账号打赏的，核查属实后须按规定办理退款等内容。

（二）《网络综艺节目内容审核标准细则》对未成年人的保护

2021 年 2 月，按照国家广播电视总局工作部署，在总局网络视听节目管理司指导下，中国网络视听节目服务协会联合央视网、芒果 TV、腾讯视频、优酷、爱奇艺、搜狐、哔哩哔哩、西瓜视频、快手、秒拍等视听节目网站制订了《网络综艺节目内容审核标准细则》。该细则中也设置了相应的未成年人保护规则，如少儿亲子类节目不得出现少儿着装暴露或模仿某些成年人装扮，不利于其身心健康成长的情况；不得集中展现或宣扬炫富、享乐主义等不利于未成年人身心健康的价值观；未成年人节目不得宣扬童星效应或者包装、炒作明星子女等，以保护未成年人身心健康。

（三）《未成年人节目管理规定》的专项综合性规定

2019 年 3 月，国家广播电视总局颁布《未成年人节目管理规定》，并在 2021 年

10月进行了修订。该规定作为网络视听领域内未成年人保护的综合性管理规范，明确了未成年人节目的制作要求和价值取向，规定邀请未成年人参与节目制作，应当事先经其法定监护人同意，在节目制作、播出过程中不得泄露未成年人个人隐私信息，同时对于未成年人节目不得含有渲染暴力、血腥、恐怖，教唆犯罪或者传授犯罪方法，除健康、科学的性教育之外的涉性话题、画面，肯定、赞许未成年人早恋，诋毁、歪曲或者以不当方式表现中华优秀传统文化、革命文化、社会主义先进文化等多项禁止性的内容规定。

（四）《网络短视频平台管理规范》及细则要求建立未成年人保护机制

2019年1月，中国网络视听节目服务协会正式发布了《网络短视频平台管理规范》，该规范明确规定，网络短视频平台应当建立未成年人保护机制，设立未成年人家长监护系统，有效防止未成年人沉迷短视频。

同一天，中国网络视听节目服务协会还发布了《网络短视频内容审核标准细则》，并于2021年进行了修订。该细则明确要求，禁止网络短视频出现表现未成年人早恋以及抽烟酗酒、打架斗殴、滥用毒品等不良行为，以及对未成年人造成不良影响的过分夸张怪异的人物造型等内容。上述规定适用于在网络播放的短视频节目，包含标题、名称、评论、弹幕、表情包、语言、表演、字幕、背景等。对于网络视频平台运营者而言，需要重点关注未成年人保护合规，履行未成年人的保护责任，建立用户账号分级分类管理制度，根据网络视听节目的内容、类型建立相应的分级制度，建立相应的机制防止未成年人沉迷等。

五、结语

网络视听行业是国家的强监管领域，该领域的法律法规、行业规范正不断完善，从资质许可、内容创作、播放、使用、经营等多维度对行业进行规范，相应的违法究责机制、责任框架等已经明确。网络视频平台的运营方需对行业准入资质、监管要求、行业规范有充分的前置性了解和预判，在合法的前提下确保运营合规。

CHAPTER 03

体育赛事与法律实务

世界杯赛事里的转播权

李 宁 王 飞*

* 作者简介：
李宁，中伦律师事务所北京办公室争议解决部合伙人，电邮为：lining@ zhonglun. com。
王飞，中伦律师事务所北京办公室争议解决部非权益合伙人，电邮为：philipwang@ zhonglun. com。

2022年卡塔尔世界杯由主办方豪掷2200亿美元筹备,筹办费用为历届世界杯之最。同时,这届世界杯作为C罗、梅西、内马尔等著名球星参加的最后一届世界杯,被球迷称为“诸神黄昏”。体育赛事的商业化转换主要依赖于转播权的授权,除广告费、门票费等各项收入,转播费是主办方收益的核心来源。本届世界杯除了中央广播电视总台的官方转播之外,共有中国移动咪咕、抖音、上海五星体育频道、广东体育频道、广州南国都市频道和广州竞赛频道等六家媒体、平台从总台手中取得转播许可,抖音更是成为国内首家获得世界杯赛事转播授权的短视频网络平台。

相比于往届,卡塔尔世界杯作为新《著作权法》实施及新《体育法》颁布后的首届世界杯,相应法律权利的扩张与明晰均使赛事里涉及的转播权利的保护范围与以往有所不同,本文拟以世界杯为基础,对体育赛事中的客体性质、权利内容、侵权要件等进行解析。

一、体育赛事里的客体

体育赛事的传播可分为三步:首先,体育赛事组织者组织体育赛事;其次,赛事信号制作和分发机构(通常和体育赛事组织者重合,由体育赛事组织者委托)摄制赛事并制成传播赛事实况的公共信号,形成体育赛事信号;最后,体育赛事组织者授权转播媒体在公共信号的基础上进行二次加工,制作成体育赛事节目。通过上述三个步骤,体育赛事与体育赛事节目两个客体得以形成。

(一)体育赛事与体育赛事节目

体育赛事是运动员按照体育比赛规则进行的一系列竞技较量活动。不同于体育赛事节目,体育赛事是客观发生的事实,进程和结果具有随机性,比赛的天气状况、运动员的受伤情况等均无法预知,每一场体育赛事都具有唯一性和不可复制性,鉴于此,体育赛事无法被纳入著作权或者邻接权所保护的客体范畴。既然体育赛事不是《著作权法》意义下的作品,体育运动员也就不属于表演者,由此,若仅从著作权保护来看,对于比赛过程中的信息和数据,任何主体都有权进行使用。所以,就世界杯而言,任何媒体都能够报道比赛结果、分析各国球员阵容。

相比于体育赛事,体育赛事节目则在赛事事实素材之上加入了慢镜头回放、解说等智力劳动,对于各个机位镜头的选取、剪辑、加工也使体育赛事节目具备了

《著作权法》所保护的特性。本次卡塔尔世界杯,国际足联(FIFA)聘用了六个世界级导演和他们精心挑选的制作团队,场内外共安排42台摄像机,使每场比赛能够提供接近150小时的素材内容。通过体育赛事节目制作人员在短时间内对大量素材的删减整合,摄制素材被编辑为具有观赏性的世界杯节目。

(二)体育赛事节目的作品与制品之争

无论是学界还是实务界,对于体育赛事节目是否构成《著作权法》意义下的作品这一问题均未达成统一意见。“作品说”与“制品说”之间的核心争议焦点在于对作品独创性的解释上:“作品说”认为体育赛事节目具有独创性,属于视听作品(《著作权法》修法前属于电影作品和以类似摄制电影的方法创作的作品);而“制品说”则认为体育赛事节目的独创性无法达到作品的高度,只能作为录像制品保护。

在央视国际网络有限公司与华夏城视网络电视股份有限公司案中,深圳市福田区人民法院认为:“虽然不同的团队直播剪辑所呈现的赛事直播画面会有所区别,但其所体现的创作性,尚不足以达到我国著作权法所规定的以类似摄制电影的方法创作的作品的高度,因此不属于我国著作权法规定的作品。”在央视国际网络有限公司诉某知名影音公司案、某信息服务公司诉某网络技术公司案的再审判决中,北京市高级人民法院均一改二审法院所持的制品说,认为“对于电影类作品的独创性认定,应当以独创性之有无作为认定标准。对于体育赛事节目构成电影类作品还是录像制品,不能一概而论,应当从是否具有独创性的角度予以分析认定。一般而言,对于由多个机位拍摄的体育赛事节目,如制作者在机位的设置、镜头切换、画面选择、剪辑等方面能够反映制作者独特的构思,体现制作者的个性选择和安排,具有智力创造性,可认定其符合著作权法规定的独创性要求”。

笔者认为,作品与制品的区分不在于独创性的高低而在于有无。从文义解释来看,《著作权法》第3条作品定义仅要求“具有独创性”,并未提及独创性高低;从体系解释来看,著作权与邻接权的划分目的在于区分创作与传播,而非区分独创性高低。从解释效果来看,将独创性高低作为划分作品与制品的标准,将会导致法律适用的不确定。相较于有无,独创性高低标准的主观性更强,采用该标准存在过分扩大法官司法裁量权、加重当事人的举证负担的可能。鉴于此,笔者认为体育赛事节目应当作为视听作品给予保护。

二、体育赛事里的转播权

体育赛事的转播将涉及体育赛事组织者、体育赛事节目制作者以及广播组织三大主体，各个主体均为体育赛事商业价值的实现作出贡献，享有着不同的权益。

（一）体育赛事组织者的转播权益

我国目前并未有法律明文规定体育赛事转播权，而一般是按“根据契约产生的民事权利”处理。由此，笔者认为，就体育赛事转播涉及的权益而言，称作“转播权益”更为适宜，关于体育赛事组织者转播权益的权利性质有“娱乐服务说”“企业权利说”“商品化权说”“特许经营说”“营业权说”“场所权说”等。从商业视角看，转播权益是指赛事组织者授权媒体机构播送体育赛事以获得经济利益的权利，包括被授权媒体对赛事的“直播”和“转播”以及以任何方式获取赛事信息等。但该授权的权利基础不是基于创作作品产生的著作权权利，而是基于对赛事资源的控制。2023 年 1 月 1 日即将实施的《体育法》第 52 条第 2 款规定，“未经体育赛事活动组织者等相关权利人许可，不得以营利为目的采集或者传播体育赛事活动现场图片、音视频等信息”。该条规定将为体育赛事组织者对于体育赛事转播权益保护提供请求权基础。

关于转播权益的保护，部分体育赛事协会会在章程中对转播权利进行规定，但一般未详细界定相应权利的内涵。例如，《国际足联章程》在第 71 条规定，“国际足联、其会员协会以及各洲际足联享有其管辖各项赛事和竞赛的所有权利”。该规定事实上将体育赛事转播权益的归属和分配交由各会员机构自行决定。但相应章程一般由体育赛事组织自主制定，目的在于约束其行业内的主体，其对世法律效力存疑。例如，在体奥动力（北京）体育传播有限公司与上海全土豆网络科技有限公司案中，上海市第一中级人民法院认为，“我国目前并无相关法律对体育赛事‘转播权’作出规定，此项权利不是一项法定的权利。所谓的‘转播权’通过体育赛事的组织章程或相关协议约定产生。此种基于体育赛事享有的权利不能当然及于或者控制对体育赛事节目进行传播的行为”。鉴于此，体育赛事组织者一般通过授权合同将在一定时期和地域内转播赛事的权利以许可方式授权给被授权媒体，就是否独家、能否进行录制、转播、分销、转许可等事宜进行约定。

对于未经授权擅自转播赛事的行为，体育赛事组织者一般可通过《反不正当竞争法》寻求保护。例如,上海知识产权法院在某视频平台诉某知名直播平台截取独家转播权赛事直播画面案中,法院认为网络游戏比赛的转播对于网络直播平台来讲,是其创造商业机会、获得商业利益、提升网站流量和知名度的经营项目之一。该知名直播平台未对赛事的组织、运营进行任何投入,也未取得视频转播权的许可,却免费坐享涉案赛事所产生的商业成果,为自己谋取商业利益和竞争优势,构成不正当竞争。

(二)体育赛事节目制作者的广播权

与通过体育赛事的组织章程或相关协议约定产生的转播权益不同,《著作权法》中的转播具有特定法律含义,是指对初始传播作品的同步二次转播,行为具有次级性和同步性。但前提是,转播的客体构成著作权法上保护的作品。正如本文第一点论述的,笔者认为,体育赛事节目应作为视听作品给予保护。

体育赛事节目转播一般是通过广播组织(无线)和互联网(有线)以非交互式形式进行实时直播或转播,属于新《著作权法》修改后的广播权范畴。新《著作权法》将广播权从原来的无线转播权扩张至对作品的有线转播权,使著作权人的广播权能够控制各类非交互式远程传播行为。除广播组织的无线转播外,通过网络直播或转播实施的非交互式远程传播他人作品的有线转播,亦落入修改后广播权的规制范围。对于赛后回看体育赛事节目的交互式传播行为,应通过信息网络传播权予以保护,此处不再赘述。

(三)体育赛事节目广播组织者的邻接权

新《著作权法》除对广播权进行扩张外,对广播组织权亦进行了扩张,广播组织者有权禁止各种以有线和无线方式转播其播放的广播、电视的行为。由此,广播组织者在播放体育赛事节目时,有权禁止他人以无线或有线方式将其播放的体育赛事节目进行转播(非交互式),也有权禁止他人通过信息网络将其播放的体育赛事节目进行传播(交互式)。笔者认为,此处禁止权保护的是广播组织者播放的体育赛事节目信号,而非保护体育赛事节目。对于体育赛事节目著作权人而言,其可直接主张广播权以禁止任何形式的转播,而不需要借助广播组织者的邻接权。广播组织者的邻接权是广播组织者用于禁止未经授权转播其体育赛事节目信号的行为的权利。

值得探讨的是,短视频直播平台作为转播卡塔尔世界杯体育赛事节目的平台

（网播组织），能否作为广播组织者享有邻接权？笔者认为，邻接权是绝对权，必须由法律加以清楚、明确地界定。对于著作权，为避免因立法的滞后和术语的过时而导致对作品的新型利用方式无法受到著作权人的控制，《著作权法》为著作权人提供了"其他权利"的兜底保护。对于邻接权，《著作权法》并未规定"其他权利"。显然，立法者无意为包括广播组织权在内的邻接权留下拓展保护范围的空间。根据《广播电视管理条例》第 8 条和《广播电台电视台播放录音制品支付报酬暂行办法》第 3 条定义，结合我国《著作权法》保护广播组织权的立法背景和各国的立法例，笔者认为，在我国能够享有"广播组织权"的广播组织为"无线广播组织"和"有线广播组织"，但不包括"网播组织"。

三、体育赛事里转播权的保护

（一）体育赛事转播权益的保护

正如本文前述所分析，体育赛事"转播权"暂不是一项法定的权利，对于转播者擅自制作赛事画面转播赛事，而非转播体育赛事组织者制作赛事画面的，一般需考虑通过《反不正当竞争法》寻求保护。但在 2023 年 1 月 1 日以后，《体育法》为体育赛事组织者提供了禁止未经授权转播赛事的权利基础，然而《体育法》赋予赛事组织者的这项权利怎样行使、怎样适用都将成为未来司法实践需要考虑和研究的新课题。此外，关于《体育法》对转播权定义中的"不得以营利为目的"也势必会与新闻报道合理使用等著作权法上的合理使用边界产生冲突，限于本文篇幅，此处不再展开。

（二）体育赛事节目转播权的保护

新《著作权法》将复制要件从作品定义中去掉以后，为体育赛事节目以视听作品进行保护进一步扫清障碍。北京市高级人民法院在央视赛事转播权案件中，对于作品独创性的认定以独创性有无为标准，也将为未来体育赛事节目作为视听作品进行保护提供有力支持。

除未经任何授权直接转播体育赛事节目的侵权行为外，授权主体不适格也会成为侵害体育赛事节目转播权的常见情形。究其原因是，体育赛事由赛事组织者组织并委托赛事信号制作和分发机构摄制赛事并制成传播赛事实况的公共信号，再授权转播商对信号进行解说、编辑。但授权转播商若超出授权范围使用或转授权,那么超范围使用或授权将侵害赛事组织者摄制赛事形成的与体育赛事节目相关的权利。例如,在某视频网站公司与某网络通信公司纠纷案中,视频网站公司从中国排球协会取得排球赛事全媒体权利(含 IPTV),中视体育作为赛事制作方同时取得卫视独家版权及央视新媒体播放权。本案中该网络通信公司即从中视体育取得 IPTV 转授权。最终,法院认定,赛事制作方中视体育并不享有所制作赛事节目的著作权,赛事节目著作权仍归赛事组织者(排球协会)享有,中视体育仅取得赛事节目的卫视独家版权及央视新媒体播放权授权,且相应授权中不包含 IPTV 转播权,由此,该网络通信公司从中视体育取得授权无效,构成侵权。

(三)IPTV 定时回看体育赛事的行为分析

如前所述,在体育赛事节目转播侵权案件中,通过 IPTV 形式进行侵权是较为典型的类型之一,而此类案件涉及侵害著作权的哪一项权利亦颇有争议。区别于传统电视,IPTV 除直播外,还能够提供体育赛事定时回看服务。从技术手段上来看,IPTV 虽然利用传统有线电视的基础设施,但其本质上仍属于通过互联网提供包括电视节目在内的多种互联网媒体服务。因此,以点播和回看等方式提供已经播出并录制的广播、电视节目,实际上是将录制下来的广播、电视节目内容存储在互联网中实现的,其行为的法律性质属于交互式传播,并不因广播、电视节目在网络上存续时长的限制,以及点播和接收客户端为家用电视机而改变。因此,IPTV 定时回看行为更适合纳入信息网络传播权而非广播权范畴。

体育赛事从组织到传播需要体育赛事组织者、体育赛事摄制和信号制作者、体育赛事授权转播商等多个主体参与,而每一主体的贡献将产生与转播相关的权益,每一权益怎样保护则需从权利客体、权利内容等层面逐一明晰。新《体育法》的颁布实施以及新《著作权法》的修订对于体育赛事转播的保护将产生积极深远的影响,但亦将带来法律适用的新问题。

(谭梦溪对本文亦有贡献)

从反隐性营销的角度谈2024年巴黎奥运会期间的市场营销活动

舒　海*

*作者简介：

舒海，中伦律师事务所上海办公室知识产权部合伙人，电邮为：michaelshu@ zhonglun. com。

2024年夏季奥运会将于2024年7月26日至8月11日在法国巴黎举行。作为4年一度的全球性体育盛事,其中蕴含的巨大商机不言而喻,不少企业都在紧锣密鼓地筹划与2024年巴黎奥运会相关的市场营销活动。此类营销活动,由于涉及国际奥林匹克委员会(以下简称国际奥委会)、主办国奥林匹克委员会(以下简称奥委会)、赞助商及运动员等多方主体,因此需要从"隐性营销"(ambush marketing)的角度来考虑。

一、什么是隐性营销?

根据2021年8月8日生效的《奥林匹克宪章》,国际奥委会拥有奥运会及奥林匹克财产(Olympic Properties, 定义见本文第二部分)相关的所有权利包括但不限于与奥运会及奥林匹克财产有关的市场营销权利、所有权及知识产权。

奥运会本质上是一个靠商业赞助来举办的体育赛事,如果没有市场开发合作伙伴(包括但不限于官方赞助商、媒体权利持有人、供应商、各类被许可方等,以下简称赞助商)的巨大财务支持,举办如此大型体育赛事的成本将无法收回。作为回报,国际奥委会授予各类合作伙伴与奥运会有关的权利。举例来说,奥运会的官方赞助商通常分为全球合作伙伴(The Olympic Partners)和主办国本土赞助商(domestic sponsorship),其中,全球合作伙伴拥有在某一指定产品或服务类别内的全球独占营销权(例如,阿里巴巴作为国际奥委会全球合作伙伴在云基础设施、云服务及电商服务平台类别拥有独占营销权)①;主办国本土赞助商则仅在主办国范围内根据赞助协议或市场开发计划享有相应的营销权利,2024年巴黎奥运会的本土赞助商则又分为金牌合作伙伴(premium partners)、官方合作伙伴(official partners)及官方供应商(official supporters)三个级别。相应地,国际奥委会负责维护奥林匹克财产的价值及确保赞助商排他性营销权利的实现,尤其是为了广告和促销的目的,确保各方合理使用国际奥委会及奥运会的官方标志。

隐性营销,也称为"隐性市场"或者"埋伏营销"。严格说来,"隐性营销"不是一个正式的法律上的概念,目前也没有国际通行的成文定义。我们可以参考2022

---

① *Olympic Marketing Fact File* (2023 *Edition*), International Olympic Committee (*April*. 2023), https://stillmed. olympics. com/media/Documents/International - Olympic - Committee/IOC - Marketing - And-Broadcasting/IOC-Marketing-Fact-File. pdf.

年北京冬奥会主办城市合同中“隐性营销”的定义，即“隐性营销应当被解释为所有故意或非故意尝试与奥林匹克运动或奥运会产生虚假或未经授权的商业关联（无论是直接或间接）的行为，特别是任何第三方使用创造性手段制造与奥运会的虚假联系，违反保护使用奥林匹克形象的法律及/或干扰奥林匹克赞助商/供应商/被许可人的合法营销活动”①。2024 年巴黎奥运会主办城市合同中也规定了法国奥委会对于隐性营销的法律保护义务，即“应当避免或最小化任何直接及/或间接地使用、推广奥林匹克财产及/或奥运会或与之产生未经授权的关联”②。

因此，我们可以从以下方面来理解奥运会“隐性营销”的行为：非奥运会赞助企业，通过各种隐蔽手段试图与奥运会建立联系，从而给公众造成一种假象，误以为它们也是奥运会的赞助商，或在某种程度上与奥运会有关联，从而削弱官方赞助商的影响力，达到宣传和推广自己品牌或者服务的目的。在奥运会举办期间，隐性营销的实质是：（1）从第三方的角度来说，指并非由奥运会赞助企业进行的、使他人误认为其与奥林匹克财产或奥运会有着事实上并不存在的赞助、支持关系的市场营销活动。（2）从奥运会赞助商的角度来看，隐性营销是对于奥运会赞助商享有的营销权益，特别是特定企业在特定产品、服务类别中独家享有的排他性权益的侵害，具体体现在两个维度：一是非赞助商对于赞助商权益的侵害（例如，耐克公司是 2000 年悉尼奥运会比赛服装的主赞助商，但是阿迪达斯与澳大利亚某明星游泳运动员合作，该运动员在参加颁奖礼时在耐克队服外披了带有阿迪达斯标识的毛巾，使公众误以为阿迪达斯是官方赞助商）；二是赞助商超越赞助协议约定的权益范围，侵害其他赞助商权益的情况。（3）从国际奥委会和奥委会的角度来看，隐性营销会严重影响奥运会的资金筹集，危及赛事的顺利举办。

---

① Section 44. b of Host City Contract of XXIV Olympic Winter Games in 2022："Ambush Marketing" shall be interpreted as including all intentional and unintentional attempts to create a false or unauthorized commercial association (whether direct or indirect) with the Olympic Movement or the Olympic Games, in particular any third party's use of creative means to generate a false association with the Olympic Games, to infringe upon the laws protecting the use of Olympic image and/or to interfere with the legitimate marketing activities of Olympic sponsors/suppliers/licensees.

② Section 29-RPP 04 of Host City Contract of Games of the XXXIII Olympiad in 2024-Operation Requirements：protections against ambush marketing (namely, preventing or minimising any direct and/or indirect unauthorised association with, exploitation or promotion of, the Olympic Properties and/or the Games).

二、隐性营销的法律规制及相关案例

与奥运会及奥林匹克财产相关的侵权行为主要有两种：一是行为人未经授权而使用与奥运会相关的标志、名称等奥林匹克财产，侵犯了商标权等知识产权，或侵犯了奥林匹克标志专用权；二是行为人想方设法与奥运会建立虚假或未经授权的商业关联，构成了不正当竞争。

（一）国际奥委会规定、国际条约及外国立法

在国际奥委会及外国层面，反对隐性营销行为的依据主要是涉及奥林匹克财产知识产权保护的两个具有专门针对性的文件，即《奥林匹克宪章》（2021 年 8 月 8 日生效）和《保护奥林匹克会徽内罗毕条约》，以及各有关国家的相关立法和国家奥委会的规章规则。

1.《奥林匹克宪章》

《奥林匹克宪章》明确规定，国际奥委会独占性地享有奥林匹克财产的所有权利及其使用权。“奥林匹克财产”是指奥林匹克标志、会旗、格言、会歌、标识（包括但不限于“Olympic Games”和“Games of the Olympiad”）、名称、徽章、火焰和火炬，以及任何其他为方便起见，国际奥委会、国家奥委会和/或奥组委委托制作的与奥运会有关的音乐作品、视听作品或其他创意作品或人工制品。[①] 奥林匹克运动会是国际奥委会的专有财产。《奥林匹克宪章》第 7 条至第 14 条详细地规定了对奥林匹克财产的保护，并明确规定“国家奥委会只能在其非营利活动范围内使用奥林匹克标志、会旗、格言和会歌，前提是此类使用有助于奥林匹克运动的发展且不损害其尊严，并且相关国家奥委会应提供已获得国际奥委会执行委员会的事先批准的证明”及“国家奥委会必须采取措施，防止在使用奥林匹克财产时违反上述规则或其细则”。

---

① See Section 7. 4 of Olympic Charter: The Olympic symbol, flag, motto, anthem, identifications (including but not limited to "Olympic Games" and "Games of the Olympiad"), designations, emblems, flame and torches, as defined in Rules 8-14 below, and any other musical works, audio-visual works or other creative works or artefacts commissioned in connection with the Olympic Games by the IOC, the NOCs and/or the OCOGs, may, for convenience, be collectively or individually referred to as "Olympic properties". All rights to the Olympic properties, as well as all rights to the use thereof, belong exclusively to the IOC, including but not limited to the use for any profit-making, commercial or advertising purposes.

2. 相关国际条约

1981 年,在世界知识产权组织的内罗毕外交大会上通过了《保护奥林匹克会徽内罗毕条约》(*Nairobi Treaty on the Protection of the Olympic Symbol*,以下简称《内罗毕条约》)。《内罗毕条约》主要涉及奥林匹克会徽的国际保护,规定所有缔约国必须保护奥林匹克会徽。《内罗毕条约》第 1 条明确规定,成员国非经国际奥委会许可,有义务拒绝以国际奥委会宪章规定的奥林匹克会徽组成的或含有该会徽的标识作为商标注册,或使其注册无效,并应采取适当措施禁止出于商业目的以此种标识作为商标或其他标志使用。但是,《内罗毕条约》保护的奥林匹克财产范围较窄,仅限于奥林匹克会徽。截至目前,中国及大多数国家均未加入该条约。

3. 其他国家的立法

在奥运会的主办城市确定后,国际奥委会会与主办城市签订主办城市合同,规定主办城市、奥委会及主办国奥组委的义务,相关国家会由此相应制定或修改国内立法,以保障对奥林匹克财产的知识产权保护。

比如美国《奥林匹克和业余体育法》(*Olympic and Amateur Sports Act*)、英国《奥林匹克标志等(保护)法》[Olympic Symbol etc.(Protection) Act]、加拿大《商标法》(Trademarks Act)、澳大利亚《奥林匹克标志保护法》(Olympic Insignia Protection Act)、《悉尼 2000 年奥林匹克标志保护法》[Sydney 2000 Games (Indicia & Images) Protection Act]等,尤其是澳大利亚《消费者法》(Australian Consumer Law)中针对“隐性营销”作了专门的限制性规定。该法第 18 条规定,“公司在经贸活动中不得从事带有欺诈、误导或者可能造成欺诈和误导的行为”;第 29 条指出,“公司在提供商品或服务或从事营销活动时,不得虚假宣称该商品或服务具有赞助、授权、功能特征、附属关系、用途或利益,不得虚假宣称公司进行赞助、获得授权或者具有某种关联”。

就 2024 年巴黎奥运会而言,在 2017 年 9 月签订主办城市合同后,法国相关立法机构于 2018 年 3 月 26 日通过了有关举办 2024 年奥运会和残奥会的第 2018-202 号法律,进一步规定了在法国国内受法律保护的奥林匹克标志范围及对侵权行为的相应处罚规定。

4. 国内相关法律规制

在 2022 年北京冬奥会的主办城市合同签订后,为履行合同义务及在国内法上对奥林匹克财产的知识产权保护提供进一步法律依据，我国于2018年修订了《奥林匹克标志保护条例》。在我国目前的立法框架下，隐性营销有关的法律规制主要包括《奥林匹克标志保护条例》（以下简称《条例》）及《反不正当竞争法》。本文就《条例》及《反不正当竞争法》中有关隐性营销的规定进行介绍。

5.《奥林匹克标志保护条例》

《条例》第4条及第5条规定了对"奥林匹克标志"专用权的保护，第6条规定了对使用"与奥林匹克运动有关的元素"构成不正当竞争行为的规制。从国家市场监督管理总局等四部门就《条例》的修订答记者问可以看出，上述第6条更直接地体现了对隐性营销行为的规制。①

《条例》第2条规定了"奥林匹克标志"范围包括奥林匹克五环图案标志、奥林匹克旗、格言、徽记、会歌、简称等与国际奥委会及奥运会相关的标志，及在中国境内举办的奥运会及其组织机构有关的徽记、火炬造型等标志。②《条例》第4条及第5条规定，未经奥林匹克标志权利人许可，任何人不得为商业目的使用奥林匹克标志，并列举了"商业目的使用"的具体情况，即以营利为目的，以下列方式利用奥林匹克标志：(1)将奥林匹克标志用于商品、商品包装或者容器以及商品交易文书上；(2)将奥林匹克标志用于服务项目中；(3)将奥林匹克标志用于广告宣传、商业展览、营业性演出以及其他商业活动中；(4)销售、进口、出口含有奥林匹克标志的商品；(5)制造或者销售奥林匹克标志；(6)其他以营利为目的利用奥林匹克标志的行为。

如果发生侵犯奥林匹克标志专用权的行为（包括未经奥林匹克标志权利人许可，为商业目的擅自使用奥林匹克标志，或者使用足以引人误认的近似标志），奥林匹克标志权利人和利害关系人可以向人民法院起诉，也可以请求市场监督部门

---

① 参见《四部门负责人就〈奥林匹克标志保护条例〉修订答记者问》，载中华人民共和国中央人民政府网，http://www.gov.cn/xinwen/2018-07/13/content_5306073.htm。

② 《奥林匹克标志保护条例》第2条规定："本条例所称奥林匹克标志，是指：(一)国际奥林匹克委员会的奥林匹克五环图案标志、奥林匹克旗、奥林匹克格言、奥林匹克徽记、奥林匹克会歌；(二)奥林匹克、奥林匹亚、奥林匹克运动会及其简称等专有名称；(三)中国奥林匹克委员会的名称、徽记、标志；(四)中国境内申请承办奥林匹克运动会的机构的名称、徽记、标志；(五)在中国境内举办的奥林匹克运动会的名称及其简称、吉祥物、会歌、火炬造型、口号、'主办城市名称+举办年份'等标志，以及其组织机构的名称、徽记；(六)《奥林匹克宪章》和相关奥林匹克运动会主办城市合同中规定的其他与在中国境内举办的奥林匹克运动会有关的标志。"

处理。如市场监督管理部门认定侵权行为成立的，则可以没收或销毁侵权产品和工具，并按照违法经营额的倍数处以行政罚款。①

《条例》第 6 条进一步规定，利用与奥林匹克运动有关的元素开展活动，足以引人误认为其与奥林匹克标志权利人之间有赞助或者其他支持关系，构成不正当竞争行为的，依照《反不正当竞争法》处理。

在北京 2022 年冬奥会和冬残奥会组织委员会法律事务部编写的《北京 2022 年冬奥会和冬残奥会权益保护指南》（通用版）中，就将“使用带有奥运元素的色彩组合和形象组合进行宣传”（如某会所海报中出现按照奥运五环标志的颜色组合摆放台球的图片）及在宣传文案中使用“2020 相约东京，2022 北京见”举例为隐性营销行为。

6.《反不正当竞争法》

《反不正当竞争法》第 6 条②规定了经营者不得实施混淆行为，引人误认为是他人商品或者与他人存在特定联系。该法第 8 条规定了经营者不得对其商品做虚假或引人误解的宣传，欺骗、误导消费者。上述混淆行为及虚假宣传等不正当竞争行为的规定，反映了《奥林匹克宪章》及主办城市合同中关于反隐性营销行为的内涵，即如果行为人擅自使用了与奥林匹克运动有关的元素或实施了其他足以引人误认为其与国际奥委会、奥运会、奥林匹克财产等存在特定联系的混淆行为，或者进行虚假宣传的，将构成中国法下的不正当竞争行为。

---

① 《奥林匹克标志保护条例》第 12 条规定：“未经奥林匹克标志权利人许可，为商业目的擅自使用奥林匹克标志，或者使用足以引人误认的近似标志，即侵犯奥林匹克标志专有权，引起纠纷的，由当事人协商解决；不愿协商或者协商不成的，奥林匹克标志权利人或者利害关系人可以向人民法院提起诉讼，也可以请求市场监督管理部门处理。市场监督管理部门处理时，认定侵权行为成立的，责令立即停止侵权行为，没收、销毁侵权商品和主要用于制造侵权商品或者为商业目的擅自制造奥林匹克标志的工具。违法经营额 5 万元以上的，可以并处违法经营额 5 倍以下的罚款，没有违法经营额或者违法经营额不足 5 万元的，可以并处 25 万元以下的罚款。当事人对处理决定不服的，可以依照《中华人民共和国行政复议法》申请行政复议，也可以直接依照《中华人民共和国行政诉讼法》向人民法院提起诉讼。进行处理的市场监督管理部门应当事人的请求，可以就侵犯奥林匹克标志专有权的赔偿数额进行调解；调解不成的，当事人可以依照《中华人民共和国民事诉讼法》向人民法院提起诉讼。利用奥林匹克标志进行诈骗等活动，构成犯罪的，依法追究刑事责任。”

② 《反不正当竞争法》第 6 条规定：“经营者不得实施下列混淆行为，引人误认为是他人商品或者与他人存在特定联系：（一）擅自使用与他人有一定影响的商品名称、包装、装潢等相同或者近似的标识；（二）擅自使用他人有一定影响的企业名称（包括简称、字号等）、社会组织名称（包括简称等）、姓名（包括笔名、艺名、译名等）；（三）擅自使用他人有一定影响的域名主体部分、网站名称、网页等；（四）其他足以引人误认为是他人商品或者与他人存在特定联系的混淆行为。”

构成不正当竞争行为的，国际奥委会或赞助商可以根据《反不正当竞争法》第17条的规定向人民法院起诉要求赔偿，①或由市场监督管理部门处以没收违法商品，根据违法所得处以罚款的行政处罚。

（二）国内的行政及司法案例

我们注意到，目前隐性营销相关的行政处罚案例中，以《条例》第5条（未经授权以商业目的使用奥林匹克标志）为依据的案例较多。例如，2021年7月至9月，国内某汽车公司未经奥林匹克标志权利人许可，在官方微博账号发布含有“东京奥运会”“奥运”等奥林匹克标志的相关博文，并在上述博文中宣传推广其产品，上海市市场监督管理局认定该行为属于“将奥林匹克标志用于广告宣传、商业展览、营业性演出以及其他商业活动中”的行为，侵犯了奥林匹克标志专用权，对其处以2万元的行政罚款。② 又如，2018年至2019年，上海某设计公司在宣传文案中，使用了“助力冬奥赛场”文字描述，文字左边配有北京2022年冬奥会会徽标志，上海市静安区市场监督管理局认定该行为属于侵犯奥林匹克标志专用权的行为，责令该公司停止侵权行为并对其处以20万元的行政罚款。③ 但是，目前以《条例》第6条（使用与奥林匹克运动有关的元素引人误认其与奥林匹克权利人之间有支持或赞助关系）及《反不正当竞争法》的相关规定进行行政处罚的案例仍较为鲜见，可以说几乎未在任何官方渠道看到这两个条款的实际适用。④

在司法案例方面，国内与奥运会或其他体育赛事相关的隐性营销案例并不多见。

在2015年广州马拉松比赛期间，某饮料公司在赛道边设置水站展示其饮用水并进行广告宣传。赛事承办方认为饮料公司侵犯了其赛事经营权及市场开发

---

① 《反不正当竞争法》第17条规定：“经营者违反本法规定，给他人造成损害的，应当依法承担民事责任。经营者的合法权益受到不正当竞争行为损害的，可以向人民法院提起诉讼。因不正当竞争行为受到损害的经营者的赔偿数额，按照其因被侵权所受到的实际损失确定；实际损失难以计算的，按照侵权人因侵权所获得的利益确定。经营者恶意实施侵犯商业秘密行为，情节严重的，可以在按照上述方法确定数额的一倍以上五倍以下确定赔偿数额。赔偿数额还应当包括经营者为制止侵权行为所支付的合理开支。经营者违反本法第六条、第九条规定，权利人因被侵权所受到的实际损失、侵权人因侵权所获得的利益难以确定的，由人民法院根据侵权行为的情节判决给予权利人五百万元以下的赔偿。”

② 参见上海市市场监督管理局行政处罚决定书，沪市监总处（2022）322021000420号。

③ 参见上海市静安区市场监督管理局行政处罚决定书，沪市监静处（2019）062019001836号。

④ 参见方儆兰：《北京冬奥会反隐性营销的理念与实践》，载北京奥组委法律事务部组织编写：《北京2022年冬奥会和冬残奥会法务印记》，法律出版社2022年版，第157页。

权，遂诉至法院。法院在判决中对饮料公司的行为进行了负面性评价，法院认为，饮料公司的行为在事实上已达到了借助赛事机会宣传企业产品、提升营销机会的效果。

三、2024 年巴黎奥运会相关的知识产权

根据巴黎奥组委于 2022 年 2 月发布的《品牌保护指南》(Protection de La marque Guide)①及国际奥委会官方网站②的不时更新，截至目前，2024 年巴黎奥运会及残奥会的奥林匹克财产包括但不限于如下内容(见图 1 至图 5)：

(一)2024 年巴黎奥运会及残奥会视觉标识

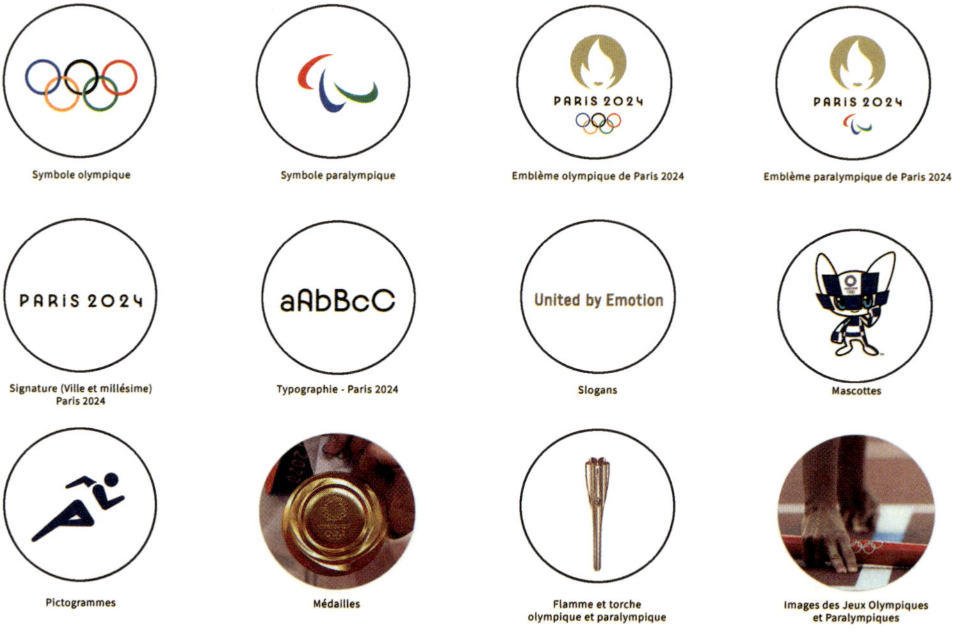

图 1　2024 年巴黎奥运会及残奥会视觉标识

---

① *PROTECTION DE LA MARQUE GUIDE*, Paris 2024 Olympic and Paralympic Games Organizing Committee (Feb. 2022), https://medias.paris2024.org/uploads/2022/02/Paris2024_20220202_Brand_Protection_Final_compressed.pdf.

② Sean McAlister, Paris 2024 reveals look of the upcoming Games and 62 new sports pictograms, International Olympic Committee (Feb. 10, 2023), https://olympics.com/en/news/paris-2024-reveals-look-of-games-62-pictograms.

（二）Paris 2024 相关视觉标识

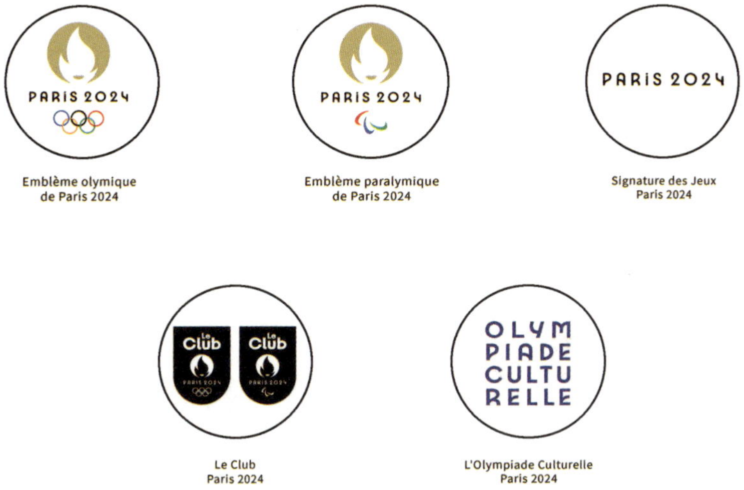

图 2　Paris 2024 相关视觉标识

（三）法国队相关视觉标识

图 3　法国队相关视觉标识

（四）2024 年巴黎奥运会运动项目的图标

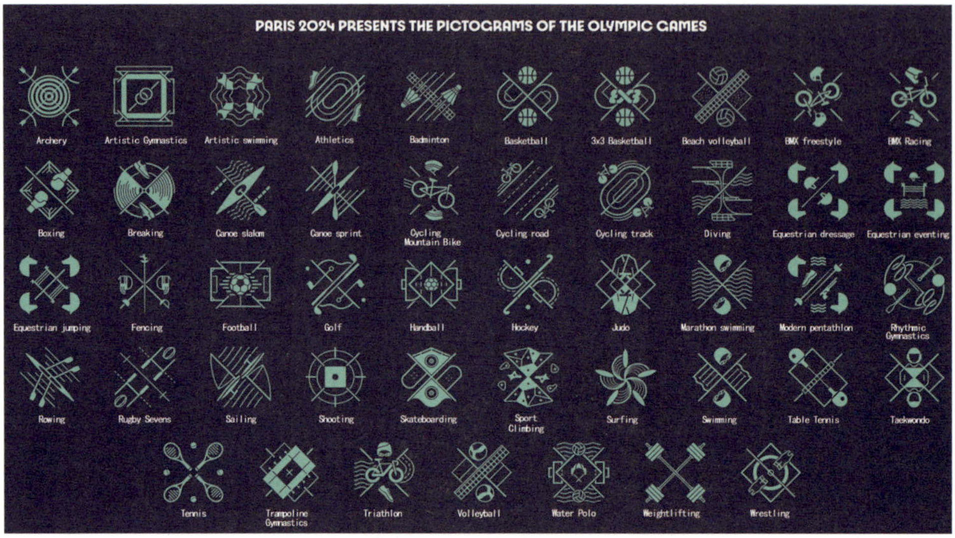

图 4　2024 年巴黎奥运会运动项目的图标

（五）2024 年巴黎残奥会运动项目的图标

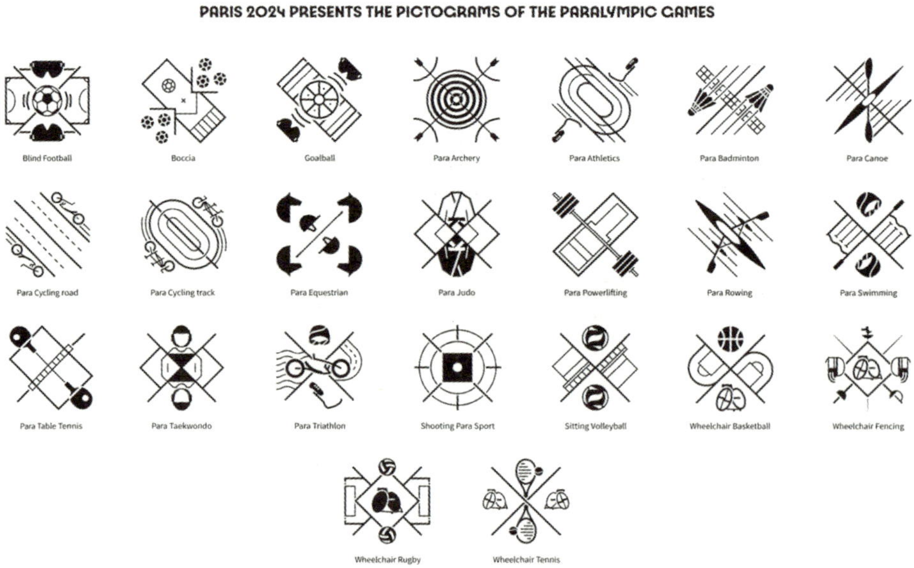

图 5　2024 年巴黎残奥会运动项目的图标

四、巴黎奥运会期间开展营销活动注意事项

根据《奥林匹克宪章》、《品牌保护指南》、国内相关法律法规及司法实践，我们认为，企业可以在奥运会期间展开正常的营销活动，但除奥林匹克财产的权利人及权利持有人（rights holders）（包括官方赞助商、媒体权利持有人、其他被许可方、主办国及主办城市）之外，其他企业或组织应当避免在宣传活动中包含使人误认为其与国际奥委会、奥林匹克财产或奥运会产生商业关联的内容。

（一）在营销活动中应避免的行为

巴黎奥组委在《品牌保护指南》中非穷尽列举了构成侵犯奥运会知识产权的行为：

（1）在纸质或电子媒体上使用“Paris 2024”标志。

（2）使用Olympic（奥林匹克）及/或Paralympic（残奥会）用语、标志、火炬图像等奥林匹克财产（包括但不限于在公司社交媒体账号上发布帖文及在话题标签中包含上述内容）。

（3）在商品上使用使人联想到Olympic（奥林匹克）及/或Paralympic（残奥会）的用语（如Games 2024），或制作造成上述影响的颜色及图案组合。

（4）发布面向消费者或特定公众的杂志，其中载有奥林匹克财产。

（5）在公司的通信文章或新闻稿里使用使人联想到奥运会（Olympic Games）及残奥会（Paralympic Games）的用语，包括但不限于“Paris 2024”“Olympic”“Paralympic”“Sports Festival 2024”“Rio，Tokyo，Beijing then Paris”等表述。

（二）运动员个人赞助商的注意事项

国际奥委会于2019年修改了《奥林匹克宪章》第40条第3款，对于个人的非奥运会赞助商的权限放开了一道门缝，让运动员在奥运会期间享有更大的营销和广告自由。在遵守奥林匹克执行委员会发布的原则的前提下，允许奥运会参赛运动员、随队官员及随队其他人员将其个人、姓名、照片或体育表现在奥运会期间用于广告目的，也就是说，参赛运动员的个人赞助商可以在符合一定条件的情况下，于奥运会期间发布通用广告（generic advertising），这就是通常所说的新版Rule 40，这就意味着非奥林匹克商业合作伙伴在奥运会期间，将参赛运动员肖像与“2024”“胜利”等用语同时使用在广告中，不会被认定为是隐性营销行为。

国际奥委会就2022年北京冬奥会期间运动员个人赞助商广告发布的事宜制定了《非奥运合作伙伴类参与者商业机会说明性指导》(Commercial Opportunities for Participants Illustrative Guidance for Non-Olympic Partners[①]),根据该指引,运动员个人赞助商(非奥运会合作伙伴)的广告及发布应主要遵循以下要求。

(1)该等广告中不得使用奥林匹克财产,且不得违反奥林匹克运动及运动员所在国家奥委会的价值原则。

(2)不得通过使用奥运元素,使品牌与奥运会建立任何联系。

(3)该等广告在奥运会开幕前需投放至少90日。

(4)在奥运会期间,该等广告必须持续投放且不得实质上增加投放量。

(5)不得在奥运会期间发布祝贺或支持参赛运动员的信息(但可以在奥运会之前或之后发布)。

(6)不得转发含有奥林匹克财产的贴文(包括运动员佩戴奖牌的照片)及运动员的感谢信。

(7)广告中不得通过明示或暗示的方式表明产品或服务可以提高运动员表现。

虽然国际奥委会尚未对本届巴黎奥运会发布关于非奥运会合作伙伴的类似指引,笔者认为2022年北京冬奥会期间的指引仍具有参考价值。

五、结语

综上,笔者认为,在2024年巴黎奥运会期间的市场营销活动中,企业应避免未经授权而直接在产品包装、官网、官方微博、微信以及其他市场宣传材料上使用奥林匹克财产(包括但不限于奥林匹克标志、名称、格言等),或开展使公众误以为企业与国际奥委会、奥林匹克财产或奥运会存在商业关联的市场营销活动。同时,我们认为,在一般的商业广告和促销中,使用常见的“运动会”字眼或法国国旗,对存在赞助关系的参赛运动员的战绩进行客观表述,以及运动员在自己的社交媒体账户或者个人网页上对自己的非奥林匹克商业合作伙伴表达感谢,是风险

---

① International Olympic Committee, *Commercial Opportunities for Participants Illustrative Guidance for Non-Olympic Partners*, (2021), The Olympic Study Centre, https://olympics.com/athlete365/app/uploads/2021/04/Beijing-2022-Commercial-Opportunities-for-Athletes-Illustrative-GuidelinesFINAL.pdf.

可控的。

隐形市场是聪明人的游戏,我们建议相关营销方案在实施以前,交由专业律师审核,以此有效地预防法律风险。在实施过程中,如果遇到来自国际奥委会、奥运会赞助商、国内执法机构或者消费者的信函、质询和投诉,也应交由专业律师应对,以最大限度地降低法律风险。

CHAPTER 04

影视节目与品牌保护

与动画片延期上映相关的出版物许可协议履行风险及争议解决

于园园*

*作者简介：

于园园，中伦律师事务所北京办公室争议解决部非权益合伙人，电邮为：yuyuanyuan@ zhonglun.com。

目前我国动画市场发展迅速，动画片市场也方兴未艾，与动画片出版许可协议相关的纠纷也纷至沓来。本文针对动画片延期上映以及由此引发的出版物许可协议的履行风险及争议解决问题进行初步探讨。

一、动画片出版物许可协议的主要内容及法律定性

动画片出版物许可协议的主要内容包括授权标的、授权范围、许可费用三项内容。

授权标的是指授权被许可方使用的动画片相关形象，具体表现形式是卡通形象素材库，包括角色卡通形象、非角色卡通形象、制作标准（如大小比例、尺寸、色调等）和使用规范（比如禁止卡通形象有抽烟动作）等。通过出版物发行，卡通形象可以被打造成为可再生的资源，不断复制出该形象的新作品。

授权范围，既包括出版物的商品表现形式，例如约定包括精装书、平装书、游戏书，但不包括电子出版物；也包括授权的地域范围、时间范围等。同时，也可以约定被许可人所取得权利是独家授权还是非独家授权。

许可费用在实务中通常采取保底许可使用费、非保底许可使用费两种方式。保底许可使用费是指不论被许可方实际收益多少，被许可方都应当向许可方支付的固定许可费用。非保底许可使用费是指根据被许可方收益情况计算相应比例的许可费用。例如，非保底许可使用费的计算方式一般为：图书或音像制品定价×出版作品实际销售量×约定版税率。

概括来说，动画片出版物许可协议是，动画片的著作权人或经授权享有动画片商业开发相关知识产权的主体作为许可人与被许可人（主要是出版单位）之间签署的，就动画片相关形象和内容进行著作权利用的相关协议。

二、动画片上映与许可使用协议履行的关系

动画片的上映时间、播放频次、范围在很大程度上影响着该动画卡通形象与知识产权（Interllectual Property，IP）的市场热度。一般情况下，新上映的动画片能够在其受众群体内起到很好的宣传作用，而一部质量上乘的“爆款”动画片更是能为该动画片的 IP 创造现象级的话题效应，从而极大地带动该 IP 其他周边产品的热度。但是这种热度并不持久，往往随着动画片的完结或者新动画片的上映期结

束而逐渐降低。因此很多著名的IP会定时推出新的动画片剧集,从而唤醒IP曾经的市场记忆,维持IP的市场热度。换句话说,动画片就是IP的“广告”。因此,动画片上映将会很大程度影响出版物的销量。

此外,动画片出版物的创作也需要更多的素材。动画片创作的素材源于前述卡通形象素材库,素材的丰富程度很大程度上影响着作品创作的质量和难度。新的动画片剧集上映所带来的不只是IP的热度,往往还有新的卡通形象(如新的卡通场景、新的卡通情节、新的卡通角色)等素材,也会因此影响出版物的内容、质量以及销量。

综上所述,动画片上映会直接影响动画片出版物的创作及销售,进而影响到出版物许可协议的履行。

三、动画片延期上映所带来的出版物许可协议履行风险

如前所述,动画片何时上映会影响出版物许可协议的履行。动画片上映时间往往存在很大不确定性。主要原因是:一是制作周期不确定。一部动画片制作通常包含前期创作、中期制作、后期合成一系列流程。非电影、剧集动画片制作周期通常在1年以上;一部精心制作、质量上乘的动画片的制作周期则会更长。二是审查发行播放不确定。我国实行动画片发行许可制度,须经审查通过方可发行。同时,主管部门、电视台都会对动画片进行相应审查。电视台排期、敏感时期、意外事件等因素都会导致动画片上映时间存在很大不确定性。三是参与主体众多不确定。动画片著作权人、IP授权方、动画片制作方、动画片发行方、动画片播出平台方、监管部门在动画片制作、发行、上映过程中同时参与或部分参与,各方主体既相互配合又在一定程度上相互影响,这也导致与动画片上映相关的信息不能完全公开透明、动画片上映时间存在很大不确定性。

由于动画片上映时间存在较大不确定性,这就导致在签署出版物许可协议时,各方当事人对于动画片上映时间都是一个预期时间。进而,由于出版物许可协议的许可方可能并非动画片的制作发行方,更无法对动画片上映时间作出明确的承诺。在这种情况下,在出现动画片上映时间超出预期的情况后,就会出现出版物许可协议的履行风险。

如果出版物许可协议双方约定的许可费是非保底许可费,则对于被许可方来

说，风险尚且可控；但是如果出版物许可协议双方约定的是保底许可费，则对于被许可方来说，风险往往较大。尤其是，如果保底许可费的费用过高，则很有可能出现被许可方不仅无法盈利、反而出现亏损的情况。

同时，即便许可费风险是相对可控的，由于动画片出版发行动作往往都要配合动画片上映前的各种宣传、推广动作，如果动画片上映时间存在诸多变数，也会增加出版物许可协议的履行风险。

如前所述，从某种意义上来讲，动画片就是IP的“广告”。这也就要求动画片，尤其是剧集类动画片需要保持一定的更新频率。如果新的剧集类动画片迟迟未能上映，这类动画片的热度也会逐步下降，长此以往，会给出版物被许可方的出版发行销售工作造成障碍，进而带来损失。

四、动画片延期上映所引发的出版物许可协议的风险防范

动画片上映时间晚于预期后，出版物许可协议的许可方、被许可方通常会进行谈判协商。双方往往会围绕许可期限、许可费用、违约责任展开商业谈判，并由此进行相应的风险防范。

关于许可期限，将许可期限顺延至动画片上映，是通常采取的方式。但采取这种方式的前提是，动画片上映时间虽晚于预期，但上映时间仍在可控范围内，因此采取顺延许可期限的变通方式。反之，如果动画片上映时间大大晚于预期，那么即便是将许可期限顺延，也无法解决风险。

关于许可费用，一方面可以采取降低许可费用收费标准的方式，另一方面可以采取将许可费用与动画片上映时间挂钩的方式。采取第一种方式，虽然简便易行，但往往谈判难度较大，尤其是如果约定了保底许可费的方式，许可方往往也很难同意降低事先已约定的保底许可费。采取第二种方式，则要么将支付保底许可费的时间节点与动画片上映时间挂钩，要么在动画片上映前，采取非保底许可费、在动画片上映后再支付保底许可费。第二种方式，相对简便易行，也容易谈判。

关于违约责任，客观说，如果已经采取了顺延许可期限、降低许可费用的方式后，再就动画片延期上映问题与许可方违约责任挂钩，则会存在很大难度。尤其是，如前所述，动画片上映时间的确定受限于很多因素存在很大不确定性，而许可方又不是动画片的参与发行制作方，更无法控制动画片上映时间，进而无法对动

画片上映时间作出承诺,更不可能设定动画片延期上映的违约责任。尽管如此,双方仍可基于各自的商业判断、谈判地位就动画片延期上映问题商定违约责任条款。必要时,可设定协议解除条款,将动画片上映时间与出版物许可协议解除挂钩。

五、如动画片延期上映,是否导致出版物许可协议解除?

站在被许可方角度,如果动画片上映时间远远超出预期时间,被许可方可能会主张,动画片的延期上映导致自己不能实现当初订立协议所意图获得的商业利益,认为这属于合同目的落空,并以此为由要求解除合同。被许可方为了主张有权解除合同,可能还会提出,当初之所以签署出版物许可协议是基于动画片如期上映,如动画片无法如期上映,则不会签署出版物许可协议。

在这种情况下,就需要对出版物许可协议的签约目的、动画片上映对协议履行的影响、双方主要权利义务等因素综合判断。

关于出版物许可协议的签约目的,一般情况下,被许可方基于对动画片形象、市场预期的综合商业判断,愿意将动画片形象进行再次创作用于出版物出版发行创作,从而取得预期商业利益。如前所述,动画片上映类似于 IP 广告,如果能够有动画片上映,则将有助于出版物的销售工作;出版物销售工作也有助于动画片上映推广,两者之间是相辅相成的。也就是说,出版物许可协议签署之初,通常是基于新的动画片上映的市场预期而签约,但其并不是签约的唯一目的。因为,出版物许可协议的签约考虑因素往往是复杂、众多的,需要考虑该动画片的品牌形象、IP 授权方的宣传力度、市场占有率等诸多因素,不能一概而论。

尤其是,对于剧集类动画片而言,如果在签署出版物许可协议之前,已经有一定数量剧集类动画片上映,双方签约的预期是未来可能有新的动画片剧集上映,那么在这种情况下,新的动画片剧集是否上映就不是签约目的,而是促进或有助协议履行的条件。因为在既有动画片剧集的情况下,动画片形象已经存在,出版物许可协议履行条件具备。如果协议履行期内有新的动画片剧集上映,则属于增加了一个“广告”将有助于协议履行;反之,即便协议履行期内没有新的动画片剧集上映,虽然会影响协议履行的各方收益预期,但不会因此导致协议目的无法实现。

同时，需要考虑关于动画片上映，各方是否已经在协议中作出一定商业考虑和安排。如前所述，如果双方在谈判协商阶段，已经商定将动画片上映与许可期限、许可费支付挂钩，那么在这种情况下，如果被许可方再次主张由于动画片延期上映导致有权解除协议，则存在很大难度。

除此之外，许可方在签约时是否对动画片上映时间作出明确承诺，也会成为一个考虑因素。一般情况下，如果许可方仅为 IP 授权方，但并非动画片制作发行方，则许可方对于动画片上映时间的判断也来自动画片制作发行方，其获取的信息也并非准确信息。许可方传递给被许可方的动画片上映时间信息往往也是间接信息，或多或少存在信息误差。因此，这一因素也需要纳入考虑范围。被许可方如果一味认为，只要许可方曾经对动画片上映时间作出表态，就表示许可方对动画片上映时间作出了明确承诺，其依据并不充分。被许可方据此主张由于许可方当初对动画片上映时间作出过承诺，进而主张解约，也是很难得到支持的。

因此，如动画片延期上映，我们并不能得出必然导致出版物许可协议解除的结论，需要综合考虑签约目的、动画片上映时间对协议履行的影响、许可方是否作出过承诺等因素综合判断。按照我们过往经验，如果“一刀切”地认为动画片延期上映，就必然导致出版物许可协议解除甚至据此采取法律行动，则还是存在较大法律风险。

六、动画片延期上映引发的出版物许可协议履行风险的法律防范建议

（一）对许可方而言

1. 监控动画片制作发行的整个过程，以争取实现动画片如期上映。如果许可方同时是动画片的制作发行方，则对于动画片的上映时间还是有一定控制能力的。但是如果许可方并非动画片制作发行方，则很有可能会出现信息不对称的情况。在这种情况下，就需要许可方尽最大可能掌握动画片制作发行的进度，以做到心中有数。

2. 避免对动画片上映时间作出明确的承诺。笔者认为，新的动画片上映是吸引被许可方签署出版物许可协议的重要因素。许可方也往往会在签约之前对动画片上映时间作出明确的安排。在这种情况下，一旦出现动画片上映时间超出预期的情况，就会使许可方陷入被动局面，甚至引发违约风险。

3. 将动画片上映进度如实披露给被许可方。许可方将获取的动画片上映进度及时、全面披露给被许可方，既是许可方免责的重要因素，也可便于双方基于新的商业变化进行新的商业谈判，并寻找可行的替代方案。

4. 及时调整商业条件，将动画片上映情况与许可期限、许可费用挂钩，但避免直接与违约责任尤其是解约权挂钩。

（二）对被许可方而言

1. 在签约前就对动画片上映时间进行充分的调查，以做到心中有数。如前所述，动画片上映时间本身存在诸多不确定性，仅凭许可方的单方陈述或是对外宣传，是无法准确判断动画片上映时间的。

2. 要求许可方或是动画片制作发行主体对动画片上映时间给出明确的时间表，如果能将其列入出版物许可协议中并作出明确约定最好。由相关方给出书面的、具体的上映时间安排，并作为签约的重要前提写入合同，对于被许可方未来主张权益都是有很大帮助的。

3. 如动画片上映时间超出预期时间，则及时对既往商业条件进行调整，包括顺延许可期限、降低许可费用，并将许可期限、许可费用与动画片上映时间挂钩。

4. 注意收集由于动画片延期上映给被许可方造成损失的证据材料。如果被许可方能够提供由于动画片延期上映给其造成损失，例如为每次动画片上映进行的市场推广活动安排、费用支出等证据，则对于被许可方主张自身权益、最大化降低风险都是有帮助的。

5. 尽可能要求增加或保留动画片延期上映的合同解除权约定。对于约定保底许可费的情况，如动画片上映时间明显超出当初预期，被许可方需要承担更大的商业风险。因此，还是建议尽量争取保留延期后超过一段时间仍无法上映的合同解除权约定。

小议真人秀等电视节目的模式许可和知识产权保护

赵昱东[*] 肖 莹

[*] 作者简介：

赵昱东，中伦律师事务所上海办公室资本市场部合伙人，电邮为：stevezhao@ zhonglun. com。

一、国内引进真人秀节目的发展历程和现状

近 20 年间,真人秀节目在我国市场迅速成长,这在很大程度上得益于对国外成熟真人秀模式的借鉴与引进。曾在 2010 年红极一时的“中国达人秀”(China's Got Talent)便是引进了英国 Fremantle Media 的 Got Talent 系列节目的模式和版权;于 2012 年火遍大江南北的“中国好声音”(The Voice of China),前四季模式引自荷兰的 The Voice of Holland;2013 年首播的“爸爸去哪儿”引自韩国 MBC 电视台推出的“爸爸!我们去哪儿”。

然而,在我国的真人秀节目依靠引进而迅速扩张的红火图景下,过于依赖境外节目模式却带来了原创节目比例较小、精品不多、影响不大、动力不足等问题,因此国家新闻出版广电总局于 2016 年发布了《关于大力推动广播电视节目自主创新工作的通知》,要求大力推动广播电视节目自主创新,不断研发生产拥有自主知识产权、体现中华文化特色的优质节目。

近 5 年来,随着广电总局鼓励原创政策的出台,真人秀的引进数量相较于 2010 年至 2015 年已大幅减少,引进热潮似乎已经褪去,但通过引进国外成熟模式,在国内进行本土化制作从而广受好评的案例依旧数不胜数。例如,在 2016 年至 2017 年间引起广泛关注的“蒙面唱将猜猜猜”引自韩国 MBC 电视台综艺节目“蒙面歌王”。不可否认,在我国真人秀节目的发展历程中,引进国外节目模式在节省成本资源、规避市场风险、学习成功经验等方面的固有优势,使众多广电机构都会选择通过授权引进的方式,获得境外成功电视节目的模式许可,进而展开本土化的节目制作。

二、节目模式在著作权法语境下的法律性质

在著作权法语境下,本文首先需要澄清的是:不应将“电视节目模式”与“电视节目”混淆。真人秀等电视节目,在很大程度上相当于一种舞台表演,是通过录制现场表演而形成的录音、录像或视听作品。节目中的舞台美术设计,表演的音乐、舞蹈、曲艺等作品,以及舞台表演的录音、录像等,都可以明确享有著作权或邻接权的保护。本文所讨论的电视节目模式,则是组织、编排该舞台表演的创意、程序、规则等策划和设计。人们无法直接将节目模式转化成一档电视节目,而是需

要以模式中的创意或者构思为出发点，再通过导演、编剧、制作人等共同创作及具体编排才能完成最终的电视节目。概言之，电视节目模式是节目的创意或策划思路，并非具体的文学艺术作品。

毫无疑问，电视节目的创意或策划思路，由于设计引人入胜，经过市场验证符合观众需求并受到欢迎，减少了试错成本，具有显著的商业价值。但是，从著作权法的角度来讲，创意和思路都属于思想范畴，思想作为人的精神活动及其产物，边界是难以框定的。同时，现代人权理念主张思想自由不受羁绊，使得思想更不能被专有和独占。基于该等理念，我国著作权法确立了只保护思想之表达，而不保护思想的原则。

在实践当中，思想和思想之表达并非泾渭分明，如叙事性文学或影视作品的故事情节即被认为属于思想之表达，在其具备独创性的条件下是可以获得著作权法保护的。如今的真人秀模式早已超出了简单步骤设计的初始阶段，其预设的人物设定、人物关系（如组队、竞争、配对等）、场景、环节、风格等，和故事情节不无相似之处，也同样跌宕起伏，起到了吸引观众的效果。但迄今为止，对于包括真人秀在内的电视综艺节目模式——如“中国好声音”中“盲选、反选、对战”等音乐选秀的程序和规则，我国司法机关的主流观点是对其受著作权保护仍持否定态度。北京市高级人民法院在《关于审理涉及综艺节目著作权纠纷案件若干问题的解答》中明确指出：“综艺节目模式是综艺节目创意、流程、规则、技术规定、主持风格等多种元素的综合体。综艺节目模式属于思想的，不受《著作权法》的保护。”

尽管如此，电视节目也并非处于完全不受知识产权法保护的境地。电视节目中所包含的独创性台词等文字脚本、舞美设计、音乐作品等，可以受到著作权保护；节目名称、口号等则可以申请商标专用权保护；如果存在一个有关该电视节目模式设计的具体策划书，只要其文字表达具有独创性，也可以被作为文字作品而享有著作权保护，如果该策划的方案中包含有未公开的保密信息，还可以作为商业秘密来加以保护；但是，如果前述策划方案已经公开（比如已经成为公开播出的电视节目的模式），著作权法能禁止的也仅仅是对该策划书的非法出版和传播，而按照该策划书中所描述的方案来具体实施某个演艺活动，并不会侵犯其著作权。因此，市场上也逐渐出现了一些并非引进国外节目模式，而是通过对其进行研究之后自行开发的“克隆节目”，这些克隆节目如果只模仿创意，而并非直接抄袭他人服装、道具、台词、舞美设计、音乐等可以受著作权保护的节目元素,便不构成对原节目知识产权的侵犯。

在美国,版权法明确规定的版权保护客体并不包括节目模式,但记载节目模式内容的载体可以受到版权法的保护,其背后的立法精神便是版权法仅保护思想之表达而不保护思想。在实践中法院常以"思想类似而非思想表达方式类似"为由驳回原告直接主张其节目模式权益保护的诉讼请求。

在英国,保护思想表达而不保护思想的原创性同样是法官作出裁决的依据。根据其于 1989 年实施的《版权、设计和专利法》,能够受到版权保护的文学、戏剧、音乐和艺术作品,必须以永久存在的固定形态予以表达。质言之,对于电视节目模式的权利人来说,节目模式需以文学或戏剧作品的形式呈现且具备原创性、可被固定及记录,才能受到版权法的保护。

三、从某真人秀节目所涉纠纷看电视节目的知识产权保护

2012 年,I 传媒从 T 传媒处获得了真人秀节目"The ×× of…"的独家发行权,并将制作权授予 A 公司。第一季至第四季的真人秀节目"中国××"由 A 公司于 2012 年至 2015 年期间制作播出。

2016 年 1 月,B 公司取代 A 公司,与 T 传媒签署了节目模式许可协议,以分期支付 6000 万美元许可费获得自 2016 年 1 月 28 日起至 2020 年 1 月 28 日 5 年止期限内,在中国独家开发、制作、宣传和播出 The ×× of China 节目,并行使与 The ×× of China 节目相关知识产权的独占许可使用权。A 公司虽然没有再获得原版权方的授权,制作的脚步却没有停下。2016 年 6 月,A 公司召开该真人秀节目"2016 中国××"发布会,宣布"××"回归。同时,B 公司向北京知识产权法院提出诉前保全申请,请求法院责令被申请人 A 公司及其合作方立即停止侵权行为。B 公司的诉前保全申请得到法院支持,A 公司却将节目改名为"中国新××",继续制作。此后,B 公司与 A 公司互相提起诉讼,就该真人秀节目名称及相关商标归属、不正当竞争等问题对簿公堂,但未待法院作出判决便达成和解协议,全面终结了各相关法律程序。

"中国××"所涉纠纷,从知识产权保护的角度来看,虽然 B 公司与 T 传媒签订了节目模式许可协议,但既然节目模式本身并不受法律保护,那么 B 公司又是如

何提出其诉前保全主张,并最终得到法院支持的呢?

从法律角度来看,B 公司避开了节目模式的保护问题,而从商标侵权和不正当竞争的角度切入,使法院相信存在商标侵权和不正当竞争的可能性,从而支持了 B 公司的诉前保全请求。

首先在侵害注册商标专用权的可能性上,B 公司主张 T 传媒与 A 公司签订的第一季至第四季节目模式许可协议约定了"中国××"的制成节目和节目模式的构成要素,其知识产权都应当归属于 T 传媒。在 T 传媒与 B 公司签订的第五季至第八季节目模式许可协议中,T 传媒授予 B 公司行使与该节目相关知识产权的独占许可使用权,故根据 T 传媒的授权,B 公司取得了 T 传媒拥有的两项注册商标的独占许可使用权。A 公司的确在其节目制作、宣传等过程中使用了前述注册商标,法院据此认定 A 公司存在使用前述注册商标及构成侵权的可能性。

在构成不正当竞争行为的可能性上,B 公司主张 A 公司擅自使用"中国××"这一知名服务名称制作同名、同类型节目,构成不正当竞争。法院认定"中国××"节目及其诸多设计元素在中国境内具有较高知名度,因此该节目名称是"电视文娱节目及其制作服务类的知名服务特有名称"的可能性较大,而许可协议又明确约定相关权益属于授权方 T 传媒,故 A 公司在节目制作、宣传等过程中使用"中国××"中英文节目名称的行为存在构成不正当竞争行为的可能性。

但在侵害未注册驰名商标权益的可能性上,由于 B 公司主张构成未注册驰名商标的两项节目标识中含有"中国"和"China"的字样,其是否符合商标法的有关规定仍需在后续诉讼中进一步审理判断,故法院在此项主张上未作裁决。除此之外,法院亦对该诉前保全申请是否具有紧迫性、不责令被申请人停止相关行为对申请人造成的损害是否大于责令被申请人停止相关行为对被申请人造成的损害,以及责令被申请人停止相关行为是否会损害社会公共利益等问题作出了认定并支持了 B 公司的主张,基于 B 公司已提供相应担保,最终裁定 A 公司应立即停止在歌唱比赛选秀节目的制作、宣传等过程中使用"中国××"中英文节目名称及注册商标的行为。①

---

① 参见北京知识产权法院(2016)京 73 行保 1 号。

四、电视节目模式许可的商业意义

如前所述，笔者理解，电视节目模式暂未受我国著作权法保护，A 公司在法院作出前述裁定后变换节目名称，继续以 The ×× of China 的节目模式推出“中国新××”，在中国法下并不构成对 B 公司取得的模式许可权益的侵犯。2016 年 1 月 28 日 A 公司对外发布声明称要“保留自主研发、原创制作‘中国××’节目的权利”，这一声明蕴含的意思即为，即使 T 传媒不再把 The ×× of…节目模式授权给 A 公司制作，该公司依旧可以继续制作与原“中国××”类似的新节目。

由此可能有的人不免产生疑问，在我国著作权法不保护节目模式的背景下，直接复制国外的节目模式并不涉及著作权纠纷，而即使“多此一举”地取得外方的模式许可，在第三方抄袭、模仿，制作类似的节目时，也无法主张以著作权保护自己取得的模式许可权益，那为何制作方还要多付一笔许可费来事先取得外方授权呢？

在引进海外成熟节目模式时通过签订模式许可协议取得授权，不仅可以降低法律风险尤其是侵权风险，还可以在当下反对抄袭的舆论环境中获得观众群体的支持。同时，可以得到外方的节目制作宝典（利用节目模式制作电视节目的手册，以下简称 Bible）、专业的技术指导及成熟经验。为获得许可及 Bible 支付的对价即许可费，相比于节目成功推出后的收益来说，仅是很小的一笔成本。因此，即使是在鼓励原创的政策背景下，依旧有许多机构通过模式许可引进海外节目，以较低成本取得较大的节目收益。

五、模式许可和商标权、著作权相结合的综合知识产权保护策略

在我国知识产权法的相关语境下，如何保护从外方取得的模式许可权益，或者说模式许可的法律风险问题的关键是什么？其核心并不在于如何主张节目模式的版权，而在于如何通过对节目脚本、节目名称、节目标志及其他相关权属的明确，以保护在取得外方 Bible 的指导下所制作出的特定电视节目的完整性，即不再将眼光聚焦到最初的节目模式、节目创意上，而是将节目看作一个集合，通过模式许可协议中的明确约定，以及在节目制作过程中自发的权利主张，尽可能地使特定电视节目这一集合下的所有元素都有明确的权利主体，通过对有价值的节目元

素的保护,达到保护节目完整性的目的。因此,在最理想的状态下,即使第三方在未取得模式许可的情况下模仿、抄袭了该等节目模式制作了类似节目,也难以在电视节目市场上与已经抢占先机的该类型节目相竞争:在道德上,版权意识觉醒的观众群体可能并不买账;在法律上,其节目元素有著作权侵权或该节目有违反《反不正当竞争法》之嫌。相应地,取得授权而制作节目的一方便同时在道德和法律上占据优势地位。

第一,就具体策略而言,应在模式许可协议中对知识产权的归属进行明确约定,从而加以保护。前述某真人秀案例中,T 传媒先后与 A 公司、B 公司签署的模式许可协议中均包含被授权方依许可协议及 Bible 制作的所有节目的一切相关知识产权完全属于授权方,被授权方取得独占许可使用权及以其名义对第三人的侵权行为采取相应法律行动的权利等相关条款,该等约定为知识产权归属问题及可能因此产生的争议或纠纷提供了基础判断依据。

还应注意,被授权方在取得国外节目模式许可后,除了在“本土化”制作中把许可方的模式和其他知识产权译制并体现在本土中文节目中,也可能在“本土化”的节目制作过程中产生“新元素”。在该等“新元素”的产权归属问题上,模式许可协议亦应事先作出明确约定。由于该等“本土化”操作高度凝结了被授权方的智力劳动,模式许可协议中通常都会专款约定被授权方在对节目模式做重大变更时应取得授权方的事先批准,但添加、更改和修改后所产生的“新元素”是被授权方的独有专属财产。

第二,授权方在依据模式许可协议向被授权方提供 Bible 时,各指导、沟通、交流记录及文件均应严格保密,明确双方对节目策划信息的保密义务,确保与节目模式、制作思路或核心创意等有关的商业信息处于未公开状态,在节目尚未播出即有实质性相似的“克隆”节目抢占市场的危机状况下,权利方可以侵犯商业秘密为由主张侵权人构成不正当竞争。

第三,基于许可协议约定,相关知识产权权利人在节目制作过程中,应对节目相关知识产权及时进行注册、登记备案等,以保护其法定权利,包括但不限于及时申请注册商标,就具有高度独创性的需保护的文字脚本、舞台服装及其设计草图、舞台效果图、舞蹈作品、音乐作品及相关许可使用合同等作版权登记,对节目名称尤其是本土化的中文节目名称在广电部门进行备案等。

综上所述,电视节目模式许可的商业意义值得肯定,但由于我国著作权法不保护节目模式,取得该种模式许可后所制成的电视节目,依然面临被“克隆”后却无法直接主张节目模式权益的问题。那么对于相关知识产权的权利方来说,便应采取模式许可和商标权、著作权相结合的综合性知识产权保护策略,使包括节目脚本、节目名称、节目标志及其他相关节目元素均权属明确,以尽可能使在取得外方 Bible 的指导下所制作出的特定电视节目的知识产权得到保护。

影院收购常见法律问题及解决方案

于园园[*]　李凌飞

[*] 作者简介：

于园园，中伦律师事务所北京办公室争议解决部非权益合伙人，电邮为：yuyuanyuan@zhonglun.com。

在影视行业:一些规模较小或者经营不善的影院由于资金、市场、管理、债务等问题难以继续经营;而一些规模较大的影院基于自己的战略考量,需要不断提高自己的市场占有率,从而形成规模效益,因此收购这些经营困难的影院也成为规模较大影院的重要选择之一。但是收购方会在收购过程中面临收购模式的选择、收购法律风险的评估等问题,对此收购方应当如何应对?笔者将在本文中对收购模式及收购中应注意事项进行介绍,并对实践中影院收购经常会面临的法律风险以及如何应对此类法律风险给出解决方案,以供参考、交流。

一、影院收购项目交易模式的选择

影院收购项目交易模式有资产收购、股权收购两种方式。在实践中,一般会通过对目标影院公司的运营模式、资产现状、未来发展前景等进行综合考量,最终选择具体的交易模式。笔者将对以下两种交易模式及需要注意的主要问题进行简要说明,并对影院收购过程中交易模式的选择进行简要分析。

(一)资产收购

资产收购是指一家企业购买另一家企业实质经营性资产的交易。资产收购模式的优势在于不需要承担目标企业债务方面的风险与损失,仅需要对资产的质量、权属是否有瑕疵等做详尽的调研,关注与资产相关的债权债务即可。下面笔者将对资产收购过程中应当注意的事项进行简单介绍:

在对影院进行资产收购的过程中,应当重点关注以下几个注意事项:(1)注意确保签约方具有签约主体资格,对目标公司的设立、变更等情况以及相关的证照进行调查;(2)注意目标公司是否存在担保,如果存在担保则需要与担保权人就此问题沟通并达成解决协议;(3)注意目标公司是否与第三方签订营业方面的合同,比如关于放映设备的融资租赁合同、院线合同等;(4)关注影院场地是否竣工、是否符合规划、所有权是否存在纠纷等;(5)注意影院是否存在对外出租等问题,当然根据个案实际情况还会增加其他方面的注意事项或者对上述事项进行调整。

(二)股权收购

股权收购是指一家企业购买另一个企业的股权,以实现对被收购企业实施控制的交易。股权收购后,收购公司成为目标公司股东,虽然可以分享被收购方未来成长带来的收益,但也需要承担因收购带来的风险,比如负债风险、经营风险、财务风险等。

在对影院进行股权收购的过程中，除了要注意与上述资产收购同样的注意事项之外，由于其自身的特殊性，还应注意以下几个方面：(1)关于原目标影院公司的商号是否继续许可使用的问题，需要收购方与许可方进行谈判商定方案；(2)与资产收购不同的是股权收购还需要考虑原职工问题，比如原目标影院公司职工的去留问题、员工保险问题等；(3)股权收购还需注意收购方一旦成为目标公司股东，就需要对目标公司的债权债务关系承担责任，所以收购方需要对该类问题作出统筹安排；(4)收购方完成收购成为目标公司股东，此时目标影院公司的证照面临修改的问题，这也是要重点关注的收购事项。

如前所述，资产收购和股权收购各有优劣，在实践中应当结合收购方和目标影院的具体情况进行选择。举例来讲，在目标公司存在大量负债且债务处理起来难度较大时，选择资产收购模式对收购方来讲会更为有利。其原因在于如果采用股权收购模式，收购方成为股东，原目标影院公司的负债风险和债务成本将影响股权收益，因此股权收购前必须做详尽的尽职调查，重点关注目标影院负债、因债务引发的未决诉讼、表外负债等，防止产生难以预料的债务风险。资产收购则不需要承担债务方面的风险与损失，仅需要对资产的质量、权属是否有瑕疵等做详尽的调研，关注与资产相关的债权债务关系。如果目标影院公司的经营状况良好，未来的发展预期也很好，则通过股权收购将获得该目标公司未来长期的经营收益。所以在实践中应当结合具体情形选择效益最大化的收购模式。

二、不同模式下影院收购项目常见具体法律问题及相应解决方案

（一）两种模式下共同的法律问题及相应解决方案

1. 经营场地

(1)目标影院所在物业的土地用途与房屋规划用途不一致

《民法典》第350条规定，“建设用地使用权人应当合理利用土地，不得改变土地用途；需要改变土地用途的，应当依法经有关行政主管部门批准”。《土地管理法》第25条第1款规定，“经批准的土地利用总体规划的修改，须经原批准机关批准；未经批准，不得改变土地利用总体规划确定的土地用途”。《城镇国有土地使用权出让和转让暂行条例》第17条第2款规定，“未按合同规定的期限和条件开

发、利用土地的,市、县人民政府土地管理部门应当予以纠正,并根据情节可以给予警告、罚款直至无偿收回土地使用权的处罚”。当影院所在物业的土地用途与房屋规划用途不一致时,可能会受到行政机关责令改正、警告、罚款甚至无偿收回土地使用权的处罚,进而对影院经营造成影响。故在影院收购过程中,对此类事项应尤为注意。

针对此问题,结合实际操作,笔者认为较好的解决方案是:要求原目标影院公司根据《土地管理法》《城市房地产管理法》《城镇国有土地使用权出让和转让暂行条例》等法律规定,申请改变出让土地用途,与国土资源管理部门签订变更协议或重新签订出让合同,相应调整土地出让金,并将其作为本次交易的先决条件;或者在交易文件中明确约定若因土地用途不一致使收购方遭受处罚或损失,则原影院公司的高级管理人员、实际控制人、股东、关联方等应当就此作出赔偿。

(2)影院物业存在抵押

《民法典》第 406 条第 1 款规定,“抵押期间,抵押人可以转让抵押财产。当事人另有约定的,按照其约定。抵押财产转让的,抵押权不受影响”。《民法典》第 410 条规定:“债务人不履行到期债务或者发生当事人约定的实现抵押权的情形,抵押权人可以与抵押人协议以抵押财产折价或者以拍卖、变卖该抵押财产所得的价款优先受偿……”如果抵押权人在抵押条件成就时行使抵押权,则可能会发生影院物业被拍卖、变卖、折价的风险,直接影响影院的运营,给影院带来巨大损失。

针对此问题,笔者建议:收购方在签约前的谈判过程中,要求目标影院公司通过归还欠款等方式妥善解决其与第三方之间的债权债务关系,并将其作为收购交易的先决条件;如果经过风险评估后,目标影院公司与第三方之间的合同关系并不会在未来给收购方带来不利影响,收购方可以考虑继承目标影院公司的债权债务关系,但可以与目标公司协商降低收购价格,以降低自己可能出现的亏损。

(3)影院运营公司未就场地的装修取得施工许可证

《建筑工程施工许可管理办法》第 12 条规定,“对于未取得施工许可证或者为规避办理施工许可证将工程项目分解后擅自施工的,由有管辖权的发证机关责令停止施工,限期改正,对建设单位处工程合同价款 1%以上 2%以下罚款;对施工单位处 3 万元以下罚款”。因此,如果影院运营公司未取得施工许可证即开始装修,该公司可能会因此而受到行政机关的处罚。

(4)影院运营公司未提供最新的消防设计审核意见书、消防验收意见书

根据《建设工程消防设计审查验收管理暂行规定》第14条的规定,“总建筑面积大于五百平方米的歌舞厅、录像厅、放映厅……”等建筑工程是特殊建筑工程。如果目标影院公司建筑总面积达到该要求,则属于特殊建筑工程;需要根据该法第15条规定,即“对特殊建设工程实行消防设计审查制度。特殊建设工程的建设单位应当向消防设计审查验收主管部门申请消防设计审查,消防设计审查验收主管部门依法对审查的结果负责。特殊建设工程未经消防设计审查或者审查不合格的,建设单位、施工单位不得施工”申请消防设计意见审核;同时根据该法第26条的规定,即“对特殊建设工程实行消防验收制度。特殊建设工程竣工验收后,建设单位应当向消防设计审查验收主管部门申请消防验收;未经消防验收或者消防验收不合格的,禁止投入使用”申请消防验收。

如果目标影院公司没有上述文件,根据《消防法》第58条的规定可能由住房和城乡建设主管部门、消防救援机构按照各自职权责令其停止施工、停止使用或者停产停业,并处3万元以上30万元以下罚款的处罚。

针对后两个问题,笔者建议收购方可以在实施收购之前请工程部门评估风险,并要求目标影院公司采取补救措施取得相关的资质证明文件;如果目标影院公司不能取得,可以在谈判过程中要求降低收购价格,并在交易文件中写明如果因上述缺少资质等相关证明文件原因导致收购方受到行政处罚,则目标影院公司或其实际控制人、关联方应当就此作出赔偿。

2. 院线合作

在收购交易时,目标影院公司与院线公司之间签订的院线合同很有可能还在有效期内,如果此时要求单方解除合同,需要有法定的正当理由(如《民法典》第563条规定的情形),否则根据《民法典》第566条的规定合同因违约解除的,应当承担违约责任。并且,根据国家广电总局电影事业管理局于2002年发布的《关于成立电影院线报批程序的通知》第5条规定,“院线内的成员不得无故解约,解约要按本通知第二条的规定报备”,如果想要单方解除院线合同,还需要考虑电影行政主管部门备案这个因素。针对此种情况,建议收购方无论采取何种交易方式,须适时与签约的院线公司就潜在交易进行沟通,取得解除院线合同的确认文件,以防止影响交易进程。

3. 影院运营

(1) 目标影院公司签订的关于放映设备的租赁合同尚未到期

根据《民法典》第 566 条的规定,如果非因法定解除事由解除合同需要承担违约责任,由于目标影院公司与第三方签署的有关放映设备的合作协议尚未到期,收购方需评估是否继受该合作协议的义务,继受合作协议可能会影响收购方对影院的运营规划和经营管理,而不继受该合作协议则目标影院公司需承担单方解除协议的违约责任。针对此种情形:建议收购方尽早考虑影院的运营规划和经营管理情况,要求目标影院公司解除与第三方的合作协议,并妥善处置相关事宜;如该等合作事宜影响影院的运营和管理或解除合同有困难,也可考虑继受这些短期的合作协议,期满再决定是否续签。

(2) 目标影院公司未提供相关经营性合同的履行情况

目标影院公司在收购中没有提供装修工程、数字放映设备购销合同、消防施工合同及其他采购合同、团购合同等经营性合同的支付凭证,因此不排除目标影院公司存在未严格履行经营性合同的情况。根据《民法典》第 577 条的规定,当事人一方不履行合同义务或者履行合同义务不符合约定的,应当承担继续履行、采取补救措施或者赔偿损失等违约责任。若该类经营性合同的相对方以此为由要求其承担违约责任,目标影院公司的财产就可能存在被查封、冻结的风险。因而收购方应当进一步要求目标影院公司提供其履行主要经营性合同的完整凭证。

4. 会员卡问题

影院经常会以出卖、发放会员卡的形式吸引顾客,并且会员卡通常会被区分为不同等级。会员卡具有合同性质,即在商家和消费者之间成立了合同关系,商家具有履行的义务,以满足持卡消费者的会员权利,并且不同等级的会员卡实质上体现的是双方之间不同的权利义务关系。在实践中,会员卡经常缺乏明确的合同条款,如果影院公司的办卡承诺及实际履行不一致极易产生纠纷。还有些会员卡类似于储蓄性质,相当于该目标公司对外负债,收购公司在收购影院时需要承担该部分债务。收购方可以要求影院公司在办理会员卡时提供详细书面说明,明确双方权利义务,妥善处理好转让以及会员隐私保护等问题,并在交易协议文件中约定如采用资产转让方式,则在资产转让前所办理会员卡引起的纠纷造成的损失由目标影院公司赔偿。

（二）股权收购模式下的特殊法律问题及相应解决方案

在股权收购后，收购方成为目标影院公司股东，公司未来的发展战略、前景、收益等均影响收购方未来的利益，且该影响为长久的、持续的。与资产收购不同，股权收购不仅应当对资产收购行为涉及的相关风险作出详尽的评估、预测与分析，而且应当对被收购方诸如财务风险、市场风险、技术风险、战略调整风险等引起的经营风险进行调研，因此股权收购在前期的尽职调查过程中更应当全面、深入、详尽。

1. 重大债务

目标影院公司存在重大债务的情形可能包含目标影院公司对外借款未还、对外欠付机械设备款等，如果在收购前，目标影院公司没有偿还上述债务，收购后，收购方成为影院公司股东，需要对公司的债务承担有限责任。针对此种情形，收购方可以要求目标影院公司在收购前偿还债务；如果在收购前难以偿还，双方可以在交易过程中协商降低收购价格。

2. 劳动用工

目标影院公司在劳动用工方面可能存在的问题有：未与公司员工签订劳动合同，没有为公司员工办理社会保险登记，没有为员工缴纳社会保险费等。前述情形可能违反《劳动法》第 16 条、第 72 条相关规定。根据《劳动合同法实施条例》第 6 条、第 7 条的规定，用人单位需要与劳动者补签劳动合同，并根据实际用工时间长短决定是否给予劳动者双倍工资。当用人单位没有为劳动者缴纳社会保险费时，根据《劳动法》第 100 条的规定：用人单位无故不缴纳社会保险费的，由劳动行政部门责令其限期缴纳；逾期不缴的，可以加收滞纳金。针对此问题，我们建议收购方在收购前要求目标影院公司与公司员工签订劳动合同，为员工缴纳社会保险费，并在交易文件中约定交易完成前影院违规用工所可能遭受的处罚由原影院公司及其关联方实际承担。

3. 经营证照

在经营证照方面，影院收购中常见的法律问题有：目标影院公司没有单独办理卫生许可证、缺少经营范围相关资质证照、营业执照上登记的经营范围缺少项目的等。如果没有办理前述证照或者证照登记事项存在缺失，根据《食品安全法》《公共场所卫生管理条例》《市场主体登记管理条例》等规定，影院会受到相应的行政处罚。故建议收购方督促目标影院公司尽快办理卫生许可、食品流通等相关证照,将部分未登记的经营事项申请增项变更,将前述要求作为交易交割的先决条件之一,并在交易文件中约定若因影院卫生许可等问题使收购方遭受处罚或损失的,则目标影院公司及其关联方应当就此作出赔偿。

三、结语

综上所述,资产收购、股权收购两种收购模式如何选择,需要收购方从战略发展、收购后效、企业资产现状、经营现状、未来发展前景、收购的动因等多角度思考,评估不同收购模式带来的风险,最终作出最适合的选择。在收购过程中,收购方会遇到多种不同的法律问题,比如被收购影院在经营场地、院线合作、影院运营、会员卡等方面存在法律风险,此时需要收购方将其作为重点问题进行调研并与被收购影院以及第三方协商解决,根据相关法律规定和合同约定找到最优解决方案,以最大程度降低自己的收购风险,实现收购利益。

文化娱乐产业品牌的商标保护路径

杨卫华　王　飞*

* 作者简介：
杨卫华，中伦律师事务所北京办公室知识产权部合伙人，电邮为：yangweihua@ zhonglun. com。
王飞，中伦律师事务所北京办公室争议解决部非权益合伙人，电邮为：philipwang@ zhonglun. com。

近年来,随着我国网络基础设施的逐步完善和网络强国建设步伐加快,文化娱乐产业逐渐成为数字经济发展的重要支柱。包括电影、综艺、音乐、体育、直播、文学等在内的文化娱乐产业广泛互联并深度融合,各类新兴、优质文娱品牌通过不同的内容表现形式,满足了消费者的多元化需求。随着各大文化娱乐企业的品牌价值持续提升,并通过周边衍生品持续变现,文化娱乐产业迎来了前所未有的高速发展期。相应地,各类文化娱乐企业的品牌保护需求也越发紧迫。本文将围绕文化娱乐产业的品牌保护需求,从商标保护的角度出发,结合产业内值得借鉴的先进做法,希望能为各位读者提供一些思路。

一、品牌与商标的关系

品牌是商业概念,没有准确定义,通常被认为是企业向消费者发出的某种信号,包括了企业希望表达的产品个性、企业文化等内容,引导消费者对产品产生认知、认同、信任和忠诚,从而达到促成、促进销售的目的。

商标是法律概念,具有明确的法律定义,根据我国《商标法》第 8 条规定,“任何能够将自然人、法人或其他组织的商品与他人的商品区别开的标志,包括文字、图形、字母、数字、三维标志、颜色组合和声音等,以及上述要素的组合,均可以作为商标申请注册”。

商标权主要用于保护品牌,商标是品牌的表现形式之一,是品牌的典型载体,人们常会把“品牌”和“商标”相互替代使用,但两者本质不同。品牌的表现形式包括了商标,但又远远大于商标。除了商标之外,品牌还涉及企业名称及简称(字号)、产品设计、包装设计、域名、网站内容、广告语、广告片、广告歌曲、代言明星形象、商业人物形象等一切能够与企业和产品形成对应关系的商业标志、记号和符号。

对于品牌的法律保护,主要是通过保护企业对品牌表现形式的专有权利来实现的,即注册商标专用权。但除了商标权之外,品牌的法律保护还涉及:《专利法》项下的外观设计专利权等;《著作权法》项下的网站内容、广告语、广告片、广告歌曲、建筑物等作品版权;《民法典》保护的人格元素、名誉权、代言明星与企业之间的代言关系等;《反不正当竞争法》通过禁止擅用他人有一定影响的企业名称/简称/字号等、商品名称/包装/装潢等、域名/网站名称/网页等,禁止其他混淆行为,

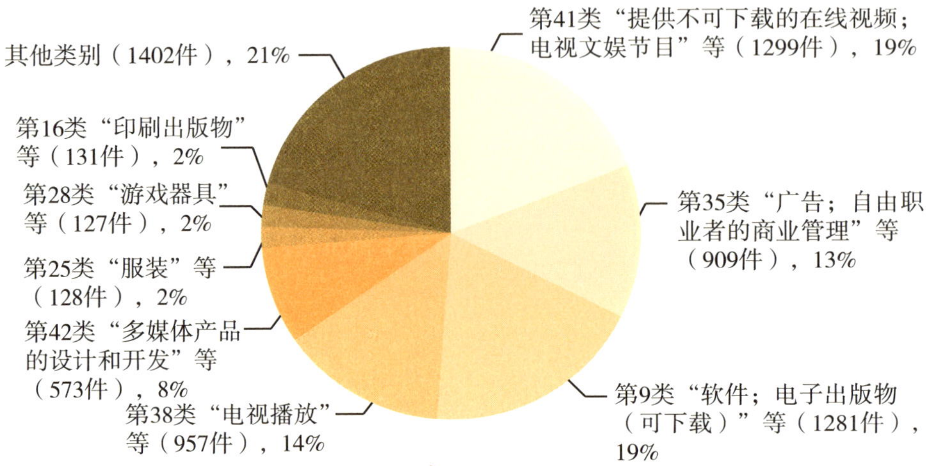

图2 爱奇艺商标情况概览

（三）音乐产业

音乐产业，是指以售卖音乐相关的产品以获取回报的行业，中国音乐产业细分的行业市场及收入来源包括音乐唱片，音乐演出，数字音乐，乐器，音乐教育培训，专业音响，KTV，影视、游戏、动漫音乐等几个方面。由此，音乐产业企业面临的商标保护需求应不仅仅包括音乐制作发行企业名称、简称，还应将视角延伸至享有知识产权的歌手名称、乐队名称、音乐作品名称、音乐节名称、乐器音响设备、衍生品等。

除音乐制作公司、音乐厂牌品牌名称如“滚石”“红花会”等以外，音乐产业企业也应考虑将乐队、歌手名称如“苏打绿”“邓紫棋”等，音乐作品名称“难忘今宵”等，音乐节名称“麦田音乐节”等，音乐教育培训机构名称“麦田未来音乐学校”等注册为商标。以“麦田音乐节”主办方太合音乐为例，名下商标覆盖的类别除核心业务演出、音乐制作外，还涉及音乐演出服务可能衍生的“培训”“广告服务”“表演艺术家经纪”“唱片”“软件”“电视播放”“印刷出版物”“乐器”“服装”“食品”“饮料”“酒”等（见图3）。

（四）体育产业

体育产业，是指与体育运动相关的一切生产经营活动，通常包括体育服务产品和体育物质产品的生产、经营两大部分。其中，体育服务产品包括各类体育赛事的直播、转播，体育场馆的提供，体育教育培训，体育健身休闲等，体育物质产品包括运动鞋服、运动设备、纪念品、体育彩票等。由此，体育产业企业面临的商标

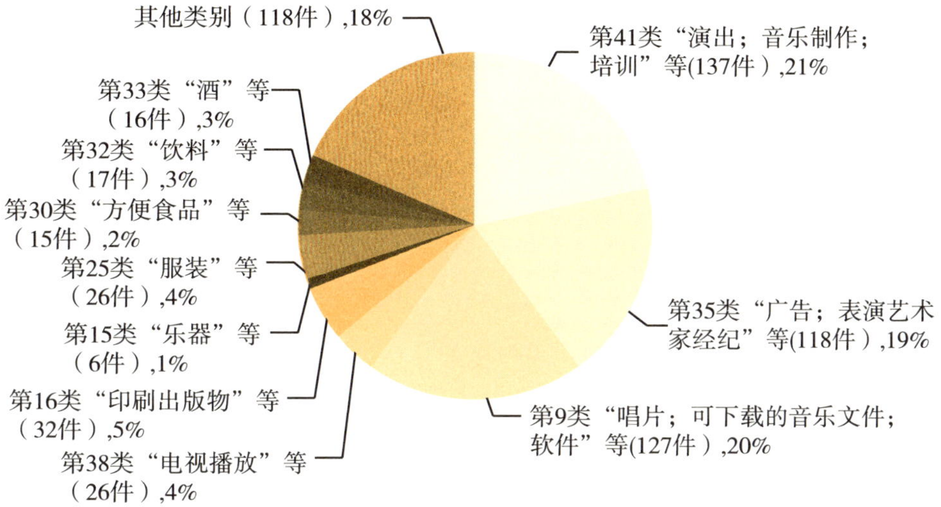

图 3　太合音乐商标情况概览

保护需求应不仅包括企业名称、简称，还应将视角延伸至享有知识产权的体育节目名称、体育场馆名称、体育赛事名称、体育社区名称、运动鞋服品牌、体育教育品牌、纪念衍生品品牌等。

除体育企业品牌名称如“腾讯体育”“虎扑体育”等以外，体育产业企业也应考虑将体育场馆名称如“水立方”“五棵松”等，显著性较高的体育场馆立体造型如“鸟巢”等，原创体育赛事名称“路人王”“日落东单”等，体育社区独创名称“虎扑卧谈会”“JRS”等，运动鞋服产品名称“AIRMAX”等注册为商标。以虎扑体育为例，商标覆盖的类别除核心业务俱乐部服务、论坛外，还涉及体育服务可能衍生的“组织体育比赛”“广告+运动员商业管理”“网站设计”“软件”“服装+鞋帽”“健身器材”“印刷出版物”等（见图 4）。

（五）直播产业

直播产业，是指在直播现场架设独立的信号采集设备导入导播端，再通过网络上传至服务器，发布至网址供观众观看的新兴娱乐行业。在直播产业兴起的早期，直播产业的主要服务内容包括游戏直播、演艺直播等，近年来随着电商的兴起，开始出现直播带货这一新型直播娱乐形式。由此，直播产业企业面临的商标保护需求应不仅仅包括企业名称、简称，还应将视角延伸至享有知识产权的主播名称、直播节目名称、直播相关衍生品品牌等。

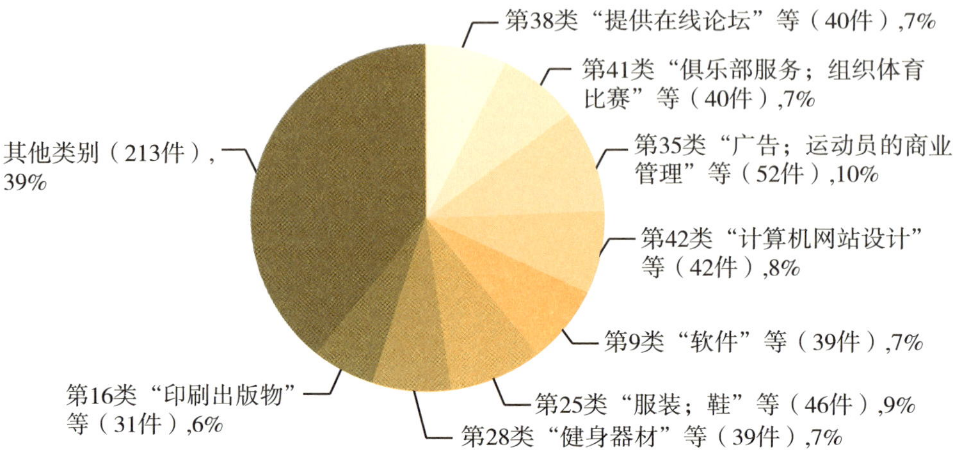

图 4　虎扑体育商标情况概览

除直播企业品牌名称如“斗鱼”“虎牙”等外，直播行业企业也应考虑将直播平台签约主播名称如“张大仙”“解放大官人”“李佳琦”等，直播平台节目如“直播饭局”“虎牙精舞门”等，直播平台互动道具名称如“鱼翅”等注册为商标。以斗鱼为例，名下商标覆盖的类别除核心业务无线电文娱节目服务外，还涉及直播服务可能衍生的“组织电子竞技游戏比赛”“网络广播”“广告服务”“自由职业者的商业管理”“替他人推销”“多媒体产品开发”“知识产权许可”“软件”“游戏器具”等（见图 5）。

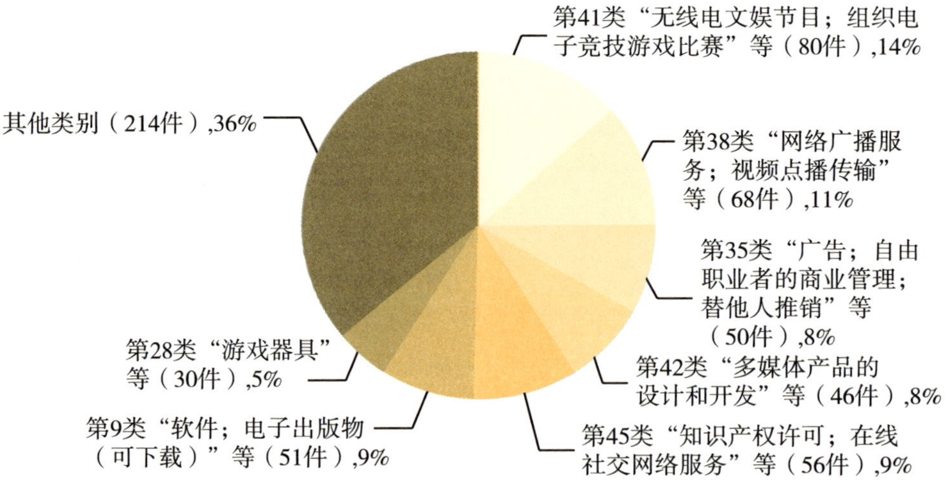

图 5　斗鱼商标情况概览

（六）文字出版产业

文字出版产业，是指文字作品从出版到分销等整个产业链内所有参与行动的行业，可分为传统出版产业和现代出版产业两大部分。前者以图书、期刊出版为主，后者的出版形式多样，电子出版物是其重要组成部分，如磁带、磁盘、光盘、在线出版物等，出版行业往往不可避免地与文字作品作者、文字作品本身密切相关。由此，文字出版产业企业面临的商标保护需求应不仅仅包括出版企业名称、简称，还应将视角延伸至享有知识产权的作品名称，作者姓名、笔名等，以防被他人恶意抢注。

除文字出版企业品牌名称如“阅文集团”“新世相”等以外，文字出版产业企业也可考虑将拥有版权的文学作品名称如“赘婿”等，优质网络话题如“4 小时后逃离北上广”等，签约作者姓名、笔名如“唐家三少”等注册为商标。以阅文集团为例，名下商标覆盖的类别除核心业务提供在线电子书籍和杂志、出版书籍外，还涉及可能衍生的“组织文化或教育展览”“教育”“广告服务”“软件”“信息传送”“文具”“办公用品”“计算机软件设计”“版权管理”“游戏器具”等（见图 6）。

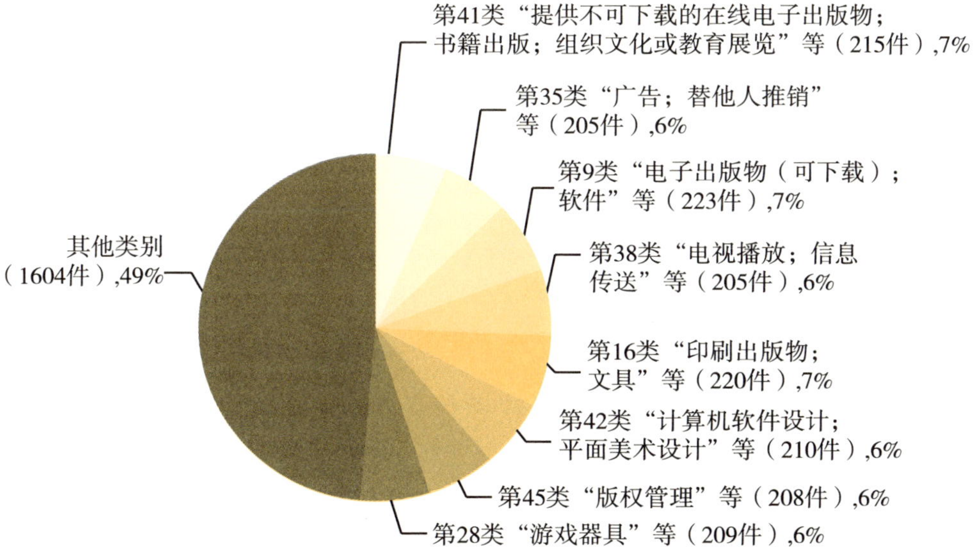

图 6　阅文集团商标情况概览

综上所述，文化娱乐企业的商标布局工作除应关注其本身品牌名称，还应关注品牌本身孵化的各类新 IP。并且，除行业本身涉及的核心商品服务类别之外，还应一并关注与该细分行业息息相关的其他衍生商品服务类别，以尽早杜绝商标被抢注、涉嫌商标侵权纠纷（包括“碰瓷维权”）、无法主张权利制止仿冒、商标权利不稳定无法评定品牌价值等问题。

三、以商标保护品牌的路径建议

基于上文针对文化娱乐产业细分领域商标布局的调研分析，本部分将结合商标实务经验及相关案例，对文化娱乐企业在发展过程中可能面临的共性问题逐一解析，以期提供可参考的品牌保护思路。

（一）制定商标规划为品牌保驾护航

商标规划，是企业知识产权规划的一部分，功能在于运用法律制度帮助实现企业的品牌规划，实现品牌价值的保值增值，争取在竞争中建立和保持品牌优势。商标规划要解决的是法律领域的问题：对外，依法及时获得商标注册，充分适度做好商标维权，保护好商标权使其不受侵犯；对内，依法管理好商标权（包括商标权维护和通过许可等方式盈利），保证企业涉及的商标工作合法合规，不侵犯他人的商标权及其他权利。

当前已有多家优质品牌企业制定了独立可执行的“商标法律保护工作规划”“商标管理办法”“品牌授权管理办法”“知识产权制度”等规范文件，并定期更新。在前述规范文件的指引下，企业能够更好地规范自身品牌、商标的内部管理及外部授权等实际操作问题，进而更系统性、全局性地进行商标管理和监督，保障自身的商标工作更加合法合规，规避侵权风险。同时也能将其作为维权指引，使打击侵权的行动变得更加合理有效。

（二）尽早注册是第一准则

文化娱乐企业创作完成的 IP 作品具有传播速度快、地域分布广、受众范围大等特点，很多作品往往在创作完成初期便获得了极高的曝光度并积累了大量人气。因此，文化娱乐企业与传统制造企业相比，更应尽早发现、识别、注册商标，争取在第一时间完成权利布局。

例如，酷狗音乐是中国知名数字音乐服务提供商，但公司在 2004 年成立初期，未在其核心服务“提供在线音乐”上申请注册“酷狗”商标。2009 年，第三方在音乐核心服务类别注册“Ku Gou 酷狗”商标。酷狗公司最终花费 7 年时间才通过保护未注册驰名商标解决商标权属纠纷。

（三）制作合同应对商标权权属约定清晰

文化娱乐企业委托第三方公司制作、开发各类IP作品的情况非常常见，在与第三方公司签订合作协议时，应就相关作品的知识产权（特别是商标权、著作权）权属问题进行清晰约定，以确保不出纠纷，或即便出现纠纷也能解决。

据观察，一线文化娱乐企业均高度关注各类合作合同中的知识产权条款，通常来说会约定投资方将获得电影、综艺节目、影视剧等品牌在全球范围内永久且完整的知识产权、所有权，如果不能完整获得，在共有、许可、特许经营、衍生品开发、改编等复杂合作模式中，将可能会约定更加复杂的知识产权条款以确定权属。

（四）跨类别布局全面保护品牌

文化娱乐企业围绕自身的品牌、作品，通常会相应开发相关的衍生产品，以获得更多的经济利益。但相应地，商标布局就应更加关注与品牌、作品及产品关联度较高的商品服务类别。企业应品牌、作品推出前就做好权利布局，尽可能地覆盖衍生产品可能会涉及的商品服务类别，提前把商标权利掌握在自己手中，为今后的发展开辟道路，实现品牌的全面保护。

例如，《非诚勿扰》是江苏卫视制作的一档生活服务类节目，但江苏卫视未能在与《非诚勿扰》节目内容高度关联的“交友服务”“婚姻介绍”等衍生服务类别上申请注册商标。其他主体在该类别注册“非诚勿扰”商标后，起诉江苏卫视构成商标侵权，纠纷直到再审才终结。

（五）提前扫清障碍保证上线无忧

一些文化娱乐企业存在与他人合作，借鉴他人在先品牌、模式的情况，在此应注意提前获得必要、充分、清晰的授权，授权的周期、地域、使用方式，是否允许再授权，授权条件，授权费计算、期满后安排等合同条款都非常重要。过往案例显示，若品牌在授权期间获得较高知名度、声誉及价值，则容易发生争议，授权方和被授权方各执一词，相持不下。

《中国×××》是某卫视推出的一档音乐评论类节目，该节目的原创企业为荷兰的A公司。在A公司的授权下，第1季至第4季的《中国×××》由B公司于2012年至2015年制作并在某卫视播出。但此后C公司获得了A公司第5季至第8季“the × of...”模式的授权，由此引发纠纷，C公司主张某卫视使用“中国×××”相关名称的行为构成商标侵权和不正当竞争，并提出了巨额索赔。

(六)积极维权夺回权利

如果文化娱乐企业未能提前布局商标权利，且商标被抢注，则需要积极维权，可尝试通过主张品牌、作品享有的在先权利(如字号权、姓名权、著作权等)，尽力维护品牌权益。

据报道，《哈利·波特》系列电影是由美国华纳兄弟公司制作的电影作品，华纳兄弟公司通过主张享有"哈利波特"系列作品的商品化权益，针对他人在"医用营养食物""人用药"等商品上注册的"哈利波特"商标提出无效宣告，并获得支持。

(七)打造驰名商标

文化娱乐作品在广为传播、深入人心的同时，可以为文娱企业快速地积累品牌价值。由于文化娱乐作品具有面向广大观众、消费者及天生2C(to customer，面向消费者)的特质，文化娱乐品牌一旦走红，容易被仿冒、抢注在各类消费品类别上，会淡化该文化娱乐品牌知名度，阻碍基于该文化娱乐品牌的衍生品再开发，而跨类别异议、无效宣告、打击侵权则具有一定难度。不过，值得注意的是，由于文化娱乐品牌具有广泛的观众及消费者基础，通常知名度较高，在跨类维权案件中可通过申请认定为驰名商标的方式获得保护，不仅有利于个案胜诉，也为后续扩大保护赢得先机。

例如，搜狐公司作为中国第一代互联网企业，自创立至今已经积累了极高的知名度。搜狐公司基于"搜狐"品牌的高知名度、影响力，针对在食品、纺织品、服装、皮具、饮料、白酒、电动车、眼镜行等多个类别上抢注的商标通过提出异议、无效宣告、诉讼等方式，使"搜狐"商标多次获得驰名商标的跨类保护。

四、结语

近年来，网络视频、网络游戏、网络直播、在线阅读等整个泛娱乐市场已显著增长，中国文化娱乐产业品牌的价值已逐渐攀升，期望借此文章将文化娱乐企业品牌的商标保护路径进行初步整理，为大家提供有益思考。

(谷阳博对本文亦有贡献)

CHAPTER 05

艺人与法律风险防范

从薇娅逃税案看网络主播税务法律风险及合规方案

姜　浩* 　王莎莎

* 作者简介：

姜浩，中伦律师事务所北京办公室私募基金与资管部合伙人，电邮为：haojiang@ zhonglun. com。

一、背景事实

2021年12月20日,杭州税务局官网公布,2019年至2020年,网络主播薇娅涉嫌重大偷逃税款问题,具体偷逃税款行为如下:(1)隐匿从直播平台取得的佣金收入,虚假申报偷逃税款;(2)通过设立上海蔚贺企业管理咨询中心、上海独苏企业管理咨询合伙企业等多家个人独资企业、合伙企业虚构业务,将其个人从事直播带货取得的佣金等劳务报酬所得转换为经营所得,虚假申报偷逃税款;(3)从事其他生产经营活动取得收入,未依法申报纳税。

对上述偷逃税款行为,杭州税务局对薇娅追缴税款、加收滞纳金并处罚款,共计13.41亿元,其中:(1)对隐匿收入偷税但主动补缴的5亿元和主动报告的少缴税款0.31亿元,处0.6倍罚款计3.19亿元;(2)对隐匿收入偷税但未主动补缴的0.27亿元,处4倍罚款计1.09亿元;(3)对虚构业务转换收入性质偷税少缴的1.16亿元,处1倍罚款计1.16亿元。

薇娅并非网络主播被罚第一人。实际上,早在2021年9月28日,国家税务总局官网披露,税务部门在"双随机、一公开"抽查中,通过税收大数据分析发现,雪梨、林珊珊两位主要从事电商和直播带货的网络主播涉嫌通过隐匿个人收入、改变收入性质等方式偷逃税款。于是,国家税务总局驻上海特派员办事处统筹协调浙江、广西等地税务部门,依法对这两位网络主播及相关企业进行立案检查。检查发现,两位网络主播均涉嫌违规将个人收入转变为企业经营收入,进行虚假申报少缴个人所得税,涉税金额较大,对其偷逃税行为处以罚款。

二、法律分析

(一)薇娅与平台的合作模式

在网络直播活动中,网络主播可以个人名义与平台签订劳动合同或劳务合同。相应地,网络主播平台取得收入的性质是工资薪金所得(基于劳动合同)或劳务报酬所得(基于劳务合同)。

案涉平台包括淘宝电商直播平台及MCN平台谦寻(杭州)文化传媒有限公司(以下简称谦寻文化)。根据公开资料查询结果,结合杭州税务局的认定,谦寻文化很可能与薇娅系劳务关系,谦寻文化将薇娅电商直播取得的收入确定为公司收入,继而根据其与薇娅签署的协议,就该部分收入按照约定的比例二次分配给薇娅。

薇娅电商直播收入包括两部分:线上佣金和线下坑位费。线上佣金的费率由谦寻文化与产品方协商确定,由产品方在电商直播平台设置约定的佣金费率,电商直播平台就主播直播期间该产品成交额自动扣减线上佣金,然后按照与MCN平台达成的分配协议进行佣金分配。线下坑位费系MCN平台按直播场次向产品方收取的固定费用,由产品方与MCN平台协商确定,坑位费的结转不通过电商直播平台。

但是,亦不排除,淘宝电商直播平台与薇娅就线上佣金收入进行直接分配,或产品方与薇娅就线下坑位费直接约定并结转款项,而不通过MCN平台进行二次分配。

(二)"税收大数据"背景下的主管税务局确定及查税方法

1. 什么是税收大数据?

国家税务总局官网转载文章表明,税收大数据关联全部市场主体,积累了每个市场主体的基础信息、数年的生产经营和市场交易数据以及税务执法过程中生成的数据。税收大数据覆盖社会生产、流通、分配、消费各个领域,在微观上能精确直观反映市场主体的经营状况、在宏观上能精准有效反映经济运行现状及变动趋势。

税收大数据的核心在于提取大量税务数据,通过监测直播销售数据并进行交叉比对,测算商品销售提成,预计网络主播的销售收入,从而发现异常或可疑问题。税收大数据对于发票的监控尤其严密,可有效抓取发票开具、扣除及抵扣信息,进而关注票面金额流向与各市场主体的税负水平,判断市场主体是否涉嫌偷逃税款。对于网络主播而言,如果税务部门通过监测发现网络主播的应纳税额与实缴税额之间的差额较大,则税务部门将开展针对性调查和审核,判断其是否存在偷逃税行为。

与税收大数据相匹配,自2021年以来,税务部门对存在涉税风险疑点的网络主播在内的高收入群体实施监管的做法已形成一套完整的"五步工作法",即按照"提示提醒、督促整改、约谈警示、立案稽查、公开曝光"的"五步工作法"进行监察,促进网络直播行业的税务合规建设。

2. 税收管辖权的确定

根据《关于个人所得税自行纳税申报有关问题的公告》(国家税务总局公告2018年第62号)第1条的规定,取得综合所得且符合下列情形之一的纳税人,应当依法办理汇算清缴:"……(二)取得劳务报酬所得、稿酬所得、特许权使用费所得中一项或者多项所得,且综合所得年收入额减除专项扣除的余额超过6万元……需要办理汇算清缴的纳税人,应当在取得所得的次年3月1日至6月30日内,向任职、受雇单位所在地主管税务机关办理纳税申报,并报送《个人所得税年度自行纳税申报表》……"

淘宝电商直播平台所属公司淘宝(中国)软件有限公司以及谦寻文化均位于杭州市,薇娅应向杭州市辖区内税务机关办理汇算清缴,因此杭州市税务局具有管辖权。

同时,薇娅在多地设立个人独资企业、合伙企业,该企业的当地主管税务机关也具有相应的管辖权。虽然可能存在管辖权冲突,但是由于直播发生地及收入来源地在杭州市,且其在上海市等地设立的企业可能并未进行实质经营,因此,在税收大数据的背景下,国家税务总局进行协调,统筹安排杭州市税务局负责该案的征管。

(三)个人独资企业的"神奇存在"

从税务角度分析,个人独资企业非常特殊。一经问世,个人独资企业即存在被滥用的可能。薇娅等网络主播逃税案涉及个人独资企业并不奇怪。对于个人的工资薪金所得或劳务所得,个人独资企业有以下可能的税收优惠:(1)从税率角度,个人独资企业比照个体工商户纳税,最高税率为35%;(2)很多地区,个人独资企业按照核定税率征收,甚至低至1%以下,原因包括无法查账征收或单纯为了招商引资;(3)即使查账征收,很多地区也承诺以税收返还的方式提供优惠,实质降低了有效税率。

根据《关于个人独资企业和合伙企业投资者征收个人所得税的规定》(财税〔2000〕91号)(以下简称财税91号文)第4条的规定,个人独资企业每一纳税年度的收入总额减除成本、费用以及损失后的余额,作为投资者个人的生产经营所得,比照《个人所得税法》的"个体工商户的生产经营所得"应税项目,适用5%~35%的五级超额累进税率,计算征收个人所得税。

财税91号文第7条规定:“有下列情形之一的,主管税务机关应采取核定征收方式征收个人所得税:(一)企业依照国家有关规定应当设置但未设置账簿的;(二)企业虽设置账簿,但账目混乱或者成本资料、收入凭证、费用凭证残缺不全,难以查账的;(三)纳税人发生纳税义务,未按照规定的期限办理纳税申报,经税务机关责令限期申报,逾期仍不申报的。”

根据财税91号文第9条的规定,实行核定应税所得率征收方式的,应税所得率按照以下标准执行(见表1):

表1 应税所得率

单位:%

行业	应税所得率
工业、交通运输业、商业	5~20
建筑业、房地产开发业	7~20
饮食服务业	7~25
娱乐业	20~40
其他行业	10~30

在“税收洼地”,基于招商引资的需要,各地税务部门设定了比较优惠的应税所得率,普遍低于财税91号文规定的应税所得率。而且,网络主播带货直销,可以适用商业而非娱乐业的应税所得率,有效税率进一步降低。

2021年9月18日,国家税务总局办公厅发布通知,加强文娱领域从业人员税收管理,进一步加强文娱领域从业人员日常税收管理,对明星艺人、网络主播成立的个人工作室和企业,要辅导其依法依规建账建制,并采用查账征收方式申报纳税。可见,个人独资企业的核定征收将不再是明星、网络主播的税务筹划工具,查账征收将成为税收管理趋势。相应地,地方税收优惠政策将成为一个焦点问题。

(四)查账征收中的地方税收优惠政策

地方税收优惠政策是一个老大难问题,国务院曾经发文要求清理,后因各方考虑而陷入停滞。地方税收优惠政策实质是不同地方人民政府对于税源的竞争与博弈。考虑地方人民政府招商引资的需求及带动地方经济发展的意愿,地方税收优惠政策将长期存在。

地方税收优惠政策目前比较稳定的地区是海南自贸区,该地区的总体建设及涉及的税收优惠政策系从国家层面由国务院、财政部、国家税务总局等中央机构出台规章及规范性文件进行支持，相比于其他地方政府出台的地方文件，海南自贸区政策文件效力层级高，政策稳定性强。

目前，国家税务总局并未出台文件明确规定地方税收优惠政策中的“实质经营”或“实质性运营”。不过，省级及以下税务机关已经在行动。比如，海南自贸区已出台《关于海南自由贸易港鼓励类产业企业实质性运营有关问题的公告》(国家税务总局海南省税务局、海南省财政厅、海南省市场监督管理局公告 2021 年第 1 号)，从生产经营、人员、账务、资产等方面明确了“实质性运营”，确定实质性运营是享受税收优惠的前提条件。又如，深圳市税务局发出税务处理决定书(深税稽处〔2020〕242 号)，认为在霍尔果斯注册的公司仅在当地登记两名财务人员，日常并无实际业务人员在当地从事主营业务相关工作，标的公司将收入及利润转移至霍尔果斯，仅为实现税收优惠的目的，因此对标的公司进行纳税调整并要求其补缴税款。

但从地方人民政府的角度来说，招商引资才是出发点，“税收洼地”税务机关严格把控“实质经营”门槛的动力不足。

(五)案涉“避税方案”步骤及其行政违法性

1. 案涉“避税方案”

第一步，薇娅在多个“税收洼地”设立多家个人独资企业、合伙企业。

根据杭州市税务局公布信息，2019 年至 2020 年，薇娅在上海市等多地设立上海蔚贺企业管理咨询中心、上海独苏企业管理咨询合伙企业等多家企业，该等地区对个人独资企业、合伙企业出台了税收优惠政策，包括实行较低应税所得率的税收核定政策以及税收返还政策等。

第二步，其将收入转移到多家个人独资企业、合伙企业。

一方面，如薇娅不通过谦寻文化而直接与淘宝电商直播平台就线上佣金收入分配签订合同，并直接与产品方就线下坑位费的收取签订合同，淘宝电商直播平台或产品方为避免为薇娅劳务报酬所得承担代扣代缴义务，更倾向于就上述收入与薇娅设立的个人独资企业、合伙企业签订合同，以进行线上佣金收入的分配和线下坑位费的结算。如此，薇娅可能存在通过多家个人独资企业、合伙企业的银行账户，直接或间接接受平台分配的线上佣金收入、产品方的坑位费的情况。无论如何，网络主播本人是该等合同约定服务内容的实际提供方。从形式上讲，若网络主播同时服务于多家个人独资企业、合伙企业，税务机关将会质疑其设立的企业与淘宝电商直播平台、产品方间的交易往来是否具有真实性，如缺乏实质的交易证据资料，税务机关将不会认可劳务报酬转变为经营所得的情况。加之网络主播将企业设立在多个"税收洼地"，更可能被质疑是否利用当地税收优惠政策进行逃税。

另一方面，如薇娅通过谦寻文化就线上佣金收入分配与淘宝电商直播平台签订合同，以及通过谦寻文化就线下坑位费与产品方签订合同，薇娅将间接从谦寻文化处取得劳动报酬。就该部分所得，谦寻文化可能未能承担法定的代扣代缴义务，而是由薇娅隐匿该部分收入，或者由谦寻文化直接转账给薇娅名下的个人独资企业、合伙企业。谦寻文化在这一过程中未能依法代扣代缴，如在转账给薇娅名下企业的过程中虚开发票进行抵扣或税前列支，亦将涉嫌虚开发票及偷逃税。

2. 该等"避税方案"的违法性

从"实质重于形式"的税务原则来说，网络主播与多家个人独资企业、合伙企业之间，或者平台与网络主播的多家个人独资企业、合伙企业之间，充满了浓浓的过度税务筹划的味道，在商业上是不可能的，也是不真实的。这些安排，系为逃税目的改变收入性质的虚构交易。从这个角度来说，如果网络主播注册了多家企业，被税务机关查处其实是情理之中的事情。

（六）网络主播的偷逃税行为在何种情况下构成逃税罪？

结合报道与公开信息，薇娅的行为尚不构成逃税罪，理由如下：

《刑法》第 201 条逃税罪的构成要件如下：（1）纳税人采取欺骗、隐瞒手段进行虚假纳税申报或者不申报，逃避缴纳税款；（2）逃避缴纳税款数额较大并且占各税种应纳税总额 10%以上；（3）经税务机关依法下达追缴通知后，不补缴应纳税款、不缴纳滞纳金或者不接受行政处罚，或者纳税人 5 年内因逃避缴纳税款受过刑事处罚或者被税务机关给予 2 次以上行政处罚。

2021 年 12 月 20 日，就"薇娅偷逃税款案件"答记者问时，杭州市税务局稽查局回复：薇娅为首次被税务机关按偷税予以行政处罚且此前未因逃避缴纳税款受过刑事处罚，若其能在规定期限内缴清税款、滞纳金和罚款，则依法不予追究刑事责任；若其在规定期限内未缴清税款、滞纳金和罚款，税务机关将依法移送公安机关处理。

并且，从案件后续处理来看，薇娅已积极缴纳了上述款项，因此，薇娅本次偷逃税款的行为不构成逃税罪。

（七）平台有无税务风险?

除了网络主播个人之外，平台也不可避免面临税务风险。

《税收征收管理法》第 69 条规定，“扣缴义务人应扣未扣、应收而不收税款的，由税务机关向纳税人追缴税款，对扣缴义务人处应扣未扣、应收未收税款百分之五十以上三倍以下的罚款”。因此，平台作为扣缴义务人，可能面临应扣未扣税款 0.5 倍至 3 倍的罚款。

一方面，如上所述，若谦寻文化与薇娅成立劳务合同关系，则其对发放给薇娅的劳务报酬未代扣代缴个人所得税的行为，违反了《税收征收管理法》项下的代扣代缴义务。并且，如果谦寻文化协助薇娅虚构交易，转移的劳务报酬所得性质为“税收洼地”政策下的经营所得，则其可能会涉嫌虚开发票或偷逃税。

另一方面，如淘宝电商直播平台与薇娅成立劳务合同关系，则其就分配给薇娅的线上直播佣金收入部分同样承担代扣代缴的义务。

（八）税筹中介机构及法律责任

根据薇娅配偶董海锋的声明，税务筹划中介机构对薇娅偷逃税案件所涉的逃税手段提供了筹划措施、评估风险的咨询服务。如该等税务筹划违反了税收征管法等法律法规，有关税筹中介机构也可能面临相应的法律责任。

《税收征收管理法实施细则》（2016 年修订）第 93 条规定，“为纳税人、扣缴义务人非法提供银行账户、发票、证明或者其他方便，导致未缴、少缴税款或者骗取国家出口退税款的，税务机关除没收其违法所得外，可以处未缴、少缴或者骗取的税款 1 倍以下的罚款”。

《税收征收管理法实施细则》第 98 条规定，“税务代理人违反税收法律、行政法规，造成纳税人未缴或者少缴税款的，除由纳税人缴纳或者补缴应纳税款、滞纳金外，对税务代理人处纳税人未缴或者少缴税款 50%以上 3 倍以下的罚款”。

因此，如税务筹划中介机构是相关税务部门批准的税务代理人员或机构，其可能面临的是其所代理的网络主播未缴或少缴税款 50%以上 3 倍以下的罚款；如税筹中介机构是税务代理人之外的第三方机构，根据上述第 93 条规定，可能面临的是该网络主播未缴或少缴税款1倍以下的罚款。

另外,在刑事责任方面,如该网络主播在规定期限内未缴清税款、滞纳金和罚款,公安机关将对此立案,届时税务筹划中介机构可能因与其存在逃税共谋,被认定为逃税罪的共犯。

(九)“封杀”的性质及法律依据

在“薇娅偷逃税案件”曝光后的数小时内,薇娅在微博、抖音、淘宝直播间、快手、小红书等平台的账号相继被各网络平台封禁。薇娅目前无法通过任何网络平台进行直播营业。网络平台并非有权作出行业禁令的行政机关或经其授权的主体,目前并不清楚网络平台的“封杀”属于自发性质,还是受命于相关行政机关。各平台的统一行动显示这一封杀可能源于相关方面的指令。

《行政处罚法》第9条规定:“行政处罚的种类:(一)警告、通报批评;(二)罚款、没收违法所得、没收非法财物;(三)暂扣许可证件、降低资质等级、吊销许可证件;(四)限制开展生产经营活动、责令停产停业、责令关闭、限制从业;(五)行政拘留;(六)法律、行政法规规定的其他行政处罚。”

其中,第4项“限制开展生产经营活动、责令停产停业、责令关闭、限制从业”系行业限制、禁止准入处罚,与禁止网络主播从事直播带货的“封杀”性质类似。

在“薇娅偷逃税案件”后,有关部门就网络主播账号封停出台了文件,从规范性文件层面对账号封停等“封杀”措施进行了规定。2022年3月25日,国家互联网信息办公室、国家税务总局、国家市场监督管理总局发布的《关于进一步规范网络直播营利行为促进行业健康发展的意见》(税总所得发〔2022〕25号)指出,“对违反相关法律法规的网络直播账号,依法依规采取警示提醒、责令限期改正、限制账号功能、暂停账号使用、永久关闭账号、禁止重新注册等处置措施,保存有关记录并按要求及时向有关部门报告”。2022年6月22日,国家广播电视总局、文化和旅游部发布的《网络主播行为规范》(广电发〔2022〕36号)规定,“对出现违规行为的网络主播,要强化警示和约束;对问题性质严重、多次出现问题且屡教不改的网络主播,应当封禁账号,将相关网络主播纳入‘黑名单’或‘警示名单’,不允许以更换账号或更换平台等形式再度开播”。

(十)促使网络主播税务合规常态化

在“薇娅偷逃税案件”曝光后,2021年12月22日,北京市税务局、上海市税务局、广东省税务局、江苏省税务局、浙江省税务局等相继发布通告，督促尚未关注自身涉税问题或自查整改不到位的网络主播等主体，对照税法及有关通知要求进行自查，于2021年12月31日前向税务部门主动报告和纠正涉税问题，税务部门将依通知要求对其从轻、减轻或者免予税务处罚。对仍拒不自查自纠或者自查自纠不彻底的主体，税务部门将依法依规严肃处理。后续有多位明星、网络主播因偷逃税问题被有关税务局查处，有关机关陆续出台《网络主播行为规范》等规范性文件，规范网络直播行业，使网络主播税务合规行为走向常态化。

三、可能的税务筹划思路

虽然网络主播是新兴职业，但也不能超越法律法规的边界。目前实务中确实存在很多争议，比如个人所得与生产经营所得的界限不清、核定征收的法律效力不明等。笔者在这里提供一个简单的思路，帮助相关方尽可能降低潜在的法律风险。最终落地的方案，还需要考虑监管形势及比较收益风险。

（一）与“税收洼地”相关部门签订协议

对于拟在“税收洼地”设立企业的网络主播，建议与税收洼地招商局或相关部门签订书面协议，将拟设立企业可享受的税收优惠政策通过协议条款明确约定。当然，很多时候签订书面协议可能存在一定困难。

从网络主播角度来说，“税收洼地”承诺的税收优惠，比如核定征收，可能是较难兑现的。如果网络主播基于优惠政策在“税收洼地”设立的企业被罚，即使与“税收洼地”存在一定的关联，但网络主播实质上是无法以法律手段向“税收洼地”追偿的。

（二）设立单一企业主体

网络主播为偷逃税款之目的，设立多个未有实际业务运营的空壳企业，并且利用该等空壳企业通过虚构交易的方式与交易对手进行往来，该种税务筹划缺乏合理商业目的，系违法违规行为。因此，在法律允许的框架下，网络主播可以设立单一企业主体，如个人独资企业或有限合伙企业，网络主播与该等企业建立劳动关系后可以享受其税收优惠政策。并且，就相关交易涉及的文件资料，网络主播应妥善保存，以证明交易的真实性。

在实务中，目前存在一种偏见，认为网络主播是个人，而且收入很高，所以必须按照45%的最高税率缴纳个人所得税。这一观点稍显“偏激”,也与经济惯例不相符合。如网络主播设立单一企业主体,并且以该企业的名义收取费用,实际并不违反法律法规,也不违背税法上的“实质胜于形式”原则。换言之,这是法律允许范围内的合法税筹手段,不能简单直接定性为偷逃税款。

（三）进行实际经营

“实际经营”系税务机关判断网络主播是否构成虚假交易的重要标准,如该等企业主体未实际经营,其往来行为将被认定为“为改变收入性质的虚假交易”。因此,对于所设立的企业,网络主播应考虑该主体的实际经营状况,比如在当地增加资产、人员、场所、经营活动等。

网络主播活动的地域具有很大的灵活性。假定网络主播在上海市崇明区设立单一企业主体,且进行实际经营,即使特定活动的合作方或发生地在浙江省杭州市,该企业或网络主播的税收管辖权,应该也在上海市崇明区,而非浙江省杭州市。

浅析艺人代言合同相关法律问题

——从品牌方角度分析

王卫东*

* 作者简介：

王卫东，中伦律师事务所北京办公室公司业务部合伙人，电邮为：paulwang@ zhonglun. com。

万众瞩目的2022年冬奥会已经结束，它在带动中国冰雪经济的同时，也使运动品牌在中国乃至世界受到关注。奥运健儿们也成为人们争先模仿及崇拜的对象。据不完全统计，2022年冬奥会两枚金牌得主谷某目前代言的品牌已达26个。得益于代言人的带货能力，运动品牌在选择好的代言人的情况下，其产品的销量会大大提升。以adidas neo为例，2017年聘请易某作为其全球首席青年创意官，之后发布的代言人同款T恤上线后快速售罄。在2022年疫情期间，刘某直播带观众跳健身操引发关注，其个人也代言了运动品牌，给品牌方带来了很大的热度。因此，选择好的代言人对公司至关重要。

回顾往年，从张某的靖国神社合影事件到郑某的“阴阳合同”和代孕风波，娱乐圈可谓是风波不断。艺人明星多受粉丝的喜爱和追捧，其创造的商业价值是各个品牌方最为看重的。若艺人因个人原因失去了商业价值，不仅品牌方原先的品牌形象会受到影响，稍有不慎产品也会受到消费者抵制。

所以，代言艺人的选择对于品牌方来说至关重要，选好艺人并签好代言合同有助于品牌方抵御商业风险。主要有以下四个焦点问题。

一、未成年人代言

（一）实践中，一些运动品牌会推出童装，进而产生了使用儿童形象推广服饰的需求，那么是否可以选择10周岁以下儿童代言？

不可以。《广告法》明确规定，“不得利用不满十周岁的未成年人作为广告代言人”。之所以禁止使用不满10周岁的未成年人代言，是因为代言人需要对商品或者服务进行推荐、证明，需要有自己的辨识能力。未满10周岁的儿童尚未形成辨识能力及独立人格，不能对商品或服务进行推荐、证明，进而影响消费者的判断。

（二）我们经常看到有些品牌使用儿童形象来推广童装，这种是否属于代言行为？

依据《广告法》第2条规定，广告代言人，“是指广告主以外的，在广告中以自己的名义或者形象对商品、服务作推荐、证明的自然人、法人或者其他组织”。因此，广告代言活动是广告代言人受广告主（商品经营者或者服务提供者）委托，在广告中以自己的名义或者形象对广告主的商品或者服务进行推荐、证明的一种商业广告活动。

1. 以下几种行为，通常被认定为广告代言：

(1)在广告中明确标示代言人身份信息的，如姓名、职业等，表达代言人对产品的推荐、证明，进而影响消费者购买选择的；

(2)一些知名度较高的主体具有高度身份可识别性，即使广告中未标明身份，但公众通过其形象即可辨明其身份的，如知名文艺工作者、知名体育工作者、专家学者、“网红”等明星艺人、社会名人等，即使广告使用“××体验官”等进行推荐证明，也不能改变广告代言人的身份特征；

(3)代言人以自己的名义或者形象参与网络直播，对商品、服务作推荐、证明且直播内容构成商业广告的；

(4)明星艺人、社会名人等在含有商业植入广告的综艺节目中以自己的名义为植入的商品、服务进行推荐、证明(如通过创意中插、情节设计等广告形式)的。

2. 以下行为，通常不被认定为广告代言：

广告中没有标明身份，公众也难以辨别其身份，则不是以自己的独立人格进行商品或服务推荐，该种情形可以认为属于广告表演，而不是广告代言。

综上所述，不满10周岁的未成年人是不得作为广告代言人的。如果广告中使用了儿童形象并且明确标示了儿童的姓名，表达了对产品的赞许，或者广告中使用了知名度较高的童星，或者在综艺节目中的植入广告中以儿童自己的名义对植入的商品进行了推荐，都可以视为代言行为，会受到行政处罚。但是如果并未在广告中标明不满10周岁的未成年人的姓名等身份信息，也非知名童星，仅进行服装或其他产品展示，则属于广告表演。

二、道德条款

(一)什么是道德条款？

我们通常将代言合同中约束艺人方行为并规避前述道德、违法及专业能力问题的相关条款称为道德条款。道德条款通常以列举加兜底的形式来分析，要求代言人：(1)不得发表违反法律法规、公序良俗、反社会或主流大众无法接受的不良言论和观点；(2)不得从事违反法律法规、公序良俗、公众公认价值观、社会道德底线之行为。

（二）为什么艺人代言合同中要有道德条款？

选择艺人或运动员代言，品牌方会面临代言人发生道德问题、违法问题及专业能力问题等方面风险。明星的道德问题，是指明星的行为违背社会公序良俗，作为艺人向公众传播了不良的形象和价值观，如迷信、出轨等。明星的违法问题，较之失德问题，更加严重，如偷税漏税、酒驾等。专业问题表现在，运动员的竞赛成绩和运动寿命，艺人的表演或演唱水平关乎大众对他们的认可，也与其能创造的商业价值息息相关。一旦品牌方使用的代言人卷入上述三个问题的旋涡中，会使品牌形象一落千丈，甚至品牌产品也会受到消费者抵制。

2021 年 9 月 2 日，中宣部发布《关于开展文娱领域综合治理工作的通知》，"要求进一步强化行业管理。加大对违法失德艺人的惩处，禁止劣迹艺人转移阵地复出。规范明星广告代言……发挥行业协会作用，强化职业道德委员会职能，积极开展道德评议，及时对违法失德人员和纵容违法失德行为的经纪公司、明星工作室进行行业抵制和联合惩戒"。

因此，设置道德条款的目的就是事前进行风险控制，在发生了"道德"问题后可以及时止损，避免品牌方形象受损。

（三）面对个人生活经常暴露在公众视线范围内的艺人，品牌方如何将风险降至最低？

1. 事前筛选

品牌方在选定艺人前，可从几个方面进行事前调查：（1）明星本人的品行、大众对其的评价、行业内部对其的评价；（2）明星粉丝的管理是否到位，是否会给艺人造成不良的社会影响；（3）明星本人是否有过违法劣迹行为或者有过劣迹传闻；（4）明星是否和其他品牌方产生过诉讼或者争议；（5）筛掉演艺行业协会公布的劣迹艺人人选，对于同样存在对被抵制过的类似行为的艺人或主播持谨慎态度。

考虑上述因素并选定了艺人后，也应给艺人设置一定的考察期。在此期间，不直接形成代言关系，而是以品牌大使或者推荐官等身份进行合作。也可以在考察期期间，收集大众的反应和评价，以确定是否进行更深一步的代言合作。

这种做法会给品牌方充足的时间，去衡量一个艺人带给他们的商业价值和品牌效应。需提请注意的是，品牌大使或推荐官虽然在商业上不成为代言人，在法律意义上实际上也是在进行代言行为。

2. 合同约定

除在事前选好艺人外，合同中道德条款的保障是最重要且必不可少的一个环节。合同中必须写明“道德条款”，通过合同条款约束代言人不发生违反道德、法律的行为。相关“道德条款”示例如下：

乙方不得以任何有悖于公共秩序和/或道德的方式行事，也不得以对甲方形象、声誉和/或知名度，或者其品牌和/或产品的形象、声誉和/或知名度造成不利影响的不得体或不适宜方式行事，包括但不限于卷入涉及烟草、枪支推广或关于性取向、种族、道德、残疾、年龄、动物实验以及任何其他可能引发犯罪、色情或滥用酒精、药物或毒品和/或政治或宗教性质声明等事项的任何发言。

除了常规的道德条款，为了更大限度地降低品牌方风险，品牌方不仅可以对艺人自身进行道德条款的限制，还可以在条款时效等方面更加的细化。比如不仅约定艺人在品牌代言期间的行为应当符合合同约定的道德条款，也将艺人代言前的行为，纳入条款规制范围之中。若艺人因代言前的行为或者事迹，造成其在代言期间的风评下降或者“人设崩塌”，也需要其承担相应的责任。

综上所述，品牌方在选择代言人时，要对艺人做好全面的事前调查。艺人代言合同中，写明代言条款可以最大限度地保护品牌方的利益，防范艺人因个人道德问题造成的代言风险。

三、解除合同

品牌方与艺人签订合同，看重的是明星艺人的带货能力。当因明星艺人自身原因，使其自身商业价值降低，那么品牌方所期望的合同目的就无法实现。此时，品牌方有权按照合同中约定的解除条款和违约责任采取必要措施，以保证自身品牌价值。

实践中，通常约定品牌方有单方解除权的情形有：(1) 艺人因代孕、不顾民族大义等行为被认定为“劣迹艺人”；(2) 艺人或因醉驾、家暴、吸毒、强奸等被施以行政处罚、被判定构成刑事犯罪；(3) 艺人或发生其他有违公序良俗行为，导致公众对其评价严重降低或存在严重降低的可能性的行为。以下为解除合同条款示例：

艺人不得有违反现行法律、法规、规章制度、政策、相关国家主管机关之规定、命令、通知、决定之行为，不得以任何有悖于公共秩序或道德的方式行事，也不得以可能损害公众或对甲方形象、声誉或知名度造成不利影响的不得体或不适宜方式行事。艺人应当尊重历史、文化、社会及生活、民族习惯，不得有政治不正确的行为，包括但不限于涉黄、涉毒、涉赌、婚外情、嫖娼、赌博、酒驾、醉驾、斗殴、恶意滋事、参与黑社会性质的团体/活动，发表辱华、分裂中国领土及主权完整的言论，散布恐怖主义、种族/宗教歧视等言论。如艺人在合同期内违反本条约定，甲方有权立即解除与乙方合同。

合同中约定了解除条款，当事件发生时，品牌方是否有必要且能够立即解约呢？

在此，需要考虑两个因素。一是艺人的违约程度是否能够影响守约方合同目的实现，二是艺人焦点事件是否会出现舆论反转。

当艺人出现负面新闻，其自身的评价降低时，品牌一方是否能够主张解除合同，在于该负面新闻是否影响品牌方合同目的实现。根据《全国法院民商事审判工作会议纪要》（以下简称《九民会议纪要》），“合同约定的解除条件成就时，守约方以此为由请求解除合同的，人民法院应当审查违约方的违约程度是否显著轻微，是否影响守约方合同目的实现，根据诚实信用原则，确定合同应否解除。违约方的违约程度显著轻微，不影响守约方合同目的实现，守约方请求解除合同的，人民法院不予支持；反之，则依法予以支持”。

当艺人明星陷入舆论旋涡时，品牌方非常希望快速地解除合同，保护自身品牌。但是，此时需要注意，若是没有查清楚事实，就马上解约艺人，可能会在解约后出现事实反转。一旦反转，对于品牌方而言，同样会面临舆论压力，甚至会被艺人起诉要求承担违约责任。因此，品牌方需谨慎行使解除权。我们建议品牌方此时不要操之过急。能否解除合同、在什么时间节点解除合同，是否发布声明还是持续关注权威媒体的报道，这些问题最好咨询律师进行评估后，再进行下一步的行动。

四、追究违约责任

追究违约赔偿责任是品牌公司保护自身利益的有力武器。因为品牌方在代言合同项下的主要义务就是向艺人方支付代言费用，艺人方如违反代言合同中约定的义务，品牌方均可以主张追究其违约赔偿责任。

常见的艺人方有可能会违约的条款涉及：(1)艺人须着品牌方产品按时履行拍摄计划或出席活动等；(2)艺人不得为竞品代言，不得在公开场合穿着或佩戴竞品服饰；(3)艺人方保持正面形象，遵纪守法，遵守社会公序良俗；(4)艺人不得以任何形式贬低品牌或品牌产品，要夸赞品牌产品；(5)艺人要积极曝光品牌产品。

为了更好地维护品牌方利益，需要在合同中明确约定双方权利义务。代言合同中艺人方所承担义务较多，设置严格的艺人违约责任。在确定损失赔偿数额时，要求违约方艺人赔偿全部损失，包括诉讼费和律师费等，而非仅限于代言合同项下的费用，会更有利于最大限度地收回成本。

典型违约赔偿条款示例如下：

如果由于甲方或乙方违反本合同任何规定(含保证)，或者乙方未能确保艺人履行本合同约定，或者甲方或乙方、艺人的行为致使对方直接或间接地蒙受损失、损害、费用和支出等，违约方应及时、有效、全部地向守约方予以赔偿，包括但不限于守约方的直接经济损失、预期可得利益损失以及为实现债权而支出的律师费、保全费、诉讼费、公证费、鉴定费、调查费等一切费用。

综上所述，当艺人违反代言合同中约定的义务或承诺时，品牌方可以追究其违约责任。若其违约行为已严重影响到合同目的实现时，品牌方即可行使合同的单方解除权，并要求赔偿损失。

总而言之，笔者认为，在签订代言合同前，品牌方应对艺人做好尽职调查，避免选择劣迹艺人代言产品；在代言期间，品牌方需实时关注艺人动向，如发现艺人出现任何问题或有任何违约行为，品牌方应及时敦促艺人改进纠正；如有突发事件，品牌方应启动应急机制，采取公关措施积极应对，从而最大限度地降低事件对品牌的不良影响，从而减少损失。选好代言艺人，签好并履行好代言合同，才能使品牌方与代言人互利共赢。

《广告法》下明星代言的责任

舒 海* 董 珏 李 云

* 作者简介：

舒海，中伦律师事务所上海办公室知识产权部合伙人，电邮为：michaelshu@ zhonglun. com。

品牌公司与明星代言人大多是互相依赖的关系，品牌公司依靠明星代言人的影响力提升知名度与销量，而明星代言人则利用品牌公司提升其受关注度及商业价值，但这把“双刃剑”在实现共赢的同时，也可能带来负面效果。2022 年 5 月，某女星因在食品广告中宣称产品具有治疗、保健功能而被罚没 722 万元的事件余音未落，2022 年 12 月某男星又因违法代言某保健饮品而遭受行政处罚。

作为规范广告及代言行为基本法律，《广告法》对于明星代言，究竟有怎样的规制？广告主和代言人该如何应对，从而最大限度避免《广告法》带来的法律风险？2022 年 10 月 31 日国家市场监督管理总局等七部门联合印发的《关于进一步规范明星广告代言活动的指导意见》（以下简称《代言指导意见》）的出台，对明星代言广告作出了进一步的规范限制，广告主和代言人又该如何应对？

一、什么是“广告代言人”？

《广告法》第 2 条第 5 款规定，广告代言人，是指“广告主以外的，在广告中以自己的名义或者形象对商品、服务作推荐、证明的自然人、法人或者其他组织”。

（一）何为“以自己的名义或者形象”？

根据原国家工商总局广告监督管理司编著的《中华人民共和国广告法释义》，“以自己的名义或者形象”不仅包括在广告中标明代言人身份信息的情况，还包括即使没有标明身份信息，但对于社会公众而言，从广告陈述或画面展示中能够辨别出广告主之外的个人身份信息①时，也属于“以自己的名义或者形象”的范畴。如果广告中没有标明身份，对于相关受众而言也难以辨别其真实身份的，则属于广告中演员的表演，不属于广告代言。②

除《广告法》外，各地在执行层面也发布了各项“指引”对于“以自己的名义和形象”进行界定。例如，2022 年 1 月 20 日，上海市市场监督管理局在发布的《商业广告代言活动合规指引》中就规定，“对于一些知名度较高的主体，如知名文艺工作者、知名体育工作者、专家学者、‘网红’等明星艺人、社会名人等，因其具有高度身份可识别性，虽然广告中未标明身份，但公众通过其形象即可辨明其身份的，属

---

① 参见国家工商总局广告监督管理司编著：《中华人民共和国广告法释义》，中国法制出版社 2016 年版，第 12、13 页。

② 参见《广告代言人的法律界定与行为准则》，载中国广告协会网 2017 年 8 月 18 日，http://www.china-caa.org/cnaa/news_view/140。

于以自己的形象,利用了自己的独立人格进行广告代言,即使是以不为公众所熟知的其他身份,如'××体验官'等进行推荐证明,也不能改变广告代言人的身份特征",即具有较高知名度的主体,即使未在广告中标明身份,但公众通过其形象能够辨明身份的,也属于以自己的独立人格进行代言。

（二）何为对产品或服务进行"推荐""证明"?

"推荐",是指把好的人或者事物向他人或组织介绍,希望被采用或接受的行为,"证明"是指用可靠的材料来表明或断定人或事物的真实性。[①]《广告法》第2条第5款中的"推荐""证明"不仅包括代言人直接向广告受众表达自己对商品的推荐、证明,也包括虽然没有明示表达,但代言人利用自身影响力默示表达自己的推荐意图,特别是某些名人利用其自身名望对商品功能品质起到隐性担保的作用的情形。[②]

上述标准与美国联邦贸易委员会(Federal Trade Commission,FTC)在《关于在广告中使用代言和证明的指引》(Guides Concerning Use of Endorsements and Testimonials in Advertising,以下简称《指引》)中对于"代言"(Endorsement)的定义并不相同。FTC在《指引》里面,把"代言"定义为从代言人的角度,而不是从赞助广告的角度,来表述的任何消费者有可能相信的广告信息,包括观点(opinion)、信任(beliefs)、研究发现(findings)或经历(experience)等,并不直接要求代言人对产品或者服务作出明确的"推荐"或者"证明"。

此外,虽然在《广告法》下,法人和其他组织(如科研单位、学术机构、技术推广机构、行业协会)也可以"广告代言人"的身份出现,但是,绝大多数"广告代言人"还是由名人(包括歌星、影视明星、体育明星等)来担任。

《代言指导意见》进一步明确了广告代言行为:(1)明星通过其形象展示、语言、文字、动作等对商品或者服务进行推荐或者证明;(2)在广播广告中表明明星姓名并以明星名义推介商品;(3)明星通过其扮演的影视剧角色对商品或服务进行推介;(4)明星为推荐、证明商品,在参加娱乐节目、访谈节目、网络直播过程中

---

① 参见国家工商总局广告监督管理司编著:《中华人民共和国广告法释义》,中国法制出版社2016年版,第13页。

② 参见国家工商总局广告监督管理司编著:《中华人民共和国广告法释义》,中国法制出版社2016年版,第13页。

对商品进行介绍等。①

二、《广告法》等相关规定对于广告代言人的限制

首先,《广告法》明确规定了广告代言人的年龄限制,即10周岁以下未成年人不得作为广告代言人;其次,广告代言人必须使用过推荐的商品或接受过服务,这个是大前提。关于产品或服务的使用,《代言指导意见》进一步明确了广告代言人的使用要求:(1)代言明星应当在代言期间以合理的频率持续使用代言商品;(2)代言明星对代言产品的使用时间或数量上应足以产生日常消费体验;(3)代言婴幼儿或异性用商品时应由其近亲属充分合理使用;(4)对于电子产品、汽车等技术迭代速度较快的商品,代言的产品代次应为使用的产品代次;(5)明星对企业或者品牌整体形象进行代言的,广告中亦需标明具体使用过的产品。②

此外,《广告法》规定,对于特定的行业,比如医疗、药品、医疗器械、保健食品,不得使用广告代言人进行推荐、证明,对于教育、培训行业及招商等有投资回报预期的商品或服务,不得使用专业人士、受益者的名义或者形象进行推荐、证明。③对于此,《代言指导意见》进一步规定,明星不得为烟草及烟草制品(含电子烟)、校外培训进行广告代言,并禁止明星对资产管理产品直接或者变相宣传、承诺保

① 《关于进一步规范明星广告代言活动的指导意见》第5条第1款规定:"准确认定明星广告代言行为。除明星作为广告主为自己生产或者销售的商品进行广告推介外,明星在商业广告中通过形象展示、语言、文字、动作等对商品或者服务进行推荐或者证明,应当依法认定为广告代言行为。广播广告虽不出现明星形象,但表明明星姓名并以明星名义推介商品的,应当认定明星进行了广告代言。明星以扮演的影视剧角色在广告中对商品进行推介的,应当认定明星本人进行了广告代言。明星为推荐、证明商品,在参加娱乐节目、访谈节目、网络直播过程中对商品进行介绍,构成广告代言行为。企业冒用明星名义或者盗用明星形象进行广告宣传的,不属于广告代言行为。"

② 《关于进一步规范明星广告代言活动的指导意见》第5条第3款规定:"准确把握广告代言人对被代言商品的使用义务。明星本人应当充分使用代言商品,保证在使用时间或者数量上足以产生日常消费体验;象征性购买或者使用代言商品不应认定为广告代言人已经依法履行使用商品的义务。明星为婴幼儿专用或者异性用商品代言的,应当由明星近亲属充分、合理使用该商品。明星在广告代言期内,应当以合理的频率、频次持续使用代言商品。对于电子产品、汽车等技术迭代速度较快的商品,明星仅使用某品牌的某一代次商品,不得为该品牌其他代次商品代言。明星以品牌'体验官''推荐官''形象大使'等名义为企业或者品牌整体形象进行广告代言的,广告中应当标明或者说明明星使用的该企业或者品牌的商品名称。"

③ 在实践中,对于使用中国国家队名义及形象对商品或服务进行推荐、证明的广告,市场监督管理部门倾向于认定为是企业使用广告代言人进行了推荐、证明,因此使用国家队名义及形象为上述行业产品进行代言的,存在构成违法广告的风险。

本保收益或者以预测投资业绩等方式暗示保本、无风险、保收益，禁止对借贷类金融产品一味宣传低门槛、低利率、轻松贷，引发消费者误解。[①]

三、《广告法》下明星代言虚假广告的民事责任

《广告法》第56条规定：关系消费者生命健康的商品或服务的虚假广告，造成消费者损害的，广告代言人应当与广告主承担连带责任；该条同时规定，上述商品或服务以外的虚假广告造成消费者损害的，广告代言人明知或者应知广告虚假仍作推荐、证明的，应当与广告主、广告经营者、广告发布者承担连带责任。

也就是说，与生命健康相关的商品或服务代言，代言人承担无过错的连带损害赔偿责任；而对于其他产品和服务代言，代言人仅在具有主观过错（明知或应知虚假）的情形下，才和广告主、广告经营者、广告发布者一同承担连带损害赔偿责任。

关于代言人主观过错（明知或应知虚假）的衡量标准，我们从赵某与“九球天后”潘某财产损害赔偿纠纷案[②]中可以看出，法院认为，在衡量代言人的过错时，应以一般普通人的注意义务作为审慎审查义务的衡量标准，而不应课以更高的审查义务，即在代言人事前已对公司营业执照、税务手续进行查看，并提交代言合同、授权书及商标注册申请受理通知书等证据的前提下，难以认定代言人存在明知或应知是虚假广告的情形。

---

① 《关于进一步规范明星广告代言活动的指导意见》第2条第3款规定：“依法诚信代言。明星应当严格遵守相关法律法规规定，做到依法、依规、诚信开展广告代言活动。不得为法律禁止生产、销售的产品（含禁止提供的服务）进行广告代言；不得为未使用过的商品（未接受过的服务）作推荐、证明；不得为无证经营的市场主体或者其他应取得审批资质但未经审批的企业进行广告代言；不得为烟草及烟草制品（含电子烟）、校外培训、医疗、药品、医疗器械、保健食品和特殊医学用途配方食品进行广告代言；不得违反其他法律法规对广告宣传的有关规定。广告代言过程中，不得泄露国家秘密或者个人隐私；不得夸大商品功效；不得引用无从考证的数据；不得对其他经营者进行商业诋毁；不得对产品的价格、优惠条件等作引人误解的宣传；不得对资产管理产品直接或者变相宣传、承诺保本保收益或者以预测投资业绩等方式暗示保本、无风险、保收益等；不得对借贷类金融产品一味宣传低门槛、低利率、轻松贷，引发消费者误解。”

② 参见上海市第二中级人民法院（2020）沪02民终3552号。人民法院在赵某与潘某财产损害赔偿纠纷一案判决书中认定：“在衡量潘某的过错时，应当以一般普通人的注意义务作为审慎审查义务的衡量标准，而不应当以事后刑事案件的结果来倒推审查的义务。正如大量作为受害人的集资参与人一样，如果潘某做到了普通人的审查义务，对广告主的情况予以了审查，不应对其苛以更高的审查义务。从现有证据来看，难以认定潘某存在明知或者应知广告虚假仍设计、制作、代理、发布或者作推荐、证明的情况。”

此外,《代言指导意见》中亦要求明星在代言前,“应当对被代言企业和代言商品进行充分了解,查阅被代言企业登记注册信息、相关资质审批情况、企业信用记录、代言商品的商品说明书(服务流程)以及涉及消费者权利义务的合同条款和交易条件等信息,审看相关广告脚本”。因此,明星及经纪公司在签订代言合同之前,应注意按照上述标准对被代言企业、产品及其资质等进行审核并留存相关记录。

四、《广告法》下明星不当代言的行政责任

除民事责任,明星不当代言时还可能承担相应行政责任。

(一)没收违法所得及罚款

《广告法》第 61 条规定,在医疗、药品、医疗器械、保健食品广告中作推荐、证明的,或为其未使用过的商品或者未接受过的服务作推荐、证明的,或明知或者应知广告虚假仍在广告中对商品、服务作推荐、证明的,由市场监督管理部门没收违法所得,并处违法所得一倍以上二倍以下的罚款。也就是说,代言明星在上述情况下不仅代言费会被没收,而且还要倒贴一倍至二倍的代言费。

作为明星代言人适用上述《广告法》第 61 条而受到行政处罚的案例,在北京市海淀区市场监督管理局公布的“李某发布违法广告案”中,该李姓男星在其个人微博发布了某品牌女性内衣广告,含有“一个让女性轻松躺赢职场的装备”“我说没有我带不了的货,你就说信不信吧”等内容,附带当事人推介该商品的视频。北京市海淀区市场监督管理局认定该广告构成了发布违背社会良好风尚的违法广告,同时构成了广告代言人为其未使用过的商品作推荐、证明的行为,并根据《广告法》第 61 条作出没收违法所得 225,573.77 元并处罚款 651,147.54 元的行政处罚。

(二)因代言虚假广告受到行政处罚后的 3 年“禁言期”

上述没收违法所得及罚款的处罚还不是最致命的,《广告法》对于明星代言最大的撒手锏是,第 38 条第 3 款规定的代言虚假广告受处罚后的 3 年“禁言期”,即因代言虚假广告受到行政处罚未满 3 年的明星不得开展代言活动。也就是说,明星代言如果稍有不慎,很有可能导致未来 3 年不能为任何品牌做广告代言,损失将极为惨重。

除此之外，如果因为代言虚假广告受到行政处罚，该明星在未来3年不能再为任何品牌做新的代言，但是已经发布的广告是否要下架？尚未发布的广告大概率不能播出。对于该明星代言的其他品牌的公司来说，如果在与明星的代言合同中，约定了明星代言人受到行政处罚是触发品牌公司解除合同的条件之一，则此时该品牌公司可根据代言合同的约定立即解除与该明星代言人的合同并要求相应赔偿，而对于涉及虚假广告的广告主与明星代言人的代言合同如何处理，这是另外一个话题。

（三）对互联网广告中明星代言人行政处罚的地域管辖

由于互联网广告中的广告主、广告经营者、广告代言人等主体可能身处异地，这对各地市场监督管理部门的管辖划分带来挑战。已于2023年5月1日起施行的《互联网广告管理办法》特别规定，对违法互联网广告实施行政处罚，由广告发布者所在地市场监督管理部门管辖，广告发布者所在地市场监督管理部门管辖异地广告代言人有困难的，可以将违法情况移送广告代言人所在地（广告代言人提供经纪服务的机构所在地、广告代言人户籍地或者经常居住地）市场监督管理部门处理。①

五、广告代言人与品牌代言人（品牌大使）

我们注意到，《广告法》中对于“广告代言人”的定义，和企业在市场营销活动中使用明星担任“品牌代言人”（或者说“品牌大使”）的做法并不完全相同，也就是说，“广告代言人”和“品牌代言人”（品牌大使），严格说来并不是一个概念。首先，《广告法》中的“广告代言人”除了自然人，也可以是法人和其他组织；其次，根据《广告法》，只有这些明星以自己的名义或者形象对产品或者服务进行“推荐、证明”时，才是《广告法》意义上的“广告代言人”。但是，明星什么样的言行才算得上是“推荐和证明”？法律并未明确。

---

① 《互联网广告管理办法》第20条规定：“对违法互联网广告实施行政处罚，由广告发布者所在地市场监督管理部门管辖。广告发布者所在地市场监督管理部门管辖异地广告主、广告经营者、广告代言人以及互联网信息服务提供者有困难的，可以将违法情况移送其所在地市场监督管理部门处理。广告代言人为自然人的，为广告代言人提供经纪服务的机构所在地、广告代言人户籍地或者经常居住地为其所在地。广告主所在地、广告经营者所在地市场监督管理部门先行发现违法线索或者收到投诉、举报的，也可以进行管辖。对广告主自行发布违法广告的行为实施行政处罚，由广告主所在地市场监督管理部门管辖。”

在很多情况下，品牌公司仅邀请明星出席一个活动，以吸引媒体和公众的关注，或者明星虽然在拍摄的广告中出现了，但是并不直接对该品牌做任何形式的“推荐”或者“证明”。根据《广告法》第2条第5款中对于明星代言人的定义，很难直接对该种行为作出明确界定，实务中各地主管部门也存在不同的态度。例如，浙江省工商行政管理局《关于广告监管执法有关问题的指导意见》就规定“知名人物的形象在广告中出现且能够被消费者识别，一般应认定为广告代言人”①，即在此种情况下，只要明星在广告中出现并能够被消费者识别，就会被认定为广告代言人。

六、明星代言与带货主播

除传统商业广告外，通过网络直播带货已经成为商家营销宣传的主要方式。在直播中，主播往往通过商品展示、现场试用、描述使用体验及赞美产品的方式对产品进行推荐进而引导消费者通过产品链接进行购买。明星、“网红”也越来越多地以主播的身份参与到网络直播带货中来。那么，在直播过程中推荐商品或服务的主播是否会被认定为广告代言人？

关于网络直播活动的监管，国家市场监督管理总局于2020年11月5日发布了《关于加强网络直播营销活动监管的指导意见》，该意见中明确，如果直播内容构成商业广告的，应按照《广告法》的规定履行广告发布者、广告经营者及广告代言人的责任和义务。此外，已于2023年5月1日起施行的《互联网广告管理办法》第19条②亦有类似规定。

由此我们可以看出，并非所有的网络直播均会被归类为商业广告活动，但相关规定中对于何种直播内容属于商业广告却没有明确界定。在此情况下，我们认

① 《浙江省工商行政管理局关于广告监管执法有关问题的指导意见》第1条第3款规定：“普通人在广告中显示身份且利用其形象为商品、服务作了推荐、证明的，一般应认定为广告代言人；仅在广告中扮演特定角色，不表达独立推荐证明意图的，一般不认定为是广告代言人。知名人物的形象在广告中出现且能够被消费者识别，一般应认定为广告代言人。”

② 《互联网广告管理办法》第19条规定：“商品销售者或者服务提供者通过互联网直播方式推销商品或者服务，构成商业广告的，应当依法承担广告主的责任和义务。直播间运营者接受委托提供广告设计、制作、代理、发布服务的，应当依法承担广告经营者、广告发布者的责任和义务。直播营销人员接受委托提供广告设计、制作、代理、发布服务的，应当依法承担广告经营者、广告发布者的责任和义务。直播营销人员以自己的名义或者形象对商品、服务作推荐、证明，构成广告代言的，应当依法承担广告代言人的责任和义务。”

为市场监督管理部门将可能会参照《广告法》第2条第1款①对于"广告"的定义及《互联网广告管理办法》第2条第1款②中的规定进行衡量。

根据上述法律法规,"通过一定媒介和形式直接或者间接地介绍自己所推销的商品或者服务"的行为属于广告活动。此外,《代言指导意见》第5条也明确"明星为推荐、证明商品,在参加娱乐节目、访谈节目、网络直播过程中对商品进行介绍,构成广告代言行为"。

从字面来理解,主播在直播过程中对商品的介绍行为似乎均属于广告行为。但是,在实践中,有些市场监督管理部门认为如果不是某个特定品牌的销售活动,主播在直播间只是进行宽泛的卖货的情况下,属于现场销售行为,不宜直接适用《广告法》来规制。

因此,我们认为,如果主播,尤其是明星、"网红",在直播中,除了对商品本身信息客观介绍(包括根据法律法规的规定在销售商品时披露相关信息)外,还存在通过描述使用感受进而对商品或服务进行推荐、证明的,则存在被认定为是广告代言的风险。在目前的行政处罚案例中,确实也已存在直播带货被市场监督管理部门认定为构成商业广告的案例。③

七、广告代言人和广告演员

正如上文提及,《广告法》不允许10周岁以下的未成年人做广告代言人,同时,对于特定的产品,比如医疗、药品、医疗器械、保健食品,也不得使用广告代言人。

作为违反上述规定的行政处罚实例,上海市市场监督管理局对某公司作出责令停止发布广告及罚款10万元的行政处罚,在该案中,涉案公司邀请某艺人参与其品牌网络直播活动,并使用该艺人及其子(其子是具有一定知名度的童星,当时未满10周岁)的形象进行广告宣传,上海市市场监督管理局对该广告主使用未满

---

① 《广告法》第2条第1款规定:"在中华人民共和国境内,商品经营者或者服务提供者通过一定媒介和形式直接或者间接地介绍自己所推销的商品或者服务的商业广告活动,适用本法。"

② 《互联网广告管理办法》第2条第1款规定:"在中华人民共和国境内,利用网站、网页、互联网应用程序等互联网媒介,以文字、图片、音频、视频或者其他形式,直接或者间接地推销商品或者服务的商业广告活动,适用广告法和本办法的规定。"

③ 参见沪监管徐处字(2018)第042018002365号。

10周岁未成年人作为代言人的行为作出上述行政处罚。[①]

但这并不意味着，10周岁以下的童星会从广告中销声匿迹，也不意味着明星们不会出现在这些特定行业的广告里。他们只需避免直接“推荐”或者“证明”就够了，因为《广告法》并不禁止个人以广告演员的形式出现在广告里。比如，广告公司完全可以发挥创意，使明星或者10周岁以下的童星以广告演员的形象出现在广告里，同样也可以达到让受众记住品牌的效果。对于品牌公司而言，这些明星和童星是公司的品牌代言人，但是，却不是《广告法》意义上的“广告代言人”。

八、明星代言需要注意的问题

在《广告法》及相关法律法规的规制下，明星代言活动将受到严格监管。因此，如何能保证在风险可控的范围内开展代言活动，对品牌公司和明星代言人来说都是需要解决的实务难题。以下我们将分别从品牌公司及明星代言人的角度分析问题及提出建议，供各方在实务中参考。

（一）品牌公司在选择明星代言人时应注意的问题及建议

1. 对明星代言人进行背景调查

对于品牌公司而言，使用明星代言前应当对明星从业情况、个人信用等进行充分了解并留存查阅记录。具体来说，品牌公司应查明该明星是否因为虚假代言受过行政处罚、是否在3年的“禁言期”内、是否存在可能影响品牌形象的诉讼案件、是否存在违法失德的情形（包括但不限于发表过错误言论或者其他违背社会主义核心价值观言论，存在吸毒、赌博、酒驾、强制猥亵、偷漏税、诈骗、证券内幕交易等违法犯罪行为等）、是否曾为或将为某些特定的行业（如医疗、药品、医疗器械、保健食品、校外培训等）提供任何形式的代言服务等情况。如果查明有困难，应该取得明星的书面保证。

2. 在代言合同中细化触发合同解除权的情形及约定分期付款条款

由于各品牌公司与明星的谈判地位有所不同，不同代言合同中触发合同解除权的情形也不尽相同。如品牌公司处于较为强势的一方，则可规定较为严苛的触发合同解除权的条款。在起草触发合同解除权的条款时，品牌公司可考虑加入的

---

① 参见上海市工商行政管理局检查总队行政处罚决定书，沪工商检处字（2018）第320201810009号。

触发情形包括但不限于：艺人作出了任何危害国家主权、领土完整及其他政治敏感事件或言论；艺人受到行政处罚、刑事处罚；艺人陷入舆论危机或其他事件，而品牌公司有合理理由认为该等情况将对品牌公司声誉等造成不利影响；艺人实施了违反法律法规、社会道德、公序良俗等违法失德行为（包括但不限于发表过错误政治言论或者其他违背社会主义核心价值观言论，存在吸毒、赌博、酒驾、强制猥亵、偷漏税、诈骗、证券内幕交易等违法犯罪行为）等。上述情形一旦被触发，品牌公司有权立即解除合同，并要求明星代言人全额返还代言费、支付违约金及进行损害赔偿。此外，品牌公司可考虑扩大上述触发情形的适用范围，即在明星代言人的关联方、经纪公司等出现上述情形时，品牌公司也有权解除代言合同并要求赔偿。

此外，品牌方要注意在代言合同中约定分期付款条款，如根据代言期内代言人需完成的主要工作内容（如广告拍摄、线上直播推广等）的实际完成时间并考虑整个代言期的长短灵活安排分期支付时间节点，切忌一次性全额支付代言费。

3. 约定合同中止履行及解除过渡期条款

如品牌公司在谈判中处于较为弱势的一方，明星代言人可能不会同意上述较为严苛的触发合同解除权条款。此时，品牌公司可同时考虑在代言合同中加入中止履行及解除过渡期条款，即在明星代言人陷于舆论危机或其他事件，但该等事件对品牌公司的影响尚未明朗时，品牌公司可行使不安抗辩权，要求中止履行合同（如停止支付代言费、停止发布广告等）并设定解除过渡期，如该等事件在过渡期届满后仍未明朗，则品牌公司有权解除代言合同、要求代言人返还代言费并进行损害赔偿。此外，品牌公司应善用《民法典》第563条[①]规定的在“当事人的违约行为致使不能实现合同目的”时的法定合同解除权，在明星代言人发生或可能发生违约事件时，注意收集证据、关注官方媒体、行业协会的观点及其他品牌公司的解约动态以证明代言合同目的难以实现，进而保证及时作出最有利于品牌公司的决策。

---

① 《民法典》第563条规定：“有下列情形之一的，当事人可以解除合同：（一）因不可抗力致使不能实现合同目的；（二）在履行期限届满前，当事人一方明确表示或者以自己的行为表明不履行主要债务；（三）当事人一方迟延履行主要债务，经催告后在合理期限内仍未履行；（四）当事人一方迟延履行债务或者有其他违约行为致使不能实现合同目的；（五）法律规定的其他情形。以持续履行的债务为内容的不定期合同，当事人可以随时解除合同，但是应当在合理期限之前通知对方。”

4. 尽早准备替代预案

如解除代言合同不可避免，品牌公司应及时采取发布与代言人的解约声明、下架或删除所有相关广告等措施与明星代言人进行分割，并按照已准备的相应预案替代被禁止发布的广告。

（二）明星在选择品牌公司时应注意的问题及建议

1. 对品牌公司进行背景调查

明星及其经纪公司应在开展广告代言活动前，充分了解品牌公司及代言产品的基本情况及保存相关记录。具体来说，应主动查阅及要求公司出示被代言企业登记注册信息（如营业执照）、相关资质审批情况（包括但不限于商标权属状况、产品合格证明、产品注册证等）、企业信用记录、代言商品的商品说明书（服务流程）以及涉及消费者权利义务的合同条款和交易条件等信息，审查相关广告脚本，同时可通过各种途径了解品牌公司之前受过的行政处罚及涉诉情况。对于有关生命健康的产品，包括但不限于食品、药品、保健食品、医疗服务、美容、化妆品等，其代言活动如果不能避免，也应该尤其谨慎。

2. 使用产品或服务

明星代言人可要求品牌公司在代言期前的一定期间内提供产品或服务供其使用或体验，并要求品牌公司为其出具使用证明文件。明星应保证在代言期间以合理的频次持续使用代言产品，在使用时间或者数量上足以产生日常消费体验，而不应仅是象征性购买或者使用；对于特殊商品，如婴幼儿专用或异性用商品，应当保证由明星近亲属充分、合理履行使用义务；对于更新换代较快的商品，如电子产品或汽车，应充分使用代言的具体代次产品。进一步，明星代言人及其经纪公司应当妥善记录并保存对商品的体验和使用情况的记录、相关广告代言合同以及代言商品消费票据、使用记录等资料，以备主管部门不定时的监督检查。

3. 细化代言合同中的各项权利义务及触发合同解除权的情形

明星应在代言合同中对各方的权利义务作出详细约定：包括但不限于广告的具体使用方式（报纸广告、杂志广告、电视广告、广播广告、网络广告、POP、直邮广告、车体广告、墙体广告、灯箱广告等）；广告脚本、微博文案以及拍摄样片应经明星和经纪公司的审核后方可发布；品牌公司在代言合同约定目的之外使用明星肖像等行为的违约责任；在代言合同解除或终止后，品牌公司应立即停止使用并及时销毁所有宣传物料等。

在合同解除条款方面,明星及经纪公司应考虑加入在品牌公司作出危害国家统一等政治敏感行为或言论、陷入舆论危机、发生产品质量不合格或其他违法违规行为时触发合同解除权的条款,同时应考虑将合同解除条款的适用范围扩大至品牌公司的关联公司及高管的范围,即在品牌公司的关联公司及高管等作出任何触发合同解除权的行为时,明星及经纪公司也有权要求解除代言合同并要求赔偿,以此来更加全面地保护明星及经纪公司的利益。

最后,明星或者其经纪公司应该要求广告主(品牌公司)承诺广告制作和发布行为的合法性,并且约定相对较高的违约赔偿责任。一旦涉及消费者诉讼,明星和经纪公司应聘请专业的公关公司,和律师一起积极应对。

艺人跳槽引发的不正当竞争司法实务问题研究

赵　刚* 王叶子

* 作者简介：

赵刚，中伦律师事务所北京办公室知识产权部合伙人，电邮为：zhaogang@ zhonglun. com。

一、背景介绍

在娱乐行业中，如果艺人想要在较短的时间内迅速积累人气和知名度，除需要自身实力突出外，也少不了经纪公司的策划、包装。但是，随着艺人知名度的提升，其所属经纪公司很有可能无法满足艺人谋求更多资源、要求团队全面服务的需求，此时艺人往往可能就会选择解约并转投新公司，因此相关解约、艺人跳槽所产生的纠纷在娱乐行业内频发。在此种艺人跳槽的情况下，倾斜更多资源、投入大量金钱及时间成本才将艺人"捧红"的部分前经纪公司，除依据双方经纪合同向跳槽艺人主张高额违约金外，也在尝试通过《反不正当竞争法》之规定向艺人或新经纪公司主张权利。

由于艺人跳槽行为并不属于《反不正当竞争法》所明确列举的不正当竞争行为，故经纪公司不得不援引《反不正当竞争法》第 2 条原则性条款进行诉讼。本文拟以艺人跳槽所引发的不正当竞争纠纷作为研究对象，探究《反不正当竞争法》第 2 条原则性条款在此类案件中的适用边界，以及此种行为可能同时引发的艺名承继问题，并针对相关问题提出建议。

二、艺人跳槽行为引发不正当竞争纠纷的常见情形

根据目前的国内司法实践，艺人跳槽引发的不正当竞争纠纷主要可以分为两大类：一类是明星艺人转换经纪公司引发的纠纷，另一类是平台主播（主要是知名网红主播）转换直播平台引起的纠纷。

（一）明星艺人转换经纪公司引起的不正当竞争纠纷

在司法实践中明星艺人转换经纪公司情况下，经纪公司一般多以合同纠纷为由要求艺人赔偿违约金，而以艺人跳槽为由主动针对艺人或其新公司提起不正当竞争诉讼的案例相对较少，目前可以通过公开渠道检索到的案例多认定不构成不正当竞争（见表 1）：

表1 明星艺人转换经纪公司引起的不正当竞争纠纷案例

序号	案件名称	案号	法院认定
1	A公司与北京博慕国际文化传媒有限公司等不正当竞争纠纷案	(2020)京0105民初××××号	(不构成不正当竞争) 1. A公司、博慕公司、威富公司就涉案事项存在竞争关系。 2. 若A公司认为黄某存在违约行为,可通过合同纠纷进行处理,在无证据证明威富公司、博慕公司存在明显恶意情况下,A公司主张其存在不正当竞争行为,不予支持。 3. 判断是否违反《反不正当竞争法》第2条的关键在于被诉行为是否违反了商业道德,商业道德不应按照日常生活或者一般社会关系的道德标准解读,它是一种商业行为的伦理标准,应以其能否增进经济效率和社会福利作为根本的衡量标准。 4. 在本案中,当对经纪合约出现争议时……艺人有权自由选择商业合作对象,但同时亦应自担与经纪公司违约风险
2	信念互动(北京)文化发展有限公司与北京热手文化发展有限公司等不正当竞争纠纷案	(2020)京73民终1501号	(不构成不正当竞争) 1. 热手公司与吉某等未签订任何合同,热手公司在其微博中使用“旗下组合”“来自热手文化”……显然并不属实,且客观上容易造成相关公众误解,认为热手公司系吉某等的经纪公司,其三人是该公司签约艺人……损害了相关公众信赖利益,扰乱了市场竞争秩序,构成虚假宣传行为。 2. 经营者在市场竞争中为获得经济利益,必然要进行成本投入,不能因为经营者在竞争中有巨大的付出,就当然认定所获得的竞争优势是一种合法权益,如此将会在法定权利之外,人为创设一种“竞争优势权”,而竞争优势在自由竞争中本来即处于此消彼长的状态,竞争的目的也在于争夺市场资源和竞争优势,竞争优势从来都不是反不正当竞争

续表

序号	案件名称	案号	法院认定
3			法保护的客体，竞争优势的减损或丧失并不必然推导出竞争行为的不正当性。 3. 艺人并非单纯经营资源，其随着市场环境的变化以及自身发展状况，对与哪些经营者进行合作、开展何种形式的合作均具有自主选择权，其作出的选择难谓对市场竞争秩序造成损害，加之信念互动公司与吉某等人签有经纪合同，若违约，信念互动公司完全可以通过合同之诉得到法律救济
3	山东七月网网络科技有限公司与北京龙曦国际文化传媒有限公司不正当竞争纠纷案	（2019）京 73 民终 1928 号	（不构成不正当竞争） 在本案中，七月网公司与姜某、王某均签订艺人签约合同并约定违约责任，七月网公司亦已就姜某的行为提起合同纠纷诉讼并调解解决。七月网公司认为其未得到充分救济，但无论协议如何约定、调解方案如何确定，均系当事人的自由，并应由相关特别法律进行调整，由当事人自行承担法律责任。七月网公司以合同不足以保护其权益为由，进而选择要求进行反不正当竞争保护缺乏法律依据
4	北京荣信达影视艺术有限公司与 B 公司、北京光线传媒股份有限公司等不正当竞争纠纷案	（2015）朝民（知）初字第 0××××号	（不构成不正当竞争） 1. 依据现有证据无法认定诉争行为属于当然具有不正当性的行为。在本案中，荣信达公司与杨某之间的合同关系仅具有约束合同双方的效力，在双方对合同关系存续发生争议且事实上停止履行的情况下，B 公司作为合同以外的第三人，基于自身的判断，选择与杨某进行演艺方面的合作，在无其他证据显示 B 公司存在明显恶意的情况下，无法据此认定其违反诚实信用原则和公认的商业道德，亦无法据此认定诉争行为当然具有不正当性。

续表

序号	案件名称	案号	法院认定
			2. 诉争行为并未对荣信达公司的合法权益造成损害。荣信达公司的合法权益来自其与杨某之间的合同关系。仲裁机关确认双方合同解除,意味着在诉争行为发生时,荣信达公司并不享有基于其与杨某之间的合同关系而产生的合法权益。 3. 在不能确定诉争行为具有不正当性以及诉争行为对荣信达公司的合法权益造成损害的情况下,对诉争行为不予制止亦不会造成对公平竞争秩序的破坏

(二)互联网平台主播转换平台引起的不正当竞争纠纷

直播行业近年来异常火爆,包括游戏直播、直播带货等多种模式,截至目前,通过公开渠道检索到的因主播转换直播平台引起的纠纷并不鲜见,法院多认定不构成不正当竞争。但以下案件中有一例被法院认定构成不正当竞争(见表2):

表2 互联网平台主播转换平台引起的不正当竞争纠纷案例

序号	案件信息	案号	法院认定重点
1	杭州开迅科技有限公司与C公司、李某不正当竞争纠纷案	(2020)浙民终5××号	(不构成不正当竞争) 1. 法院认为,(主播)李某为追求自身利益最大化而违约,并不等同于其行为存在反不正当竞争法意义上的不正当性。 2. 虽然开迅公司会因李某的违约跳槽而遭受一定用户群体的流失和流量的损失,但该公司可以规范和优化相应的合同设计,完善内部管理体系,通过与经纪公司约定高额违约金等方式,避免主播跳槽的违约收益高于成本,实现对此类行为的有效规制。 3. 在当事人能够通过合同方式得到有效救济的情况下,反不正当竞争法的适用更应秉持谦抑原则,不应随意干预当事人行为自由。

续表

序号	案件信息	案号	法院认定重点
			4. 伊恬中心实际上已经通过合同方式弥补了李某跳槽所可能遭受的经济损失,足以平衡各方利益,故在该案中针对李某的违约跳槽行为,反不正当竞争法没有再介入的空间和必要。 5. 李某离开开迅公司触手平台后仍继续使用原昵称头像,人身指向上并无偏差,不存在导致相关公众混淆误认情况,因此不属于《反不正当竞争法》第 6 条第 2 项所规制的"擅自使用他人有一定影响的艺名"的混淆行为。 6. 因 C 公司与开迅公司之间并无合同关系,故某公司实施涉案被诉行为是否构成不正当竞争,应视其是否有违诚信原则和商业道德,是否扰乱了正常的市场竞争秩序,是否不当损害了其他经营者和消费者的合法权益,综合作出评判
2	武汉斗鱼鱼乐网络科技有限公司与 D 公司、肖某不正当竞争纠纷案	(2019)鄂 01 民初 6×××号	(不构成不正当竞争) 1. 出于真实的市场经营需要及加强自身竞争优势的目的,并仅以更高薪酬、更优待遇等常规的市场竞争手段吸引并影响知名主播个人选择的,不宜将其认定为不正当竞争行为。 2. 作为具备完全民事行为能力的成年人,肖某(主播)对自己从事直播活动的平台加以选择,必然系其个人意愿。 3. 肖某因"跳槽"至某直播平台而违反涉案协议应当承担相应的违约责任,该违约责任应由肖某个人承担

续表

序号	案件信息	案号	法院认定重点
3	武汉鱼趣网络科技有限公司与上海炫魔网络科技有限公司、上海脉淼信息科技有限公司侵害著作权及不正当竞争纠纷案	(2017)鄂01民终4950号	(构成不正当竞争) 1. 法院认为,适用《反不正当竞争法》第2条应当同时具备以下条件:一是法律对该种竞争行为未作特别规定;二是其他经营者合法权益确因该竞争行为受到了实际损害;三是该种竞争行为因确属违反诚实信用原则和公认的商业道德而具有不正当性或者说可责性。 2. 鱼趣公司所主张应受保护的利益并非绝对权,其受到损害并不必然意味着可以得到反不正当竞争法救济,还需考虑竞争对手的行为是否违反本行业特有的诚实信用原则和公认的商业道德。法院结合网络直播行业的竞争特点,认定炫魔公司、脉淼公司的行为违反该行业公认的商业道德,构成不正当竞争。 3. 从网络直播行业的竞争特点看,合同法律规范并不足以制止该类行为,反不正当竞争法介入并对行为作出评判具有必要性

三、反不正当竞争法视角下艺人跳槽相关不正当竞争问题的分析及思考

(一)关于跳槽行为本身所引发的不正当竞争问题

判断艺人跳槽是否构成我国《反不正当竞争法》所规制的不正当竞争行为,实质上系判断《反不正当竞争法》第2条规定的原则性条款在此类案件中的适用边界问题。从目前的司法实践案例中可以初步看出法院对于《反不正当竞争法》介入此类纠纷的态度,以及法院适用原则性条款时的特别考量因素。

1. 关于是否需要《反不正当竞争法》介入的问题

艺人与原经纪公司一般都会签订经纪合同,且一般也会明确约定专属管理及违约金条款。基于此特点,在司法实践中大多数法院认为在经纪公司可以通过与艺人之间的合同之诉得到法律救济的情况下,《反不正当竞争法》缺乏介入的必要

性，艺人选择自由不应强行干预。且在某公司不正当纠纷案[①]中，法院进一步认为，以合同纠纷形式处理此类案件，从微观上可以避免艺人在人生黄金时期因与经纪公司之间的合约纠纷丧失良好工作机会，从宏观上也有利于增进竞争自由和市场效率。

但是，对于是否需要《反不正当竞争法》介入这一问题，浙江省高级人民法院在某不正当竞争纠纷案[②]中从不同法律关系应区别认定的角度进行分析。浙江省高级人民法院认为，此类案件实际同时涉及主播与直播平台之间的法律关系以及直播平台之间的法律关系，故是否适用《反不正当竞争法》应当区分不同的法律关系分别分析。首先，对于主播与直播平台之间法律关系而言，各方对于违约应承担的责任具有可预见性，对于已经建立起合同关系的经营者而言，合同的约定以及相关合同法律规定已经对双方的权利提供了特别保护，故在违约发生时，一般应直接适用合同的约定及相关的合同法律规定，这属于经营者自由竞争的范畴。其次，对于直播平台之间的法律关系而言，两平台并不存在合同法律关系，显然不能通过合同法进行调整，而反不正当竞争法调整的正是经营者之间的市场竞争行为，故对于被诉侵权行为，平台有权依据《反不正当竞争法》主张合法权益，法院也需依法予以评述。

对此，笔者认为：首先，上述第二种基于平台与艺人、平台与平台之间不同的法律关系分别进行分析的方式，更容易回答平台提出的仅通过合同无法得到充分法律救济的问题，有利于独立判断竞争平台的“挖角”行为是否构成不正当竞争，而不是直接以“艺人具有自主选择权”作为统一裁判理由。其次，对于此类案件，争议核心往往并不是前平台与跳槽艺人之间的法律关系，而是具有竞争关系的平台之间的法律关系，尤其是后者存在“刻意定向挖角”的情况下。由于竞争平台并非合同方，在“巨大利益诱惑下”，通常也并不介意将负担艺人的违约金作为竞争成本，在此情况下，分开讨论的方式无疑更有利于厘清矛盾根源、解决争议。

2.《反不正当竞争法》第 2 条的适用条件

法院在艺人跳槽案件中适用原则性条款的基本条件与其他类型案件相比并

---

① 某公司与北京博慕国际文化传媒有限公司等不正当竞争纠纷案，北京市朝阳区人民法院(2020)京 0105 民初 7×××号。

② 杭州开迅科技有限公司与某公司、李某不正当竞争纠纷案，浙江省高级人民法院(2020)浙民终 5××号。

无特别的不同,即需要满足:(1)法律对该种竞争行为未作特别规定;(2)其他经营者合法权益确因该竞争行为受到了实际损害;(3)该种竞争行为违反诚实信用原则和公认商业道德。其中,第三个条件往往是艺人跳槽所引发的不正当竞争案件的判定焦点。

3. 行业背景下的正当商业道德判断

关于正当商业道德的判断,根据目前的司法实践标准,法院普遍认为商业道德不应按照日常生活或者一般社会关系的道德标准解读,而是要按照特定商业领域中市场交易参与者,即经济人的伦理标准来加以评判,因此既不同于个人品德,也不同于一般社会公德,所体现的是一种商业伦理。

正当商业道德的判断核心为"行业公认",即需要判断明星艺人跳槽至其他经纪公司是否违反娱乐行业公认商业道德、主播跳槽至别的直播平台是否违反直播行业公认商业道德。对于前者,现有案例中均未对娱乐行业商业道德进行探讨;对于后者,网络直播行业属于近些年的新兴领域,其中的各种商业规则整体上还处于探索当中,对于诸多竞争行为是否违反商业道德在市场共同体中似乎也并没有形成普遍共识。但是,在司法实践中法院对在未形成统一行业共识与商业规则情况下如何判断被诉行为是否有违商业道德的问题,提供了具体方法。具体包括以下两种方式:

第一,法院通过经营者具体行为方式、目的、后果来判断其是否违反商业道德。在某不正当竞争纠纷案①中,浙江省高级人民法院认为,商业道德是指特定商业领域中市场交易参与者普遍认知和接受的行为标准,在涉案网络直播行业属新兴行业、商业道德在相关市场暂未达成共识的情况下,应当结合市场经营者的行为方式、行为目的、行为后果等案件具体情形来分析判定。在该案中:首先,从竞争平台的行为方式来看,某公司不存在恶意诱导的行为。其次,从某公司的行为目的来看,某公司基于自身商业利益,选择与可以为其带来商业机会和竞争优势的跳槽主播合作,提升平台实力,符合通常的商业伦理。最后,从某公司的行为后果来看,即使客观上原平台用户及流量会受到影响,但平台的损失依据合同可获得补偿,其并非依据法律可直接享有的权利或合法权益,平台可以通过与主播签

① 杭州开迅科技有限公司与某公司、李某不正当竞争纠纷案,浙江省高级人民法院(2020)浙民终515号。

署合同避免损失。综上所述，法院认定某公司及李某未违反商业道德，不构成不正当竞争。

第二，法院通过综合考虑行业效率、竞争对手损害程度、竞争秩序及行业发展影响、消费者福利四个方面判断其是否违反商业道德。在“全民TV游戏直播”案①中，武汉市中级人民法院提供了另一种判断商业道德的思路。在该案中，法院认为《反不正当竞争法》追求的不是一般社会意义上的公平，而是效率基础上的公平，因此，商业伦理标准必须以市场效率为基础和目标。若竞争行为虽然损害了其他竞争者利益，但符合商业实际，促进了商业模式的创新，提升了行业效率，增进了消费者福利，则应摒弃完全诉诸主观的道德判断，认可竞争的正当性；反之，若竞争行为既损害了其他竞争者利益，又无法促进市场效率，反而扰乱了公平竞争市场秩序，有损行业发展，则应归于具有可责性的不正当竞争行列。基于此种认识，武汉市中级人民法院通过综合考虑以下因素判断某行为是否有违商业道德，即考虑被诉行为对行业效率的影响、对竞争对手的损害程度、对竞争秩序及行业发展的影响、对消费者福利的影响。在该案中，法院认为：在行业效率影响方面，平台的更换对于受众而言大同小异，未促进行业效率提升；在竞争对手损害程度方面，主播资源是企业竞争资源更是竞争成果，炫魔公司、脉森公司擅自“挖角”的行为损害了鱼趣公司本应拥有的竞争优势，造成了实质性损害，其正当性存疑；在竞争秩序及行业发展的影响方面，直接使用他人培养并独家签约的知名主播的资源的行为，若得到认可，将改变产业生态和竞争秩序，当行业竞争秩序受到影响，最终平台、主播同样会受到损害；在消费者福利方面，主播平台的更换并不会增加消费者的选择，如若资源投入者的利益不能得到有效保护，放任无序竞争，将导致投入减少和行业发展减缓，消费者利益最终将受到损害。综上所述，法院认为炫魔公司、脉森公司的行为违反行业公认商业道德，构成不正当竞争。

4. 判断是否有违商业道德的其他考虑因素

从“荣信达”不正当竞争纠纷案②中可以看出，是否具有主观恶意、是否不当攫取他人可合理预期获得的商业机会也是商业道德判断的重要因素。法院认为：

---

① 武汉鱼趣网络科技有限公司与上海炫魔网络科技有限公司、上海脉森信息科技有限公司侵害著作权及不正当竞争纠纷案，湖北省武汉市中级人民法院(2017)鄂01民终4950号。

② 北京荣信达影视艺术有限公司与B公司等不正当竞争纠纷案，北京市朝阳区人民法院(2015)朝民(知)初字第×××号。

关于主观恶意，B 公司基于自身商业判断选择与艺人合作，无证据显示 B 公司存在明显恶意，无法认定其违反商业道德；关于不当攫取他人可合理预期的商业机会，由于荣信达公司的合法权益来自其与艺人之间的合同关系，而诉争行为发生时合同已经解除，故荣信达公司不享有基于合同关系而产生的预期权益，某公司也就不存在攫取他人合理预期商业机会的可能，未违反商业道德。

因此，综观目前相关领域的司法实践可以看出，艺人跳槽是否构成我国《反不正当竞争法》所规制的不正当竞争行为即判断《反不正当竞争法》第 2 条的原则性条款在此类案件中的适用边界问题，在司法实践中对于第 2 条规定的原则性条款的适用目前是一种“趋紧”的态度。在艺人跳槽引发纠纷的案件中，关于行业正当商业道德的尺度或者说边界问题似乎并未达成共识，目前仍处于法院在司法实践中通过个案认定的“摸索”阶段，因此，整体而言，法院在认定艺人跳槽是否构成我国《反不正当竞争法》所规制的不正当竞争行为方面秉持的还是“非常谨慎”的态度，以避免误伤当事人“择业自由”的核心民事权利。

（二）关于艺人艺名可否承继的问题

作为艺人跳槽行为所导致的“后果之一”，如果艺名权利类比商标权归属于经纪公司，那么艺人跳槽后艺名是否可以承继就成为一个非常现实的问题，近期也已经成为相关领域不正当竞争诉讼的另一个焦点。虽然个案中事实情况较为复杂，但艺人对艺名的贡献和公众的识别利益仍值得关注，在法律逻辑层面：

首先，在经纪合同终止后，除非有相反约定，艺人应当仍有权依据艺名主张权利。艺名直接指向特定的艺人，兼具人身与财产双重属性。根据我国《民法典》第 1012 条的规定，自然人享有姓名权，并有权依法决定、使用、变更或许可他人使用自己的姓名。《民法典》第 1017 条明确规定，具有一定知名度，被他人使用足以造成公众混淆的艺名、姓名等，参照适用姓名权的有关规定。由此可见，艺名参照姓名权获得保护，艺名保护也属人格权保护范畴。鉴于此，艺名的权利主体在没有相反约定情况下应为自然人而非经纪公司。在“真假胡杨林”案[①]中，法院认为，虽然胡某曾是太格印象公司的签约歌手，但其艺名“胡杨林”的知名度以及其与艺名间的对应关系，并不因解约而受影响，太格印象公司应对该艺名予以尊重和合

---

① 胡某与北京太格印象传媒技术有限公司、桂某莹不正当竞争纠纷案，北京知识产权法院（2016）京 73 民终 8 号。

理避让。然而,其不仅未做避让,反而让其新签约的歌手桂某使用与胡某艺名极为相近的“胡扬琳”作为艺名并宣传,构成不正当竞争。由此可见,在艺人解约后,依旧可以依据艺名主张权利,经纪公司擅自给新艺人使用近似艺名,可能存在构成不正当竞争的法律风险。

其次,经纪公司创造并投入资源提升艺名知名度一般情况下并不会影响艺名的归属。如上所述,艺名参照姓名权受到保护,属于人格权,这就从本质上决定了其只能为艺人所有,而无法为经纪公司所有。在“云菲菲”案①中,被告上加一线公司辩称“云菲菲”为公司为钮某所取,公司先后为“云菲菲”录制大量歌曲并投资宣传,故钮某不能带走因职务行为而产生的成果,法院认为此观点于法无据,不予支持。此外,法院还认定上加一线公司安排其签约歌手卞某使用艺名云菲菲从事演艺及宣传活动的行为,构成不正当竞争。

最后,关于提前通过经纪合同安排艺名归属是否可以完全解决承继纠纷的问题,我们认为价值考量不同,可能得出不同结论。一种观点认为:通过《民法典》相关规定可知,姓名权不同于名称权,自然人有权决定、使用、变更或许可他人使用自己姓名,但其中并不包含转让的权利;再结合姓名权强人身依附性的特点可知,即使相关经纪合同中约定艺名属于经纪公司,经纪公司也较难通过合同约定获得该人格权利。另一种观点则认为,艺名与纯粹的姓名权存在一定区别,其财产权属性更加强烈,艺人与经纪公司之间的合同安排本质上是一种商业安排,在商业安排不违反强制性法律法规的情况下,应充分尊重当事人之间的意思自治,该种情况下司法应当“慎重主动出手调整”。笔者认为,上述两种观点体现了两种不同的价值考量,无对错之分,未来有关问题仍旧有待在司法实践中进一步考察和解决。

四、建议

随着国内娱乐行业的不断发展,艺人跳槽现象会持续存在,由此引发的纠纷也会日益增加,但考虑司法实践中对有关问题未进行明确,笔者提供一些建议供行业参考:

---

① 北京上加一线音乐文化传播有限公司与钮春华、北京鸟人艺术推广有限责任公司不正当竞争纠纷案,北京市第三中级人民法院(2014)三中民终字第07228号。

（一）在经纪合同中对于解约赔偿进行灵活设计与详细约定

通过上述分析可知，在艺人跳槽不正当竞争纠纷中，许多法院会以平台通过合同诉讼足以进行权利救济为由，不再适用《反不正当竞争法》对艺人跳槽行为进行评价。鉴于此，在当前认定艺人跳槽构成不正当竞争具有一定难度的情况下，通过规范和优化相应经纪合同设计，完善内部管理体系，通过约定高额违约金、经纪公司保留艺名权利或进行商标注册等方式，提高其他经纪公司（或平台）“定向恶意挖角”的成本，在一定程度上可实现对此类行为的有效规制。

（二）对其他经纪公司（或平台）“定向恶意挖角”行为提起不正当竞争诉讼应关注正当商业道德的判断

目前国内司法实践中针对艺人跳槽行为提起不正当竞争诉讼的案例要远少于经纪合同诉讼的案例。在不正当竞争诉讼中，认定构成不正当竞争的较少。虽然如此，但只有通过不正当竞争诉讼才能在一定程度上规制非合同相对方的竞争平台“定向恶意挖角”行为。是否构成不正当竞争，核心在于正当商业道德判断。对此，建议经纪公司参照上述法院采用的经营者行为方式、目的、结果综合考虑法，或行业效率、对手损害程度、竞争秩序、消费者福利综合考虑的方式，组织证据，向法院说明被诉行为对正当商业道德的违反。

（三）在艺人跳槽后，艺人及经纪公司均需谨慎使用艺名

笔者认为，艺人跳槽后需谨慎使用此前经纪公司安排的艺名，艺人既要关注此前经纪合同是否对此有所约定，避免违约风险；也要提前了解前经纪公司是否将相关艺名注册为商标或进行了著作权登记，避免艺名使用行为构成对其他权利的侵害。经纪公司若想收回艺名安排其他艺人使用，也应尽量提前在经纪协议中作出安排，而不要试图在没有明确约定的情况下，采用“抢注”商标等方式“抢占”该艺名，因为此种情况在司法实践中较难被认定为享有“在先权利”。

从明星互联网名誉维权看“饭圈”如何建立有序生态

赵　刚* 王叶子

* 作者简介：

赵刚，中伦律师事务所北京办公室知识产权部合伙人，电邮为：zhaogang@zhonglun.com。

互联网技术的发展和社交媒体的普及，带动了网络文化、娱乐产业的蓬勃兴起，也使公众媒介传播渠道不断拓宽。随着文化娱乐产业的发展，关于明星偶像的新闻越来越多地占领热搜榜单。不同于十余年前买专辑、看演唱会的追星模式，如今明星与“粉丝”的距离通过互联网被直接拉近，粉丝只需登录社交平台即可了解明星们每天的新闻动态，偶像的成长之路似乎变成了部分粉丝自我实现的过程，“饭圈”①文化也逐渐产生、发展。与此同时，“互撕”②“拉踩”③“恶意营销”④等情况也频繁发生。近期，大量明星为维护其个人名誉起诉网络用户侵害其名誉权。因此类互联网名誉权侵权案件涉及明星，故如何通过法律途径有效实现明星个人权利、粉丝心理感受、社会舆论评价、正确价值观引导的综合平衡并不容易。本文将从明星互联网名誉权维权案件的一般认定标准及实践难点出发，就常见维权方案进行初步分析介绍。

一、明星互联网名誉权侵权案件认定标准及特点

（一）认定标准

名誉权属于人格权的一种，自人格权在《民法典》独立成编后，对于名誉权的保护也有了更为集中、具体的规定。根据《民法典》第 110 条之规定，自然人、法人、非法人组织均享有名誉权。第 1024 条规定，“民事主体享有名誉权。任何组织或者个人不得以侮辱、诽谤等方式侵害他人的名誉权。名誉是对民事主体的品德、声望、才能、信用等的社会评价”。据此，作为自然人的明星，其名誉权依法受到法律保护，任何组织和个人采取侮辱、诽谤等方式导致其品德、声望、才能等社会评价降低的，构成名誉权侵权，应当承担相应民事责任。

通过梳理目前涉及明星的互联网名誉权侵权案件可以发现，法院在判断涉案言论是否损害原告名誉权时，一般会从被侵权人名誉受到损害的事实、行为人实施了违法行为、违法行为与损害后果之间具有因果关系、行为人主观上具有过错四个方面进行侵权评述与认定，这与一般侵权责任的构成要件基本一致。例如，

① 饭圈，即粉丝圈的简称，指喜欢某个明星或者明星组合的粉丝群体。

② 互撕，网络流行用语，指不给对方任何面子，互相揭短，将所有的负面事件全部公之于众。

③ 拉踩，网络流行用语，指通过贬低其他人或与他人进行恶意对比，来吹捧、抬高自己喜欢的人物。

④ 恶意营销，指通过诋毁竞争对手的方式进行不正当的竞争。

在明星范某某诉网络用户“秦某”名誉权侵权案[①]、杨某诉网络用户“Victor×××”名誉权侵权案[②]等案件中，法院均是按照一般侵权案件的认定标准对此类互联网名誉权侵权案件予以认定。

（二）明星互联网名誉权侵权案件的特点

1. 特点一：网络服务提供者“被动”加入维权诉讼

根据《最高人民法院关于审理利用信息网络侵害人身权益民事纠纷案件适用法律若干问题的规定》第2条的规定：作为权利人的原告既可以选择直接起诉侵权网络用户，也可以选择起诉网络服务提供者；被单独起诉的网络用户可以申请追加网络服务提供者即涉案侵权言论发布平台为共同被告或第三人；被单独起诉的平台也可申请追加能够确定的侵权网络用户为共同被告或第三人。

在实践中，由于原告较难掌握互联网用户的真实身份信息，尤其针对各大明星发布侮辱诽谤、恶意攻击言论的几乎都是匿名网络用户，所以在此类案件中，原告几乎都会选择起诉平台运营主体，目的即在于要求其披露侵权网络用户的真实注册、使用信息，以明确侵权人身份。例如，在涉及明星杨某的名誉权侵权案件[③]中，针对匿名用户“锤某”发布侮辱性言论的侵权行为，原告便选择以平台运营方作为被告提起网络侵权之诉、要求其披露该匿名用户注册信息，以明确侵权行为人具体身份。在该案中，原告也最终成功通过平台运营方出具的调查回函获取了该匿名用户的姓名、手机号码、身份证号码等信息，并通过对侵权人发起名誉权侵权诉讼成功维权。

2. 特点二：“侮辱”与“诽谤”行为的区分认定

一般来说，“侮辱”和“诽谤”行为都会导致被侵权人社会评价的降低，但两种行为的表现方式有所不同，大多数法院在认定时都会涉及判断涉案言论到底属于“侮辱”还是“诽谤”。

侮辱，一般是指用语言或行为损害、丑化、贬低他人人格，例如直接使用不当词语辱骂某明星或通过P图方式对其进行丑化。在涉及明星李某的名誉权侵权

① 参见北京市第一中级人民法院（2018）京01民终2700号。

② 参见北京互联网法院（2020）京0491民初15878号。

③ 参见北京互联网法院（2020）京0491民初14232号。

案件①中，法院详细论述了涉案文章构成以侮辱方式侵害名誉权，并认定涉案文章中诸如“太恶心人”“勾搭”“骗走”“谄媚”等言辞明显构成语言上的侮辱，相关言论势必对该明星造成影响、导致不特定人的误解、降低其社会评价，构成侵权。

诽谤，一般是指捏造并散布某些虚假的事实破坏他人名誉，对于涉案侵权言论的事实表述，如果侵权网络用户不能提供证据证明其真实性，引得公众产生与事实不符的联想和猜测，则属于“诽谤”的范畴。关于此前网络中曾被火热讨论的被诉网络用户能否就吴姓男明星过往胜诉名誉权侵权纠纷案提起再审，实际就是对过往“诽谤”行为成立与否的争论。在涉及明星迪某的名誉权侵权案件②中，法院同样详细论述了涉案博文构成以诽谤即捏造事实方式侵害名誉权，认定网络用户“吃某”使用“买水军”“营销”“删帖”等词句对原告进行评价，没有任何事实和法律依据，给该明星造成了负面影响，构成侵权。

二、明星互联网名誉权侵权案件维权难点

（一）互联网用户信息获取较难

明星启动名誉权维权通常并非意在要求互联网平台担责，往往是希望以法律手段追究某些散布谣言、发布恶意评论的“网民”的责任。若想要通过诉讼方式追究相关侵权网络用户法律责任，最重要的就是明确其真实身份。在实践中，并非所有平台都采用实名认证的方式，采取实名认证的平台也并不会要求所有用户在注册时必须提供身份信息。在此情况下，获取侵权网络用户真实、有效的身份信息，就成为案件启动与顺利推进的关键。

1. 实名认证用户信息的获取

在诉讼中，原告要求平台披露、从平台处获取的实名认证用户信息能较为明确甚至唯一地指向实际侵权人。因此，通过平台的筛选，原告能较为准确地选择能够获取到真实身份信息的用户作为被告，以提高案件可诉性，方便成功追责。

根据《关于审理利用网络侵害人身权益民事纠纷案件适用法律若干问题的规定》第 3 条规定，在原告起诉网络服务提供者侵害人身权益的案件中，法院可以根据原告的请求及案件具体情况，责令网络服务提供者向法院提供能够确定涉嫌侵

---

① 参见北京互联网法院（2020）京 0491 民初 6573 号。

② 参见北京互联网法院（2019）京 0491 民初 37105 号。

权的网络用户的名称、联系方式、网络地址等信息。但在平台的选择上，明星们倾向于在采取实名认证的网络平台中挑选预备起诉的侵权网络用户。但要求实名认证的社交平台，可能会按照用户分类提出不同的实名认证要求，对于普通用户，完成手机号码验证即属实名认证，而对于“+V”（开通 VIP 权益）或享有会员权益的用户，则需要进一步完成身份信息的核验。在此情况下，即便要求平台披露用户真实信息，针对普通用户，平台也仅能披露其手机号码或 IP 地址，而这些信息实际上无法直接对应到具体侵权主体，原告还需要进一步提供证据证明手机号码的持有人或 IP 地址的使用者。因此，在用户的选择上，明星们更倾向于选择上述“+V”或享有会员权益的用户，以便能够获取指向唯一侵权主体的居民身份证号码。在涉及明星姚某、冯某某、范某某等明星的名誉权侵权案件[①]中，原告均选择了“+V”侵权用户作为起诉主体并成功追责。

2. 非实名认证用户信息的获取

虽然实名认证用户的真实身份信息较容易获取，但对于侵权恶意十分明显、所发表言论极具贬损诋毁之意，甚至屡次侵权的非实名网络用户来说，只有追究其法律责任，才会对普通用户形成威慑，促使其在发表涉及明星的评论时更为审慎，这样才能在最大程度上阻止谣言与恶评的传播，避免负面评价。

即便非实名认证用户的身份信息获取难度极大，但明星在其互联网名誉权侵权案件中有效获取非实名认证用户信息并成功追责的案例也屡见不鲜。例如，在涉及女明星杨某的名誉权侵权案件[②]中，原告先从社交平台向法院提交的调查回函中获得了侵权用户注册手机号码，又凭借手机号码，通过无锡市移动通信公司向法院提交的调查回函获取了手机号码持有人的真实姓名及身份信息，最终成功获取了非实名用户身份信息。在涉及男演员杨某的名誉权侵权案件[③]中，原告同样先通过平台提交的调查回函获得了侵权用户注册手机号码，之后其通过让快递公司工作人员确认信息、分析侵权用户校内网信息、微博个性域名、百度贴吧域名，拨打电话沟通等各种方式，成功确定了侵权人真实身份。由此可见，实施侵害名誉权行为的普通用户并不会因为“非实名认证”就能成功逃避法律责任。

---

① 参见北京互联网法院（2020）京 0491 民初 13148 号；北京互联网法院（2020）京 0491 民初 643 号；北京市第一中级人民法院（2018）京 01 民终 2700 号。

② 参见北京互联网法院（2020）京 0491 民初 16630 号。

③ 参见北京市海淀区人民法院（2017）京 0108 民初 19907 号。

（二）影射词语指向对象较难明确

在多起明星互联网名誉权侵权案件中，侵权人时常为其他明星的粉丝或专门的娱乐圈营销号，这些用户在发布恶意言论实施侮辱、诽谤行为时，大多使用十分隐晦的影射性词语，例如通过首字母缩写、谣言故事、影片人物名、起外号等方式“暗指”相关明星，部分词语甚至仅属“饭圈”行话，属于粉丝间的交流用语。对于这些从字面上看可能不具有负面含义，但实际用于指代某明星时又极具贬低侮辱效果的词语，如何向法院解释说明这些用词指代的就是某位明星是这类案件的另一难点。对于涉案侵权言论中指代性词语的具体指向、指示的强烈程度，须通过原告大量举证并结合具体文章、评论、配图予以综合说明。

（三）“转发”行为构成侵权的标准较高

普通大众通过转发方式在公共社交平台上分享自身经历、社会热点、娱乐新闻等，已经成为大部分网民生活中不可或缺的一部分。在大量互联网名誉权侵权案例中，针对转发侵权内容的行为，虽然转发量、评论量、阅读量等传播数据可以作为侵权认定考量因素，但法院同时也会考虑言论传播范围及影响力，给予转发人或网络服务提供者以适当免责空间。

根据《最高人民法院关于审理利用信息网络侵害人身权益民事纠纷案件适用法律若干问题的规定》第 7 条规定，“人民法院认定网络用户或者网络服务提供者转载网络信息行为的过错及其程度，应当综合以下因素：（一）转载主体所承担的与其性质、影响范围相适应的注意义务；（二）所转载信息侵害他人人身权益的明显程度；（三）对所转载信息是否作出实质性修改，是否添加或者修改文章标题，导致其与内容严重不符以及误导公众的可能性”。由此可见，认定某一用户的转发行为构成侵权的标准较高，需综合考虑该用户使用媒体的影响力、转载内容的人身权益侵害程度、是否对转载内容进行了“实质性”修改等因素。实际上，涉及明星的恶评、虚假事实的传播，大多是由众多粉丝数量少、影响力小的“水军”或“马甲号”累积传播实现，如何向这些主体追究责任、提高其侵权成本，也是此类案件的难点之一。

（四）情理选择的困境

根据北京互联网法院发布的《“粉丝文化”与青少年网络言论失范问题研究报告》，自 2019 年 1 月 1 日至 11 月 30 日，北京互联网法院受理网络侵权责任纠纷案件3836件，其中网络侵害名誉权纠纷1075件，占比28.02%。经法院调研发现，以青少年为涉嫌侵权主体（案件被告）的网络侵害名誉权行为集中出现在从事演艺工作的公众人物名誉权侵权案件中，同时体现出近年兴起的粉丝文化的突出特点，此类案件共计125件，占全部网络侵害名誉权纠纷的11.63%。这些纠纷中：作为被告的青少年大部分为在校大学生，少部分自述无业或自述不方便透露职业；年龄在30岁及以下的占比70%，其中年龄最小的为19岁。

从当前明星互联网名誉权侵权纠纷案件的分析报告及具体案例可以发现，侵权人正逐步低龄化，很多甚至还是在校大学生。对于发起维权的明星而言，其合法权利理应得到保护，但考虑侵权人年龄尚小、侵权判决可能对其之后人生产生不利影响时，如何能够在取得维权效果的同时兼顾社会责任、引领青少年树立正确价值观、实现情与理的兼顾，为明星维权提出了新的要求。面对此种困境与难点，越来越多的明星选择以调解方式解决涉及青少年的名誉侵权案件，有的还会选择以免除经济损害赔偿、捐赠损害赔偿至慈善基金会、要求侵权人以做公益的方式替代经济赔偿支付等方式，努力在维权同时兼顾社会责任、塑造积极正面社会形象。

三、常见处理方案的选择

（一）“律师声明+披露诉讼+侵权诉讼”的综合维权方案

在更多涉及明星的互联网名誉权维权案件中，“律师声明+披露案件+侵权诉讼”的三步走综合维权方案因效率较高、打击范围较广而被普遍采用。

第一步，在互联网平台上公开发布律师声明。在完成侵权证据固定后，明星们往往会选择公开发布律师声明，相较于发函对象特定的律师函，律师声明一般针对不特定的公众。笔者认为，公开发布律师声明，明星及其代理律师的主要目的有以下四点：(1)公布并列明已取证的所有侵权网络用户昵称及账号，通过正式声明的威慑作用，促使取证侵权用户主动停止侵权并联系工作室或律师赔礼道歉，提前、高效地实现维权目的；(2)震慑其他可能涉及侵权的网络用户，促使其主动删除侵权内容；(3)要求互联网平台积极履行监管职责，尽快采取删除、屏蔽、断开链接等措施，方便后续要求平台方就怠于履行职责而导致的损害扩大化部分承担侵权责任；(4)公开澄清关于明星的不实陈述，满足粉丝反击“黑料”要求。此外,笔者需要特别提示的是,虽然律师声明的准备不同于律师函,未强制要求律师必须审核委托人提供的材料、听取委托人关于侵权事实的陈述,也不强制要求律师对法律问题进行详细的法律分析与评论,但考虑律师声明在互联网平台中公开发布的广泛传播性,涉及捏造事实的诽谤行为难以核实真伪,因此对委托律师而言,律师声明的撰写还是应当尽可能建立在委托人严格承诺、侵权事实基本调查清楚、法律分析充分的基础之上,谨防自身法律风险,避免因律师声明的不规范或事实不明而陷入舆论争议之中。

第二步,以互联网平台为被告,提起"披露诉讼"。这里笔者所言披露诉讼,是指原告,通常来说为明星一方,以网络服务提供者为被告,向法院提起侵害人身权益的诉讼。如之前所述,由于侵权网络用户的真实身份信息无法直接获得,所以明星们无法直接将其作为明确被告予以起诉。为解决此种困境,明星们往往会率先针对互联网平台(网络服务提供者)以利用信息网络侵害人身权益为由提起侵权之诉,目的在于要求平台披露侵权用户的注册、使用信息。此类披露诉讼受理后,在对案件事实情况进行初步审核的基础上,法院一般会向被告平台提出披露要求,在获得平台调查回函后,原告多半选择主动撤诉并尽快推进后续指向侵权用户的名誉权侵权诉讼。

第三步,在获取侵权人身份信息后,针对侵权用户提起名誉权侵权诉讼。通过披露信息明确侵权网络用户真实持有及使用人后,明星们会针对该主体直接提起名誉权侵权诉讼,在该阶段,法院会审理认定涉案内容是否构成名誉权侵权。在此,笔者需要特别提示的是,根据我国《民事诉讼法》第 71 条的规定,对涉及个人隐私的证据应当保密。基于法定保密义务要求,在诉讼过程中依法获取的公民个人信息只能用于案件本身,包括律师在内的所有知悉侵权网络用户个人身份信息的人员均不能擅自泄露。

(二)当前维权方案的弊端与建议

明星启动名誉权侵权诉讼,除追究侵权网络用户法律责任的目的外,另一重要目的即通过法律手段回应粉丝们对于明星积极维权、尽快见证"黑粉"[①]受到法

---

① 黑粉,网络流行语,属粉丝类型,他们不是传统意义上的粉丝,而是基于利益对特定明星实施抹黑作业的群体。其中,有一类职业黑粉,只是按照雇主的要求为偶像吸引粉丝,同时还收集传播其他明星的"黑料"。

律制裁的心理预期。

虽然绝大部分互联网平台掌握着侵权网络用户的注册及使用信息，但明星或其工作室、代理律师等通过与平台直接联系沟通的方式要求其披露用户信息，平台基于法律规定及对其用户个人信息保护的承诺，轻易不会向社会主体直接提供。更重要的是，作为网络服务提供者的互联网平台每天都有众多侵权纠纷、投诉需要处理，难以对大量互联网信息披露请求进行快速的审核，更与其管理能力不相匹配。因此，为实现获取侵权用户身份信息之目的，实践中往往需要完成上述“披露诉讼+侵权诉讼”两个诉讼程序，即先通过对平台单独提起侵权之诉、要求平台披露侵权用户注册信息，再根据获取的信息另案起诉侵权人。在此情况下，维权持续时间被大大拖延，部分维权可能会持续 2 年甚至更久。维权时间普遍较长，是当前维权方案不可避免的弊端。

由于在单纯的“披露诉讼”中，原告首要目的即获取侵权用户注册信息，所以原告会将要求平台提供侵权用户信息作为其主要诉讼请求。法院一般会根据案件实际情况，与被告平台联系、要求其提供相关信息并出具调查回函。根据笔者处理类似案件的经验，虽然部分原告会要求法院对披露案件进行判决，例如知名配音演员姜某发起的侵害名誉权信息披露案件，①但更多会在平台向法院出具回函、获得侵权用户信息后主动申请撤诉，以期尽快结束披露诉讼，及时启动针对侵权人的另案诉讼。根据笔者梳理目前涉及明星的单纯披露案件可以发现，大部分均以原告主动撤诉结案。在此处理方式下，大量披露案件进入实体审理阶段后，平台会主动或根据法院的要求提供相关用户信息，但在多数情况下原告仍旧需要完整经历诉前调解、正式立案、管辖异议等流程，维权时间还是会被极大延后。针对这一困境，笔者认为，原告一方可以考虑在提起“披露诉讼”的同时，尝试以提供“保证书+财产担保”的方式向法院直接申请对平台的调查令，从而节省后续环节的程序性时间，进一步缩短此类案件处理时长。这样的处理方式不仅可以缓解法院案件审理压力，也有助于推动权利人开展正当维权。

（三）诉讼请求的选择

《民法典》第 179 条规定：“承担民事责任的方式主要有：（一）停止侵害；（二）排除妨碍；（三）消除危险；（四）返还财产；（五）恢复原状；（六）修理、重作、

---

① 参见北京互联网法院（2020）京 0491 民初 18530 号。

更换;(七)继续履行;(八)赔偿损失;(九)支付违约金;(十)消除影响、恢复名誉;(十一)赔礼道歉……"《民法典》第1183条规定,侵害自然人人身权益造成严重精神损害的,被侵权人有权请求精神损害赔偿。

在互联网名誉权侵权案件中,诉讼请求主要包括以下四项:(1)停止侵权,即要求侵权用户删除所有侵权内容,在多数情况下在案件开庭前被诉侵权用户就会删除其侵权内容;(2)赔偿经济损失及合理支出,合理支出主要包括律师费及取证费用;(3)赔偿精神损害抚慰金,明星作为公众人物讨论度高,针对明星实施的侮辱、诽谤行为经互联网传播,影响恶劣,一般会被认定对原告造成了严重精神损害,精神损害抚慰金的赔偿请求一般也会得到支持;(4)赔礼道歉,涉及明星的名誉权侵权案件,原告所要求的赔礼道歉方式多为亲笔手写相关内容并公布于互联网平台,以回应粉丝对明星积极维权、希望"黑粉"真诚道歉的心理期待。

(四)其他方案选择下的思考

针对非实名用户身份信息的获取,也有明星选择在披露案件获取互联网用户注册手机号码之后,专门以另行起诉方式要求通信公司提供机主身份信息。在涉及明星蒋某某的名誉权侵权案件①中,法院虽然明确认定手机号码注册信息属于一般性的个人信息,人民法院在审理案件中依据法律规定有权调查,但也认定原告与西安市电信公司之间没有形成以披露用户信息为内容的民事法律关系,双方之间不存在民事纠纷,故裁定驳回了原告起诉。

由此可见,就非实名用户身份信息的获取,通过对通信公司单独起诉的方式获取手机号码机主信息将面临较大被驳回起诉的风险,而选择在平台披露诉讼中一并要求法院向通信公司调取相关手机号码机主信息的方式则较为稳妥。

当前,"饭圈"粉丝文化正处灰色地带,相关非理性追星行为不仅会对公共秩序造成不良影响,也会损害明星作为普通人的名誉权及其他人格权益。众多明星发起的系列互联网名誉权侵权案件,对于粉丝、明星、其他互联网用户而言均有重要启示意义。正如北京互联网法院在(2019)京0491民初16384号民事判决书中所述,"通过互联网理性的表达思想,受法律保护;恶意诋毁他人,制造网络暴力,必将受到法律的严惩。网络也不是精神虚无之所。在崇拜明星、追逐偶像的过程中,应当保持友善、健康的心态,决不能为了给自己喜爱的明星争取影响力,诋毁、

① 参见陕西省西安市中级人民法院(2020)陕01民终10173号。

造谣其他明星及粉丝群，而应当从明星成功的背后，欣赏其卓越的成就，学习其奋斗的精神，寻找其人格的闪光点，在价值观方面正确影响、激励自己，给予明星正确的支持，建造蓬勃、有序的‘饭圈’生态。作为明星，亦应当严守职业道德，倡导诚实劳动、公平竞争，同时肩负榜样的责任，不遗余力地引导粉丝群体理性表达关注，创造更多的精神文化产品去影响、塑造社会公众的精神世界和价值观念”。

网红主播与 MCN 机构之间常见争议分析与风险防范

段海燕* 王程凯 何思明 张梦含

*作者简介：

段海燕，中伦律师事务所北京办公室合规与政府监管部合伙人，电邮为：duanhaiyan@zhonglun.com。

近年来，互联网技术的发展催生了“网红”经济以及电商直播等新型的商业模式。在这新兴经济蓬勃发展的过程中，俗称“公会”或网红经济公司的多频道网络（Multi-Channel Network，MCN）机构不可或缺。随着行业发展的不断深入，部分MCN 机构的职能也已发生扩展，从原本“仅仅作为对接内容生产者和推广平台的中介”，升级为“能够利用自身资源为网红提供生产支持等专业化服务的孵化器”。随着身份的转变，MCN 机构对于旗下网红主播的孵化所投入的成本也大大增加，因网红违约导致双方合作无法继续进行，也给 MCN 机构造成损失。在此背景之下，围绕“网红跳槽”而产生的争议日益增多。为尽可能避免相关争议的产生，本文梳理了网红经济较为领先的北京、湖南、浙江、江苏等地有关网红主播与 MCN 机构之间的争议，分析了现行司法裁判尺度，并提出相关建议，以期在相关立法滞后的现状下尽可能明晰双方权利义务的边界。

一、网红主播与 MCN 机构之间的争议现状

（一）争议数量

依据可查询司法裁判文书的公开资源，[①]2019 年至 2021 年，全国范围内发生的相关争议数量开始连年大幅增长（见图 1）。案件数量增长的趋势与我国 2019 年至 2021 年直播电商市场规模的变化趋势基本一致。2019 年，相关争议数量为 388 件；2020 年，相关争议数量为 716 件，涨幅高达 85%；2021 年，相关争议数量上升至 1016 件，较上一年增长了 42%；但是，受疫情等因素影响，2022 年，相关争议数量有所下降，数量为 732 件，较上一年减少了 284 件。

以北京、湖南、浙江、江苏等四个省市为例，[②]MCN 机构作为原告提起诉讼程序的案件数量为 297 个，占比为 83.66%（见图 2）。在 MCN 机构作为原告的所有案件中，其中 99%的原告诉求均包括要求网红支付违约金。另外，在 2.4%的案件中，MCN 机构还请求确认直播账号或其他社交平台账号归属于 MCN 机构。网红作为原告起诉的案件数量为 58 个，占比为 16.34%。网红的诉求主要为要求确认双方存在劳动关系，并支付相应的薪酬福利待遇（包括工资、未休年假补偿、加班费等）。

---

① 在威科先行法律信息库对包含“网红”“经纪”等关键词的裁判文书进行检索，得出 2019 年至 2022 年全国范围内的相关裁判文书的总额。

② 在威科先行法律信息库以“网红”“经纪”为关键词对北京、湖南、浙江、江苏四个地区的相关裁判文书进行检索，经筛选，共获取样本案例 355 个，本文的数据分析均基于样本案例进行。

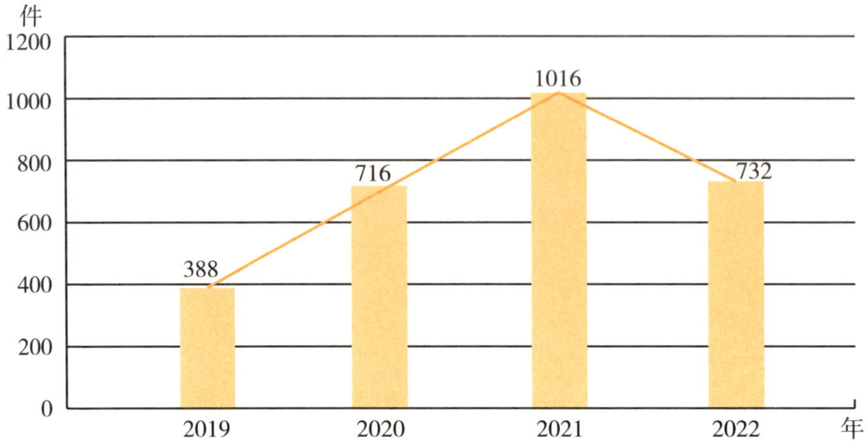

图 1　2019~2022 年全国网红主播与 MCN 机构争议案件数量统计

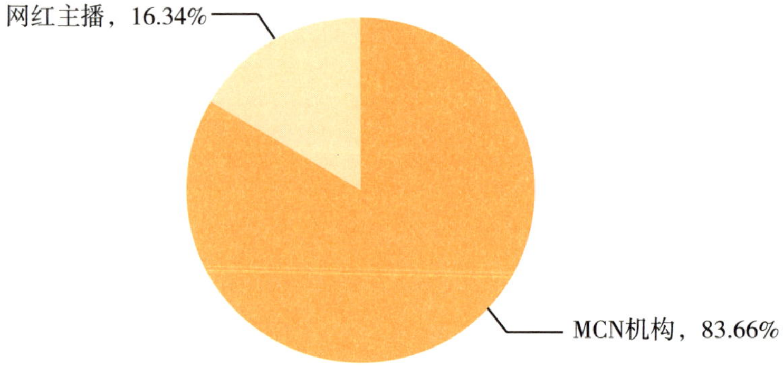

图 2　2019~2022 年全国网红主播与 MCN 机构争议案件原告方统计

从以上数据可以看出，网红主播这一方违约引起了较多争议，MCN 机构一方主要为被动维权。这与传统劳动关系中的“因劳动合同履行、解除产生纠纷，劳动者被动维权”的局面有明显不同。

（二）争议案由

在北京、湖南、江苏、浙江等地，主张权利的一方当事人自认为争议属于“合同纠纷”并以该案由起诉的案件数量为 331 个，占全部争议数量的 93.24%（见图 3）；当事人自认为争议属于“劳动争议”并以此为案由起诉的案件数量为 24 个，占比为 6.76%。值得关注的是，即使原告以“合同纠纷”起诉，在近 25%案件的审理中，法院对“网红及 MCN 机构之间的关系是否属于劳动关系”这一问题进行了实质审查。由此可见,网红主播与 MCN 机构之间的争议处理无法回避劳动关系的判断。

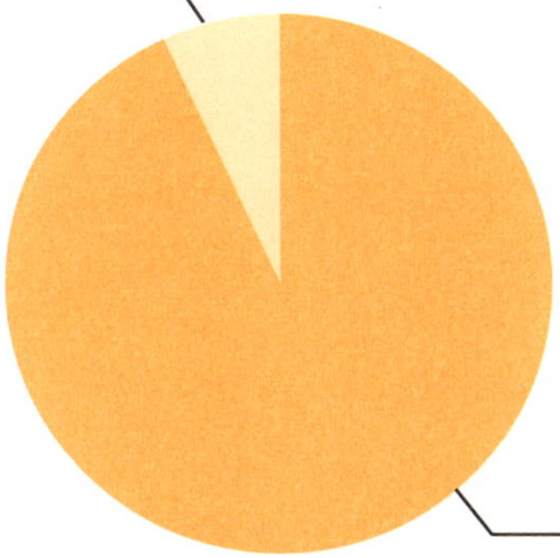

图 3　2019~2022 年全国网红主播与 MCN 机构争议案件案由统计

二、主要争议焦点的司法裁判分析

(一)法律关系的定性

在实践中,绝大部分网红主播与 MCN 机构之间签署的是“合作协议”、“演艺经纪合同”或“独家经纪合同”。由此可见,网红主播与 MCN 机构之间主要的合作模式在外观上属于平等民商事主体之间的合同关系。然而,司法裁判对于 MCN 机构和网红主播之间法律关系的定性,基于 MCN 机构与网红主播的合同约定内容不同,在实务中存在一定分歧。

当存在下述约定和情况时,网红主播与 MCN 机构属于平等民商事主体之间的合同关系,不属于劳动关系。以北京、湖南、浙江、江苏等四地的判决为例,持此观点的判决占比约为 96.06%,属于当前的主流观点。持该观点的主要理由为:

1. 从收入来源来看,网红主播的收入主要来源于通过第三方网络平台吸引粉丝获得的“打赏”或者“分红”等,并非直接来自 MCN 机构,网红的收入来源不具备劳动关系下“工资”的特征(工资来源于用人单位)。

2. 从人身隶属关系来看,网红主播有权自由确定直播内容以及形式、直播时长、直播场所等,MCN 机构大多不予干预或限制。因此,网红主播对 MCN 机构的人身隶属性明显弱于劳动关系中员工对用人单位的人身隶属性。

3. 从 MCN 机构的业务范围来看,MCN 机构仅从事经纪中介服务,即仅为网红主播提供培训、宣传、演艺活动的机会，MCN 机构本身并无相应的直播业务。因此，网红的工作内容并非 MCN 机构业务的组成部分。

在另外几种情况下，法院也倾向于认定网红主播与 MCN 机构之间构成劳动关系，而非平等民商事主体之间的合同关系。持该观点的主要理由如下：

1. MCN 机构对网红主播进行人事管理（包括考勤、奖惩等）。例如，明确约定每天直播时长，网红主播的收入直接与其直播时长挂钩；再如，网红主播因故未能参与直播，需要向 MCN 机构请假，并且收入会相应扣减。由此可见，MCN 机构与网红主播之间存在管理与被管理的关系。

2. MCN 机构为网红主播提供工作场所及设备，甚至要求网红主播必须在 MCN 机构限定的场所内进行直播活动。由此可见，网红主播的劳动力依附于 MCN 机构提供的生产资料，具有一定的人身隶属性。

3. 直播活动的收益直接归属于 MCN 机构。通过直播平台获得的收入直接归属于 MCN 机构，再由 MCN 机构向网红主播分配。由此可见，网红主播的个人收入或报酬源于 MCN 机构。

基于上述定性上的分歧，我们认为，在处理网红主播与 MCN 机构之间的争议时，应当结合劳动关系认定的要素、网红主播与 MCN 机构间签订的具体协议内容进行分析，并做好两种不同定性下的应诉准备。

（二）违约金的标准

在目前检索到北京、湖南、浙江、江苏等地的相关案例中，MCN 机构要求网红主播承担的违约金金额从数万元至上千万元不等（见图 4）。其中：请求金额在 10 万元以内的案件数量为 101 个，占比约为 31.66%；请求金额为 10 万元至 100 万元的案件数量为 177 个，占比为 55.49%；请求金额为 100 万元至 500 万元以内的案件为 26 个，占比约为 8.15%；请求金额为 500 万元以上的案件数量为 15 个，占比约为 4.70%。

从判决结果来看（见图 5）：MCN 机构的违约金诉求被全额支持的案件数量为 30 个，占比为 9.40%；诉求被全部驳回的案件共 39 件，占比为 12.23%。此外，部分支持的案件为 250 个，占比为 78.37%。其中：支持的金额为请求金额的 50% 以上的案件共计 51 个，占比为 15.98%；支持金额为请求金额的 20%～50%的案件共计 111 个，占比为 34.80%；支持金额为请求金额的 20%及以下的案件为 88 个，

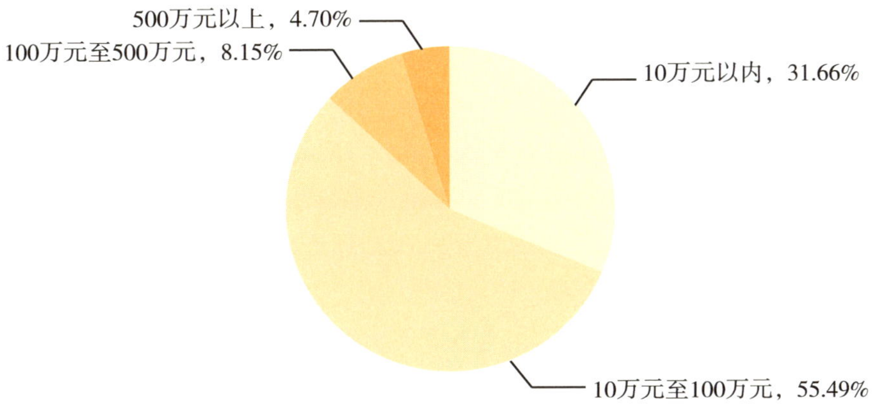

图4　2019~2021年国网红主播与MCN机构争议案件违约金额统计

占比为27.58%。由此可见,在多数情况下,法院支持的违约金金额不超过MCN机构主张金额的50%。影响法院认定违约金金额的主要因素包括:网红主播的履约时间、网红主播的影响力、网红主播在MCN机构服务期间的获利、网红主播收入的稳定性及经济承受力等。

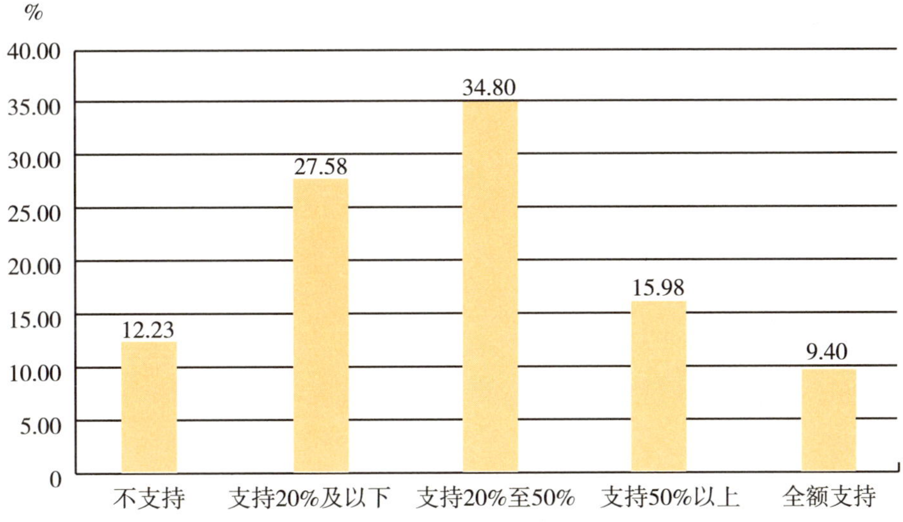

图5　2019~2021年国网红主播与MCN机构争议案件违约金额受支持情况统计

(三)直播账号的归属

根据目前检索到的北京、湖南、浙江、江苏等地的355个案件中,涉及直播账号归属的争议数量仅为10件,占全部案件的2.8%。虽然相关争议目前并不多见,但是由于拥有上百万、上千万粉丝的直播账号是最重要的生产工具,因此,关于该账号归属的争议将会成为网红主播与MCN机构的常见争议。

对于直播账户归属问题,MCN机构一般会与网红主播约定账号归属于MCN机构,但是,在司法实践中仍有不同裁判观点。多数裁判观点认为,相关直播账号应当归属于网红主播个人。主要理由为:相关账号是通过网红主播或其亲属的身份证开具、经过网红主播实名制认证,具有较强的人身属性。少数裁判观点认为,相关账号属于MCN机构所有,理由为双方关于账号归属的约定属于双方真实意思表示,对双方具有约束力。由此可见,针对直播账户归属的认定,多数法院突破了民商事关系下"意思自治"的原则,放大了账号本身的人身属性。

此外,在个别案件中,网红主播主动提出要求MCN机构为其"转会"(解约并更换MCN签约机构)。对此,有裁判观点认为,考虑到一旦支持网红主播关于"转会"的诉求,将会增加网红主播违反竞业限制约定的可能。因此,对于仍处于竞业限制期内的网红主播,即使认定网红主播拥有账号的所有权,也不支持其提出的要求将直播账号转会的诉求。

三、风险防范措施建议

(一)明确约定法律关系

MCN机构与网红主播建立合作关系之初可以基于各自的目的及需求进行充分协商,并通过签订书面协议的方式对双方的权利义务进行约定。根据目前的实践,MCN机构与网红主播所签署的合同均为兼具居间、代理、行纪等特征的经纪合同。但是,随着MCN机构发展模式的变化,尤其是在MCN机构主动孵化网红主播这一模式下,网红主播与MCN机构之间的"单纯提供中介服务"的合同关系有所淡化。在此趋势下,MCN机构与网红主播更需要明确自身的需求及目的,从而确定双方拟建立的法律关系(平等民事主体之间的合作关系或劳动关系)。

如果双方签署合作协议,则应尽可能量化双方的权利及义务,对收益分配方式、知识产权的权属进行清晰的约定,并明确双方的违约责任。如果双方签署劳动合同,则应当满足《劳动合同法》第17条关于劳动合同必备条款的规定。

(二)谨慎选择合作方式

MCN机构与网红主播签署书面协议后,在双方实际合作过程中应当注意采取符合法律关系的合作方式。如果MCN机构与网红主播之间签订的是经纪服务合同,则MCN机构在合同履行过程中应尽可能降低对网红主播的管理强度,弱化双方之间的人身从属性。换言之,MCN机构应当避免采取对网红主播进行考核、考勤、奖惩等明显具有用人单位管理特征的措施。同时,MCN机构与网红主播之间的收入分配也应当尽可能不与主播的工作时长、出勤天数等直接关联,而与直播活动的成果或收益(如观看人数、销售额)等挂钩。如果双方建立的是劳动关系,则MCN机构应当依法制定配套的劳动人事管理制度,并依据相关制度对网红主播进行管理。同时,MCN机构也应当履行作为用人单位的其他法定或约定义务。

(三)清晰筹划账号权属

根据目前的司法实践,尽管MCN机构与网红主播之间对直播账号权属存在约定,但主流观点认为基于直播账号有较强的人身属性这一特征,不能单纯依照合同约定将账号认定为MCN机构所有。基于此,根据双方的合作模式不同,可以考虑在合作之初采取降低账号与网红主播之间在人身上的关联性的措施,如通过他人(非网红本人)的身份证件注册相关账号等。但是,需要注意的是,各个网络平台对于账号的管理与归属都有相应规则,账号归属问题除了双方约定之外往往还要受到平台规则的约束。目前大多数平台均采用账号实名制且使用人必须为初始注册人,甚至明确不得转让。因此,降低账号的人身属性的措施是否能够实现有待商榷。此外,MCN机构主张账号归属权的背后实际的目的是防止网红主播离开MCN机构后直接带走流量并从事与MCN机构竞争的行为,为了达到这一实际目的,MCN机构与网红主播应当对竞业限制义务及其违约责任进行清晰的约定。

(四)合理确定违约金额

由于网红主播参与直播活动等义务是具有人身性质的给付义务,并不能强制要求其履行,因此,在出现违约情形时,需要根据双方约定的违约条款进行追责。由当前的司法实践可知,双方约定的违约金需要具有合理性,具体考虑因素包括:MCN机构投入的成本、合同剩余履行期限内的预期可得利益损失、网红主播本身的偿付能力等。另外,如双方建立的是普通的民商事合同关系,则将来通过诉讼程序维权时,根据《诉讼费用交纳办法》的规定,相应的诉讼费用将依据原告诉求金额按一定的比例计算。因此,MCN 机构主张违约金额时,也应当充分考虑当前司法实践在同类案件中支持违约金的大致幅度,从而合理提出诉求以降低维权成本。

(五)全面考虑诉讼策略

虽然目前司法实践中主流观点认为 MCN 机构与网红主播之间属于平等主体之间的合作关系,但是,在个别情况下,仍无法排除司法机关通过审查 MCN 机构与网红主播之间的合作或管理方式,进而认定双方属于劳动关系的可能。一旦被认定为劳动关系,相关争议将适用劳动关系特殊的法律程序以及时效。根据《劳动争议调解仲裁法》的规定,解决劳动争议需经过劳动仲裁的程序,且适用 1 年的特别时效。在原告直接起诉至法院的情况下,如双方的法律关系被认定为劳动关系,则相关诉求存在被法院以“未经仲裁前置程序”而直接驳回的可能。考虑前述法律关系认定的不确定性,一方在维权过程中应当全面、充分考虑劳动仲裁以及民事诉讼等两种不同的维权路径,并做好相应的应诉准备。

(卢子颖对本文亦有贡献)

一般禁止性广告还是虚假广告，明星代言违法广告处罚事件之再观察

王　渊*

* 作者简介：

王渊，中伦律师事务所上海办公室合规与政府监管部非权益合伙人，电邮为：wangyuan@zhonglun.com。

"广告代言有风险,公众人物需谨慎。"

据媒体报道,近日广州市市场监督管理局对广州市某健康科技公司以生产经营的相关"果蔬类"食品作为普通食品,且无有效证据证实其产品具有该公司广告宣称的所谓"阻止油脂和糖分吸收"保健功效的行为作出了处罚。同时,某知名演员作为该产品代言人,"在应知法律法规规定普通食品依法不得进行治疗、保健等功效宣传,且未经有效途径对代言商品有关功效进行核实的情况下,仍以自身名义和形象在广告中宣称代言商品具有'阻止油脂和糖分吸收'"功效,[①]其行为违反了《广告法》第61条的规定,广州市天河区市场监督管理局对该演员作出没收违法所得并处以罚款的行政处罚决定,合计罚没金额为722余万元。

检索企业信息公示系统及天眼查网站可知:(1)该公司于2021年决议解散,并于2021年11月办理了清算组备案;(2)该公司目前仍存续,于2022年3月23日被列入"严重违法失信企业名单"(黑名单),原因为"发布关系消费者生命健康的商品或者服务的虚假广告";(3)广州铁路运输中级人民法院已于2022年5月开庭,该公司作为原告,广东省市场监督管理局以及广东省人民政府作为被告,案号为(2022)粤71行初×××号,案由为行政复议。

尽管目前还无法从公开途径查阅涉案公司虚假广告案的行政处罚决定书以及广州铁路运输中级人民法院的判决书全文,但根据现有信息,可以推断:

1. 该公司因为在普通食品广告中宣传保健功能,且无有效证据证明其所宣传的产品功效,而被执法部门认定为构成虚假广告;

2. 由于涉案广告被认定为虚假广告,广州市监管部门依据《广告法》第61条第4项,即广告代言人"明知或者应知广告虚假仍在广告中对商品、服务作推荐、证明的",对该广告代言人作出了行政处罚。

很明显,对广告代言人的处罚必须以公司涉案广告被定性为虚假广告为前提,对广告代言人代言虚假广告的认定与处罚是衍生性的行政处罚。

由于本案对于该明星广告代言人的罚没金额较高,社会影响较大,普通公众可能会把焦点放在知名演员广告代言"翻车"这一事件本身的戏剧性上,而不会去深究案件事实和法律适用上的细节。但就广告和竞争法合规的角度而言,对于涉

---

① 参见《广州市市场监管部门对演员景某违法广告代言行为作出行政处罚》,载人民网,http://gd.people.com.cn/n2/2022/0528/c123932-35290418.html。

案公司“普通食品宣传保健功能构成虚假广告”一案涉及的几个基本问题，仍值得我们关注和思考：

1. 普通食品广告宣传保健功能，具体违反了哪一项禁止性法律规定？

2. 该违法行为应如何定性？

3. 在什么情形下，“普通食品广告宣传保健功能”可以被认定为“虚假广告”？

本文拟就上述问题，作简要探讨。

一、“普通食品广告不得宣传保健功能”的法律禁止性规定

普通食品，是指各种供人食用或者饮用的成品和原料，以及按照传统既是食品又是药品的物品，但是不包括以治疗为目的的物品。

作为一种特殊食品，保健食品是指声称具有特定保健功能或者以补充维生素、矿物质为目的的食品，适宜特定人群食用，具有调节机体功能，不以治疗疾病为目的，并且对人体不产生任何急性、亚急性或者慢性危害的食品。

我国对保健食品实行市场准入监管。根据《保健食品注册与备案管理办法》的规定，保健食品企业须为产品申请注册文号，在获批产品外包装标注“国食健注”字样，为天蓝色帽形，业界称为“蓝帽子”。

根据国家市场监督管理总局2022年1月12日发布关于公开征求《关于发布允许保健食品声称的保健功能目录　非营养素补充剂（2022年版）及配套文件的公告（征求意见稿）》意见的公告，目前明确的保健食品功能包括：增强免疫力、维持血脂（胆固醇/甘油三酯）健康水平、有助于维持血糖健康水平、抗氧化、辅助改善记忆、缓解视觉疲劳、促进排铅、清咽润喉、有助于维持血压健康水平、改善睡眠、缓解体力疲劳、有助于控制体内脂肪等24项。

对于普通食品宣传具有该24项功能之一的，构成违法应无异议，但在实践中，执法机关在保健作用认定时并不限于以上内容，而是按照广义上的保健作用来理解，这也导致普通食品广告在宣传食品功能上受到了很大的限制。①

对于普通食品不得宣传保健功能的规制，国家工商行政管理总局制定的《食品广告发布暂行规定》（1998年修订）（已失效）第13条有明确规定，即“普通食

① 参见何茂斌主编：《广告法案例精解：食品、药品、化妆品、医疗、医疗器械》（修订版），中国工商出版社2021年版，第242页。

品、新资源食品、特殊营养食品广告不得宣传保健功能，也不得借助宣传某些成分的作用明示或者暗示其保健作用”。然而，该暂行规定已经随着《药品、医疗器械、保健食品、特殊医学用途配方食品广告审查管理暂行办法》的实施而被废止。

《食品安全法实施条例》（2019 年）（以下简称《实施条例》）第 38 条第 1 款明确规定，“对保健食品之外的其他食品，不得声称具有保健功能”。作为对应罚则，该条例第 68 条第 2 项规定“生产经营的保健食品之外的食品的标签、说明书声称具有保健功能”的，依照《食品安全法》第 125 条第 1 款的规定处罚。

尽管《实施条例》第 68 条文义所指的仅是在非保健食品的“标签、说明书”上声称具有保健功能的情形，并没有提及在食品的“广告”上声称具有保健功能，但有观点认为，由于第 38 条里的“声称”在词义上包含了公开宣传、公开表示的意思，“广告”理应被涵盖在内，因此“非保健食品广告宣传具有保健功能”应受到《实施条例》第 38 条第 1 款的规制。①

然而，《食品安全法》法律责任一章第 125 条第 1 款列举的违法情形，并不包括“非保健食品广告宣传具有保健功能”之情形，而该条第 2 款规定“生产经营的食品、食品添加剂的标签、说明书存在瑕疵但不影响食品安全且不会对消费者造成误导的，由食品安全监督管理部门责令改正；拒不改正的，处二千元以下罚款”。

如果说《实施条例》第 38 条、第 68 条规定非保健食品在“标签、说明书声称具有保健功能”同时涵盖了“在广告上宣传具有保健功能”，那么依据《食品安全法》第 125 条第 2 款，是否可以推定“普通食品广告宣传保健功能”可以视为类似于食品标签或说明书上存在瑕疵的行为？据此，笔者理解在不影响食品安全且不会对消费者造成误导的情形下，监管部门应当先责令行为人改正，行为人拒不改正的再处以罚款。

二、“普通食品广告宣传保健功能”违法行为的定性

目前，在执法实践中对于“普通食品宣传保健功能”这一行为的定性有两种常见意见：

（一）认为应依据《广告法》第 9 条第 11 项关于广告内容不得违反“法律、行

---

① 参见《关于普通食品广告宣传保健功能的定性探讨》，载国家市场监督管理总局网 2020 年 7 月 23 日，https://www.samr.gov.cn/ggjgs/sjdt/gzdt/art/2023/art_9753228c13e245ee8e94ebcca76ed41f.html。

政法规规定禁止的其他情形”兜底条款定性。理由在于《食品安全法实施条例》是国务院颁布的行政法规,该行政法规补充规定了相关禁止情形,即其第 38 条第 1 款明确规定“对保健食品之外的其他食品,不得声称具有保健功能”,并且此处“声称”应包含食品的“标签、说明书及广告”(以下简称一般禁止性广告说)。违反该禁止性规定所对应的罚则为《广告法》第 57 条,即由市场监督管理部门责令停止发布广告,对广告主处 20 万元以上 100 万元以下的罚款。

(二)认为应依据《广告法》第 28 条第 2 款第 2 项定性,即广告对“商品的性能、功能……等信息与实际情况不符,对购买行为有实质性影响的”,应认定为虚假广告(以下简称虚假广告说)。对应的罚则为该法第 55 条,即发布虚假广告的,由市场监督管理部门责令停止发布广告,消除影响,处广告费用 3 倍以上 5 倍以下的罚款,广告费用无法计算或者明显偏低的,处 20 万元以上 100 万元以下的罚款。

在上述两种意见之外,还有一种观点认为,如果普通食品广告宣传的保健功能是有据可查且真实存在的,且不会造成对消费者的欺骗或误导,则可以按照国家市场监督管理总局《网络食品安全违法行为查处办法》(2021 年修订)第 17 条规定的“入网食品生产经营者不得从事下列行为:……(二)网上刊载的非保健食品信息明示或者暗示具有保健功能……”进行定性。

该办法第 39 条罚则规定“入网食品生产经营者违反本办法第十七条禁止性规定的,由县级以上地方市场监督管理部门责令改正,给予警告;拒不改正的,处 5000 元以上 3 万元以下罚款”。该罚则规定的最高处罚金额与已废止的《食品广告发布暂行规定》中关于普通食品广告宣传保健功能最高处罚金额都为 3 万元,表明这两部规章都在认定该行为的违法性之外,体现了处罚与教育相结合的原则。

尽管从保障消费者利益及规范普通食品广告宣传角度出发,一些观点认为将“普通食品宣传保健功能”认定为“虚假广告”处罚更加妥当,但虚假广告说在法律适用上存在一个不可回避的问题。

《广告法》并未对“普通食品宣传保健功能”作出明确禁止性规定。相较而言,该法第 17 条规定,除医疗、药品、医疗器械广告外,禁止其他任何广告涉及疾病治疗功能,也就是说普通食品广告不得宣传具有疾病预防、治疗功能。同时,该法第 18 条第 2 项进一步明确规定“保健食品广告不得涉及疾病预防、治疗功能”。

结合《广告法》第 17 条、第 18 条的规定可知，普通食品和保健食品广告宣传均不得涉及疾病预防、治疗功能，对应的罚则为《广告法》第 58 条，即违反本法第 17 条、第 18 条的，由市场监督管理部门责令停止发布广告，消除影响，处广告费用 1 倍以上 3 倍以下的罚款，广告费用无法计算或明显偏低的，处 10 万元以上 20 万元以下的罚款。

相较于普通食品宣传疾病治疗功能的情况，普通食品宣传保健功能在行为的社会危害程度上更轻，而如果将后者一律认定为构成“虚假广告”，则其对应的罚则（《广告法》第 55 条，20 万以上 100 万元以下罚款），反而比危害程度更高的前者对应的罚则（《广告法》第 58 条，10 万元以上 20 万元以下罚款）要重。

由于虚假广告说在适用上存在一个难以自圆其说的矛盾，其未必准确反映了立法者本意。同时，按照虚假广告说的认定思路，如果保健食品越界宣传了疾病治疗功能，则亦可将该类行为径直认定为“虚假广告”，并适用第 55 条关于虚假广告的罚则，如此，那《广告法》第 18 条及第 58 条的规定岂不是形同虚设，而无适用之必要。

因此，在发现“普通食品广告宣传保健功能”的违法事实时，笔者赞同不能仅因为普通食品广告宣传保健功能这一“自身违法”（illegal per se）的初步事实，就轻易将该类广告在定性上一律划入“虚假广告”的范畴，而需进一步审查该普通食品是否含有功能性成分，以及该功能性成分是否确实含有所宣称的保健功能。在此基础上，才可进一步判定该违法广告是否构成“虚假广告”。

三、普通食品广告宣传保健功能，何时构成“虚假广告”？

据报道，使用涉案产品广告的公司标榜自己是“新锐功能食品品牌”，其产品为功能食品。但是，功能食品是一个市场营销概念，我国现行食品安全管理法律法规并没有对功能食品进行明确规定，因此其本质仍然是普通食品。

关于功能食品与保健食品的关系，有食品行业专家解释认为“功能性食品在国内不是一个法定的概念，在特定概念上，功能性食品就是具有特定营养保健功能的食品。功能性食品在产业界是食品和药品的桥梁，可满足个体对健康的需求。这类食品在国外其实叫作膳食补充剂或者机能性食品”[①]。

“在国内，保健食品主要针对特殊人群，其标识是一个蓝帽子，功能性食品的范围可能更广，如按照功能分类可以分为补充营养素、抗氧化、具有调节功能等类别，根据有效成分及营养价值可分为功能性的碳水化合物、功能脂类、植物性的化学成分、益生菌等类别。”[②]

根据以上业界专家的解释，并非只有保健食品才具有营养保健功能，比经过注册与备案的保健食品范围更广的功能性食品，即普通食品，也可能包含具有保健功能的原料或成分。

因此，在鉴别“宣传保健功能的普通食品广告”是否构成虚假广告时，仍需要进一步查明该食品是否含有功能性成分，以及该成分是否确实含有广告中宣传的保健功能。在食品确实不含有功能性成分，或该等功能性成分完全不具备所宣称的保健功能的情况下，结合该宣传是否对消费者购买行为有实质性影响进行分析，若有，则可以认定为虚假广告，此时才由“自身违法”的初步判定递进延伸到“虚假广告”的最终定性，并可适用虚假广告的罚则。

综上所述，鉴于我国目前在保健食品市场准入环节设置的监管壁垒，以及普通食品不得宣称保健功能的法律禁止性规定，市场上很多功能性食品的生产经营企业在宣传产品功能、功效时，应当对《广告法》合规特别是虚假广告问题高度重视。公众人物在代言功能性食品时，由于负有更高的注意义务以及合规风险，其更应当在事前借助专业人士的判断，审慎做好对于广告宣传内容合规性的事前审查工作，防患于未然。

---

① 孟刚：《功能性食品究竟是啥　细听业界专家怎么说》，载中国网，http://food.china.com.cn/2021-06/11/content_77561964.htm。

② 孟刚：《功能性食品究竟是啥　细听业界专家怎么说》，载中国网，http://food.china.com.cn/2021-06/11/content_77561964.htm。

正当权利的行使与敲诈勒索罪边界问题的思考

——以文化娱乐行业热点案件为切入点

王梦奇* 高 祺

* 作者简介：

王梦奇，中伦律师事务所北京办公室争议解决部合伙人，电邮为：wangmengqi@zhonglun.com。

近年来，几起娱乐圈明星与女友之间的涉及敲诈勒索的案件引发社会热议，虽然一些案件仍在侦查阶段，但这也让刑法学界再次思考在互联网时代，合理行使权利与敲诈勒索罪的边界问题。本文试图通过分析敲诈勒索罪的犯罪构成，厘清正当权利的行使与敲诈勒索罪的区别。

一、敲诈勒索犯罪构成五要素

《刑法》第 274 条所规定的敲诈勒索罪，是指以非法占有为目的，对被害人使用恐吓、威胁或要挟的方法，使被害人基于恐惧心理被迫交付财物，数额较大或者多次敲诈勒索的行为。根据犯罪数额以及情节的严重程度（如次数）最高可以处 10 年以上有期徒刑，并处罚金。

具体来说，敲诈勒索罪的行为结构表现为：以非法占有为目的对他人实行威胁或者要挟→对方产生恐惧心理→对方基于恐惧心理处分财产→行为人或第三者取得财产→被害人遭受财产损失数额较大或者多次。

（一）敲诈行为，是指以向被害人实施恐吓、威胁或者要挟的方法，要求其处分财产的行为。“恐吓、威胁”是指以当场或者将来某个时间实施杀害、伤害等暴力方法，迫使对方处分财产的行为。“要挟”是指以当场或者将来某个时间以揭发隐私、告发犯罪行为、毁坏声誉等非暴力方法，迫使对方处分财产的行为。例如，女方若以贬低明星声誉、或者毁掉其事业发展为要挟，索要巨额款项的，可能涉及敲诈勒索罪。如若捏造事实为假，行为同时具有诈骗和恐吓的性质，导致对方在产生恐惧心理的同时陷入认识错误，可能涉及敲诈勒索罪与诈骗罪的想象竞合问题。

（二）产生恐惧心理并因此处分财产。实施恐吓行为使对方陷入恐惧并由此处分财产的，成立敲诈勒索罪既遂。恐吓行为没有使对方产生恐惧，对方出于同情或者为抓捕罪犯而在警方安排下交付财物的，不构成敲诈勒索罪。

（三）处分财产数额较大或者多次处分。处分行为强调财产转移的最终事实，根据《刑法修正案（八）》的规定，敲诈数额较大与多次敲诈都是本罪的入罪情节。其中，根据最高人民法院、最高人民检察院《关于办理敲诈勒索刑事案件适用法律若干问题的解释》的规定，“多次敲诈”指的是 2 年内敲诈 3 次以上。敲诈勒索公私财物价值 2000 元至 5000 元以上、3 万元至 10 万元以上、30 万元至 50 万元以上的，应当分别认定为《刑法》第274条规定的“数额较大”“数额巨大”“数额特别巨大”。其中，如果行为人主观上试图敲诈数额特别巨大的财物，但是客观上敲诈了数额较大或者巨大的财物，刑法学界一般认定构成本罪基本犯罪构成的既遂与加重犯罪构成的未遂，从一重罪论处。

二、本罪与抢劫罪、诈骗罪之间的关系

敲诈勒索罪是一种重要的侵犯财产罪，其犯罪对象是公私财物，实践中其易与抢劫罪与诈骗罪混淆：

（一）本罪与抢劫罪的关系

敲诈勒索罪与抢劫罪同为严重侵犯财产的犯罪，且均为取得型犯罪，行为结构相似，但行为方式有别，如何区别两罪名是司法实务中的难点，本文简要分析如下：

1. 在被害人被迫处分财产的意志限制程度层面来说，抢劫对被害人的侵犯更为紧迫。通俗来讲，敲诈勒索是“有的选最好给”，抢劫是“没得选只好给”。

2. 威胁内容不同。敲诈勒索罪可以以暴力或者非暴力内容相威胁，抢劫罪只能以暴力侵害相威胁。

3. 威胁时间与方式不同。敲诈勒索罪可以当场威胁，也可以通过第三者威胁；抢劫罪只能是当场威胁，不可能通过第三者威胁。

4. 威胁后果不同。敲诈勒索罪可以是当场取得财物也可以事后取得财物，财物可为不动产；抢劫罪是当场取得财物，且不可为不动产。

（二）本罪与诈骗罪的关系

敲诈勒索罪与诈骗罪是两个互不重合的罪名，在某种特定情况下可以构成想象竞合。例如，甲将某官员与女性的照片拼接在一起给官员寄去，称如不支付高额价款便向纪委告发，官员知道自己并无不良男女关系，但是怕产生其他不良后果便向甲打款，此时甲构成诈骗罪未遂和敲诈勒索罪既遂，构成想象竞合应择一重罪处罚。具体来说，两者的区分主要在于识别犯罪行为是具有诈骗性质还是恐吓性质，被害人是产生了恐惧心理还是陷入了认识错误，被害人处分财产主要是基于恐惧还是认识错误。

三、正当权利行使的判断标准

正当权利行使可以作为违法阻却事由，在违法性判断层面予以否定评价，进而否定行为成立敲诈勒索罪。其中判断标准主要参考三个要素：(1)权利基础的有无；(2)行使权利方式的正当性；(3)非法占有目的的有无。具体来说：

(一)权利基础

就权利基础来说，应当从广义层面去定义，不仅包括法定权利，还应当包括道德权利等社会生活所许可的权利。[①] 在法治社会背景下：只要法律没有禁止的，私权利的行使就是被保护的；只要法律没有授权的，公权力的行使都是被禁止的。因此，就权利基础来说，小到拾到他人身份证，大到维护消费者权益或者维护人身财产权利都应当被法律认定为索赔人具有正当权利基础。不具有正当权利基础，则可以被认定具有"非法占有目的"。例如，甲偷乙摩托车后放置于甲家，乙又通过敲诈勒索甲的手段将自己摩托车索回。虽然乙的行为已经超过了正当防卫的时间限制，但是乙的行为亦不应认定为敲诈勒索，因为甲对摩托车平稳的非法占有权能比不过乙对于摩托车的所有权，并且乙并没有非法占有目的。

然而，司法实践的情形更为复杂，尤其是涉及被害人仅具有道德权利而无法定权利时，被害人的行为认定较为困难，其中尤其典型的是超越法律规定的索赔范围如何认定的问题。以天价索赔案为例，在早些年的司法实践中索赔人主张巨额赔偿的行为大多被判定为敲诈勒索。例如，在某奶粉案、某消费者在啤酒中喝出玻璃碴、购买某品牌笔记本电脑的消费者就质量问题进行索赔等案例中，虽然这些索赔人存在正当权利基础，但是皆因为主张了明显超出法律规定的索赔额度(例如《食品安全法》规定的10倍赔偿)而被司法机关认定为构成刑法中的敲诈勒索既遂或者本罪的未遂。但是，这种索要高额赔偿款的行为虽然明显超出所谓的法律额度或者法律标准，但是并未违背社会的通常观念，是在道德标准的范围内。一方索要高额赔偿款，另一方也可拒绝接受并可以以双方协商的方式就金额再次探讨。因此，以法益受损作为入罪的基础而言，未造成被索赔方事实上的财产损失；而以社会伦理作为出罪的依据，这种维权行为被社会生活所允许，即使超过法

---

① 参见罗翔：《法益理论的检讨性反思——以敲诈勒索罪中的权利行使为切入》，载《中国刑事法杂志》2018年第2期。

律最高限度亦不应当被认定为犯罪,属于民事过度维权行为。

(二)行权方式

索赔者的维权方式也应当具有合法性、正当性。不允许用不合法或者超出正当行为限度的手段去维护正当权利基础,如果手段行为符合其他犯罪构成,也应以相应的犯罪论处。比如,以非法拘禁的手段行使权利,无论是否有正当的权利基础,这些不正当的手段都可能单独构成非法拘禁罪。

(三)非法占有目的

侵犯财产类犯罪可以分为破坏型的财产犯罪(如故意毁坏财物罪)和占有型的财产犯罪。其中占有型的财产犯罪可以分为强制占有(如抢劫罪、敲诈勒索罪)、平和占有(如盗窃罪、诈骗罪)以及挪用占有(如挪用资金罪)。区别于毁坏型犯罪,占有型犯罪具有非法占有他人财产(并非非法所有)的目的,不具有毁坏财物使用价值的目的。敲诈勒索罪中的非法占有目的,就是指意图使用威胁、要挟的手段对他人财物行使非法的事实上的占有。具体来说,除上文提到的正当权利基础可以排除非法占有目的外,索赔人的索赔动机亦可以作为判断索赔人是否具有非法占有目的的重要因素。通过结合当事人的聊天记录,是否签订赔偿协议等客观证据,司法机关可以辨析索赔人"威胁向司法机关控告或者向媒体披露"是以损坏他人名誉为真正目的,还是以索要赔偿为真正目的,进而判断其是否具有非法占有目的。

四、从文化娱乐行业热点案件看敲诈勒索罪的认定

近年来,文化娱乐行业热点案件中女方向男方索要高额"分手费""青春损失费""精神损失费"是否构成敲诈勒索引发刑法学界热议。以两起案件为例:

在第一起案件中,某男明星和某女明星存在不正当男女关系,男女双方就结束该关系达成一致意见并签署协议约定:男方补偿女方 1100 万元"分手费",女方保证删除能够体现不正当关系的一切资料。然而,在男方支付完毕的半年后,女方仍然在网络上披露了二者的关系,并以公布照片要挟男方继续支付 4000 万元。男方表示同意,双方就此 4000 万元达成了分 4 年支付的协议。男方在按期支付了第一期"分手费"300 万元后,女方再次要求改变支付期限为一次性付清尾款 3700 万元。最终男方报案,检方依法提起公诉,法院最终判决认定前 1100 万元以

及300万元系男方表示同意给付并且未造成男方紧迫性，该1400万元属于双方意思自治的部分。然而，女方后期以留存的亲密隐私信息要挟，强制要求男方非自愿、一次性支付3700万元，这笔钱从“双方自愿给付”转变为“紧迫地单方恐吓性索要”，女方最终被认定为敲诈勒索3700万元未遂，被判处三年有期徒刑，缓刑三年执行。

后一起明星涉嫌强奸、聚众淫乱案一审已于2022年11月25日宣判。就现有媒体报道以及官方回应来看，本案与上述案件具有实质性区别，女方不构成敲诈勒索犯罪。原因在于：第一，不存在“三角恐吓”行为。“三角恐吓”为被胁迫者（财产处分者）与被害人不是同一人的情形，被胁迫者必须具有处分被害人财产的权能或地位。本案中，犯罪嫌疑人的母亲报警称遭到女方敲诈勒索300万元，并已经实际支付50万元，但警方最终查明系第三方诈骗行为。第二，女方具有正当权利基础。男方假借挑选女主角的名义，采用灌酒等方式，利用女方不知反抗或不能反抗之机进行性行为，构成强奸罪。即使后续两人以男女朋友身份交往，也并不能够用事后被害人的同意来否认第一次性行为的违法性。现因男方被认定为强奸，女方具有索赔的正当权利。并且，抛开第三方“两头骗”的因素，男方及其母亲同意支付300万元“分手费”并转账50万元均系自愿行为。第三，女方行使权利的方式为向公众披露和向司法机关告发，其方式合法、正当。因此，本案女方的行为与上述案件不应做同等处理。

因此，综合上述两个案例而言：一方面，“分手费”与“青春损失费”是没有法律依据的赔偿请求，即便双方签署了相关协议，亦较难受法律的保护。“分手费”是否构成正当权利基础，要看其是否构成民法上已经实际履行的自然债务。自然债务是法律债务之对称，自然债务是指债务现实存在，但不能通过法律程序来实现债权的债务。如第一起案件中已经支付的1400万元是受法律保护的，男方不能以“分手费”不受法律保护为由进行索要，因此1400万元属于上文提到的法定权利，构成正当权利基础。就3700万元而言，笔者倾向于认为并不属于社会生活所许可的道德权利，因为这种将感情生活以经济价值化的行为并非社会价值观所倡导与鼓励的内容，对公众道德观念具有负面影响。另一方面，向媒体曝光或者向司法机关揭发是一种合法的正当权利的行使方式。

五、法律的修改趋势对未来敲诈勒索罪司法认定的影响

职业性催讨高利贷或者不受法律保护的债务(如赌债)被《刑法修正案(十一)》单独规定为催收非法债务罪。《刑法》第293条之一规定:“有下列情形之一,催收高利放贷等产生的非法债务,情节严重的,处三年以下有期徒刑、拘役或者管制,并处或者单处罚金:(一)使用暴力、胁迫方法的;(二)限制他人人身自由或者侵入他人住宅的;(三)恐吓、跟踪、骚扰他人的。”尽管在设立本罪之前,针对此行为,当时的《刑法》已有相应规制,即发放高利贷有可能构成非法经营罪,则帮助催收行为可能以非法经营罪的共犯论处;针对不受法律保护的其他债务进行催收的行为根据行为方式以抢劫罪或者敲诈勒索罪论处。但是,立法者考虑职业性的催讨毕竟存在一个事由(即使不受法律保护),还是应当区别于一般的敲诈勒索、抢劫、非法经营等行为,事实上导致新罪名的处罚更轻。这种立法行为便是将权利基础的有无作为一种考量要素后进行的修改。因此,非法的权利基础都会影响罪名与处罚,因而在判断敲诈勒索罪的构成中,是否存在正当权利基础的审查则更为必要了。

六、结语

就刑法的谦抑性标准而言,应当慎重区分民事不法与刑事违法的边界。此外,从社会效果而言,在文化娱乐领域适当地保护正当权利的行使也有利于监督公众人物对自身道德标准要求的提高。在考虑正当权利行使与敲诈勒索行为的边界时,笔者认为可主要审查如下变量:第一,在考虑刑法的谦抑性且存在正当权利基础的情况下,对于单纯高价索赔或过度维权的行为,排除非法占有目的,一般认定构成民事不法。[①] 第二,如果在以网络曝光或正常诉讼的合法方式可以维权的情况下,索赔人仍以加害他人人身权益、财产权益、信誉或名誉等相要挟,而且所要求的赔偿数额明显超过法律与社会道德所支持的合理范围的,由于其行权方式不具有相当性,索赔范围明显超出了法律规定的一般赔偿范围进而转化为具有非法占有之目的,那么就有了敲诈勒索罪或其他相关犯罪的适用空间。

① 参见杨猛:《消费者权利滥用行为的刑民法域定性逻辑》,载《法律方法》2021年第1期。

明星肖像权纠纷侵权主体认定研究

周赟 高婷 叶艳华* 施业祥

* 作者简介：

周赟，中伦律师事务所上海办公室公司业务部合伙人，电邮为：zhouyun@ zhonglun. com。

高婷，中伦律师事务所上海办公室公司业务部合伙人，电邮为：gaoting@ zhonglun. com。

叶艳华，中伦律师事务所上海办公室公司业务部非权益合伙人，电邮为：yeyanhua@ zhonglun. com。

通常而言，具有较高知名度的社会公众人物的形象能够增加商品或服务的影响力和知名度，吸引消费者购买商品或接受服务。[①] 近年来，部分企业为谋取不当商业利益未经授权擅自使用明星肖像的行为越发严重。此种利用名人效应“搭便车”的行为严重侵犯了明星的肖像权。[②]

在明星肖像权纠纷中，常见侵权形式主要有三种：第一，自媒体在明星相关内容的文章中，间接、隐形地植入自身产品或服务，进而达到广告宣传的效果。[③] 第二，以“表情包”方式使用。自媒体利用热点事件或话题借机发布自身产品或服务宣传文案。第三，虚假代言使用。未经授权擅自使用明星肖像制作宣传海报或广告，致使社会公众误认为双方存在代言关系。在此三类纠纷中，法院认为，在造成虚假代言效果的案件中，侵权人主观故意明显，肖像使用场景多样且传播影响力更大，不但会产生误导、欺骗消费者的效果，而且还会对明星本人商业代言的诚信产生不利影响，比一般侵害肖像权行为造成的损害后果更大，因此应当承担更重的侵权责任。[④]

针对日益频发的侵犯肖像权行为，越来越多的明星选择依法维权，[⑤]并且此类维权行动也获得了官方媒体的报道。[⑥] 在实务中，代理明星维权时，律师通常收到的初步侵权线索为未经授权擅自载有明星肖像的海报、产品或推文等。如何根据已知线索充分搜集证据，进而锁定侵权主体、避免错误与遗漏，往往成为处理此类纠纷的重点。本文拟结合明星肖像权纠纷的司法实践，在对此类案件进行类型化分析的基础上，总结相关裁判要旨，并从明星维权视角出发，提出相应的实务建议。

---

① 参见胡某与长沙市嘉悦莱美容服务有限公司雨花医疗美容门诊部肖像权纠纷案，北京市朝阳区人民法院(2018)京0105民初48006号。

② 参见深圳众生元网络技术有限公司与杨某肖像权纠纷案，广东省深圳市中级人民法院(2016)粤03民终9542号。

③ 典型案例如靳某与深圳萨维诺服饰有限公司肖像权纠纷案，北京互联网法院(2021)京0491民初6392号。

④ 参见《北京互联网法院召开“关于网络环境中侵害肖像权案件的审理情况”新闻通报会》，载北京互联网法院网2020年9月18日，https://www.bjinternetcourt.gov.cn/cac/zw/1600410468565.html。

⑤ 参见黄美玲：《易烊千玺诉“霹雳堡”侵犯肖像权！企业频频“碰瓷”明星，怎么治？》，载映象新闻网2022年5月12日，http://news.hnr.cn/shxw/article/1/1524706090980491266。

⑥ 参见《人民热评：“彭于晏”们请勇敢拿起法律武器！》，载人民网评微博2022年9月1日，https://weibo.com/7452068877/M3JiDA6o5。

一、明星肖像权纠纷中侵权主体认定实证研究

《民法典》第995条规定，人格权受到侵害的，受害人有权依照本法和其他法律的规定请求行为人承担民事责任。在实务中，常见的初步侵权线索为未经授权擅自载有明星肖像的线下宣传海报、线上宣传推文或实体侵权产品等。一般而言，线下宣传海报可能涉及的侵权主体为实体门店与品牌方，线上宣传推文可能涉及的侵权主体为品牌方、广告发布方、平台认证主体、平台实控主体。实体侵权产品可能涉及的侵权主体为产品的品牌方与生产方。

不过需要注意的是，以上仅为根据初步掌握的侵权线索对潜在侵权主体的初步识别。在庭审中，前述潜在侵权主体（被控侵权主体）通常以各种理由抗辩其并未实施侵权行为，不是侵权行为人，进而企图逃避侵权责任。

本文以“威科先行法律数据库”中公开的生效裁判文书为样本，[①]通过类型化分析，总结此类纠纷中被控侵权主体的常见抗辩事由，并结合合诉辩双方的举证质证要点，总结不同情形下的法院裁判要旨。

（一）品牌方辩称其已经取得授权

品牌方作为实施侵权行为的受益人，通常系首要被控侵权主体。不过，庭审中品牌方通常举证其已经取得授权。授权文件的合法性与有效性往往成为争议的焦点。

1. 抗辩事由

基于对样本案例的类型化整理，我们可以发现，在此类纠纷中，被控侵权主体常见的抗辩事由系其已经与第三方签署授权合同并支付对价，因而已经取得授权。

2. 关键事实

通过对样本案例中被控侵权主体提交的反驳证据的类型化梳理，我们可以发现，此类授权合同的关键条文主要有：（1）授权合同约定仅可以使用明星某影视作品的宣传片及海报作为被授权人开发的产品的赠品；[②]（2）第三方出具的授权合

---

① 笔者在“威科先行法律数据库”中以“肖像权纠纷”为案由，以“明星”为关键词，限定于“裁判理由与依据”中进行检索，截至2023年3月26日，获取样本案例285例。剔除与研究细分主题并无直接关联的案例，实际获取有效案例22例。

② 典型案例如广州颜珀坊化妆品有限公司、陈某肖像权纠纷案，广东省广州市中级人民法院（2020）粤01民终13547号。

同缺乏载有明星原始授权依据的授权文件;[①](3)虽为明星出具的真实授权合同,但约定仅特定被授权人使用且不得擅自转授权任何第三方使用。[②]

3. 裁判要旨

整体而言,法院倾向于认定此类情形下,被控侵权主体因未获得合法授权,构成肖像权侵权。

具言之,如授权方授权缺乏依据,且超出了授权合同中所谓的"授权"方式和范围,则侵害了明星肖像权。[③] 需要注意的是,即便被授权人获得了明星的授权,亦应按照约定的使用范围、方式、期限等合理使用明星肖像。如被授权人未经明星同意将其依约获得的肖像使用权交其关联公司超范围使用,与关联公司构成共同侵权。[④]

此外,被控侵权主体使用明星肖像时负有注意义务。[⑤] 即便第三方明确作出有权使用的相关承诺,仍然不能豁免被控侵权主体使用肖像时应尽的合理审慎审查授权文件合法性之责。

如此类授权合同明确约定使用方式为仅供赠品宣传使用,应认定被控侵权主体对于第三方的授权范围不包括产品代言或在外包装上使用肖像系属明知。

(二)品牌方辩称实体门店侵权行为与其无关

在线下实体门店侵权纠纷中,实体门店通常为首要被控侵权主体。不过,品牌方是否授权门店实施该等行为,进而应当承担侵权责任,往往成为实践中的争议焦点。

1. 抗辩事由

基于对样本案例的类型化整理,我们可以发现,此类纠纷通常表现为被控侵

---

① 典型案例如西安市灞桥区土豆叔叔小吃店与迪某肖像权纠纷案,陕西省西安市中级人民法院(2020)陕01民终4355号;范某与嘉兴法瑞新能源科技有限公司肖像权纠纷案,北京市朝阳区人民法院(2018)京0105民初55694号。

② 典型案例如香港瑶芳祛痘投资集团有限公司、刘某与韩某、莆田市城厢区瑶氏美容有限公司肖像权纠纷案,江苏省苏州市中级人民法院(2018)苏05民终10373号。

③ 参见吴某与中山市星汇文化传播有限公司等肖像权纠纷案,北京市海淀区人民法院(2019)京0108民初9579号。

④ 参见香港瑶芳祛痘投资集团有限公司、刘某与韩某、莆田市城厢区瑶氏美容有限公司肖像权纠纷案,江苏省苏州市中级人民法院(2018)苏05民终10373号。

⑤ 参见西安市灞桥区土豆叔叔小吃店与迪某肖像权纠纷案,陕西省西安市中级人民法院(2020)陕01民终4355号。

权的品牌方辩称实体门店擅自使用肖像权的行为并非其授权，与其无关，其不构成侵权。

2. 关键事实

根据诉辩双方的举证质证，可以发现此类纠纷的关键事实主要表现为实体门店间的装修风格基本相同，使用的侵权肖像基本一致，具有加盟特征。

3. 裁判要旨

整体而言，在此类纠纷中，法院倾向于根据加盟特征推定实体门店使用肖像系品牌方授权所致。

具言之，法院认为，品牌方在微信公众号、微博、官网等官方平台使用的明星代言广告形象与线下实体门店使用的明星代言广告形象相同，且线下多个实体门店使用的明星代言广告形象基本一致，具有明显的加盟特征的，品牌方未就实体门店内出现的情况作出合理解释及举证的情况下，应承担举证不能的后果。此时，应当据此推定品牌实体门店中使用的广告图片系品牌方许可使用所致，进而认定品牌方构成侵权。

（三）平台实控主体辩称侵权行为系认证主体实施

在线上网络平台侵权纠纷中，通常而言，平台认证主体为首要被控侵权主体。然而，实践中不乏平台所载内容指向的实际受益主体并非认证主体的情形。此时，如何识别侵权主体往往成为争议的焦点。

1. 抗辩事由

基于对样本案例的类型化整理，我们可以发现，此类纠纷表现为被控侵权的平台实控主体辩称其身份信息被平台擅自使用，其并非平台的实际认证主体，未实施侵权行为。

2. 关键事实

根据诉辩双方的举证质证，可以发现此类纠纷的关键事实主要表现为平台认证主体与实际控制主体虽不一致，但通过平台载明的内容能够锁定平台实控主体为最终受益人。①

---

① 典型案例如长沙亚韩医学美容医院有限公司与景某肖像权纠纷案，北京市高级人民法院（2018）京民申492号。

3. 裁判要旨

整体而言，在此类纠纷中，法院倾向于根据实际受益主体判定实际侵权人。

具言之，法院认为，即便网站域名备案主体与被控侵权主体并非一致，但是通过经营地址、联系电话、实体店宣传名称、商标等综合判断，能够判定唯一的实际受益人为被控侵权主体的，以最终实际受益主体（而非平台认证主体）为侵权主体，要求其承担责任并无不当。①

需要注意的是，在实践中还存在涉案网站主办单位已被撤销，但其承继主体实际使用网站并实施侵权行为的现象。对此，有法院认为，如被控侵权主体由原网站主办单位投资设立，结合两者在名称、经营者、住所地、公司经营范围等诸多线索的相似性，可以证明被控侵权主体实际使用涉案网站的，被侵权人可向其主张权利。②

（四）加工方辩称已尽合理注意义务

在委托加工情形下，产品品牌方通常为首要被控侵权主体。然而，产品加工方是否一律构成侵权往往成为争议的焦点。

1. 抗辩事由

基于对样本案例的类型化整理，我们可以发现，在此类纠纷中产品加工方通常主张其在受托加工产品时已尽合理注意义务，不构成侵权。

2. 关键事实

结合诉辩双方的举证质证，可以发现此类纠纷的关键事实主要表现为加工方根据品牌方的委托，加工载有侵权肖像的产品。③

---

① 参见长沙亚韩医学美容医院有限公司与景某肖像权纠纷案，北京市高级人民法院（2018）京民申492号。需要注意的是，关于被控侵权主体辩称其身份信息被冒用的问题，本案一审法院认为，即便如被控侵权主体抗辩称存在被冒用可能，但根据信息证明被控侵权主体不可能不知冒用行为存在的，被控侵权主体未能举证其就制止侵害行为采取过合理措施的，其应承担相应责任。参见长沙亚韩医学美容医院有限公司与景某肖像权纠纷案，北京市朝阳区人民法院（2016）京0105民初54501号。

② 参见景某与昆山时光医疗美容门诊部有限公司肖像权纠纷案，江苏省苏州市中级人民法院（2018）苏05民终5769号；叶某与昆山时光医疗美容门诊部有限公司肖像权纠纷案，江苏省苏州市中级人民法院（2018）苏05民终5773号。

③ 典型案例如中山市喜之乐食品有限公司、林某等肖像权纠纷案，广东省广州市中级人民法院（2021）粤01民终21979号；彭某与广州市卡曼儿化妆品有限公司等肖像权纠纷案，广东省广州市中级人民法院（2022）粤01民终24605号；彭于某与北京白小仙电子商务有限公司等网络侵权责任纠纷案，北京互联网法院（2022）京0491民初6681号。

3. 裁判要旨

整体而言，在此类纠纷中，法院倾向于认为明星作为社会公众人物，加工方未严格尽到审查和注意义务直接实施侵权行为的，应当承担相应的侵权责任。

具言之，法院认为，明星作为知名公众人物，产品加工方在受托加工相应产品时，理应尽到更为严格的审查和注意义务，否则应承担相应的侵权责任。① 此外，如有证据表明侵权产品系产品品牌方与产品加工方共同开发，应认定二者构成共同侵权。②

不过，需要注意的是，有法院认为，如果仅为产品外包装的加工商，依据加工合同进行生产并取得加工报酬，并未使用明星肖像的，不构成侵权。③ 并且，如现有证据表明加工方仅为涉案产品的代工生产方和产品包装的印制方，其与品牌方无共同侵权的故意的，产品的代工生产方和产品包装的印制方不构成侵权。④

（五）广告发布方辩称已尽审查义务

在实践中，对于发布线上广告情形下广告发布方的责任承担问题，往往成为争议的焦点。

1. 抗辩事由

基于对样本案例的类型化整理，我们可以发现，在此类纠纷中广告发布方通常主张其在审核广告发布时已尽合理审查义务，不构成侵权。

2. 关键事实

结合诉辩双方的举证质证，可以发现此类纠纷的关键事实主要表现为品牌方通过广告发布方持有的平台发布载有侵权肖像的广告信息。⑤

---

① 参见中山市喜之乐食品有限公司、林某等肖像权纠纷案，广东省广州市中级人民法院（2021）粤01民终21979号。

② 参见彭某与广州市卡曼儿化妆品有限公司等肖像权纠纷案，广东省广州市中级人民法院（2022）粤01民终24605号。

③ 参见韩某、云南香当俏食品有限公司等姓名权纠纷案，江苏省苏州市姑苏区人民法院（2021）苏0508民初3739号。

④ 参见彭某与北京白小仙电子商务有限公司等网络侵权责任纠纷案，北京互联网法院（2022）京0491民初6681号。

⑤ 典型案例如周某与北京逾轮网络科技有限公司等肖像权纠纷案，北京市丰台区人民法院（2017）京0106民初21836号；吴某与中山市星汇文化传播有限公司等肖像权纠纷案，北京市海淀区人民法院（2019）京0108民初9579号。

3. 裁判要旨

整体而言，在此类纠纷中，法院多认为广告发布方在发布广告时未尽到审查义务的，应当承担相应的侵权责任。

具言之，法院认为，第三方网站在发布广告时，应当对发布广告的内容是否合法尽审慎注意义务。第三方网站对于授权文件疏于审查，放任侵权照片对外投放使用的，对于侵权结果的发生存在过错，构成侵权。①

不过，需要注意的是，亦有法院认为，网页发布者系网络服务提供者，无证据显示其直接发布了涉案侵权内容并存在相应收益的，不构成侵权。②

二、明星肖像权维权中侵权主体认定实务要点

不同于合同纠纷，侵权纠纷对于侵权主体认定的举证要求相对更高。在此类纠纷中，律师代理明星维权案件时，建议从侵权主体的证据锁定与责任主体的范围拓展两个层面出发，拟定诉讼方案并搜集证据材料。

（一）侵权主体的证据锁定

通过前述类案检索，我们可以发现明星肖像权纠纷中被控侵权主体的常见抗辩事由。因而，代理明星维权案件时，建议律师从实践中被控侵权主体的常见抗辩事由出发，结合类案中诉辩双方的举证质证要点，并根据法院的裁判要旨准备相应的诉讼方案及证据材料。

1. 审查授权文件内容

通过前述分析可知，被控侵权主体通常出示所谓的授权文件，主张其已经取得授权。代理明星维权案件时，建议律师仔细审查被控侵权主体的授权文件是否有合法的授权来源、授权内容及授权范围。

首先，就授权来源而言，如被控侵权主体的授权方未获得明星的有效授权，应当认定被控侵权主体的授权来源不合法。需要注意的是，在授权来源认定的过程中，被控侵权主体负有更高的注意义务，如被控侵权主体未尽审慎审查之责，应当承担相应的侵权责任。

---

① 参见周某与北京逾轮网络科技有限公司等肖像权纠纷案，北京市丰台区人民法院（2017）京0106民初21836号。

② 参见吴某与中山市星汇文化传播有限公司等肖像权纠纷案，北京市海淀区人民法院（2019）京0108民初9579号。

其次，就授权内容而言，建议仔细审查被控侵权主体提交的授权合同的具体内容。实践中常见形式为合同明确约定被控侵权主体仅可使用明星某影视作品的宣传片及海报作为其开发的品牌产品的赠品。在此种情形下，应当认定被控侵权主体对于不得将明星肖像用于代言及宣传系属明知。如被控侵权主体借此虚假代言的，应当承担相应的侵权责任。

最后，就授权范围而言，如确实获得了明星的授权，亦应注意审查合同约定的授权范围。尤其需要注意的是，在无明确特别授权的前提下，被授权公司擅自授权自身关联公司使用明星肖像的，亦应认定构成侵权。

2. 穿透实质受益主体

通过前述分析可知，被控侵权主体通常辩称侵权行为系他人擅自实施，其主观上并无侵权的故意，客观上亦未实施侵权行为。

首先，就线下实体门店侵权而言，建议律师以品牌加盟为核心，搜集相应证据主张实体门店使用肖像系品牌方授权所致。具体言之，建议律师从品牌方与实体门店的加盟关系出发，从品牌方于各大网络平台官方账号中发布的侵权肖像与实体门店的侵权肖像的一致性着手，推定线下实体门店系品牌方的加盟商，主张线下实体门店中使用的广告图片系品牌方许可使用所致，进而认定品牌方构成侵权。

其次，就线上网络平台侵权而言，建议律师以实际受益人为核心，搜集相应证据锁定真正侵权主体。具言之，建议将涉案平台载明的信息与实际受益人的相关信息进行比对，从而确定二者的关联性，进而锁定实际的受益主体。例如，可以将名称、经营者、经营范围、股权关系、历史沿革、投资人、住所地、联系电话、宣传名称、商标等要素综合比对，寻找二者的关联性。如被控侵权主体坚称其身份信息被冒用，建议律师围绕被控侵权主体对此等“冒用行为”是否明知进行论证。如被控侵权主体不能举证证明其就制止“冒用行为”采取过合理措施，应当承担相应的侵权责任。

3. 厘清注意义务边界

通过前述分析可知，被控侵权主体通常辩称其已尽合理注意义务，不构成侵权。

首先，就委托加工产品而言，产品加工方对于明星肖像的使用应尽更加严格的审查和注意义务。建议律师从加工方对于擅自使用明星肖像权事宜系属明知出发,主张加工方在未尽相应审查和注意义务的情形下便接受委托,生产案涉侵权产品,进而构成侵权。同时,建议律师从各类文件、公开报道中载明的加工方与品牌方的关联性与商业往来出发,搜集相关证据证明加工方系与品牌方具有共同侵权的意思联络,共同实施侵权行为。否则,如现有证据表明被控侵权主体仅为涉案产品的代工生产方和产品包装的印制方,依据加工合同进行生产,没有与品牌方共同侵权的故意的,不排除法院认定加工方不构成侵权的可能性。

其次,就发布线上广告而言,建议律师根据《民法典》第 1194 条至第 1197 条关于网络侵权的相关规定审查广告发布方在广告发布中是否存在未尽合理审查义务、放任侵权照片对外使用的情形,进而主张其对于侵权结果的发生存在过错,构成侵权。不过,需要注意的是,如无证据证明广告发布方直接发布了涉案侵权内容并存在相应收益的,不排除法院认定不构成侵权的可能性。

(二)责任主体的范围拓展

在依据前述诉讼策略搜集相应证据锁定侵权主体的前提下,律师在代理明星维权案件时,在诉讼策略上还可综合被控侵权主体的实际履约能力等因素,依法考虑责任主体范围的适度拓展,以防止被控侵权主体系空壳公司,届时胜诉判决难以实际执行到位。

1. 诉讼阶段——法人人格否认制度的适度运用

锁定被控侵权主体后,建议律师对被控侵权主体的商业履约能力进行调查,确保该被控侵权主体目前系实际经营且具有良好的履约能力的公司,而非空壳公司。具体而言,如被控侵权主体为一人公司的,可根据商业履约能力初步调查结果决定是否运用法人人格否认制度,将公司股东作为共同被告。

就一人公司的具体认定而言,如有证据证明公司股东为夫妻的,实践中虽对此尚有争议,①但也可视情况尝试主张该公司为实质上的一人公司,进而将股东作为共同被告。此外,在司法实践中,若债务形成于被告公司为一人公司期间,此后被告公司变更为非一人公司的,作为一人公司的股东如不能提供充分证据证明期间公司的财产独立于该股东的财产,法院认为该股东应对其作为一人公司股东期

---

① 参见熊某、沈某申请执行人执行异议之诉案,最高人民法院(2019)最高法民再 372 号民事判决书;《公司案例|苏州中院公司类纠纷案件审判白皮书和典型案例》,载腾讯网,https://new.qq.com/rain/a/20220706A0CHNL00;最高人民法院民事审判第二庭:《最高人民法院民法典担保制度司法解释理解与适用》,人民法院出版社 2021 年版,第 164~165 页。

间公司产生的债务承担连带责任。[①]

需要注意的是,《中华人民共和国公司法(修订草案一次审议稿)》不再对一人公司作出特别规定。这意味着,现行《公司法》第63条规定的一人公司法人人格否认举证责任倒置制度也将被取消。不过,由于草案出台后争议较大,《中华人民共和国公司法(修订草案二次审议稿)》第23条增加了一人公司法人人格否认举证责任倒置制度。对此,建议持续关注正式出台的公司法关于一人公司法人人格否认举证责任制度的具体规定。

2. 执行阶段——变更追加被执行人制度的运用

在执行阶段,如被执行人没有履约能力的,还可考虑根据《最高人民法院关于民事执行中变更、追加当事人若干问题的规定》(2020年修正)的规定,追加股东为被执行人。

具言之,可围绕股东是否存在未足额出资、[②]抽逃出资、[③]未足额缴纳出资即转让股权、[④]不能证明财产独立于一人公司、[⑤]未清算即办理注销有限责任公司[⑥]等情形搜集相关证据。如有证据证明存在前述情形之一的,可依法追加股东为被

① 参见吉林市圣鑫拍卖有限公司、中国农业银行股份有限公司吉林市分行追偿权纠纷案,最高人民法院(2020)最高法民申7075号。

② 《最高人民法院关于民事执行中变更、追加当事人若干问题的规定》(2020年修正)第17条规定:"作为被执行人的营利法人,财产不足以清偿生效法律文书确定的债务,申请执行人申请变更、追加未缴纳或未足额缴纳出资的股东、出资人或依公司法规定对该出资承担连带责任的发起人为被执行人,在尚未缴纳出资的范围内依法承担责任的,人民法院应予支持。"

③ 《最高人民法院关于民事执行中变更、追加当事人若干问题的规定》(2020年修正)第18条规定:"作为被执行人的营利法人,财产不足以清偿生效法律文书确定的债务,申请执行人申请变更、追加抽逃出资的股东、出资人为被执行人,在抽逃出资的范围内承担责任的,人民法院应予支持。"

④ 《最高人民法院关于民事执行中变更、追加当事人若干问题的规定》(2020年修正)第19条规定:"作为被执行人的公司,财产不足以清偿生效法律文书确定的债务,其股东未依法履行出资义务即转让股权,申请执行人申请变更、追加该原股东或依公司法规定对该出资承担连带责任的发起人为被执行人,在未依法出资的范围内承担责任的,人民法院应予支持。"

⑤ 《最高人民法院关于民事执行中变更、追加当事人若干问题的规定》(2020年修正)第20条规定:"作为被执行人的一人有限责任公司,财产不足以清偿生效法律文书确定的债务,股东不能证明公司财产独立于自己的财产,申请执行人申请变更、追加该股东为被执行人,对公司债务承担连带责任的,人民法院应予支持。"

⑥ 《最高人民法院关于民事执行中变更、追加当事人若干问题的规定》(2020年修正)第21条规定:"作为被执行人的公司,未经清算即办理注销登记,导致公司无法进行清算,申请执行人申请变更、追加有限责任公司的股东、股份有限公司的董事和控股股东为被执行人,对公司债务承担连带清偿责任的,人民法院应予支持。"

执行人，以确保胜诉权益得以有效落实。

三、结语

明星社会关注度高、影响面广，其肖像通常具有较大的经济价值。然而，近年来，部分企业为谋取不当商业利益，擅自使用明星肖像。在明星肖像权纠纷中，律师在帮助明星维权时，如何制定完善的诉讼策略，充分搜集证据材料锁定侵权主体对于案件的成败至关重要。

文章首先通过实证分析，发现实践中被控侵权主体的常见抗辩事由主要表现为品牌方辩称其已经取得授权、品牌方辩称实体门店侵权行为与其无关、平台实控主体辩称侵权行为系认证主体实施、加工方辩称已尽合理注意义务、广告发布方辩称已尽审查义务。在此基础上，文章结合诉辩双方的举证质证及法院裁判要旨，就不同情形下代理明星维权案件的诉讼实务要点予以分析。最后，文章分别从诉讼阶段以及执行阶段两个层面出发，就责任主体范围的适度拓展提出具体的诉讼策略。系列诉讼策略的分析运用对于充分维护明星的合法权益、确保胜诉判决得以有效落实具有重要实践意义。

逃税行为的罪与非罪

王梦奇*

*作者简介：

王梦奇，中伦律师事务所北京办公室争议解决部合伙人，电邮为：wangmengqi@ zhonglun. com。

一、立法演变：从偷税罪到逃税罪

个罪的诞生、修订与《刑法》的诞生、修订紧密相关。而偷税行为自1979年《刑法》入刑后，经历多次修订，直至2009年《刑法修正案（七）》将其规定为逃税罪。具体条文变化情况如表1所示。

表1　逃税行为的法律条文演变对比

	1979年《刑法》	1997年《刑法》	现行《刑法》
条文	第121条　违反税收法规，偷税、抗税，情节严重的，除按照税收法规补税并且可以罚款外，对直接责任人员，处三年以下有期徒刑或者拘役。	第201条　纳税人采取伪造、变造、隐匿、擅自销毁帐簿、记帐凭证，在帐簿上多列支出或者不列、少列收入，经税务机关通知申报而拒不申报或者进行虚假的纳税申报的手段，不缴或者少缴应纳税款，偷税数额占应纳税额的百分之十以上不满百分之三十并且偷税数额在一万元以上不满十万元的，或者因偷税被税务机关给予二次行政处罚又偷税的，处三年以下有期徒刑或者拘役，并处偷税数额一倍以上五倍以下罚金；偷税数额占应纳税额的百分之三十以上并且偷税数额在十万元以上的，处三年以上七年以下有期徒刑，并处偷税数额一倍以上五倍以下罚金。 扣缴义务人采取前款所列手段，不缴或者少缴已扣、已收税款，数额占应缴税额的百分之十以上并且数额在一万元以上的，依照前款的规定处罚。 对多次犯有前两款行为，未经处理的，按照累计数额计算。	第201条　纳税人采取欺骗、隐瞒手段进行虚假纳税申报或者不申报，逃避缴纳税款数额较大并且占应纳税额百分之十以上的，处三年以下有期徒刑或者拘役，并处罚金；数额巨大并且占应纳税额百分之三十以上的，处三年以上七年以下有期徒刑，并处罚金。 扣缴义务人采取前款所列手段，不缴或者少缴已扣、已收税款，数额较大的，依照前款的规定处罚。 对多次实施前两款行为，未经处理的，按照累计数额计算。 有第一款行为，经税务机关依法下达追缴通知后，补缴应纳税款，缴纳滞纳金，已受行政处罚的，不予追究刑事责任；但是，五年内因逃避缴纳税款受过刑事处罚或者被税务机关给予二次以上行政处罚的除外。

1979年《刑法》第121条将偷税和抗税规定在一起，处罚直接责任人员，没有“情节严重”的具体认定标准，内容较为粗疏，不能满足当时惩治严重偷税、抗税犯

罪的需要。为此,1992 年全国人大常委会通过单行刑法《关于惩治偷税、抗税犯罪的补充规定》(已失效),对 1979 年《刑法》作了补充和完善,[①]明确了偷税、抗税行为的方式、责任人范围、罪量认定标准以及刑罚幅度。1997 年《刑法》以《关于惩治偷税、抗税犯罪的补充规定》为蓝本进行了诸多修订,最终形成 1997 年《刑法》第 201 条、第 202 条的文本。将偷税行为和抗税行为分别入罪,对偷税行为更加细化,数量标准与刑罚对应更加具体,增加罚金规定和行政机关处置前置程序的要求,较好地解决了偷税行为的行刑衔接问题,增强了司法实践的可操作性。

随着社会的变迁和偷逃税款犯罪的形态逐渐多样化,2009 年全国人大常委会通过《刑法修正案(七)》,对《刑法》第 201 条作了较大的修订与补充,主要内容为:取消具体数额的规定,以"数额较大""数额巨大"取代之,从而简化了罪状的表述;增加规定"初犯附条件免责事由",有效地维护了税收征管秩序,保证了国家税收收入。[②] 上述修改更加清晰地区分了立法与司法的关系,本罪的罪名也正式由"偷税罪"变更为"逃税罪",并一直沿用至今。

二、司法认定:逃税罪的构成要件释义

(一)逃税罪的构成要件解读

根据现行《刑法》的规定,逃税罪是指纳税人采取欺骗、隐瞒手段进行虚假纳税申报或者不申报,逃避缴纳税款数额较大并且占应纳税额 10%以上,或者缴纳税款后,以假报出口或其他欺骗手段,骗取所缴纳的税款的行为,以及扣缴义务人采取欺骗、隐瞒手段,不缴或者少缴已扣、已收税款,数额较大的行为。[③] 由此,可以从行为主体、行为方式、罪量标准、罪责因素四方面解读逃税罪。

---

① 《关于惩治偷税、抗税犯罪的补充规定》第 1 条规定:"纳税人采取伪造、变造、隐匿、擅自销毁帐簿、记帐凭证,在帐簿上多列支出或者不列、少列收入,或者进行虚假的纳税申报的手段,不缴或者少缴应纳税款的,是偷税。偷税数额占应纳税额的百分之十以上并且偷税数额在一万元以上的,或者因偷税被税务机关给予二次行政处罚又偷税的,处三年以下有期徒刑或者拘役,并处偷税数额五倍以下的罚金;偷税数额占应纳税额的百分之三十以上并且偷税数额在十万元以上的,处三年以上七年以下有期徒刑,并处偷税数额五倍以下的罚金。扣缴义务人采取前款所列手段,不缴或者少缴已扣、已收税款,数额占应缴税额的百分之十以上并且数额在一万元以上的,依照前款规定处罚。对多次犯有前两款规定的违法行为未经处罚的,按照累计数额计算。"

② 参见高铭暄:《中华人民共和国刑法的孕育诞生和发展完善》,北京大学出版社 2012 年版,第 416 页。

③ 参见张明楷:《刑法学》(下),法律出版社 2016 年版,第 811 页。

第一,行为主体。本罪属于身份犯,只有具备法定身份的人方可构成本罪,也即纳税人和扣缴义务人才是本罪的适格主体。关于纳税人和扣缴义务人的认定,2015 年修正的《税收征收管理法》第 4 条已作了明确规定,纳税人是指负有纳税义务的个人和单位,扣缴义务人是指负有代扣代缴、代收代缴税款义务的个人和单位。

第二,行为方式。本罪包括三种行为方式:其一,通过欺骗、隐瞒手段进行虚假纳税申报。比如伪造、变造、隐匿、擅自销毁帐簿、记帐凭证,在帐簿上多列支出或者不列、少列收入。其二,具有申报义务的纳税人或扣缴义务人不申报纳税。关于不申报纳税要件是否需要满足"税务机关要求申报而拒不申报"的条件,尚存争议,现有案件中多有税务机关下达申报指令的情况存在。[①] 其三,缴纳税款后,以假报出口或者其他欺骗手段骗取所缴纳的税款。

第三,罪量标准。《刑法》明确规定了以逃税数额作为定罪和加重处罚的标准,一是数额较大且占应纳税额 10%以上;二是数额巨大并且占应纳税额 30%以上。最高人民检察院、公安部《关于公安机关管辖的刑事案件立案追诉标准的规定(二)》明确了数额较大的起点为 10 万元。需要明确的是,纳税人逃税应同时满足数额和占比的要求,而扣缴义务人逃税只有数额的要求,没有占比的要求。

第四,罪责要素。本罪的罪责要素考虑两方面内容,一方面是主观故意,过失不构成逃税罪,比如漏税行为;另一方面是主观逃税目的,目的为不缴或者少缴应纳税款或已扣、已收税款,以及不符合退税条件而制造虚假事由骗取退税款。

(二)逃税罪的司法认定

通常,按照上述四个要件进行分析就可以认定逃税罪,但在司法实践中,还存在一些疑难问题,有待进一步讨论。

第一,逃税数额及占比的计算。本罪的罪量标准中需要确定逃税数额及其占比,就涉及的法定期间应纳税总额的问题,依此才能计算占比大小。逃税数额占应纳税额的百分比,是指一个纳税年度中的各税种逃税总额与该纳税年度应纳税总额的比例。不按纳税年度确定纳税期的其他纳税人,逃税数额占应纳税额的百分比,按照行为人最后一次逃税行为发生之日前一年中各税种逃税总额与该年纳税总额的比例确定。纳税义务存续期间不足一个纳税年度的,逃税数额占应纳税

① 参见山东省济宁市任城区人民法院(2020)鲁 0811 刑初 400 号。

额的百分比,按照各税种逃税总额与实际发生纳税义务期间应当缴纳税款总额的比例确定。[①]

第二,逃税与合理避税。避税,是现实中相关主体选择注册离岸公司最直接的原因。由于企业,特别是私营企业,最终的目标就是尽可能多地获取利润。而获取利润最直接的办法就是减少开支。税收作为一个较大的支出项,向来都为企业所重视,而国家颁布的企业扶持政策基本围绕着降低税赋进行。降低缴税额有逃税和避税两种方式。逃税是严重的违法行为,而避税是在遵守税法的前提下,利用不同地区的税收差异,在合理合法的框架下降低税赋,从法律角度来看,避税并不是违法行为,因此也被称为合理避税。避税的前提是承认纳税人身份,通过了解不同国家和地区的税法规定,选择标准较低的国家和地区纳税,是遵守和执行税法的合法行为。由此可见,虽然逃税和避税的目的都是降低税赋压力,但两者却有截然不同的性质。在全球共同追缴税款的环境下,逃税是十分危险且后患无穷的违法行为。只有承认税法、尽到纳税义务的合理避税,才是合理且安全的降低税赋的行为。

第三,累计计算数额的问题。有多次逃税行为未经处理,按照累计数额计算,计算时是否有时间的限制不无疑问,也涉及刑事追诉时效的问题。最高人民法院《关于审理偷税抗税刑事案件具体应用法律若干问题的解释》明确规定,未经处理"是指纳税人或者扣缴义务人在五年内多次实施偷税行为"。但"偷税罪"变更为"逃税罪"之后并没有明确累计计算数额是否有时间的限制,有待司法解释予以明确。

三、初犯免责:逃税罪的处罚阻却事由

《刑法》第 201 条第 4 款规定:"有第一款行为,经税务机关依法下达追缴通知后,补缴应纳税款,缴纳滞纳金,已受行政处罚的,不予追究刑事责任;但是,五年内因逃避缴纳税款受过刑事处罚或者被税务机关给予二次以上行政处罚的除外。"由此可以看出,通常所谓的初犯免责制度,是以构成犯罪为前提的对处罚结果的豁免,并非对违法性的阻却。应当说,该条款是我国《刑法》中唯一对于符合

① 参见《最高人民法院关于审理偷税抗税刑事案件具体应用法律若干问题的解释》第 3 条第 2 款。

犯罪构成要件的行为可以以接受行政处罚为由不予追究刑事责任的条款。[①] 但逃税罪刑罚阻却条款的正常逻辑不是“护身符”而是“将功折罪”。[②] 要准确理解并适用该规范,需要把握以下三方面内容。

第一,初犯免责的前提。本款规定的适用前提是“有第一款行为”,也即纳税人采取欺骗、隐瞒手段进行虚假纳税申报或者不申报,逃避缴纳税款数额达到法定标准的行为,也就是符合逃税罪构成要件的行为。由此可推知:非逃税的妨害税收征管犯罪不适用本款规定,比如骗取出口退税、虚开增值税专用发票、非法出售或购买增值税专用发票等并无相关的豁免制度。初犯免责制度的适用主体为纳税人,行为方式为虚假申报或不申报;扣缴义务人采取欺骗、隐瞒手段不缴或者少缴已扣、已收税款的行为根据《刑法》第 201 条关于逃税罪的规定定罪处罚,但却不能适用第 4 款中的逃税免于刑事追责的制度。非逃税犯罪、逃税数额不达标、逃税手段不符合等情况,均没有适用初犯免责的空间。

第二,初犯免责的实质。符合逃税罪的构成要件却免予追究刑事责任的条件是需要进行实质审查和认定的内容,也是本款适用的关键。逃税犯罪直接危害国家税收收入,间接危害国家税收制度,是典型的行政犯,也即逃税案件都应当先经过税务机关处理,先行后刑是其逻辑理路。关于行刑衔接的问题,在逃税案件中规定得是比较清楚的,经税务机关依法下达追缴通知后,行为人补缴应纳税款,缴纳滞纳金,已受行政处罚的,才免于刑事追责。也就是说,按照税务机关的要求不折不扣地全面接受税务机关处理,就不应被追究刑事责任。在行政处理中,行为人缴纳应纳税款,一方面弥补了国家税收,另一方面维护了税收征管制度,逃税罪所保护的法益即得到维护,无须再动用刑事司法资源维护税收收入和税收征管制度。需要考察的是,承诺缴纳税款或者提供缴纳税款担保是否也可以免予追究刑事责任,司法解释的规定尚不明确。但在司法实践中,如果当事人提供了充分的纳税担保并且被税务机关认可和接受,则法院仍可能适用《刑法》第 201 条第 4 款之规定不追究当事人的刑事责任;即便当事人提供的纳税担保不符合规定或未被税务机关所接受,实践中法院也倾向于在量刑时加以考虑并可能予以从轻处罚。[③]

---

① 参见张书琴:《立法为何提高逃税初犯刑责门槛》,载《检察日报》2019 年 8 月 5 日,第 3 版。

② 参见刘荣:《刑罚阻却条款不能沦为“护身符”》,载《检察日报》2019 年 8 月 5 日,第 3 版。

③ 参见广东省中山市中级人民法院(2016)粤 20 刑再 6 号。

第三,初犯免责的例外。并非所有的逃税案件经过行政处理后都可免予追究刑事责任,五年内因逃避缴纳税款受过刑事处罚或者被税务机关给予二次以上行政处罚的就不在此列。初犯免责对于初犯是有时间和内容要求的,五年内再犯即不符合初犯的要求。再犯不要求一定符合逃税罪,只要是五年内因逃税受到过刑事处罚或者受到过两次行政处罚,就不能适用初犯免责的规定,而要依法追究其刑事责任。

四、案例解读:影视明星以阴阳合同逃税

阴阳合同,是指合同当事人就同一事项订立两份以上内容不相同的合同,一份对内,另一份对外。其中对外的一份并不是双方的真实意思表示,而是以逃避国家税收等为目的订立的;对内的一份则是双方的真实意思表示,可以是书面或口头的。阴阳合同是一种违规行为,在给当事人带来"利益"的同时,也预示着风险。近些年来,影视明星频频被爆"阴阳合同""天价片酬""逃避税款"……涉及的法律问题无不引发热烈讨论,本文选择两个具有典型性、代表性的案例作为分析的样本,分别是知名演员刘某偷税案和知名演员范某逃税案。

刘某偷税案是当时引爆舆论的重大案件,涉嫌偷逃税款数额最大,关注度最高,影响最广泛。根据税务部门调查:刘某及其所办的北京某文化艺术有限责任公司和北京某实业发展有限公司自 1996 年以来采取不列、少列收入,多列支出,虚假申报,被通知申报却拒不申报等手段,偷逃税款 1458.3 万元。刘某在案发后积极认罪悔罪并筹款补缴税款,最终未被公诉机关起诉,此前其于 2002 年 6 月 20 日至 2003 年 8 月 16 日被羁押 422 天。

2018 年,范某逃税案件查实逃税金额 2 亿余元,该案并非像刘某偷税案一样直接以刑事案件立案,而是处以行政处罚,范某在补缴税款、罚款、滞纳金后免于刑事处罚。税务机关认为:"依据《中华人民共和国刑法》第二百零一条的规定,由于范某属于首次被税务机关按偷税予以行政处罚且此前未因逃避缴纳税款受过刑事处罚,上述定性为偷税的税款、滞纳金、罚款在税务机关下达追缴通知后在规定期限内缴纳的,依法不予追究刑事责任。超过规定期限不缴纳税款和滞纳金、不接受行政处罚的,税务机关将依法移送公安机关处理。"该事件也曾轰动舆论,引发广泛讨论。两起案件事实相似,但引发的法律后果却大为不同,这就涉及前

述的逃税罪中初犯免责条款的适用，这是立法变迁直接带来的执法和司法的差异。聚焦大众目光的是案件结果的表面差异，值得法律人思考的是法律制度背后国家利益和人民利益的保护以及法治秩序的维护，是由立法变迁所反映出的法治文明和法治进步。

五、结语

税收乃国之根本，民生之保障，古往今来，概莫能外。依法纳税是每个公民应尽的义务，逃税行为能逞一时之快，但终难逃脱恢恢法网，必将受到法律的制裁。执法机关依法维护税收征管秩序并保障国家税收收入，合理配置资源，促进社会公平公正，同时严厉打击逃税行为，依法追缴逃避的税款。司法机关牢牢把握逃税罪的构成要件，顺应法律的修订变化，准确适用法律评价逃税行为，构成犯罪的依法予以制裁，不符合犯罪构成要件、满足初犯免责条件的果断免于刑事处罚，使行刑衔接有序，保证罪刑法定和罪刑均衡，使逃税罪的行为规制机能和权益保护机能充分彰显。

（何志伟对本文亦有贡献）

明星的违法犯罪风险与合规管理

赵志成[*] 陈 烽

[*] 作者简介：
赵志成，中伦律师事务所北京办公室争议解决部合伙人，电邮为：zhaozhicheng@ zhonglun. com。

一、概述

近些年,明星涉违法犯罪事件引起了媒体与大众的广泛关注,明星的违法犯罪风险与防范也成为当下特别值得讨论的话题。

明星是在某个领域内有一定影响力而被公众普遍知悉的人物,泛指有名的演员、歌手、艺人、主持人、运动员等,也包括当今互联网高度发达背景下产生的拥有众多粉丝和关注者的各类“网红”等。随着大众传媒及现代文娱行业的蓬勃发展,明星的曝光度和受关注度得到了显著提升。在这个“明星家事天下知”的年代,拥有着亿万粉丝和巨大流量的明星群体,其一举一动无时无刻不被放大并肆意传播,产生巨大的影响力和示范效应。在享受着偶像光环带来的高知名度和高经济收益的同时,明星群体有义务承担相应的社会责任,弘扬正确的社会价值观。而那些存在劣迹行为的明星,尤其是实施违法犯罪行为的人员,势必将受到相应抵制和惩处。

2014 年,多名演艺界人员因吸毒陆续被抓,[①]同年 8 月,北京市演出行业协会与北京 42 家经纪机构和表演团体签订了《北京市演艺界禁毒承诺书》,承诺不录用、不组织涉毒艺人参加演艺活动,净化演艺界队伍。[②] 同年 9 月,原国家新闻出版广播电视总局发布《关于加强有关广播电视节目、影视剧和网络视听节目制作传播管理的通知》,该通知将从事吸毒、嫖娼等违法行为的影视从业人员列为劣迹艺人,并且要求影视机构不得邀请劣迹艺人参与制作节目,暂停播放劣迹艺人作为主创人员的电影、电视剧、网络剧、微电影等各类节目及其代言的广告。

2021 年 2 月 5 日,中国演出行业协会发布《演出行业演艺人员从业自律管理办法(试行)》,明确规定了演艺人员的行为规范,包括应当遵守的从业要求以及不

---

① 参见《那些让企业“头大”的吸毒明星:企业只能自认倒霉》,载第一财经网 2014 年 8 月 20 日,https://www.yicai.com/news/4009444.html。

② 参见叶之植:《北京演艺界发布禁毒承诺书 让市场对涉毒说不》,载人民网,http://media.people.com.cn/n/2014/0815/c40606-25470193.html。

得从事的行为;[1]并设立专门的道德建设委员会,依照规定程序对违反从业规范的演艺人员采取惩戒措施,包括批评教育,取消评奖评优资格,实施1年、3年、5年和永久等不同程度的行业联合抵制等。[2] 同年3月16日,国家广播电视总局又正式发布《广播电视法(征求意见稿)》,要求从业人员应当遵守法律法规,尊重社会公德,恪守职业道德,树立良好社会形象。广播电视节目主创人员因违反相关法律、法规而造成不良社会影响的,广播电视主管部门可以对其有关节目的播放予以限制。[3] 该征求意见稿的出台标志着我国对明星艺人的行为管控,尤其是对劣迹明星艺人的惩戒将上升到国家法律的高度。

二、明星常见的违法犯罪风险

众所周知,虽然娱乐圈及明星群体表面上风光无限,但同样也暗流涌动、鱼龙混杂。由于职业特性,作为公众人物的明星群体要出席的场合和接触的人员都比较复杂,也面临着较普通群众更高的违法犯罪风险,这其中既包括自身行为构成违法犯罪的风险,也包括被他人违法犯罪行为所侵害的风险。明星及其身边的人

---

① 《演出行业演艺人员从业自律管理办法(试行)》第8条规定:"演艺人员不得出现以下行为:(一)违反宪法确定的基本原则,危害国家统一、主权和领土完整,危害国家安全,或者损害国家荣誉和利益;(二)煽动民族仇恨、民族歧视,侵害民族风俗习惯,伤害民族感情,破坏民族团结;(三)违反国家宗教政策,宣扬邪教、迷信;(四)组织、参与、宣扬涉及淫秽、色情、赌博、毒品、暴力、恐怖或者黑恶势力等非法活动;(五)因酒驾、无证驾驶、肇事逃逸、恶意滋事等扰乱公共秩序,造成恶劣社会影响;(六)危害社会公德或者损害民族优秀文化传统;(七)在营业性演出中以假唱、假演奏等手段欺骗观众,或者以违背伦理道德、违反公序良俗的方式进行演出吸引观众;(八)表演方式恐怖、残忍,利用人体缺陷、或者以展示人体变异等方式招徕观众;(九)以欺骗、隐瞒等方式恶意违反或不履行合同,非因不可抗力原因取消演出、不履行合同,或者擅自变更已经审核批准的演出内容;(十)发表违反法律法规、违背社会公序良俗、歪曲历史事实、侮辱、诽谤英雄烈士等不当言论,或者发布不实信息,煽动他人扰乱公共秩序,影响社会稳定;(十一)以侮辱、诽谤等方式损害他人名誉等合法权益;(十二)违反广告代言相关法律法规,或以虚假宣传、引人误解的方式欺骗、误导消费者;(十三)通过违反保密协议、伪造变造材料等不正当手段谋取利益,或者利用职业之便谋取不正当利益;(十四)其他违背伦理道德或者社会公序良俗造成严重不良社会影响的情形;(十五)法律、行政法规明文禁止的其他情形。"

② 《演出行业演艺人员从业自律管理办法(试行)》第15条规定:"对违反从业规范的演艺人员,中国演出行业协会根据道德建设委员会评议结果,监督引导会员单位在行业范围内实施以下自律惩戒措施:(一)进行批评教育;(二)取消参与行业各类相关评比、表彰、奖励、资助等资格;(三)根据演艺人员违反从业规范情节轻重及危害程度,分别实施1年、3年、5年和永久等不同程度的行业联合抵制;(四)协同其他行业组织实施跨行业联合惩戒。以上措施可以单独实施,也可以合并实施。"

③ 《广播电视法(征求意见稿)》第32条规定:"广播电视节目主创人员因违反相关法律、法规而造成不良社会影响的,国务院广播电视主管部门可以对有关节目的播放予以必要的限制。"

(包括明星的亲人、恋人、经纪人等)一旦被卷入违法犯罪事件中,往往会迅速成为舆论热点,被疯狂炒作,此时明星不仅要承受巨大的舆论压力,其人身安全、财产、名誉、事业发展等也将受到重大影响。因此,明星要特别注意防范各类违法犯罪风险,其中又以刑事风险(包括涉嫌刑事犯罪和被犯罪行为侵害)的防范最为重要。

(一)作为违法犯罪行为人

1. 毒品类

涉毒违法犯罪是明星违法犯罪中的高发行为,近十年间频频曝出明星吸食毒品、持有毒品或容留他人吸毒的事件,如李某容留他人吸毒①、尹某非法持有毒品②等刑事案件,以及柯某吸毒等违法案件③。这些涉毒明星有的因触犯《刑法》构成犯罪被判处有期徒刑,有的因违反《治安管理处罚法》《禁毒法》等被处以行政拘留或责令社区戒毒。

关于毒品犯罪,《刑法》第六章第七节根据不同行为类型规定了多种罪名,如走私、贩卖、运输、制造毒品罪,非法持有毒品罪,包庇毒品犯罪分子罪,窝藏、转移、隐瞒毒品、毒赃罪,非法生产、买卖、运输制毒物品、走私制毒物品罪,非法种植毒品原植物罪,非法买卖、运输、携带、持有毒品原植物种子、幼苗罪,引诱、教唆、欺骗他人吸毒罪,强迫他人吸毒罪,容留他人吸毒罪等。通常而言,明星容易涉及的毒品犯罪主要为非法持有毒品罪(如尹某),容留他人吸毒罪(如李某),引诱、教唆、欺骗他人吸毒罪等。

关于吸毒行为,根据《治安管理处罚法》第72条,吸食、注射毒品的,行为人可被处以行政拘留和罚款。另根据《禁毒法》第33条、第38条,对吸毒成瘾人员,公安机关可以责令其接受社区戒毒,期限为3年;对吸毒成瘾且有特定情节的,公安机关可以作出强制隔离戒毒的决定,期限为2年。值得一提的是,虽然仅自己吸毒不构成刑事犯罪,但吸食毒品容易衍生出涉毒犯罪,比如非法持有毒品罪,容留

---

① 参见《歌手李某容留他人吸毒 被判9个月罚金2000元》,载中国法院网,https://www.chinacourt.org/article/detail/2014/05/id/1305169.shtml。

② 参见《歌手尹某因非法持有毒品罪被判有期徒刑七个月》,载中国法院网,https://www.chinacourt.org/article/detail/2015/02/id/1558953.shtml。

③ 参见《柯某》,载中国法院网,https://www.chinacourt.org/article/detail/2014/08/id/1427232.shtml。

他人吸毒罪，引诱、教唆、欺骗他人吸毒罪等。

2. 交通安全类

交通安全类违法犯罪也是明星群体中的高发事件，主要涉及的罪名为危险驾驶罪和交通肇事罪。危险驾驶罪主要表现为明星醉酒驾车或者追逐竞驶（飙车），如高某醉酒后驾驶车辆发生交通事故，致4车追尾、3人受伤，最终法院认定高某犯危险驾驶罪，判处拘役6个月，并处罚金人民币4000元。[①] 又如某知名主持人郎某醉酒驾车，因危险驾驶罪被判处拘役3个月，并处罚金4000元。[②] 交通肇事罪则是指违反交通运输法规，因而发生重大事故的犯罪行为，例如艺人阿某曾醉酒超速驾车，与一名妇女相撞后逃逸，最终因交通肇事罪获刑。[③]

此外，明星酒后驾驶机动车及其他种类的交通违法事件也经常发生，如明星吴某曾因酒驾被处以行政拘留10天，暂扣驾驶证5个月，罚款1800元；胡某也因违章驾驶致人受伤被处以行政拘留7天，罚款700元。[④]

3. 暴力攻击类

明星因一时冲动而发生过激行为的事件也时有发生，涉及的刑事罪名包括故意伤害罪、寻衅滋事罪、聚众斗殴罪、虐待罪等，违法行为则包括打架斗殴、家暴等。例如，臧某朔曾授意其同伴持械聚众斗殴，犯聚众斗殴罪，被判处有期徒刑六年；[⑤]高某、聂某、邱某参与斗殴，法院以寻衅滋事罪判处高某、聂某有期徒刑七个月，缓刑一年，判处邱某有期徒刑八个月，缓刑一年；[⑥]演员蒋某夫因对其前女友施暴被日本警方以涉嫌伤害罪逮捕；[⑦]歌手窦某曾因对《新京报》有关报道不满大闹

---

① 参见《"酒令智昏，以我为鉴"——高某被判处六个月拘役》，载中国法院网2011年5月17日，https://www.chinacourt.org/article/detail/2011/05/id/450919.shtml。

② 参见《郎某危险驾驶案一审宣判：被判拘役三个月罚四千元》，载中国法院网2017年11月3日，https://www.chinacourt.org/article/detail/2017/11/id/3042339.shtml。

③ 参见裘立华：《"快男"阿某犯交通肇事罪一审被判三年六个月》，载中国法院网2010年7月22日，https://www.chinacourt.org/article/detail/2010/07/id/419200.shtml。

④ 参见杨欣薇、闵慧：《胡某为肇事逃逸道歉　自称当时"太小孩"》，载央视网，http://news.cctv.com/society/20090725/102370.shtml。

⑤ 参见李佳：《北京一中院近日对歌手臧天朔予以假释》，载中国法院网2013年2月20日，https://www.chinacourt.org/article/detail/2013/02/id/896106.shtml。

⑥ 参见《高某聂某邱某打人案宣判　犯寻衅滋事罪获刑》，载中国法院网2015年8月25日，https://www.chinacourt.org/article/detail/2015/08/id/1695988.shtml。

⑦ 参见《蒋某向日本警方自首　承认涉嫌施暴》，载凤凰网2018年11月28日，https://ent.ifeng.com/c/7iCZCxy0x0q。

报社,打砸报社物品,纵火烧毁报社员工的汽车,因涉嫌纵火罪被公安机关刑事拘留。[①] 明星因一时冲动而实施的暴力行为,根据情节及伤害结果,轻则将承担民事或行政责任,重则将承担刑事责任。

4. 色情类

性骚扰、卖淫嫖娼、强制猥亵、聚众淫乱、强奸等色情类违法犯罪也是娱乐圈经常爆出的乱象。例如,演员吴某因犯强奸、聚众淫乱罪,数罪并罚,被判处有期徒刑 13 年,附加驱逐出境;[②]特型演员常某因犯强奸罪被判处有期徒刑 3 年 6 个月;[③]演员李某因嫖娼被行政拘留;[④]音乐人李某因嫖娼被行政拘留;[⑤]演员黄某波因嫖娼被行政拘留并被收容教育;[⑥]著名网络“大 V”因嫖娼、聚众淫乱被行政拘留。[⑦]

对于性骚扰,《民法典》第 1010 条规定,违背他人意愿,以言语、文字、图像、肢体行为等方式对他人实施性骚扰的,受害人有权依法请求行为人承担民事责任。对于卖淫嫖娼、猥亵、聚众淫乱等行为,《治安管理处罚法》规定了拘留、罚款等行政处罚。情节严重的,还将构成刑事犯罪,如组织卖淫罪,强迫卖淫罪,引诱、容留、介绍卖淫罪,强制猥亵、侮辱罪,聚众淫乱罪,强奸罪等。明星一旦涉及与性相关的违法犯罪行为,不仅要承担相应法律责任,声誉也将遭受极大的负面影响。

5. 赌博类

赌博似乎已经成为部分娱乐圈人士的“爱好”。近些年,境内介绍明星前往境外赌博已经形成产业链,公安机关在打击组织赴境外赌博专项案件中,便发现有

---

① 参见王文波:《窦某火烧汽车案终审宣判 因情节轻微被判免予刑罚》,载中国法院网 2008 年 3 月 12 日,https://www.chinacourt.org/article/detail/2008/03/id/292173.shtml。

② 参见倪弋、薄晨棣、李楠楠:《吴某强奸、聚众淫乱案,一审宣判!》,载中国法院网 2022 年 11 月 25 日,https://www.chinacourt.org/article/detail/2022/11/id/7035773.shtml。

③ 参见董振杰、洪雪:《特型演员常某强奸未遂获刑 曾多次扮演周恩来》,载中国法院网 2015 年 9 月 7 日,https://www.chinacourt.org/article/detail/2015/09/id/1702147.shtml。

④ 参见《李某嫖娼被拘 多品牌遭殃!明星“塌房险”已出 为何国内不敢承保?》,载东方财富网 2022 年 9 月 13 日,https://finance.eastmoney.com/a2/202209122506887052.html。

⑤ 参见《李某涉嫌嫖娼被行拘!媒体:从钢琴家沦为阶下囚》,载中华网,https://news.china.com/socialgd/10000169/20211021/40190929.html。

⑥ 参见《每周法治热点:李某被判 9 个月罚金 2 千 · 黄某依法收容教育》,载中国法院网 2014 年 6 月 3 日,https://www.chinacourt.org/article/detail/2014/06/id/1307556.shtml。

⑦ 参见王晟、周鑫:《微博大 V 薛某嫖娼被行政拘留》,载中国法院网 2013 年 8 月 26 日,https://www.chinacourt.org/article/detail/2013/08/id/1052748.shtml。

一些明星牵涉其中。

赌博类违法犯罪，既包括一般的赌博违法行为，也包括赌博罪、开设赌场罪的刑事犯罪。《治安管理处罚法》第70条规定："以营利为目的，为赌博提供条件的，或者参与赌博赌资较大的，处五日以下拘留或者五百元以下罚款；情节严重的，处十日以上十五日以下拘留，并处五百元以上三千元以下罚款。"《刑法》第303条规定："以营利为目的，聚众赌博或者以赌博为业的，处三年以下有期徒刑、拘役或者管制，并处罚金。开设赌场的，处五年以下有期徒刑、拘役或者管制，并处罚金；情节严重的，处五年以上十年以下有期徒刑，并处罚金。组织中华人民共和国公民参与国（境）外赌博，数额巨大或者有其他严重情节的，依照前款的规定处罚。"

值得注意的是，即便部分境外地区以博彩业作为支柱产业，但当地法律并没有完全承认赌博行为的合法性，除了在依法设立的娱乐场（赌场）中按照法律允许的规则赌博，其他赌博行为仍可能会被当地公安机关认定为不法行为或构成犯罪。此外，《刑法》第7条第1款规定："中华人民共和国公民在中华人民共和国领域外犯本法规定之罪的，适用本法，但是按本法规定的最高刑为三年以下有期徒刑的，可以不予追究。"据此，前往境外赌博的明星构成赌博罪的，因赌博罪的法定最高刑没有超过3年，属于可以不予追究的情形（也可以追究），但如果构成开设赌场罪（最高刑可达10年），则其很可能要被追究刑事责任。而如果明星在境外赌博，在境内结算，属于犯罪结果地在境内，将直接受到境内执法机关管辖。

6. 税务类

税务类违法犯罪是高收入群体的常见风险，在有着天价片酬的明星群体中更为高发。对于一般的偷税行为，《税收征收管理法》第63条第1款规定："纳税人伪造、变造、隐匿、擅自销毁帐簿、记帐凭证，或者在帐簿上多列支出或者不列、少列收入，或者经税务机关通知申报而拒不申报或者进行虚假的纳税申报，不缴或者少缴应纳税款的，是偷税。对纳税人偷税的，由税务机关追缴其不缴或者少缴的税款、滞纳金，并处不缴或者少缴的税款百分之五十以上五倍以下的罚款；构成犯罪的，依法追究刑事责任。"对于逃税犯罪，《刑法》第201条规定，"纳税人采取欺骗、隐瞒手段进行虚假纳税申报或者不申报，逃避缴纳税款数额较大并且占应纳税额百分之十以上的，处三年以下有期徒刑或者拘役，并处罚金；数额巨大并且占应纳税额百分之三十以上的，处三年以上七年以下有期徒刑，并处罚金……经税务机关依法下达追缴通知后，补缴应纳税款，缴纳滞纳金，已受行政处罚的，不予追究刑事责任”。

在2018年范某偷税案[①]中，税务机关认定：范某以拆分合同方式偷逃个人所得税618万元，少缴营业税及附加112万元，合计730万元。范某及其担任法定代表人的企业少缴税款2.48亿元，其中偷逃税款1.34亿元。针对上述违法行为，江苏省税务局对范某及其担任法定代表人的企业追缴税款2.55亿元，加收滞纳金0.33亿元；对范某采取拆分合同手段隐瞒真实收入偷逃税款处4倍罚款计2.4亿元，对其利用工作室账户隐匿个人报酬的真实性质偷逃税款处3倍罚款计2.39亿元；对其担任法定代表人的企业少计收入偷逃税款处1倍罚款计94.6万元；对其担任法定代表人的两户企业未代扣代缴个人所得税和非法提供便利协助少缴税款各处0.5倍罚款，分别计0.51亿元、0.65亿元。以上补缴及处罚合计8亿多元。该案发生后，中央宣传部、文化和旅游部、国家税务总局、国家广播电视总局、国家电影局等五部门联合印发通知，要求加强对影视行业天价片酬、阴阳合同、偷逃税等问题的治理，控制不合理片酬，推进依法纳税，促进影视业健康发展。2021年4月，演员郑某因偷税被上海市税务局稽查，被依法追缴税款、加收滞纳金并处罚款共计2.99亿元。[②]

值得一提的是，在2002年演员刘某偷税案[③]中，法院最终以偷税罪判处北京晓庆文化艺术有限责任公司罚金710万元，以偷税罪判处被告人靖某有期徒刑3年，刘某本人也因本案被羁押。由于范某偷税案发生在2018年，彼时《刑法修正案（七）》已实施，根据新法，范某在税务机关下发追缴通知后，补缴税款，缴纳滞纳金，接受行政处罚，可以不作为犯罪处理，其因此得以免于被刑事追究。

7. 洗钱类

通过影视投资进行洗钱，虽然被查处报道的案例不多，但已经是当前影视圈普遍的犯罪现象。影视行业洗钱的花样层出不穷，例如与演员签订阴阳合同，报

---

① 参见《税务部门依法查处范某“阴阳合同”等偷逃税问题》，载国家税务总局官网2018年10月3日，http://www.chinatax.gov.cn/n810219/n810724/c3789033/content.html。

② 参见《郑某偷逃税被罚2.99亿　人民日报：咎由自取》，载新浪财经网，https://finance.sina.com.cn/china/2021-08-27/doc-ikqciyzm3927089.shtml。

③ 参见《刘某偷逃税金额达196万元》，载中国法院网2002年12月13日，https://www.chinacourt.org/article/detail/2002/12/id/26389.shtml。

高演员的片酬预算,而实际上演员得到的只有很小一部分,然后资方将差价转出将钱洗白。又如资方投资1亿元拍剧,剧组实际只用了1千万元,但需要通过虚假报账、夸大损耗等做出1亿元的假账。资方还可能和影院在影片上映后编造假票房,通过幽灵场、偷票房等方式进行洗钱。导演李克龙曾指出:“对方直接说,你随便花一两百万拍部电影,然后帮我走1000万元的账。剩下的钱要以票房或利润的名义返还给我。”“这就是电影洗钱的一种方式,是在和法律‘玩猫腻’。”①北京UME国际影城总经理陆遥也曾表示:“有些片子拍完后就不知道干什么去了,别说公映了,你想查一下它的去处都无从查起。”②

8. 贿赂类

贿赂类犯罪也是娱乐行业和明星群体中常见的刑事风险。例如,演员想要获得影视角色或表演机会而向导演、主角、制片人等行贿;影视公司、明星等为争取新片过审、上映及排片优势,从而向审核部门、电视台、电影院线、视频网站等相关单位和个人行贿。行贿方将构成行贿罪、单位行贿罪、对非国家工作人员行贿罪等,受贿人员则将构成受贿罪、非国家工作人员受贿罪等。

例如,原国家广电总局电视剧管理司审查管理处副调研员李某,在负责电视剧审批工作期间,收受多家影视公司贿赂,利用职务便利帮助多部电视剧通过审核,共计受贿30万元,被法院以受贿罪判处有期徒刑10年6个月。③ 又如,原江苏广电总台卫视频道节目采购部副主任江某,在任职期间利用职务之便收取30家影视公司贿赂,累计受贿达846.96万元,此外还有631万元的财产不能说明合法来源,最终江某因犯受贿罪、巨额财产来源不明罪,被法院判处有期徒刑10年,并处罚金170万元。④

9. 欺诈类

欺诈类违法犯罪风险主要是明星为假冒伪劣、传销、非法集资等产品或服务

---

① 《99%的电视剧公司不赚钱?天价片酬背后或暗藏洗钱》,载新浪网,http://finance.sina.com.cn/chanjing/cyxw/2018-08-27/doc-ihifuvph3026040.shtml。

② 参见《中国电影病得不轻:超七成影片无法公映》,载凤凰网,https://yue.ifeng.com/news/detail_2013_05/14/25268774_0.shtml。

③ 参见李宁:《原广电总局电视剧审查员受贿30余万被判10年半》,载人民网,http://politics.people.com.cn/n/2014/0918/c1001-25685070.html。

④ 参见《江苏省广电总台原采购部副主任被判10年》,载新浪网2017年2月11日,https://cj.sina.com.cn/article/detail/1649173367/162445。

做广告代言、直播带货、不实宣传等，或者存在其他欺诈行为（如证券市场虚假陈述），导致公众因明星的影响力陷入错误认识而被骗。

《广告法》第 56 条第 2 款、第 3 款规定："关系消费者生命健康的商品或者服务的虚假广告，造成消费者损害的，其广告经营者、广告发布者、广告代言人应当与广告主承担连带责任。前款规定以外的商品或者服务的虚假广告，造成消费者损害的，其广告经营者、广告发布者、广告代言人，明知或者应知广告虚假仍设计、制作、代理、发布或者作推荐、证明的，应当与广告主承担连带责任。"该条款确定了明星虚假广告代言的连带赔偿责任。

另根据《广告法》第 61 条的规定，广告代言人违法在医疗、药品、医疗器械、保健食品广告中作推荐、证明，违法在其未使用过的商品或者未接受过的服务中作推荐、证明，以及明知或者应知广告虚假仍在广告中对商品、服务作推荐、证明的，由市场监督管理部门没收违法所得，并处违法所得 1 倍以上 2 倍以下的罚款。该条款规定了明星虚假广告代言的行政处罚责任。

若明星明知企业相关产品或服务涉嫌犯罪，仍然为其宣传代言，则可能因此构成共犯。例如，明星在直播带货过程中，明知销售的产品属于假冒伪劣产品，仍然为其宣传销售，则构成销售伪劣产品类犯罪共犯，如"网红"郭某因在网络平台销售有毒有害减肥食品被上海警方刑拘，并被提起公诉；[①]又如，明星明知品牌方非法集资仍为其代言，也可能存在非法集资罪的共犯风险，如潘某、汪某、杜某等多位明星曾卷入 P2P 暴雷风波，被投资人"追债"，要求"还钱"。[②]

除了广告代言的欺诈，明星在资本市场中也存在欺诈的违法犯罪风险。近年来，娱乐圈与资本圈的联系越发密切，很多明星也选择从幕前转到幕后，自己开设娱乐公司投资影片和提供娱乐服务，甚至进入资本市场。由于明星会对普通投资者产生非同一般的影响，因此明星虚假陈述、欺诈将引发巨大的刑事风险。

例如，证监会公布的"民间炒股冠军"高某股票操纵案，涉案金额高达 18 亿元，案件中的自然人账户涉及影视明星，虽然最终查实明星本人未参与操纵股票、

① 参见《官方发布！郭某等 13 人被提起公诉》，载凤凰网 2021 年 7 月 16 日，https://finance.ifeng.com/c/87vinA9ehRf。

② 参见杜一兰：《张某、潘某等明星代言 P2P 该不该追责？监管部门要求主动说明》，载中国新闻周刊网，http://news.inewsweek.cn/finance/2021-02-08/11796.shtml。

未被证监会列为案件当事人,但该事件也导致该明星一度被推向舆论的风口浪尖。①

10. 言行失范类

由于职业特性,明星的言行举止常常会成为各类社交媒体和公共平台上的讨论话题,明星的不当言论不仅会引发公众对其的一系列负面评价,明星也可能因此承担相关法律风险。在这种情况下,明星本人或其经纪人可能会雇用“水军”进行反击,或者有偿雇用他人删帖,由此也会引发相关的违法犯罪风险。

例如,明星本人或者授意、雇用他人在网上发布侮辱他人的言论或捏造事实诽谤他人,根据《治安管理处罚法》的规定,将受到治安拘留、罚款等处罚;情节严重的,还可能构成《刑法》规定的侮辱罪、诽谤罪,受到刑事处罚。又如,若明星在公共场合(包括线上和线下)言行不当,如发布的公开言论、穿着的服装或其他行为举止涉嫌危害国家安全、破坏民族团结、侵犯英雄烈士名誉、宣扬邪教迷信、严重违反公共道德等,也可能构成相关违法犯罪。再如,明星或其经纪人等雇用网络黑客或者自己组建公关团队,提供有偿删帖,侵入网络平台或网站删除、篡改信息等服务,也可能产生相应刑事风险,可能涉及的罪名有破坏计算机信息系统罪②、非法经营罪③。

(二)作为违法犯罪被害人

1. 人身安全类

明星可能面临的人身安全被侵犯的风险包括:被故意杀害、被故意伤害、被绑架、被投毒、被猥亵、遭性侵、遭遇交通事故、遭遇安全责任事故等,涉及的罪名包括故意杀人罪,故意伤害罪,绑架罪,投放危险物质罪,强制猥亵、侮辱罪,强奸罪,交通肇事罪,失火罪,重大责任事故罪等。

例如,演员任某在参加某商业活动时,被不明身份男子持匕首捅伤;著名歌星

---

① 参见武丽娟:《“中国合伙人”说散就散:投资 43 家公司,资本大佬黄某的财富版图》,载凤凰网 2021 年 6 月 25 日,https://finance.ifeng.com/c/87MsWRpMi9M。

② 根据《刑法》第 286 条,违反国家规定,对计算机信息系统功能进行删除、修改、增加、干扰,造成计算机信息系统不能正常运行,后果严重的;或违反国家规定,对计算机信息系统中存储、处理或者传输的数据和应用程序进行删除、修改、增加的操作,后果严重的,构成破坏计算机信息系统罪。

③ 根据《最高人民法院、最高人民检察院关于办理利用信息网络实施诽谤等刑事案件适用法律若干问题的解释》,违反国家规定,以营利为目的,通过信息网络有偿提供删除信息服务,或者明知是虚假信息,通过信息网络有偿提供发布信息等服务,扰乱市场秩序的,构成非法经营罪。

L 自曝被音乐制作人以烧掉她创作的歌曲相要挟实施性侵,并导致怀孕;[①]演员俞某和任某在剧组拍摄爆破戏时被重度烧伤;[②]2008 年奥运会开幕式彩排时,由于工作人员操作失误,著名青年舞蹈家刘某不慎摔伤致高位截瘫;[③]香妃扮演者演员刘某因交通事故不幸身亡;[④]演员胡某因交通事故受伤,不得不在脸部缝针;[⑤]著名歌手王某因被投毒而被迫退出歌坛等。

2. 财产类

明星面临的侵犯财产类风险包括:被抢劫、盗窃、诈骗、敲诈勒索、职务侵占、侵犯著作权等。典型事件包括:演员张某曾被偷走 3 台电脑,电脑内有大量工作照、私人资料及拍戏合约;[⑥]主持人谢某在外地主持演唱会时,放置在汽车后备厢的行李被人悉数盗走,总价值 10 万元,包括 3 万元现金、存有很多私人信息的手提电脑、数码相机、演出服等;[⑦]演员吴某家曾遭入室盗窃;[⑧]演员汤某在上海拍戏时遭遇电话诈骗,损失 21 万元;[⑨]演员吴某被前女友陈某敲诈勒索,以在网上公开有关信息相威胁,被索要 4000 万元;[⑩]演员王某被他人用虚假的不雅视频敲诈勒索 1000 万元;[⑪]

① 参见《LadyGaGa:“19 岁被性侵,强奸我的人把怀孕的我丢在一边”》,载网易网 2021 年 5 月 24 日,https://www. 163. com/dy/article/GAQ2TUIU0536CCS7. html。

② 参见《俞某揭烧伤事件真相:不记得是否救过 Selina》,载凤凰网,https://ent. ifeng. com/idolnews/mainland/detail_2013_05/18/25449021_0. shtml。

③ 参见《轮椅舞者刘某:我现在有两条腿　一条腿是舞蹈一条腿是公益》,载凤凰网,http://phtv. ifeng. com/a/20161107/44487501_0. shtml。

④ 参见《刘某车祸前后——永远的香妃》,载新浪网,http://ent. sina. com. cn/c_star/2000-02-02/531. html。

⑤ 参见《胡某车祸前后照片对比　揭秘车祸诡异内幕》,载凤凰网,https://fashion. ifeng. com/a/20151016/40133011_0. shtml。

⑥ 参见《张某绝密照又被泄　或再爆出私密照片》,载青岛新闻网,https://www. qingdaonews. com/content/2010-11/25/content_8576881. htm。

⑦ 参见李夏:《谢某轿车后备箱被撬　价值 10 万元随身行李被盗》,载新浪网,https://ent. sina. cn/star/tv/2007-01-10/detail-iavxeafr8893732. d. html? from=wap。

⑧ 参见《小偷到吴某家盗窃是怎么回事? 4 天后吓到原封不动归还》,载中华网,https://ent. china. com/star/gang/11057089/20190228/35321028. html。

⑨ 参见《电信诈骗:为何汤某也上钩?》,载凤凰网 2014 年 1 月 13 日,https://news. ifeng. com/opinion/special/dianxinzhapian/。

⑩ 参见《吴某被敲诈案宣判:女方被判三缓三　目前已出狱》,载新浪网,https://ent. sina. com. cn/s/m/2021-02-18/doc-ikftpnny7476779. shtml。

⑪ 参见《演员王某不雅假视频案一审胜诉,被告人犯敲诈勒索罪获刑 5 年》,载澎湃新闻网 2020 年 1 月 2 日,https://www. thepaper. cn/newsDetail_forward_5409503。

演员王某的公司的财产被其前经纪人宋某职务侵占①等。另外，明星创作的电影、音乐、文字剧本等作品，也面临被他人抄袭、侵犯著作权的风险。

3. 隐私名誉类

明星即意味着巨大流量，其遭受他人诋毁、侮辱、诽谤、骚扰、偷拍等侵犯名誉权、隐私权的情形也较为常见。如韩国女星具某遭受前男友家暴，还被以公开不雅视频相要挟。② 又如演员王某的车辆被安装定位器，其入住酒店被半夜敲门。③ 再如演员莫某曾经被微博博主“娱乐星扒客”造谣吸毒，2015 年，莫某对“娱乐星扒客”提起了刑事自诉。最终，“娱乐星扒客”与莫某和解，莫某获赔精神损失费 30 万元人民币，“娱乐星扒客”本人当面及公开向莫某道歉。④

三、违法犯罪风险对明星的影响

（一）法律责任

明星一旦构成违法犯罪，就可能因此承担民事赔偿、行政处罚、刑事处罚等多重法律责任。比如，明星因劣迹行为遭到封杀、抵制，将造成广告合作方、影视剧组、综艺栏目方等前期投入的资金打水漂，这些合作方可能会依据合同相关条款向明星主张巨额赔偿。例如，演员柯某因吸毒事件，其所参演的电影无法按期上映，所拍的广告被下架，给投资方造成了巨大的损失，柯某由此面临巨额的赔偿。⑤ 又如，歌手陈某吸毒事件发生后，其参股并签约的 J 公司在新三板上市的计划遭遇巨大不利影响；歌手李某、演员王某等吸毒事件发生后，其参与的节目背后包括多家上市公司在内的投资方因此产生了巨大损失，市值蒸发数亿元。⑥ 除了民事

---

① 参见《宋某等二人职务侵占案在北京朝阳法院一审宣判》，载中国法院网 2018 年 10 月 18 日，https://www.chinacourt.org/article/detail/2018/10/id/3535017.shtml。

② 参见《韩国女星具某深夜发文欲自杀！看到她的感情经历网友都哭了》，载凤凰网 2019 年 5 月 26 日，https://ent.ifeng.com/c/7mzPiHVGvMU。

③ 参见《警方通报王某车中发现疑似定位器事件　已将两嫌疑人刑事拘留》，载凤凰网 2021 年 7 月 17 日，https://ent.ifeng.com/c/87xGtXg4xb2。

④ 参见《莫某起诉大号造谣获赔 30 万　律师：诽谤可判刑》，载腾讯网，https://ent.qq.com/a/20150928/060954.htm。

⑤ 参见《柯某或赔偿过亿台币　主演电影未遭内地封杀》，载腾讯网，https://ent.qq.com/a/20140915/007735.htm。

⑥ 参见《陈某涉毒被抓：和胡某合伙的还能挂牌新三板吗?》，载新浪网，https://finance.sina.com.cn/wm/2018-11-28/doc-ihmutuec4509512.shtml。

赔偿责任，明星本人还可能因劣迹行为被处以行政拘留、罚款、监禁、没收违法所得等处罚，将直接导致明星本人丧失人身自由以及遭受重大经济损失。

（二）精神心理问题

明星陷入与违法犯罪有关的话题，无论是明星本人违法犯罪还是被他人的违法犯罪行为所影响，也无论是明星本人违法犯罪还是其身边人违法犯罪，都一直是各大网站、平台吸引观众眼球的热点头条，其背后也包含巨大的商业利益。明星一旦陷入违法犯罪话题，必将面对疯狂的舆论炒作、大众指责、竞争者侮辱诽谤等各种网络暴力，明星本人及家人也将承受巨大的心理压力，不敢出门，不敢接受采访，关闭微博评论。有的从此一蹶不振，甚至精神失控，尤其是那些被性侵、被以公开不雅照片或视频相要挟的女明星，心理阴影长期挥之不去；有的因此患上抑郁症，甚至产生轻生的念头。

（三）星途末路

违法犯罪风险将对明星的职业发展产生重大危害，其职业生涯可能就此结束。比如，明星一旦因实施违法犯罪行为而被定性为劣迹艺人，将被行业封杀，受到会员单位的联合抵制，无法再参加影视剧、综艺节目的创作，也无法继续进行广告代言，从而失去业务来源。其正在制作中的作品将无法通过审核，需要删减戏份或重拍，并承担赔偿责任；其已发行的作品则可能被下架或限制播放，使其由此丧失本可以长期稳定获得的版权收入。例如，2014 年，由于广电总局发布通知要求对劣迹艺人的作品进行限制，直接导致当年吸毒、嫖娼的劣迹艺人面临各平台的封杀，劣迹艺人所参与的电影、电视剧都面临删减戏份、改档期、无法上映播出等问题；①又如，演员陈某因某事件被迫宣布永久退出娱乐圈。

四、明星的合规管理对策

（一）提高自身修养与安全意识

作为公众人物，明星要出席多个不同场合，与各类不同的人员应酬，其每天的工作出行都被广泛关注，一言一行也将被无限放大炒作。因此，明星需要特别注重自己的公众形象，避免因本人的不良言行而成为众矢之的。

---

① 参见陈文：《广电总局下发通知 影、视、网全面叫停“劣迹艺人”》，载人民网，http://media.people.com.cn/n/2014/1009/c40606-25794835.html。

明星的职业形象维护及安全管理,首先要从明星自身做起,提高个人安全意识。一方面,明星应当提升自身的道德修养,培养高尚情趣,提高自律意识,抵制低俗文化,抛弃不良嗜好。法律是最低的道德,明星除了不应从事法律明文禁止的违法犯罪行为外,也应当避免触犯行业自律要求,[①]比如假唱、恶意违约、不背台词、选择替身等;同时应避免道德层面的不当行为,比如出轨、遗弃等。明星本人应当抛弃低俗兴趣和不良嗜好,避免骄奢淫逸,践行社会主义核心价值观,树立良好的公众形象。另一方面,明星要提高自身的风险意识,在工作、社交、出行、休息中时刻保持警惕,洁身自好,远离风险场所和人员,并委托专业的人员和团队为自己保驾护航。

(二)构建明星风控及合规体系

首先,明星及其团队应当对其所处行业以及所从事的具体业务进行全面的安全合规审查,准确识别其中蕴含的各类风险,并进行有效的风险管理。只有准确认识风险,才能构建起全面的风险防范体系,从而有效隔绝风险、识别风险、控制风险,以维护明星的安全。

其次,要构建全面的安全体系,保障明星的人身安全、财产安全、隐私安全等不受侵犯。

第一,居住安全。在明星的日常住所及入住的酒店,要配备相应的安保设施和安保人员,选择安全的居住环境,并对室内环境、周边环境进行考察,防止被偷拍、录音,要求管理方对来访人员、出入人员进行审核等。

---

① 《演出行业演艺人员从业自律管理办法(试行)》第 8 条规定:“演艺人员不得出现以下行为:(一)违反宪法确定的基本原则,危害国家统一、主权和领土完整,危害国家安全,或者损害国家荣誉和利益;(二)煽动民族仇恨、民族歧视,侵害民族风俗习惯,伤害民族感情,破坏民族团结;(三)违反国家宗教政策,宣扬邪教、迷信;(四)组织、参与、宣扬涉及淫秽、色情、赌博、毒品、暴力、恐怖或者黑恶势力等非法活动;(五)因酒驾、无证驾驶、肇事逃逸、恶意滋事等扰乱公共秩序,造成恶劣社会影响;(六)危害社会公德或者损害民族优秀文化传统;(七)在营业性演出中以假唱、假演奏等手段欺骗观众,或者以违背伦理道德、违反公序良俗的方式进行演出吸引观众;(八)表演方式恐怖、残忍,利用人体缺陷、或者以展示人体变异等方式招徕观众;(九)以欺骗、隐瞒等方式恶意违反或不履行合同,非因不可抗力原因取消演出、不履行合同,或者擅自变更已经审核批准的演出内容;(十)发表违反法律法规、违背社会公序良俗、歪曲历史事实、侮辱、诽谤英雄烈士等不当言论,或者发布不实信息,煽动他人扰乱公共秩序,影响社会稳定;(十一)以侮辱、诽谤等方式损害他人名誉等合法权益;(十二)违反广告代言相关法律法规,或以虚假宣传、引人误解的方式欺骗、误导消费者;(十三)通过违反保密协议、伪造变造材料等不正当手段谋取利益,或者利用职业之便谋取不正当利益;(十四)其他违背伦理道德或者社会公序良俗造成严重不良社会影响的情形;(十五)法律、行政法规明文禁止的其他情形。”

第二，餐饮安全。严格把关明星的饮食，不在陌生场合进食，不吃陌生人提供的或者来历不明的食物，随身携带药物和检测物品等。

第三，出行安全。明星外出要做好隐蔽工作，不提前对外发布出行目的地和行程；对明星拟前往的地点进行风险排查和安全保护措施的检查；在明星乘坐交通工具时，要提前查验交通工具的安全性和隐私性，避免自己或者司机酒后驾驶、疲劳驾驶；到达目的地前应安排好车辆接送，且避免途径存在安全隐患的区域；在前往陌生地点或人群密集地点时，要有专业安保人员随行，与人群保持安全距离，不随意接受陌生人给的或来源不明的信件或物品等。

第四，社交安全。明星要净化自己的社交圈和朋友圈，不与具有危险性的人员（比如有前科劣迹、有暴力倾向、有不良嗜好的人员）交往接触；在与和自己有竞争关系或利益纠纷、情感纠纷的人员交往过程中，要随时保持警惕；对常伴身边的工作人员，要进行背景筛查以及阶段考核，确保绝对忠诚可靠；在外出活动时，要避免随意接触陌生人员，遇陌生人攀谈应保持警惕，避免过多交流，避免暴露身份等。

第五，医疗安全。明星应当选择专业可靠的私人医生，以确保能随时进行医疗咨询；明星在家中、交通工具中应常备，在出行途中、拍摄活动现场应随身携带相应的药物和检测急救设备，以方便随时调节自己的身体状况；在遭遇身体不适、疾病、意外伤害时，应当到专业正规的医院就诊，选择有专业资质的医护人员进行治疗，避免医疗事故；避免到小诊所、私人诊所就医，防止医疗信息泄露；美容、整容要慎重，防止因整容导致残疾、毁容等意外事故从而影响演艺事业等。

第六，隐私安全。明星的隐私就等于巨额流量，最容易被不法人员觊觎。明星在居家、出行、社交过程中要保持警惕，避免被偷拍、录音、追踪；明星的手机、电脑、相机、U 盘等应当做好加密措施，并妥善保存；尽量避免使用酒店、餐厅等的公共无线网络处理敏感工作，配备保密机，不使用接入互联网及具有无线互联功能的电脑处理敏感信息；不在非办公专用电脑上存储、处理敏感信息，避免通过手机、网络聊天等方式传递敏感信息；电子设备安全上网，定期杀毒，如需销毁重要或敏感信息，应当进行粉碎处理；使用过的旧手机、旧电脑、文件手稿等不随意丢弃；等等。

第七，业务安全。在明星承接业务、对外投资、委托理财前，要聘请专业的法律团队进行项目审核；明星投资置业的，要做好企业的内部合规建设，确保公司业务合规及资产安全;做好合同管理,要审查明星所签订的各类合同的各项条款,避免受人欺诈;在明星履行合同义务、承接业务的过程中,要严格遵守法律法规的规定以及合同的约定,做到合法合规,避免产生不必要的违法或违约风险;在明星参加拍摄、演唱会等过程中,要提前检查场景、设备、道具的安全性与稳定性,确保辅助人员的专业性,避免发生安全事故、演出事故等。

(三)专业的危机应对

在明星遭遇具体危机时,要委托专业团队,并按照正当程序做出专业、有效的危机应对,最大化维护明星的利益。

第一,要及时组建危机应对小组,聘请专业的公关团队及律师团队进行专业分析,制订统一的应对方案,分工协作,互相配合,及时妥善处理。

第二,要做好危机公关,工作室应及时发布声明,澄清事实真相,并实时掌握舆情动态,通过正当手段控制不实消息的传播,降低危机事件对明星的不良影响。发布的声明一定要严谨、客观、合理,避免因不当声明导致二次受损。

第三,要及时调查、收集对明星有利的证据线索,做好证据的固定保全工作,委托律师起草相关法律文件,并采取相应的法律手段,包括发律师函、投诉、起诉、报案等,以维护明星的合法权益。

第四,若明星因违法犯罪进入法定追责程序,应及时委托律师作为代理人参与诉讼程序,第一时间会见明星,为明星开展申诉、辩护等工作。案件进入司法程序的,要及时申请不公开审理,维护明星的隐私;案件进入行政处罚程序或者行业自律惩戒程序(如中国演出行业协会道德建设委员会对明星违反从业规范的行为进行评议)的,应及时提交申辩材料;①受到联合抵制的明星符合复出条件的,及时提交复出申请②等。

---

① 《演出行业演艺人员从业自律管理办法(试行)》第 17 条规定:“道德建设委员会发现演艺人员涉嫌违反从业规范的,应当从行政管理部门、行业组织、成员单位及其他第三方渠道收集信息,并对演艺人员及其所属单位提供的申辩材料进行评估后,提出具体处理意见,经中国演出行业协会审议通过后报送文化和旅游部,并以书面通知向相关单位及个人通报。”

② 《演出行业演艺人员从业自律管理办法(试行)》第 18 条规定:“受到联合抵制的演艺人员需要继续从事演出活动的,本人或者其所属单位应当在联合抵制期限届满前 3 个月内向道德建设委员会提出申请,经道德建设委员会综合评议后,给予是否同意复出的意见。对符合复出条件的演艺人员,由中国演出行业协会向会员单位和个人通报,取消联合抵制措施,并监督引导其参与行业培训、职业教育、公益项目等活动,改善社会形象。”

CHAPTER 06

文旅地产建设与投融资

什么构建了你的快乐星球？

——主题公园授权许可那些事儿

程　芳[*]　章舒熳

[*] 作者简介：

程芳，中伦律师事务所上海办公室知识产权部合伙人，电邮为：helencheng@ zhonglun. com。

自2016年上海迪士尼度假区开业以来，娱乐度假区项目迎来了一波新热潮。在继续拓展传统游乐园、文化公园、特色小镇等旅游项目的同时，运营商也纷纷将视野投向基于影视IP的主题公园项目。本文基于笔者团队近几年处理相关项目的经验，从知识产权法律角度与大家分享主题公园授权许可方面的一些关注点。

一、主题公园，什么是IP

大家对于主题公园其实并不陌生。例如，华侨城欢乐谷、方特欢乐世界等是以乘骑游乐设施为主的游乐园，世界之窗、宋城等是以人文景观为主的园区，长隆海洋公园、常州中华恐龙园等是以自然科学探索为主题的园区，而迪士尼乐园、环球影城等则是以影视IP为特色的主题公园。

与原创IP相比，引进第三方成熟IP在资源等方面更为高效。那么，在引进IP开发主题公园时，具体引进的是什么呢？

IP，全称Intellectual Property，中文为“知识产权”，主要包括著作权、商标权、专利权等。在以影视IP为主线的主题公园项目中，最主要被使用的是著作权，例如角色形象、影视场景；也会使用商标权，如园区名称、景点名称所使用的标识；而专利技术的使用则相对较少，主要集中在游乐设施的建造方面。

除上述常见的IP外，某些项目中授权方已经具备了主题公园许可或运营的丰富经验，在项目谈判和执行的过程中，如果被授权方可以学习到授权方的经验，对其也是相当有益的。出于保证旗下各主题公园风格统一以及保护品牌价值的考虑，主题公园授权方通常对于游乐设施与IP的结合方式、主题公园整体设计风格、园区运营等都有较为细致的要求。被授权方应不仅将这些视为授权方提出的要求，还应借此机会学习借鉴IP使用和园区运营的经验和方法。

二、谁是适格的IP授权人

在同一客体上，经常同时存在多种或多项知识产权，甚至一个知识产权中也可能有不同的权项，这些不同的知识产权和权项可能属于不同的权利人。如果授权方实际只拥有某些知识产权，但却将自己无权处分的权利也一并打包在授权范围内，或者已经将某项影视IP的主题公园独占许可授权给了一家公司，却又突破在先许可的独占性安排，向另一家公司进行重复授权，这些情况都会带来较高的法律风险。与一般的知识产权授权项目不同，主题公园项目需要提前确定园区土地，后期开发建设也需要投入大量人力物力。一旦在授权链条上出现问题，后果难以想象。

如果授权方具有丰富的园区授权和运营经验，其往往具有清晰、既定的权利体系和授权体系，可以向被授权方提供清晰的指引。例如，授权方可以在谈判过程中明确哪些是自有IP，哪些是第三方IP，哪些IP权项已经授权他人使用，哪些第三方IP需要被授权方单独与第三方权利人协商获得授权，并确定出于何种原因需要界定某些IP的具体使用边界等。

但是，如果授权方是这方面的新手，那么被授权方就需要特别重视尽职调查工作，梳理知识产权类型、厘清不同知识产权的权利人、核实授权方是否拥有或有权处分知识产权。在项目谈判中，被授权方应基于尽调结果，要求授权方作出相应保证，同时将该等保证与赔偿机制相挂钩，从而降低自己作为知识产权实际使用人的风险。

此外，如果授权协议中有一些特别的限制性约定，被授权方也应询问授权方的考虑因素，这一方面是减少使用限制的谈判策略，另一方面也可据此了解条款背后的实际情况，作为补充调查的一种方式。

三、这个IP多少钱

在任何类型的交易中，交易价格通常是双方最先谈也最看重的因素，主题公园IP授权许可交易亦然。IP授权的对价，取决于多种不同的因素，包括授权使用的范围、期限、排他性、应用场景等。授权方和被授权方需要综合考虑这些因素，各自搭建财务模型进行计算，得出尽可能准确的成本收益预期，协商确定双方都能接受的许可费计算方式和金额。

总体而言，许可费计算方式主要有三种，包括一次买断、纯收益分成、固定保底费用加收益分成。由于主题公园运营的特殊性，第一种方式的盈亏风险过大，而第二种方式又会将授权方的授权收益与被授权方的园区运营效益完全绑定在一起，因此，目前通常采用的是第三种方式，即被授权方在协议期限内分期向授权方支付固定费用，同时每年从园区运营的收益中抽取一定比例作为分成。

谈及收益分成，通常首先想到的就是门票收入分成。对于门票收入，需要考虑常规门票、酒店套票、特殊旅游套票是否分别计算。除门票之外，纪念品销售点、餐饮点、酒店、付费影院、付费留影点等应用场景也会产生收益，因此，在收益分成方面需要考虑这些应用场景的收入是否也计入收益分成的范围，是否需要区分分成比例。此外，如果园区吸引连锁商店、餐厅形成商业圈，或者第三方在园区内进行影视拍摄或其他现场活动，被授权方由此获得的收益是否以及如何参与分成等问题都需要双方充分考虑和协商。

四、非独家授权模式下，如何锁定 IP

在中国法下，知识产权许可有三种形式，即独占许可、排他许可和普通许可。在独占许可模式下，权利人仅可授权一位被授权方使用知识产权，权利人自己亦不能保留使用权；在排他许可模式下，权利人也仅可授权一位被授权方使用，但权利人保留自行使用的权利；在普通许可模式下，权利人既可自行使用，还可同时许可他人使用。

在主题公园项目中，即使授权方无意在许可区域内再开发类似的园区，授权方也往往只同意授予普通许可，也就是常说的非独家许可。这主要是考虑主题公园运营过程中涉及的知识产权应用场景相当丰富，如衍生品销售、影视片段表演等，而授权方通常需要保留独立于主题公园合作项目之外的 IP 应用权利。

那么，被授权方要如何在非独家模式下最大限度地确保自己的利益呢？这需要从多维度进行综合布局。比较常见的安排是要求授权方书面承诺在园区所在省、市或者更大的区域范围内不得再与第三方合作开发类似的业态，从而控制游客分流程度。在实际操作层面，被授权方可以限制授权方不能再授权第三方在建筑物、网站、商品等任何事物上使用主题公园名称，不能授权第三方销售主题公园核心 IP 的衍生品等，从各种维度锁定核心 IP。

五、主题公园授权期限

知识产权授权还涉及一个重要问题就是授权期限。对于大型主题公园来说，其项目造价高昂，需要充分的时间实现投资回报，而在游客量趋于稳定后，又可以带来持续稳定的收益。因此，双方通常会约定较长的授权期限，并且设定相应的续约机制。

除授权期限外，双方也需要在终止机制方面下功夫。虽然双方总是真诚希望能够长期友好合作实现共赢，但制定谨慎的终止机制和后续处理程序也是对彼此的负责。对于授权方而言，细化被授权方可能发生的重大违约行为，并设置相应的终止机制，有助于及时止损。对于被授权方而言，一方面要限制授权方的终止权利以保证项目的稳定性，另一方面也需要事先考虑可能导致项目没有必要继续经营的情形，为自己留有余地。

谈到终止机制，双方还需要进一步考虑合作终止后的处理程序。例如，类比一般的许可交易，授权终止后被授权方是否可以在一定期限内继续销售剩余的园区纪念品。再如，园区酒店、园区内的各种游乐设施和设备如何处置。如果可以事先谈好这些问题，即使不再继续合作，双方届时也可以相对有序地处理后续事项。

六、结语

本文主要讨论了主题公园 IP 授权许可的五个方面：知识产权类型、授权链条、许可费安排、合作模式和授权期限。除此之外，还有一系列问题值得深入研究和探讨，如知识产权客体的授权应用场景如何界定、如何涵盖未来可能出现的新型应用场景、如何合理设定许可人的审批权限和机制、被授权方在引进 IP 的同时能否培养自主 IP，以及双方如何合作进行知识产权维权等。

主题公园 IP 授权许可涵盖的知识产权类型复杂、应用场景丰富，项目谈判和落地中存在的问题远不止前述所列。因此，在主题公园的 IP 授权谈判中，需要双方的每位谈判人员集思广益、通力合作，事先达成细致妥帖的安排，帮助项目成功落地。

文旅地产项目收购中应重点关注的土地法律风险刍议

魏志强*

* 作者简介：
魏志强，中伦律师事务所南京办公室争议解决部合伙人，电邮为：wzqlawyer@ zhonglun. com。

后疫情时代,城市地产面临调控的重压,很大一部分资金流向远郊文旅地产洼地,文旅地产已成为地产行业的新引擎和突破口。据不完全统计,在百强地产企业中,已有超过50%的企业布局文旅产业,其中部分房企选择通过并购方式开始涉足文旅地产业务。[①] 在文旅地产并购项目中,除了常规房地产并购中的关注点外,还需要对项目的土地使用权做更细致的关注和审查,笔者结合近年来办理收购文旅地产项目业务的经验,就应重点关注的土地法律风险做深入探讨。

一、关于农用地流转的法律风险

文旅地产项目一般远离市中心,区位以一二线城市城郊或外围为主,大多数项目会遇到农用地和开发用地结合产生的法律问题。根据《土地管理法》中农用地的定义,“农用地是指直接用于农业生产的土地,包括耕地、林地、草地、农田水利用地、养殖水面等”。《农村土地承包法》第36条规定,“承包方可以自主决定依法采取出租(转包)、入股或者其他方式向他人流转土地经营权,并向发包方备案”。实践中,承包方可以选择以集体经济组织作为中介进行土地流转,主要是以生产队、合作社或村的形式派代表进行签约,也可以采取自行流转的方式。农用地流转的具体法律风险有如下三个方面。

(一)关于农用地的“三权”分置及土地经营权流转的法律风险

2018年12月,最新修订的《农村土地承包法》正式确立了农村土地的“三权”分置制度,落实了土地经营权的概念及流转要求,包括流转原则、流转合同的主要条款、融资担保等内容。其中的“三权”是指集体土地所有权、土地承包经营权和土地经营权。在承包关系长久不变的前提下,从土地承包经营权中派生出可市场化开放性流转的土地经营权。自此,农用地“三权”分置、土地经营权正式上升为法律概念。“三权”分置实质是为了盘活农业土地而采取的不碰触其法律基础的变通方式。允许将农用地经营权流转,既能激发乡村振兴的活力,也有利于土地的充分利用,这给文旅地产项目的开发带来了新的机遇。

为了进一步规范农村土地经营权流转行为,农业农村部发布了《农村土地经营权流转管理办法》,自2021年3月1日起施行。该文件已去掉《农村土地承包

---

① 参见《文旅地产主要有三大类型 优劣势明显》,载中商情报网,https://www.askci.com/news/chanye/20191101/1111191154403.shtml。

经营权流转管理办法》(已失效)中“承包”二字,被视为落实“三权”分置的体现。该规定对工商企业等社会资本通过流转取得土地经营权的准入监管制度作了详细规定,明确县级以上地方人民政府要依法建立分级资格审查和项目审核制度,并规定了审查、审核的一般程序,引导社会资本规范流转土地经营权。县级以上地方人民政府可以根据该规定,结合本行政区域实际,制定审查、审核的实施细则。该规定施行后,在尽调过程中应注意核查当地政府是否对社会资本资格条件、项目条件作出新规定。

对于开发企业,农用地流转后还需注意以下几点:首先,土地性质不改变,即土地不能转化为个人所有,性质仍然为集体所有;其次,严格的耕地保护制度即18亿亩耕地红线不能突破,不能触碰耕地;最后,农民利益不受损,即确保承包权仍归属于农民个人,不能突破。

（二）关于林地中公益林的法律风险

文旅地产应充分利用森林资源和生态优势进行开发。林地是非常重要的可利用资源,林地属农用地的一种,除上述土地流转问题外,还需要注意的是,根据《森林法》第47条,“国家根据生态保护的需要,将森林生态区位重要或者生态状况脆弱,以发挥生态效益为主要目的的林地和林地上的森林划定为公益林。未划定为公益林的林地和林地上的森林属于商品林”。

各省对于生态公益林是否可流转出台了不同的规定,例如,《湖北省森林资源流转条例》规定:“生态公益林和其它法律、行政法规禁止流转以及权属不清的森林资源不得流转。”《浙江省公益林和森林公园条例》规定,“在不改变公益林林地用途和性质的前提下,公益林森林、林木、林地使用权和公益林补偿收益权可以依法流转”。

因此,在文旅项目收购中需核实案涉项目林地的性质是否属于公益林,该地块上已有的树木是否可以采伐,避免收购后无法利用的风险。

（三）关于土地流转经营权证登记的法律风险

部分省市的农村土地流转经营权登记管理办法规定“流入土地面积50亩以上,流转期限5年以上,可以申请农村流转土地经营权登记”。有的地区仅规定“经营面积达到一定规模”可申请办理登记,未对最小流转面积作出相应限制规定。文旅项目如果少量涉及林地、园地的利用,在尽调中应确认流转土地的位置和面积,核查当地出台的相关规定并向农业农村局工作人员核实,分析是否存在无法办理流转土地经营权证登记的风险。

二、关于点状供地的法律风险

文旅地产通常位于偏远区域,一般位于非传统居住区,核心卖点为山地、湖滨和海滨等,传统整片式供地将会造成土地资源的浪费,且对开发资金要求高,导致文旅项目难以落地。自然资源较好的区域,如海南省、浙江省、广东省、吉林省,以及安徽省、重庆市、四川省的部分地区先后出台相关政策支持点状供地模式的落地执行。

点状供地是指在城镇开发边界(城市和乡镇建设用地扩展边界)以外不适合成片开发建设的地区,根据地域资源环境承载能力、区位条件和发展潜力,结合项目区块地形地貌特征,依据建(构)筑物占地面积等点状布局按照"用多少、征多少,建多少、转多少"的原则,对土地实施"征转分离、分类管理"。建设占用的土地,应办理农用地转用和土地征收手续,按建设用地实施管理;生态保留用地可以根据项目开发需要办理征收手续后,仍按原土地用途进行管理。相比片状供地,点状供地建设项目容积率按实际建设用地与建筑面积计算,对绿地率不做要求。同时,各地亦对点状供地项目列出负面清单,例如选址涉及占用永久基本农田、生态公益林、自然保护区、饮用水水源保护区等禁止建设区,商品住宅、私家庄园、私人别墅等房地产和变相发展房地产的项目等情形不得纳入点状供地范围。此外,在尽职调查过程中还应注意核查对点状地块分割转让及抵押的限制。

点状供地能有效提高土地节约集约利用率,发展乡村旅游,盘活农村闲置房屋,但在后期开发阶段,国家及当地政府是否会出台调整政策,该政策是否会对该项目的开发产生重大不利影响尚不确定。笔者建议收购方在交易前就政策问题与政府相关部门进行确认,并且在交易文件中设置有关政策调整的风险防范和承担机制。

点状供地亦会存在农用地流转期限与建设用地出让年限不匹配的问题。考虑项目建设周期较长,存在流转合同到期无法续签或续签成本增加的风险。笔者建议收购方尽可能预判合同履行过程中可能发生的不利情形并逐一设置处理或退出机制,并考虑无法继续使用周边农用地情形下的土地利用备选方案。

三、关于规划的法律风险

并购过程中还应注意核查目标地块城市总体规划、控制性详细规划、修建性详细规划；对于在未来开发过程中可能涉及的水源、农用地、林地、遗产保护区等是否会与当地城镇规划相冲突，给予充分的提示，避免文旅项目难以落地。

文旅地产项目中，核查目标地块是否涉及生态保护红线是项目合规中的重点内容之一。生态保护红线是指在生态空间范围内具有特殊重要生态功能、必须强制性严格保护的区域，是保障和维护国家生态安全的底线和生命线。《环境保护法》《国家安全法》等法律都明确规定要划定生态保护红线。2016 年 5 月 30 日，国家发展改革委等 9 部委联合印发的《〈关于加强资源环境生态红线管控的指导意见〉的通知》（发改环资〔2016〕1162 号）就指出，"依法在重点生态功能区、生态环境敏感区和脆弱区等区域划定生态保护红线，实行严格保护，确保生态功能不降低、面积不减少、性质不改变……有效遏制生态系统退化的趋势"。纳入生态保护红线的区域，禁止进行工业化和城镇化开发。根据《在国家级自然保护区修筑设施审批管理暂行办法》第 14 条及《风景名胜区条例》第 41 条，若侵占生态保护红线，其可能受到的处罚包括但不限于罚款及责令限时拆除等。所以生态保护红线一定不能碰，即便前期各项手续齐全，依然不排除后期开发建设过程中存在项目被严查、被拆除的风险。

因此，在项目收购前应全面核查该项目是否涉及当地正在划定或者已经划定的生态保护红线，并主动向当地自然资源、环保等部门联络核实，详细披露相关法律风险。

四、结语

利用农村土地资源尤其是存量土地资源发展文旅、度假、康养等乡村综合体，已成为文旅地产发展的破题之举，项目用地获取及利用方式的选择须根据项目的具体业态、土地权属、土地用途等综合确定。在项目开发过程中，将涉及政府、村民、农村集体经济组织等多个主体，可能涉及土地流转、规划调整、闲置土地等数个方面的问题。在复杂多变且相对本地化的商业和监管环境中，投资者在收购文旅项目前，应对项目用地的土地权属、规划要求及地方政策等进行全面调查，根据调查结果综合研判项目范围内各种业态的用地成本、效益以及用地风险，合理平衡整体利益，并根据现实需要、难易程度来选择具体的土地利用方式，降低风险，以确保项目成功开发。

（杨玉霞对本文亦有贡献）

主题公园融资方案和增信措施

原　挺[*]　谢剑辉　马思聪

[*] 作者简介：

原挺，中伦律师事务所北京办公室公司业务部合伙人，电邮为：yuanting@ zhonglun. com。

2021 年 9 月 20 日北京市通州区环球影城主题公园盛大开业,已经成为北京又一个必去的打卡点。南有长隆动物世界、东有迪士尼乐园、北有环球影城,全国的超大型主题公园越来越红火。作为环球影城项目公司的法律顾问,笔者团队在 2017 年协助完成了项目全套融资文件的起草、谈判和定稿,并在融资交割后持续跟进服务。看到曾经日夜奋战制作法律文件所对应的项目美轮美奂地呈现在眼前,不禁让人感叹现代人类社会的高度合作化和执行力。

这样一个几百亿投融资规模的大型主题公园,需要合理的资本结构来为资源整合搭好框架。首先,资本结构中股权投资端由掌握项目核心资源的发起人投入。由于主题公园需要大面积的土地和完善的周边配套设施,项目所在地的政府会扮演重要的角色,不论其是否在项目中直接持股。品牌和技术是主题公园成功的关键,环球影城这样具备很强吸粉能力的文化符号能成为主题公园的灵魂。有了基础设施和前期的准备工作,发起人就需要考虑如何安排资本结构中的另一端——债务融资,这将是本文讨论的重点。当然,也有主题公园在股权投资端安排了更多的财务投资人,以降低杠杆率和减小偿债压力,也可以在项目收益不佳时分担风险,但在项目成功的情况下财务投资人的资本回报要求一般高于债务融资。

由于项目工程浩大,耗资惊人,建设和运营的周期也很长,做好财务测算是主题公园寻求融资的第一步。财务测算中成本端通常需要留有一定空间,以应对项目遇到变动因素导致的工程延期或成本增加。在收入预测端,既要参考同一品牌主题公园在其他国家或地区的收入情况,也要评估东道国本地的消费能力,做好定价策略和调价机制。有了财务全景图,股东和项目公司即对项目总投资和资本金之间的资金缺口有了预算,下文将逐步展开分析融资方案和增信措施。

一、融资方案

债务融资方案总的来说分为两种,一种是向金融机构申请融资,另一种是在资本市场向投资人筹集资金。在资本市场进行筹资主要是以债券发行或资产证券化的方式,但对于新项目而言,刚刚组建的项目公司难以满足成为发行人的法定要求,需要等到项目进入运营期再做安排。进入运营期后,项目的现金流趋于稳定,项目公司可以请评级公司对公司的偿债能力进行评级,然后通过券商将债券出售给公开市场的投资人或以私募债的方式定向出售给特定投资人。项目公司还可以将园区的未来收益(通常为收费收益权)打包成风险隔离的资产包进行证券化,成熟的案例有华侨城欢乐谷主题公园门票专项资产管理计划、海昌海洋公园门票资产支持专项计划等。但2019年证监会将不具有垄断性和排他性的入园凭证收入等未来经营性收入排除在资产证券化基础资产的范畴之外,后续政策如何演进还有待观察。如果进入运营期的主题公园项目公司希望将公司债券出售给境外的投资人,则需要全面符合债券发行地的证券法律和交易所规则。本文不就资本市场的筹资进一步展开阐述,而主要谈谈金融机构的融资方案。

项目公司向金融机构的融资通常被叫作间接融资,意思是金融机构依靠自身信用在市场上筹集了闲置资金,然后自行挑选可行的项目来提供融资。对于主题公园项目,银行资金是首要选项,由于主题公园项目所需的资金量往往超过单一金融机构的授信额度,因此需要多家银行组建银团来联合提供融资。非银行的金融机构也可以在设备融资和应收款保理等方面为主题公园提供资金支持。

（一）项目融资贷款

主题公园从土地开发到工程建设过程所需资金的贷款可以归入工程项目贷款这一类别,这是大型银行熟悉的中长期融资产品。由于项目从零起步,银行在建设期承担的风险并不比股东小,因此银行往往希望发起人在建设期提供全额担保,也就是说项目完工后银行才能释放股东的保证责任,而在没有完工并进入商业运营的情况下,银行有权向发起人追索项目公司的债务。该安排的合理性主要取决于发起人的实力和信誉。对于享誉全球的大企业或有政府背景的大型公司,其完成项目并顺利投入运营的能力强,经验成熟,银行对于股东担保的依赖度和强制性都偏弱;而对于不具备这样实力的发起人,也许发起人的信用担保都不足以让银行安心。

项目贷款是在建设期发放投入项目建设,并在运营期分期收回。发放的进度和条件通常与项目的真实用款需求相匹配,但银行会要求股东的资本金先于贷款资金到位,分为全部到位和同比例到位两种情况。而股东的资金除了以资本金的方式注入项目外,有时还有一些变通的模式。比如,股东的资金由资本金和股东贷款两部分组成,银行会要求股东贷款从属于银行贷款,也就是银行贷款债务通常被称为“高级债务”的原因,讲的就是其与股东贷款及其他债务之间的优先顺位。又如,股东有可能在银行发放贷款前已经垫付了一部分资金用于项目建设,这部分能否被银行贷款置换常常是项目公司非常关心的问题;置换的边界通常是留一部分股东垫付款及资本金在项目中铺底,以确保银行贷款的风险得以缓冲,目的还是避免过高的杠杆率。

贷款资金的收回需要根据财务模型对于园区预期收入的测算来安排,通常银行给予主题公园的授信期间都超过 8 年,因为减去 3 年左右的建设期,园区通过 5 年的运营收入清偿所有长期负债的难度比较大,而且园区在运行一段时间后还有可能进行设备的升级改造,二次资本投入会进一步拉长还款周期。

园区项目融资的资金成本与园区的市场认可度紧密相关。对于国际一流的主题公园,其园区产品的知识产权收益比较高,创意能力强,这是其长期维持人流量和收入的保障,因此更容易吸引金融机构的授信,在资金成本的谈判上也更有优势。但由于银行的资金成本也是随着市场波动的,资金成本通常会盯住某一基准利率来浮动,在资金成本严重偏离基准利率的情况下双方还有可能需要重新协商利率。

项目融资贷款的币种主要由项目资金需求及园区收入币种决定。在中国境内设立的主题公园门票收入都是人民币,为了匹配还款来源,贷款可全部以人民币为基准来计价。如果部分贷款以外币发放,其目的往往是应对项目的对外支付要求,比如支付境外知识产权提供方特许权使用费。只要项目用款和项目回款的货币不能完全对齐,跨期金融交易就会存在汇率风险。汇率风险可以通过汇率掉期等方式来对冲,也有可能由项目公司自行承担,这对于银行来说也是长期融资产品需要重视的敞口,因此贷款全部以人民币计价是相对稳妥的做法。

(二)非银行金融机构融资

由于主题公园的游乐设施众多,价值高且使用年限长,采购大型游乐设施所需的资金也可以向融资租赁公司来筹集。如果项目建设初期已经安排了全盘的项目融资,游乐设施的采购资金已经纳入初次建设资金预算中,则游乐设施通常会被银行要求设置抵押担保。但项目进入运营期且贷款还款进入后期,游乐设施的更新或置换所需资金可以借助融资租赁公司的力量。

融资租赁公司通常要求与游乐设施供应商及项目公司共同签署三方采购协议,融资租赁公司作为买方,在设施交付及安装后成为所有权人,并与项目公司达成融资租赁法律关系，收取租金来收回其采购款和资金收益，比如北京市朝阳公园的摩天轮就曾通过融资租赁的模式来筹资。虽然融资租赁公司在租赁期内拥有游乐设施的所有权，但游乐设施的再处置市场并不大，而且处置成本高，二手游乐设施价值减去其物流成本后的残值有可能不足以覆盖融资款。因此，项目公司在向融资租赁公司筹资采购游乐设施时需要充分展示主题公园健康的现金流状况，减少金融机构对租赁物处置的顾虑。

除了游乐设施，主题公园另一块吸引金融机构的招牌就是前文提及过的园区门票收益。不论该收益权是否能得到资本市场的认可，很多以应收账款为融资对象的金融机构还是会基于园区客流量和市场前景给予融资。当然，和融资租赁一样，保理融资也是在没有银行项目融资贷款或贷款后期替代融资工具进场的情况下发挥作用的，否则项目融资银行掌握园区所有现金流账户，如何切分出保理融资的余量需要金融机构之间进行协商。

二、增信措施

主题公园债务融资的增信措施分为两大类：一是项目所在国法定的物权担保，即在项目资产上设置担保权确保金融机构的优先权益；二是项目交易相关方提供的合同承诺，既包括政府的承诺也包括上下游合作企业的支持性承诺。

（一）物权类担保

对于基础设施建设项目的融资，项目自身的资产是融资最直接的担保物。价值最显著的担保物与可出质的财产权利包括土地、房屋建筑、游乐设施和项目公司股权，相对而言价值变动大一些的担保物及财产权利包括园区门票收益权、收入账户及主题公园的知识产权。

就土地使用权而言，在中国，土地及其地上建筑物的权属是统一的，但主题公园的情况可能更加复杂。比如，主题公园中的酒店在建成后将房地统一抵押给银行通常是可行的，但有些附属建筑设施可能不能办理房产证，这种情况需要和当地的房管部门沟通，确定担保物的范围；另外，主题公园的土地使用权不一定是项目方自持的，而有可能是从政府或发起人处租赁而来的，这也使得主题公园的土地使用权抵押更为复杂。

游乐设施抵押中主要问题在于抵押资产的定期更新。因为设备分批到位，银行可能会要求对到位设备尽快登记抵押权,项目公司需要在游乐设施更新过程中不断更新抵押登记。为避免过于频繁的操作,市场惯例是每隔一定期限更新一次登记。

门票收益权的质押担保属于未来应收账款质押的范畴,可在中国人民银行征信中心的网站上完成登记,但该应收账款是未来的权益,只有主题公园持续有效运营才有价值。落实到资金管控,金融机构会通过对收入账户的监管来盯住现金流,包括流入和流出两个端口。在流入端,金融机构可能还会关注除了园区门票之外的其他资金,比如酒店、餐饮、物业、纪念品等全方位的收入。在流出端,除了主题公园设施更新所需的投入,其日常运营中的开支也很大,金融机构与项目公司会就运营项目建立预算管理和调整机制。

主题公园使用的知识产权很广泛,对于其自有知识产权可进行权利质押,但如果其知识产权并非自有,而是通过许可使用的方式获得的,情况将会较为复杂。该问题将在下一部分展开。

(二)第三方增信

主题公园的上下游合作方非常多,下面将从几个主要方面来探讨该类增信的安排。首先要讨论的是上文提及的提供知识产权的发起人,金融机构希望确保项目对主题公园一系列商标、版权、标志(logo)和新创意得到充分授权和持续使用,当发起人与作为借款人的项目公司在知识产权合作方面出现问题时,信贷的风险指数将大大提高。如果能够获得发起人的支持函,或者项目公司将其在知识产权使用协议项下的权利转让给金融机构,则对于金融机构来说是重要的保障。

对于大型工程项目,完工风险都是金融机构的首要风险。因此项目公司在工程总承包合同项下的权益也可能被转让给金融机构,在项目公司出现问题时金融机构可以安排其他公司作为新业主来承接本项目,并要求工程方继续履约。

前文也提到主题公园需要当地政府的多方面支持,比如周边道路的配套、电力供应、安全保障等,甚至项目公司还有可能因为带动周边就业及产业链发展而获得税收优惠或财政补贴。金融机构有时希望把一些项目公司从政府得到的承诺或实惠落实到纸面,请政府出具支持协议,这样的安排往往需要经历拉锯式的谈判协商,因为并没有标准化的操作可供参考,只能根据项目具体情况量身打造。

三、结语

主题公园是个综合性服务工程,包含的不仅是传统的游乐设施,还有多元的品牌、文化、新消费时尚和娱乐平台。金融机构和主题公园企业可以共商新融资模式,在传统的融资方案和增信措施上增添新的元素,加强主题公园无形资产的融资能力,借用主题公园的品牌号召力打通整个供应链的融资需求。

大型综合主题乐园项目工程建设的法律难点探析

张　炯　张文靖*　张丽娜

* 作者简介：

张炯，中伦律师事务所北京办公室公司业务部合伙人，电邮为：zhangjiong@ zhonglun. com。

张文靖，中伦律师事务所北京办公室公司业务部非权益合伙人，电邮为：zhangwenjing@ zhonglun. com。

2021年9月20日，北京环球影城正式开园，环球影城是继迪士尼之后，我国引进的又一国际化超大型主题乐园项目。由于存在投资高、体量大、技术复杂、参与方众多等特点，大型主题乐园的工程建设法律问题在合约架构、采购模式、造价、工期、质量等方面凸显出复杂性和多样性。本文系统梳理并解析主题乐园项目工程建设的法律难点，抛砖引玉，以期为此类项目投资提供更多的参考。

一、合约规划——纵横交错的网状结构

在任何工程建设项目开展前，如同工程本身的结构框架一样，业主首先需要通盘考虑如何搭建项目的合约架构，例如，采用施工总承包、工程总承包还是委托代建模式？哪些工程是总承包商自施的？哪些由专业化的分包商实施？哪些材料设备需要甲供？这些事项既是工程问题，也是法律问题，业主可以通过合同体系的提前规划，铺展开工程管控的整体图景。

对于主题乐园项目而言更是如此，主题乐园往往基于不同的主题，被划分成若干标段，各标段自身设计和施工的特殊安排、不同标段之间的纵横联系，成为合约规划的重难点之一。

（一）设计及顾问服务的合约规划

主题乐园设计的好坏不仅会影响施工的质量、进度和造价，更重要的是会直接影响终端用户的感受，对于工程建设而言至关重要。

首先，关于境外设计单位的引入。鉴于主题乐园项目很可能引入国际成熟品牌（如环球影城、迪士尼等），在这种情况下，业主在很大程度上会依赖境外设计单位的创意和经验。而受限于我国有关设计资质和境外主体参与特定设计环节的规定，境外设计院一方完成全部设计又存在合规障碍，必须与境内设计院合作。这就使业主需要充分考虑通过何种方式签约来实现境外设计团队对项目的参与，是按照概念设计与方案设计、初步设计、施工图设计等不同设计阶段分别签约，还是采用联合体模式或设计咨询模式。

其次，关于总设计人与专业设计人的关系。主题乐园项目往往规模大、专业多，既要实现整体设计效果的统一，又要照顾到不同主题设计的特殊性；而市场上很难找到一家设计单位深谙所有专业领域，需要机电、消防、园林景观、小市政、室内设计、弱电、幕墙等大量专业设计人与总设计人进行配合、协调。因此，如何将

总设计人与专业设计人的设置纳入合约安排，不单需要从工程管理和角度进行考虑，还要从合法合规角度进行论证。到底是总设计人是牵头负责人，各专业设计人作为总设计人的分包单位，由总设计人统筹管理及协调；还是由业主直接发包专业设计，总设计人协调与配合，要根据项目情况和业主工程管理需要，给予妥善安排。

再次，关于专业顾问单位的参与。由于主题乐园涉及的技术标准和参数非常复杂，业主往往需要委托第三方顾问（如艺术顾问、声学顾问、灯光顾问、景观顾问、厨房顾问、造价顾问、项目管理顾问等）参与设计及之后的施工环节并提出专业意见，必要时，需要请境外技术指导单位作为专项顾问。就专项顾问与总设计人、专业设计人之间的关系，也需要在各自的合约中作出特别安排。

最后，关于设计深度及与施工的衔接。就主题乐园这种对设计标准及个性化有高度追求的项目而言，国外类似项目一般会在接近施工图深度时就开始进行施工招标了，业主很难把每个细节都在设计中交代清楚，而是会提出大量复杂且详细的技术标准，承包商深化设计的工作量和程度远超一般工程。然而，尽管强调设计施工一体化的工程总承包在我国已经推行了多年，但就现阶段的建筑市场而言，绝大多数承包商仍然秉持着施工总承包的思想在实施工程总承包项目。

因此，在我国建设主题乐园项目，业主需要充分考虑工程项目特点与建筑市场现状，慎重选择工程发包模式，决定图纸到底做到多深再进行发包，是采用工程总承包还是施工总承包。尤其在业主对于工程总承包管理缺乏经验的情况下，图纸深度不够就进入施工阶段，项目可能会出现标准偏离、造价突破、工期难控等问题。

（二）工程施工及采购的合约规划

施工与采购的安排是工程合约规划的重头戏。相比住宅、写字楼、酒店等建筑工程，主题乐园项目的特点在于娱乐功能突出、配套设施复杂且技术标准较高。因此，如何划分工程包、发包给哪些单位、材料设备有哪些特殊要求、最终建立何种发包模式等，对业主来说至关重要，需要提前规划并至少在合约架构中解决以下问题。

1. 标段的划分及总承包商的确定

考虑主题乐园体量较大、每个主题标准不同、施工需同步并行，业主一般会按照不同的主题来划分标段，当然，也可能将技术类似或位置相近的主题合并为一个标段。

需要注意的是，根据《民法典》《建筑法》及相关法律法规，法律禁止肢解发包，即禁止将应当由一个承包单位完成的建设工程分解成若干部分发包给不同的承包单位。单位工程是法定的最小发包单位，实务中多指一个建筑物或构筑物，且其应同时具备结构独立和功能独立的特征。就主题乐园项目而言，游乐设施与建筑物的物理关系复杂：有的在建筑物内部、有的穿过建筑物或与其联结、有的则完全独立于建筑物。鉴于这种多元化的建筑形态，如何认定单位工程具有一定复杂性和解释空间，需要具体问题具体分析，避免构成肢解发包。

2. 专业分包商及独立承包商的选择

对于同一主题而言，会涉及诸如消防、电梯、弱电、精装修、楼宇自控、演艺布景、骑乘设备安装等不同的专业工程。基于禁止肢解发包的要求，一个单位工程项下的专业工程，依法必须要通过总承包商分包给专业分包商，不能由业主直接发包。

这些专业工程对主题乐园建造标准、工期和造价等目标的实现至关重要，而在目前的建筑市场环境下，绝大部分总承包商对于此类专业工程的实施和管理还需要大量经验积累，业主希望能自行发包。国际工程实践中，业主大多通过指定分包实现诉求，但指定分包是被我国相关法律法规明令禁止的行为。那么，在法律要求和市场需求不一致的情况下，如何在现行法律框架下实现业主对专业分包商的有效管控，也成为困扰市场主体的一大难题。

实务中，合规的做法是，业主在总包工程发包时，将专业工程以暂估价形式纳入总包范围，在后续暂估价采购时，由总承包商负责采购和确定专业分包商。因此，如何保证总承包商在暂估价采购中合理地选定专业分包商并进行价格控制，是总承包施工合同中需要重点考虑的问题。对于法定必须招标的主题乐园项目，就更为复杂。

当然，对于一些独立性比较强的专业工程，例如景观工程、道路工程、市政工程、独立商铺等，在法律允许的范围内，业主可根据管理需求考虑是否在总包工程之外单独发包，形成若干与总包工程平行的独立承包工程。

但是，独立承包商的引入会增加标段内的工程实施主体，业主不仅需要关注独立承包商与自身分包单位之间的关系，还需要考虑独立承包商与总承包商、专业分包商之间的配合与协调，在合同体系中对各方工作界面、彼此权利义务、交叉施工的影响、交叉索赔的处理等给予细化。在工程管理和法律风险控制上也需要做更细致的安排。

3. 甲供材料设备及可能的限制因素

法律并未禁止业主供应（甲供）材料设备，实践中也广泛存在甲供方式。因此，对于一个单位工程而言，受限于禁止肢解发包的要求，材料设备的安装仍应纳入总包的工程范围，但材料设备本身原则上可以由业主自行采购。

对于主题乐园而言，特别典型的设备是骑乘设备，由于不同主题项下骑乘设备的技术标准有很大的差异，尤其是引入境外主题的项目，基于前期合作协议及知识产权保护等要求，业主可能需要向境外特定的供应商采购，甚至希望由这些供应商直接安装。但是，受制于禁止肢解发包及施工资质管理方面的法律规定，供应商直接安装面临重大的合规障碍。因此，合规的做法是，将此类设备作为甲供设备，交由总承包商的专业分包商进行安装，但本土的施工企业对这类设备的安装经验可能并不充分，也可能存在技术理解不到位的情况，而为保障安装品质和实现技术理念，设备供应商需要派出强大的团队提供安装的技术培训和指导。因此，需要在相应的采购合同、总包合同、分包合同中厘清各方责任界面。

需要注意的是，甲供材料设备的范围可能受到地方政策的限制。例如，北京市禁止甲供“涉及施工质量的结构材料及重要的功能性材料、设备”①。因此，在主题乐园项目合约规划中，还需要结合地方人民政府的政策要求，确定可以甲供的材料设备范围。

4. 乙供材料设备的采购问题

首先，业主对总承包商自行采购的重要材料设备通常会有品牌、规格、型号等技术方面的要求，但需要注意避免构成指定供应。此外，与专业工程类似，对于暂估价材料设备，业主需要在总承包合同中设置相关采购制度，确保总包在暂估价招标/采购时对供应商、质量和造价的合理控制。

---

① 北京市住房和城乡建设委员会《关于进一步规范北京市房屋建筑和市政基础设施工程施工发包承包活动的通知》（京建发〔2011〕130号）规定：“涉及施工质量的结构材料及重要的功能性材料、设备，应当由施工单位采购。”

其次，如前所述，主题乐园项目可能同时存在不同标段，每个标段有不同的总承包商，而对于不同标段的钢材、电缆等通用材料设备及信息技术类设备设施，业主往往有统一的技术标准需求。但由于不同的总承包商会有各自的供货渠道，供应商的不统一或将导致货物造价的不一致、货物最终标准的差异进而增加运营管理的难度。对此，能否从总承包合同层面进行顶层设计，为各标段架设桥梁，以实现同一类别工程货物采购的统一性，需要市场主体在现有法律框架下创新和探索。

二、核心问题——工程建设的"三驾马车"

造价、工期和质量是主题乐园项目工程建设中最核心的三大问题。在合约规划完成后，业主需围绕上述核心问题，把工程管理思路、项目建设目标、风险分配原则反映到合同条款里，以合同为纲，指导工程的全流程建设。

（一）造价：计价方式与调价机制的统一

首先，关于价格形式。建设工程合同的价格形式不应拘泥于单一模式，可以是固定总价合同或固定单价合同，也有兼具总价和单价合同特征的情况，并没有绝对的优劣之分，适合工程实际、图纸深度及管控需求的模式才是最佳选择。

对于主题乐园项目而言，由于工艺特殊，而且大量标准可能来自境外，如果承包商在报价阶段简单地按一般项目考虑，可能会忽略很多对报价有关键影响的细节，而这些细节可能导致造价中涉及的人材机（人才、材料与机械）等含量和单价高于普通建设工程的定额含量和信息价。业主在编制招标文件和招标控制价时需要综合考虑、交代清楚，避免出现招标控制价不足以覆盖市场合理价格，引起"低价中标、高价索赔"或大幅超出预算的被动局面。

其次，关于调价机制。合同价格的调整方式同样灵活多变，一般需要考虑市场价格波动、法律变化、工程变更等方面的调价安排。

就市场价格波动而言，主题乐园项目建设周期较长，需要在施工合同中对价格波动的调价范围、幅度、周期和公式等予以细化，以免履约过程中产生争议。特别是人工费，由于主题乐园特定工艺及做法（如塑石假山搭建、演艺布景构件安装、游客可见区域的主题装饰等）的需求，此类工作的人工费往往在工程量清单中会有专门约定，且多为固定不调价格，与普通人工费的价格波动机制区分设置。

就工程变更而言，主题乐园一般设有多个标段，发生变更时，除遵循“有相同价，按照相同价；有类似价，参考类似价；无相同或类似价，根据约定组价”的通常变更计价原则外，其他标段的清单价格也可以在变更计价缺乏依据时为业主提供参考，甚至可以通过约定嵌套至相应的合同文件中。

最后，关于价款支付。针对预付款、进度款、结算款、质保金的支付，业主需要结合商业诉求和财务安排，在计量计价、付款条件、发票开具、付款账期、逾期责任等方面给予落实。此外，随着《保障农民工工资支付条例》的施行，业主还应在施工合同中充分考虑人工费用与其他工程款的分账支付机制，保障农民工工资的支付。

总之，价格管理及成本控制不仅是商务问题，更是法律问题。在合同编制过程中，关于计价原则、计量方式、工程变更、工程索赔、工程款的审核和支付、工程结算等方面的安排，就是将业主的商务诉求转化为法律文件的过程。

（二）工期：静态设置与动态管控的结合

工期对主题乐园建设的重要性不言而喻，一旦工期延误，主题乐园延期开业导致的损失可能非常大。因此，业主在工期的控制上需要注意以下几点。

首先，关于工期设置。主题乐园项目与普通房屋建筑项目不同，会涉及骑乘设备等特殊设备设施的调试、试运行以及园区的试运营问题，需要特别考虑相关阶段与竣工验收的关系，实际竣工的认定标准，以及缺陷责任期、质量保修期的安排等。

其次，关于工期顺延。工期顺延侧重动态管理。主题乐园项目的工程包划分复杂，各专业工程穿插进行，一个工期延误事件是否构成关键线路的影响有其自身的特点。整个施工期间，需要适时地对各种工期延误事件进行分析，根据实际情况适时对关键线路的变化进行跟踪。

此外，一旦工期受到影响，不但会造成工期顺延，还会引起停窝工等各种经济损失的赔偿以及因延期导致的价格波动风险，可谓牵一发而动全身。故业主需要随时进行综合评判，妥善处理工期延误及由此引发的索赔事宜。

（三）质量：法定标准与合同标准的联动

首先，关于质量标准。主题乐园特别强调满足游客体验，这种特殊需求通过一整套特殊的技术条件和要求体现在合同中，如骑乘设备的特定技术规格、建筑外观的精美细节、演艺布景的音响及灯光效果、室内温湿度及环境需求等。因此，法定验收合格的标准只是主题乐园项目应达到的基本质量标准，更为重要的是要满足合同约定的复杂技术标准。

在国际大型主题乐园项目中，为保证世界各地主题乐园质量的统一性和高标准，开发方通常会有一套非常精细的品控要求，而且对艺术细节极为关注，这对精细化作业和管理上尚存薄弱环节的本土施工企业无疑提出了重大的挑战。

因此，在施工合同签署阶段，对技术标准和要求的专业化审核非常重要。尤其是，引入境外主题的，还需要考虑境外技术标准的有效落地：一方面，相关标准应避免与国家、地方及行业强制性标准产生冲突；另一方面，需要关注技术标准重难点的实现和品控的有效落实。对此，业主一般会委托相应的工程顾问提供专业指导意见，将开发方的技术标准提前吃透，并落实到设计任务书、工程技术规范等各类工程文件中。同时，还要尤其注意施工前的设计交底工作，务必要让承包商充分理解该技术标准的难点和特殊之处。最后，在施工过程中，业主还可能会委派专门的技术总监和艺术指导对工程细节进行现场管理，承包商应予以配合，这些都需要在合同中充分关注。

其次，关于验收机制。不同于工业项目，主题乐园项目的部分设备设施，除需要进行设备的单机调试、联动调试、试运行外，还要进行主题乐园特有的内部压力测试和试运营才能投入正式运营。因此，工程施工合同和设备采购合同中，需要对各验收环节（包括调试、专项验收、竣工验收、试运行验收、内测验收、试运营验收）设置、所有权及风险的转移时点、竣工标准与相关验收的关系、后续验收不合格对前期验收的影响等予以明确。

最后，关于质量保修。由于主题乐园正式运营后，涉及不特定社会公众的人身和财产安全，除常规质量保修外，主题乐园还需要进行定期的质量检查及设备设施维护。对此业主也应给予关注，并在合同中落实，确保主题乐园的安全运营。

三、结语

综上所述，对于主题乐园项目，其建造标准复杂、参建单位众多、工程体量巨大，故工程法律风险防范难度很大。如何通过设计与施工阶段的合约规划，将纵横交错的法律关系条分缕析。如何适应我国建筑领域强监管的体系，进行多元、立体的合约体系构建。如何在建设工程合同中，将造价、工期和质量控制的措施安排妥当。诸此等等，无处不考验业主智慧。在这一过程中，不仅要考虑商务需求和管理模式，也要关注法律风险分配的合理性和可控性。毫无疑问，通过法律前置安排，提前建立全流程法律风险防范体系，并在工程管理过程中全面引入法律风控，必将有助于业主落实其工程管控思想，最终实现对工期、质量和造价的全面控制。

CHAPTER 07

教育与合规监管

新形势下高校依法治校的合规治理路径

何　丹*

* 作者简介：

何丹，中伦律师事务所武汉办公室知识产权部合伙人，电邮为：hedan@ zhonglun. com。

高校依法治校，是指高等学校运用法律手段调整、规范和解决教育管理和办学活动中出现的新情况和新问题的状态和过程。随着社会主义民主法治和政治文明建设的推进，教育改革的不断深化，各级各类学校的发展环境、发展理念、发展方式正在发生深刻变化，迫切需要全面推进依法治校、加快建设现代学校制度。① 由于社会经济文化的不断发展，依法治校理念随着时间的推移内涵不断充实、外延不断扩大。为贯彻落实教育部2020年7月发布的《关于进一步加强高等学校法治工作的意见》，本文在分析高校依法治校历史沿革的基础上，借鉴企业合规理论和做法，总结笔者担任高校法律顾问的经验，提出高校依法治校的合规治理路径。

一、高校依法治校的历史沿革及最新发展

（一）20世纪90年代

1997年党的十五大正式提出要建设社会主义法治国家，1999年《宪法修正案》正式将“中华人民共和国实行依法治国，建设社会主义法治国家”写入《宪法》，至此，依法治国正式成为国家的基本方略。在这样的背景下，依法治教、依法治校被提上了议事日程。

1995年9月1日和1999年1月1日，《教育法》《高等教育法》分别正式实施，国家迈出了依法治教和依法治校的实质步伐。1999年12月，全国人大教科文卫委员会和教育部联合召开了第一次全国教育法制工作会议，时任全国人大教科文卫委员会主任委员朱开轩发表了重要讲话，时任教育部部长陈至立作了《全面推进依法执教，开创21世纪教育振兴新局面》的报告。依法治校的问题第一次被国家机关正式提出。② 由此可见，依法治校的问题是在我国依法治国这一基本方略得到确立的背景下提出的。

（二）21世纪初

2003年7月教育部正式颁布了《关于加强依法治校工作的若干意见》（已失效）。该意见的出台明确了依法治校工作的指导思想和工作目标，提出了大力推

---

① 《教育部关于印发〈全面推进依法治校实施纲要〉的通知》（教政法〔2012〕9号）。

② 参见《加强高校法治工作　提升治理能力水平——教育部政策法规司负责人就〈教育部关于进一步加强高等学校法治工作的意见〉答记者问》，载中华人民共和国教育部网，http://www.moe.gov.cn/jyb_xwfb/s271/202007/t20200729_475696.html。

进依法治校工作的具体措施，目的在于令学校充分认识到推进依法治校工作的重要性和必要性。之后，按照法治国家的理念和要求教育部又颁布了《实施教育行政许可若干规定》，规范了教育领域的行政许可行为，令教育行政行为有法可依。

（三）2010～2020年

2010年7月8日正式发布的《国家中长期教育改革和发展规划纲要（2010—2020年）》明确要完善中国特色现代大学制度，推进依法治教，大力推进依法治校。同时专门针对高等学校学生管理工作，教育部发布了《普通高等学校学生管理规定》，有力地促进了我国高校依法治校工作的深入开展。

2020年教育部出台了《关于进一步加强高等学校法治工作的意见》（以下简称《意见》），《意见》明确了高校法治工作的五项重点内容。一是构建以章程为核心的规章制度体系，推动形成以章程为核心，规范统一、分类科学、层次清晰、运行高效的学校规章制度体系。二是完善学校法人治理体系，进一步坚持和完善以党委领导下的校长负责制为核心的学校领导体制和治理体系，推进决策、管理的科学化、民主化、法治化。三是健全师生权益保护救济机制，建立健全校内权益救济制度，完善教师、学生申诉的规则与程序。四是完善学校法律风险防控体系，健全合同管理制度，积极推进各类涉法事务管理，维护学校合法权益。五是开展以宪法教育为核心的法治教育，把学习宣传宪法摆在普法工作的首要位置，将宪法教育寓于学生培养全过程。与之前已经出台的政策的区别在于，《意见》第一次将高等学校法治工作的目标定位提高到推进高校依法治理，提高高校治理体系和治理能力现代化水平这一层次。虽然《意见》没有重述“依法治校”这一概念，但并不意味着高校法治工作的提升就可以脱离“依法治校”这一核心。相反地，提升高校治理体系和治理能力现代化这个提法，对高校法治工作提出了更高的要求。

二、现代企业的合规理论与高校依法治校

现代企业的合规包括三个层次：国家颁布的法律和政令、企业自身制定的共同体规则和协定、自由市场所要求的一般性诚信伦理。[①] 合规不只是“符合一定的准则或规则”，其比法律风险管理的内涵更宽泛，是企业为免受法律制裁、监管处罚、财务或声誉损失，从治理结构、内控机制、责任价值建立的“全面风控”意识、标

① 参见季卫东：《为企业合规性投石问路》，载《财经》2008年第20期。

准和取向，从行为预期上又突出强调对违规的“零容忍”。① 高校依法治校的本质是通过法治的手段使高校权力的运行符合法律法规的规定。但现状是依法治校常常停留在宏观层面，缺少微观的风险预判与合法应对，与高校具体治理存在两张皮的情况，缺乏体系化的应对；常常是按下葫芦浮起瓢，各种风险频发，管理者疲于应付各类突发事件。确实，如果仅仅依靠普法宣传、违规违纪的事后处理，很难做到前瞻性、系统性地抵御各类风险。他山之石，可以攻玉。在教育部对高校依法治校提出更高要求的新形势之下，高校依法治校不能只考虑法律风险，有条件的高校应借鉴现代企业治理的先进做法，从现代企业合规角度出发，主动构建合规思维，系统性地完善风险防控体系，提升高校治理体系和治理能力现代化水平。

三、构建合规思维，树立全面风控意识，实现高校治理体系和治理能力现代化

在依法治校新要求下，校园内从管理者到广大教师和学生都应构建合规思维，树立全面风控意识，为管理者依法依规实施学校管理、教师依法依规从教，实现高校治理体系和治理能力现代化奠定基础。具体可从以下三个方面做好依法治校工作。

(一)完善高校依法治校组织架构，做好合规文化宣传

高校可在现有机构设置的基础上形成“以学校办公室为核心，纪检监察机构作保障，各职能单位紧密配合”的合规管理组织体系。学校办公室的合规职责主要有：起草重要的依法治校管理文件，持续关注法律法规变化情况、研究相关的合规管理政策，审核批准合规管理制度，与组织人事部门联合决定合规管理负责人员的任免，决定合规管理重大事项等。纪检监察机构在合规管理方面的职责主要有：监督学校各机构的合规决策和合规流程；监督学校各机构和工作人员的合规履职情况，对违规行为责令整改和持续改进；受理违规举报，对引发重大合规风险的学校管理人员提出人事任免的建议。各职能部门和院系负责本部门的日常合规管理工作，在本部门事务范围内组织、协调和监督合规管理工作，包括组织开展

① 参见杨力：《中国企业合规的风险点、变化曲线与挑战应对》，载《政法论丛》2017 年第 2 期。

合规检查和考核，对相关流程进行合规性评价；组织或参与对违规事件的调查，提出处理建议。

为了保障高校依法治校工作的合规运行，应当建立多渠道的监督机制，保障高校公权力的行使符合既定的程序步骤，从源头上杜绝高校公权力异化的风险。一方面，要充分发挥纪检监察机构的监督作用，对于违法违规行为要主动执纪问责；另一方面，要引导师生员工在日常学习生活中对各类不合规行为进行监督。同时，高校管理层要充分认识到依法治校、合规治理的重要性和必要性，加强合规文化宣传，主动树立以人为本、依法办事、依规办事的观念。

（二）做好尽职调查，梳理风险点，系统性完善相关合规制度文件

随着高等教育规模的扩大，高校管理越来越复杂，在此过程中，高校与社会其他组织之间、教师与学校之间以及学生与学校之间存在的风险可能越来越多。高校应针对各职能部门、各业务流程、各工作内容和目标进行尽职调查，系统地梳理风险点，完善覆盖全部风险点的合规制度文件。按照《意见》的要求，高校应当加强统筹规划，提高制度供给水平和制度建设质量，推动形成以章程为核心，规范统一、分类科学、层次清晰、运行高效的学校规章制度体系。健全校内规范性文件制定发布机制，明确起草、审查、决定、公布的程序，明确合法性审查的范围和具体办法。建立校内规范性文件定期清理机制，按照法制统一的原则进行及时修订和清理，编制现行有效文件清单。推动校内规范性文件管理信息化和公开化，提高管理效率，方便师生查阅。笔者基于十多年担任教育部直属高校法律顾问的经验，对高校常规的风险点做了简要梳理（见图 1：高校主要风险点一览）。

1. 高校行政合规风险点

主要包括学生管理中的行政风险和教师管理中的行政风险。学生管理中的行政风险主要表现为学生对学校施加的处分行为不服（记过、留校察看、开除等）或者对于学校不予授予学位不服而向人民法院提起行政诉讼所带来的风险。教师管理中的行政风险主要表现为在职称评选过程中，因学校相关信息不够透明等而引发的风险。

2. 高校民事合规风险点

（1）知识产权合规风险点

高校知识产权风险，是指高校在日常事务中可能遇到并且会给高校带来不利

影响的知识产权事项。高校知识产权风险主要包括专利、著作权、商标、不正当竞争等方面的风险。专利风险表现为专利转让和专利许可过程中发生的风险。著作权风险表现为出版和网络教学方面产生的风险。商标风险表现为他人未经许可使用学校拥有的商标产生的侵权风险。不正当竞争风险表现为他人擅自使用学校的校名全称或简称开展生产经营,引起消费者混淆或误认的风险。

(2)合同合规风险点

合同涉及的事项比较广泛,从科研合作到采购招标都会涉及合同。高校合同风险包括劳动关系合同风险、科研类合同风险、后勤保障类合同风险、教学事务类合同风险。劳动关系合同风险表现为劳动合同纠纷和人事合同纠纷;科研类合同风险表现为研发成果归属纠纷、研发成果许可转让纠纷和研发报酬支付纠纷;后勤保障类合同风险涉及科研设备、食品等各类物资的采购合同纠纷以及基建方面的建设工程合同纠纷;教学事务类合同风险则涉及合作办学、合作招生等方面的纠纷。

(3)人身损害、名誉荣誉损害合规风险点

校园是人身损害事件的高发地点,校园里可能发生的涉及人身损害的事件包括:交通事故、故意伤害、校方维护的设施设备致损、树枝掉落伤人、跌落下水道、自伤行为等。名誉荣誉损害涉及社交媒体中的侮辱诽谤、诋毁贬损学校声誉等。

3. 刑事合规风险点

高校刑事风险主要包括单位犯罪和个人犯罪,个人犯罪又分职务犯罪和一般犯罪。其中高校工作人员的职务犯罪不仅会造成高校财产的损失,同时也会给学校声誉带来负面影响,因此高校尤其要注意教职工履职行为的刑事合规性。

(三)做好涉及师生生命财产安全的突发事件及负面信息的合规应对

高校是教书育人的主要场所,是社会精英的聚集地,涉及师生生命财产安全的突发事件对高校的正常教学和科研秩序乃至全社会的安全稳定影响巨大,应予以高度重视。(见图1)其合规应对可以从两个方面展开:一是事先的风险预防,二是事后的补救措施。事先的风险预防要求高校相关职能部门通过日常巡检、专项检查等多种途径发现并上报隐患,重点对教学区、实验室、宿舍区、食堂、工地以及电力设备、燃气设备、锅炉设备、消防设施、体育设施等进行地毯式大排查。事后的补救措施主要包括补偿安抚费用的支付和危机公关。当发生师生伤亡事故

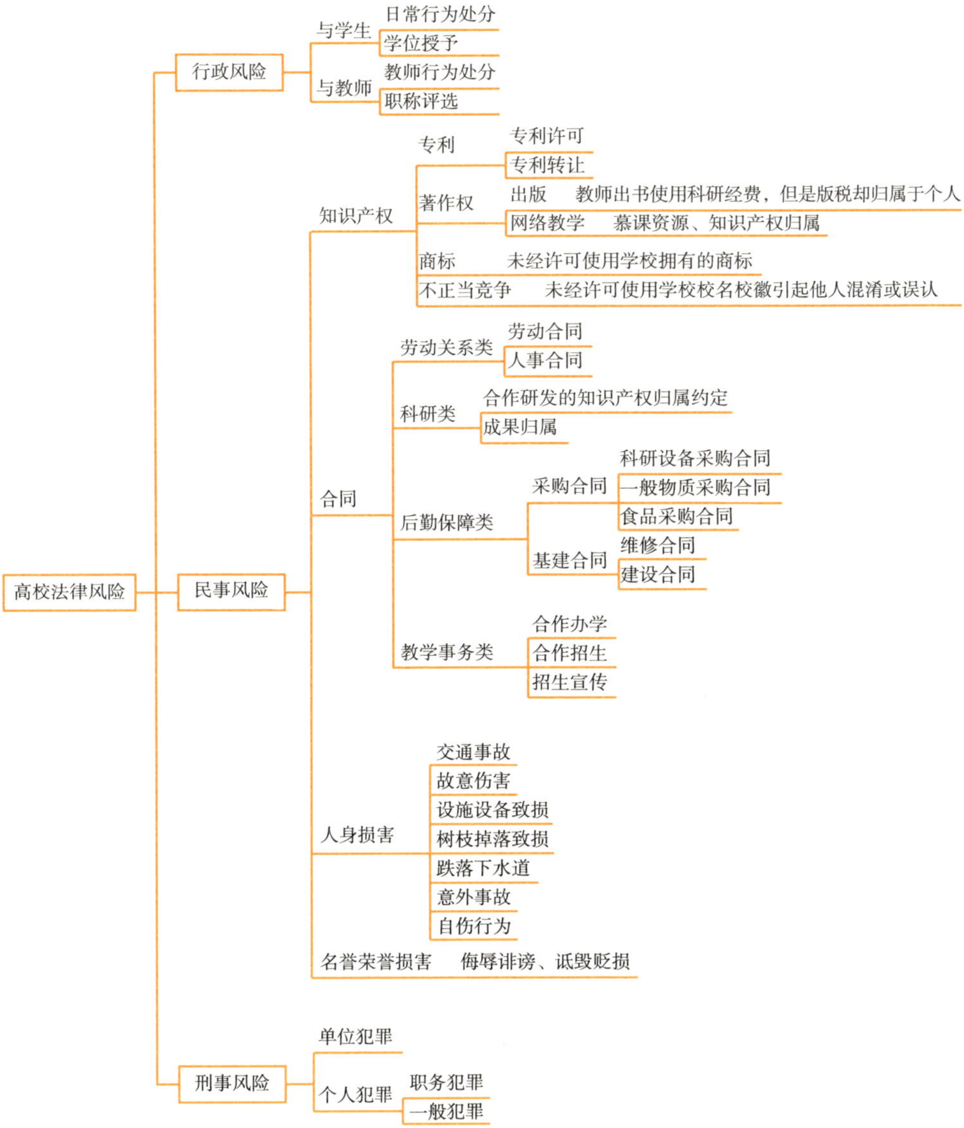

图 1　高校主要风险点一览

时，不能随意使用财政专项资金。除了国家规定的抚恤款项外，若学校存在过错，应当首先通过校园责任保险支付相关费用，不足部分考虑从捐助捐赠款项中支付；若学校不存在过错，则应通过设立的困难补助基金或定向捐赠解决。同时，宣传部门应当第一时间发布公告应对外界舆论，并对公告内容进行合规审查，避免语句歧义对学校产生负面影响。高校应当随时关注社交媒体上发布的相关新闻、信息是否存在侮辱诽谤、诋毁贬损学校声誉的情况,若出现前述情况,高校应积极运用包括法律手段在内的各种手段来维护自己的声誉,妥善处理外部媒体的新闻报道,对于有损学校声誉的负面消息主动进行应对。

(李筱芙对本文亦有贡献)

《民办教育促进法实施条例》实施后民办学校的合规治理

——关联交易

刘永青* 戴丽铢 周 浩

*作者简介：

刘永青，中伦律师事务所青岛办公室公司业务部合伙人，电邮为：liuyongqing@zhonglun.com。

2021 年 4 月 7 日，国务院发布了修订后的《民办教育促进法实施条例》（以下简称新《实施条例》），新《实施条例》针对近年来民办教育领域出现的过度资本化、过度商业化等乱象，加强了对民办教育领域的监管力度、明确了违法行为的法律责任。新《实施条例》在 2021 年 9 月 1 日生效后，民办学校合规治理有三大问题亟待解决：一是民办学校营利性与非营利性之选择，二是民办学校关联交易之合规治理，三是多层次办学的民办学校分立之路径。

新《实施条例》规定，实施义务教育的民办学校禁止关联交易，其他民办学校可以实施关联交易，但必须遵守公开、公平、公允的原则，这一前所未有的重磅变化必将对教育行业产生重大影响。关联交易的规范化，已然成为民办学校合规治理的核心内容之一。

哪些行为构成关联交易？关联交易如何做到"公开、公平、公允"？举办者怎样规避关联交易中潜在的法律风险？针对这些问题，本文将对新《实施条例》关于民办教育机构关联交易的相关规定进行法律分析并提出应对建议，协助民办学校及其举办者充分做好迎接教育回归公益属性的准备。

一、民办学校关联交易的主要规则

2018 年 12 月 29 日，《民办教育促进法》经修正后颁布，与之配套的新《实施条例》本应随后出台，但是其修订数易其稿，历时近三年才正式发布。其中，关于关联交易的主要规则也几经修改，具体变化如表 1 所示。

表 1　民办学校关联交易的主要规则

核心内容	《民办教育促进法实施条例》（征求意见稿）	《民办教育促进法实施条例》（送审稿）	新《实施条例》
规范的主体范围	非营利性民办学校与利益关联方发生交易的，应当遵循公开、公平、公允的原则，不得损害国家利益、学校利益和师生权益。违反本款规定造成损失的，应当承担赔偿责任或者依法承担其他法律责任。	民办学校与利益关联方发生交易的，应当遵循公开、公平、公允的原则，不得损害国家利益、学校利益和师生权益。	实施义务教育的民办学校不得与利益关联方进行交易。其他民办学校与利益关联方进行交易的，应当遵循公开、公平、公允的原则，合理定价、规范决策，不得损害国家利益、学校利益和师生权益。

续表

核心内容	《民办教育促进法实施条例》(征求意见稿)	《民办教育促进法实施条例》(送审稿)	新《实施条例》
信息披露、决策、审计等制度	非营利性民办学校应当建立利益关联方交易的信息披露制度。理事会、董事会或者其他形式决策机构审议与利益关联方交易事项时,与该交易有利益关系的决策机构成员应当回避表决,也不得代理其他成员行使表决权。	民办学校应当建立利益关联方交易的信息披露制度。教育行政部门、人力资源社会保障部门应当加强对非营利性民办学校与利益关联方签订协议的监管,对涉及重大利益或者长期、反复执行的协议,应当对其必要性、合法性、合规性进行审查审计。理事会、董事会或者其他形式决策机构理事会、董事会或者其他形式决策机构审议与利益关联方交易事项时,与该交易有利益关系的决策机构成员应当回避表决,也不得代理其他成员行使表决权。	民办学校应当建立利益关联方交易的信息披露制度。教育、人力资源社会保障以及财政等有关部门应当加强对非营利性民办学校与利益关联方签订协议的监管,并按年度对关联交易进行审查。
关联方定义	利益关联方是指民办学校的举办者、实际控制人、理事、董事、监事等以及与上述组织或个人之间存在互相控制和影响关系、可能导致民办学校利益被转移的组织或个人。	前款所称利益关联方是指前款所称利益关联方是指民办学校的举办者、实际控制人、理事、董事、监事等以及与上述组织或者个人之间存在互相控制和影响关系、可能导致民办学校利益被转移的组织或者个人。	前款所称利益关联方是指民办学校的举办者、实际控制人、校长、理事、董事、监事、财务负责人等以及与上述组织或者个人之间存在互相控制和影响关系、可能导致民办学校利益被转移的组织或者个人。

征求意见稿的主要规范对象是非营利性民办学校,提出了公开、公平、公允的交易原则,要求学校建立利益关联方交易的信息披露制度和回避表决制度,并定

义了什么是利益关联方。

送审稿对征求意见稿的内容进行了变更，主要有两点变化：一是将该规定的适用范围扩大到所有的民办学校，不区分营利性与非营利性。二是新增相关部门对关联交易协议进行监管的规定，其有权对涉及重大利益或者长期、反复执行的协议进行审计。

新《实施条例》对送审稿的内容再次进行了调整，最大的变化是首次明确禁止实施义务教育的民办学校进行关联交易；就关联交易协议的监管，删除了审查范围的要求，增加了审查时间的要求，即按年度审查；将“回避表决”改为“规范决策”；利益关联方增加了校长和财务负责人。

新《实施条例》关于关联交易的主要规则是：实施义务教育的学校禁止关联交易；实施非义务教育的学校，无论是非营利性还是营利性均允许关联交易，但需要遵循公开、公平、公允的原则。（见图1）

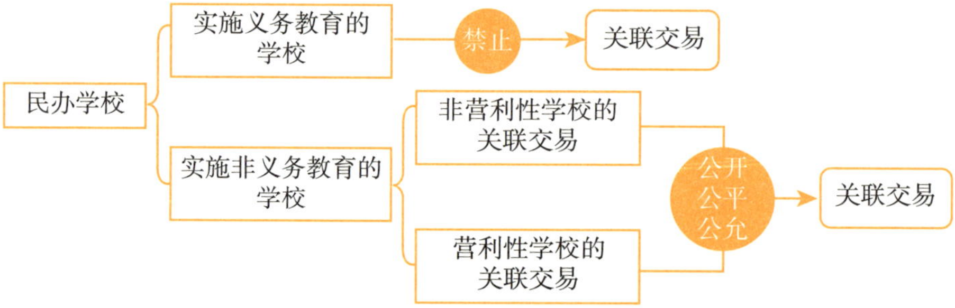

图1　民办学校关联交易的规则梳理

从关联交易构成要素分析，关联交易的发生需同时具备两个条件。一是存在利益关联方，二是存在交易行为。本文的第二部分将界定什么是民办学校的利益关联方。

二、民办学校的关联方

（一）新《实施条例》关于关联方的定义

新《实施条例》第45条第3款规定，利益关联方是指民办学校的举办者、实际控制人、校长、理事、董事、监事、财务负责人等以及与上述组织或者个人之间存在互相控制和影响关系、可能导致民办学校利益被转移的组织或者个人。

该条款以“列举+兜底”的方式定义了什么是关联方。因此，我们有必要分析，除被明确列举的主体外，民办学校的关联方还包括哪些主体，营利性学校与非营利性学校的关联方有哪些区别。

（二）营利性民办学校的关联方

根据《公司法》第216条的规定，关联关系是指公司控股股东、实际控制人、董事、监事、高级管理人员与其直接或者间接控制的企业之间的关系，以及可能导致公司利益转移的其他关系；但是，国家控股的企业之间不仅因为同受国家控股而具有关联关系。高级管理人员是指公司的经理、副经理、财务负责人，上市公司董事会秘书和公司章程规定的其他人员。

《企业会计准则第36号——关联方披露》（财会〔2006〕3号，以下简称《会计准则36号》）第3条、第4条[①]则对企业的关联方进行了更加具体的规定。

综合《会计准则36号》、《公司法》和新《实施条例》相关规定可知，营利性民办学校的关联方如图2所示。

需要注意的是，《公司法》列举的关联方与新《实施条例》列举的关联方存在一定差别。《公司法》仅规定控股股东是公司的关联方，并非全体股东都是关联方，新《实施条例》则规定全体举办者都是学校的关联方；关于《公司法》规定的经理、副经理，新《实施条例》中的民办学校并没有对应的职务，如果学校确实设置了该职务，从合规角度出发，可以在学校章程中明确经理、副经理的职责并将其认定为学校的关联方。

---

① 《企业会计准则第36号——关联方披露》第3条规定：“一方控制、共同控制另一方或对另一方施加重大影响，以及两方或两方以上同受一方控制、共同控制或重大影响的，构成关联方。控制，是指有权决定一个企业的财务和经营政策，并能据以从该企业的经营活动中获取利益。共同控制，是指按照合同约定对某项经济活动所共有的控制，仅在与该项经济活动相关的重要财务和经营决策需要分享控制权的投资方一致同意时存在。重大影响，是指对一个企业的财务和经营政策有参与决策的权力，但并不能够控制或者与其他方一起共同控制这些政策的制定。”

第4条规定：“下列各方构成企业的关联方：（一）该企业的母公司。（二）该企业的子公司。（三）与该企业受同一母公司控制的其他企业。（四）对该企业实施共同控制的投资方。（五）对该企业施加重大影响的投资方。（六）该企业的合营企业。（七）该企业的联营企业。（八）该企业的主要投资者个人及与其关系密切的家庭成员。主要投资者个人，是指能够控制、共同控制一个企业或者对一个企业施加重大影响的个人投资者。（九）该企业或其母公司的关键管理人员及与其关系密切的家庭成员。关键管理人员，是指有权力并负责计划、指挥和控制企业活动的人员。与主要投资者个人或关键管理人员关系密切的家庭成员，是指在处理与企业的交易时可能影响该个人或受该个人影响的家庭成员。（十）该企业主要投资者个人、关键管理人员或与其关系密切的家庭成员控制、共同控制或施加重大影响的其他企业。”

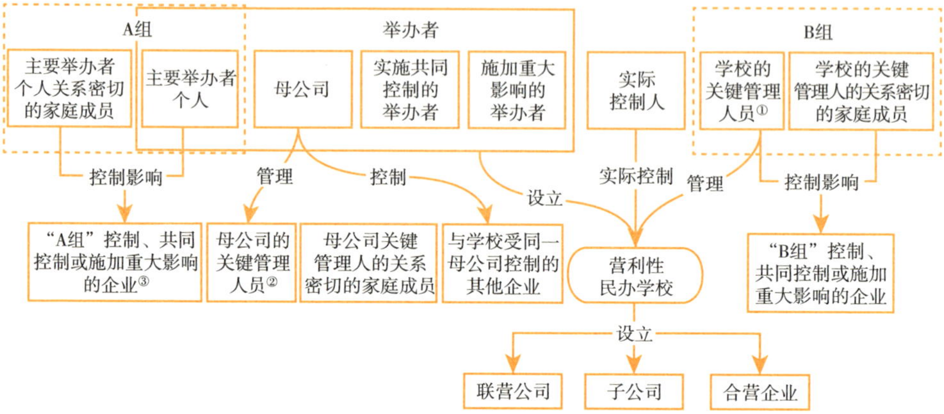

图 2 营利性民办学校关联方

注〔1〕:营利性民办学校的关键管理人员,是指校长、理事、董事、监事、财务负责人,上市公司董事会秘书和公司章程规定的其他人员。

注〔2〕:母公司的关键管理人员,是指有权力并负责计划、指挥和控制企业活动的人员。

注〔3〕:“控制”是指有权决定一个企业的财务和经营政策,并能据以从该企业的经营活动中获取利益。

“共同控制”是指按照合同约定对某项经济活动所共有的控制,仅在与该项经济活动相关的重要财务 经营决策需要分享控制权的投资方一致同意时存在。

“重大影响”是指对一个企业的财务和经营政策有参与决策的权力,但并不能够控制或者与其他方一起共同控制这些政策的制定。

(三)非营利性民办学校的关联方

《〈民间非营利组织会计制度〉若干问题的解释》(以下简称《民非会计制度解释》)第 12 条①规定了民间非营利组织的关联方的定义并进行了明确列举,结合新

① 《〈民间非营利组织会计制度〉若干问题的解释》第 12 条规定,本解释所称关联方,是指一方控制、共同控制另一方或对另一方施加重大影响,以及两方或两方以上同受一方控制、共同控制或重大影响的相关各方。以下各方构成民间非营利组织的关联方:(1)该民间非营利组织的设立人及其所属企业集团的其他成员单位。(2)该民间非营利组织控制、共同控制或施加重大影响的企业。(3)该民间非营利组织设立的其他民间非营利组织。(4)由该民间非营利组织的设立人及其所属企业集团的其他成员单位共同控制或施加重大影响的企业。(5)由该民间非营利组织的设立人及其所属企业集团的其他成员单位设立的其他民间非营利组织。(6)该民间非营利组织的关键管理人员及与其关系密切的家庭成员。关键管理人员,是指有权力并负责计划、指挥和控制民间非营利组织活动的人员。与关键管理人员关系密切的家庭成员,是指在处理与该组织的交易时可能影响该个人或受该个人影响的家庭成员。关键管理人员一般包括:民间非营利组织负责人、理事、监事、分支(代表)机构负责人等。(7)该民间非营利组织的关键管理人员或与其关系密切的家庭成员控制、共同控制或施加重大影响的企业。(8)该民间非营利组织的关键管理人员或与其关系密切的家庭成员设立的其他民间非营利组织。此外,以面向社会开展慈善活动为宗旨的民间非营利组织(包括社会团体、基金会、社会服务机构等),与《慈善法》所规定的主要捐赠人也构成关联方。

《实施条例》第45条第3款，我们可以大致确定非营利性民办学校的关联方如图3所示。

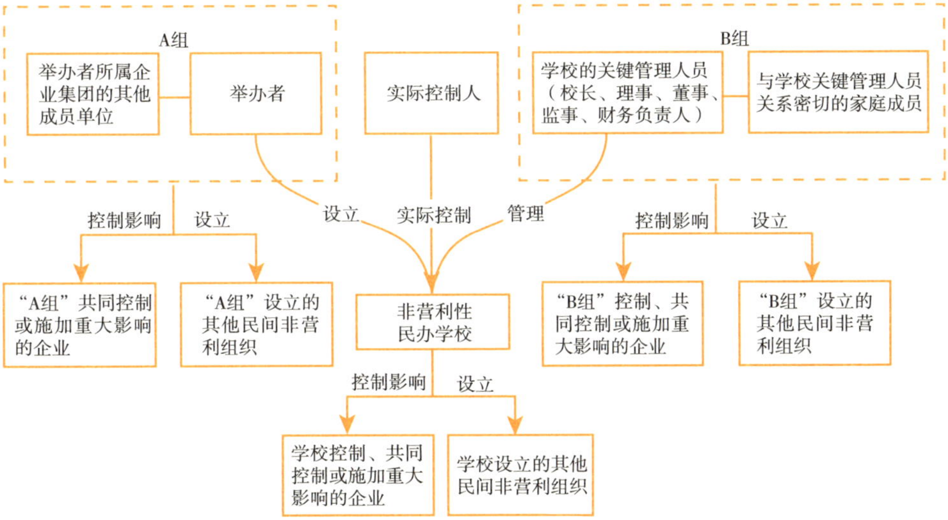

图3 非营利性民办学校关联方

由此可见，非营利性民办学校与营利性民办学校的关联方并不完全一致。民办教育企业应根据自己的实际情况，认真判别、梳理学校的关联方，准确判断关联方有利于进行合规交易。

三、常见的民办学校关联交易类型

2018年修正的《民办教育促进法》（以下简称新《民促法》）和新《实施条例》没有规定关联交易的定义，《民非会计制度解释》第12条与《会计准则36号》第7条关于“关联方交易”的规定一致。关联方交易，是指关联方之间转移资源、劳务或义务的行为，而不论是否收取价款。在举例说明关联交易的通常类型时，两份文件的规定略有差异，具体情况如表2所示。

表2 常见的民办学校关联交易类型

序号	《民非会计制度解释》	《会计准则36号》
1	购买或销售商品及其他资产	购买或销售商品； 购买或销售商品以外的其他资产

续表

序号	《民非会计制度解释》	《会计准则 36 号》
2	提供或接受劳务	提供或接受劳务
3	提供或接受捐赠	—
4	提供资金	提供资金(贷款或股权投资)
5	租赁	租赁
6	代理	代理
7	许可协议	许可协议
8	代表民间非营利组织或由民间非营利组织代表另一方进行债务结算	代表企业或由企业代表另一方进行债务结算
9	关键管理人员薪酬	关键管理人员薪酬
10	—	担保
11	—	研究与开发项目的转移

虽然从上述文件看,营利性民办学校与非营利性民办学校的关联交易类型略有不同,但是慎重起见,民办学校可以以章程约定的形式,将上述所有交易类型都列为关联交易,以更大限度地保护学校和师生权益。

结合我国民办学校办学的实际情况,较为常见的关联交易有以下六类:

第一类,提供教育咨询或教学管理服务。通常情况是举办者直接或间接持股教育咨询公司,学校委托该公司全权负责学校日常教学管理工作,该公司则以收取管理费的方式从学校取得收益,有些交易中管理费之高几乎等于学校的全部办学收益。

第二类,提供教育咨询以外的其他服务或销售商品。举办者联合或单独成立物业管理公司、餐饮酒店公司、教学设备公司,民办学校向其购买各种商品和服务并支付费用。学校的宿舍、食堂等可以由此类关联方负责管理运营,学校的教学设备、教学仪器和办公用品等也可以从此类关联方处采购。

第三类,资金借贷及担保。根据《民法典》的规定,非营利性学校的教育设施不得抵押。当学校需进行工程建设或流动资金短缺时,有的举办者以自有资金向学校提供借款并收取利息,也有的举办者以学校信誉作为背书,向金融机构进行融资,所借入的资金则由学校使用并支付相应的利息。此外,现实中也存在举办者挪用学校资金或无偿占用学校借贷资金而将高额利息摊入学校财务费用的情况。

第四类，租赁。关联方将登记在其名下的土地、房屋以租赁方式提供给学校使用，学校向关联方支付相应的资金，而租金往往由关联方单方面决定。

第五类，商标许可使用。关联方拥有某个教育领域的商标或品牌，授权民办学校使用，学校向其支付许可使用费。

第六类，关键管理人员薪酬。因为非营利性民办学校的举办者不得取得办学收益，因此，在学校任职并获得高额薪酬成为某些举办者变相获得收益的途径。有的举办者还在学校治理的各个关键环节（如董事、财务负责人）安排与自己关系密切的家庭成员任职，由学校向其支付薪酬。

结合前文对学校关联方的界定，民办教育企业可以综合考虑学校日常交易需求，对现有关联交易进行梳理评估，重新评估每类关联交易的必要性，重新审视每次关联交易的合理性，解决潜在的不合规问题。当然，相关方也可以通过调整股权架构等方式改变关联方的认定，从而实现合规交易的目的，满足相关政府部门的监管要求。

四、关联交易的合规机制

（一）关联交易应遵循公开、公平、公允的原则

新《实施条例》规定，关联交易应当遵循公开、公平、公允的原则。

公开原则，是指通常情况下民办学校应以公告等方式邀请不特定的法人或者其他组织参与交易，关联交易的信息（如供应商、商品或服务的数量和要求、交易价格等）要及时向社会、相关政府部门、师生和家长披露。

公平原则，是指关联方应以成本和质量为基础开展公平竞争，关联交易是否公平，需要结合关联方与民办学校的权利义务是否对等、一方获得的利益或另一方所受损失是否违背法律或者交易习惯等方面综合衡量。

公允原则，是指学校应当将关联方提供的商品或服务与市场上同类商品或服务进行价格比较，关联方提供的同类型同质量的商品或服务的价格不应高于市场价格。

（二）完善章程中关联交易的决策程序

新《实施条例》第 45 条第 1 款规定，民办学校与利益关联方进行交易的，应当

合理定价、规范决策,不得损害国家利益、学校利益和师生权益。因此,民办学校应当在章程中增加关于关联交易决策的内容。

关联交易的决策程序有两个重要方面需要考虑:一是该事项是否属于须依据绝对多数决原则表决的重大事项,二是关联方是否应回避表决。

第一,关于关联交易是否属于重大事项的问题。《社会组织登记管理条例(草案征求意见稿)》第 46 条将"关联交易"与"重大资产变动及投资活动、重大交易及资金往来"一并规定为社会服务机构的重要事项,其决议需要决策机构全体成员 2/3 以上通过。

第二,关于回避表决的问题。《民办教育促进法实施条例》(送审稿)第 54 条第 3 款规定:"理事会、董事会或者其他形式决策机构审议与利益关联方交易事项时,与该交易有利益关系的决策机构成员应当回避表决,也不得代理其他成员行使表决权。"虽然新《实施条例》删除了该规定,但是为防止利益输送,民办学校在审议关联交易有关事项时,决策机构中有利益关系的成员应当自行回避。

前文提到,民办学校常见的关联交易中包括担保。《公司法》第 16 条第 2 款、第 3 款规定:"公司为公司股东或者实际控制人提供担保的,必须经股东会或者股东大会决议。前款规定的股东或者受前款规定的实际控制人支配的股东,不得参加前款规定事项的表决。该项表决由出席会议的其他股东所持表决权的过半数通过。"根据该规定,注册为公司的营利性民办学校在决定是否为学校的举办者或者实际控制人提供担保时,需遵守回避表决规则。

除上述规定外,笔者暂未检索到关于民办学校进行关联交易需要回避表决的其他规定。参考上述规定,关于表决程序,非营利性民办学校的章程可以约定如下:

1. 理事会(董事会)是学校的决策机构,依法行使下列职权:

(1)变更举办者;

(2)聘任、解聘校长;

(3)修改学校章程和制定学校的规章制度;

(4)制定发展规划,批准年度工作计划;

(5)筹集办学经费,审核预算、决算;

(6)决定教职工的编制定额和工资标准;

(7)决定学校的分立、合并、终止;

(8)决定章程规定的重大资产变动及投资活动、重大交易及资金往来、关联交易;

(9)决定学校合作办学;

(10)决定学校章程规定的其他重大事项。

2. 理事会(董事会)讨论下列重大事项,经2/3以上组成人员同意方可通过:

(1)变更举办者;

(2)聘任、解聘校长;

(3)修改学校章程;

(4)制定发展规划;

(5)审核预算、决算;

(6)决定学校的分立、合并、终止;

(7)学校章程规定的其他重大事项。

3. 理事会(董事会)审议与利益关联方进行交易的事项时,与该交易有利益关系的理事(董事)应当回避表决,也不得代理其他成员行使表决权。

关于营利性学校的章程制定,则需要综合考虑《公司法》、新《实施条例》等的规定,合理划分股东会、董事会的职权,平衡学校各机构、成员的利益关系,既保护股东的利益,也保护学校及师生的权益。

(三)建立完善关联交易信息披露制度

新《实施条例》明确提出,民办学校应当建立利益关联方交易的信息披露制度。

参考《营利性民办学校监督管理实施细则》(教发〔2016〕20号)关于建立信息公开制度的相关规定,民办学校关联交易的信息可以通过学校网站、信息公告栏、电子屏幕等场所和设施公开,并可根据需要设置公共阅览室、资料索取点方便调取和查阅。

除此之外,关联交易信息披露制度至少还应当包括信息披露的内容和时间。信息披露的内容应当包括供应商、商品或服务类型、数量、交易价格等,关于信息披露的时间,则可以分情况采取定期披露和临时披露等方式。制度的其他具体内容,学校可以根据监管部门的要求结合学校实际情况制定。

(四)建立完善财务、会计制度

根据新《民促法》第35条、新《实施条例》第41~45条以及《关于进一步加强和规范教育收费管理的意见》(教财〔2020〕5号)的有关规定,民办学校应当依法建立财务、会计制度和资产管理制度,并按照国家有关规定设置会计账簿,监管部门将按年度对关联交易进行审查,并对学校收费实施专项审计。因此民办学校有必要尽快完善财务、会计制度,规范财务管理。

根据规定,民办学校应当依照《会计法》和国家统一的会计制度进行会计核算,编制财务会计报告。其中,非营利性民办学校依据《民间非营利组织会计制度》编制财务会计报告,收取费用、开展活动的资金往来,应当使用在有关主管部门备案的账户。营利性民办学校依据《企业会计准则》编制财务会计报告,学校收入应当全部纳入学校开设的银行结算账户,办学结余分配应当在年度财务结算后进行。

学校在日常经营管理中,应避免通过各种方式从学费收入等办学收益中取得收益、分配办学结余(剩余财产),或通过关联交易、关联方转移办学收益。如果学校未依法履行公示财务状况等信息披露义务,或者未按照国家统一的会计制度进行会计核算、编制财务会计报告,财务、资产管理混乱,则需承担相应的法律责任。

此外,在每个会计年度结束时,民办学校应当委托会计师事务所对年度财务报告进行审计,并配合教育、人力资源社会保障以及财政等有关部门对关联交易进行审查。

(五)建立完善合同管理制度

新《实施条例》要求,教育、人力资源社会保障以及财政等有关部门应当加强对非营利性民办学校与利益关联方签订协议的监管。因此,民办学校,特别是非营利性民办学校,应当建立完善合同管理制度,加强对关联交易合同文件的管理。

合理管理通常需要业务部门、法务部门、文件及印章管理部门以及外部律师共同参与。合同管理基本流程如下:(1)业务部门及法务部门(外部律师)与供应商进行磋商谈判,确定核心商业条件;(2)法务部门起草交易合同初稿;(3)法务部门将合同初稿交予外部律师审核,外部律师从合法性、完整性、可执行性等方面出具审核意见;(4)交易合同定稿、签署、归档;(5)监管交易合同履行。

就关联交易的合同管理,在上述流程的基础上,还需要额外注意以下几点:

(1)先判定是否构成关联交易;(2)如果构成关联交易,应根据法律、章程或学校制度的规定,履行决策、采购等程序;(3)在起草关联交易合同、确定商业条件时,应注意确保交易价格的公允性,合同文本的合法性、规范性;(4)合同履行过程中,应及时披露关联交易信息,妥善保管交易文件,以备监管部门审查。其中,对涉及重大利益或者需要长期、反复执行的协议,学校可以聘请律师为整个交易过程(包括采购、合同起草、合同审查、合同签订、合同履行、合同归档管理等)提供专业法律服务,保证关联交易的必要性、合法性和合规性。

除上述制度外,民办学校还可以结合实际需求,由法务部门或委托律师制定资产管理制度、采购定价制度、印章管理制度等学校规章制度,起草规范的关联交易合同文本等,建立健全合规、统一的关联交易机制,满足各相关政府部门的监管要求。

五、关联交易的法律责任

根据新《实施条例》的规定,如果存在"与实施义务教育的民办学校进行关联交易,或者与其他民办学校进行关联交易损害国家利益、学校利益和师生权益"的行为,那么民办学校及其关联方均可能承担法律责任。

(一)关联方的法律责任

根据新《实施条例》的规定,学校关联方的责任主体不仅包括民办学校的"举办者及实际控制人",还包括"决策机构或者监督机构组成人员"。

针对关联方违法行为情节的不同,新《实施条例》规定了差异化的处罚方式,包括:(1)责令限期改正;(2)没收违法所得;(3)不得新成为民办学校举办者或实际控制人、决策机构或者监督机构组成人员。根据情节严重程度的不同,不得新成为民办学校的相关人员的时间又可以分为1年至5年和永久两档。

此外,就"同时举办或者实际控制多所民办学校"的情况,新《实施条例》第13条特别规定"不得改变所举办或者实际控制的非营利性民办学校的性质,直接或者间接取得办学收益"。如果举办者或者实际控制人通过关联交易间接从非营利性学校取得办学收益,改变其非营利性质,那么可能面临责令限期整顿,或者1年至5年内甚至10年内不得举办新的民办学校的处罚。

另外,违法从事关联交易还可能面临民事法律责任。比如,营利性民办学校的举办者操纵学校公章，擅自使用学校资产为其债务提供担保，根据《公司法》的规定，属于滥用股东权利损害公司利益的情形，需承担民事赔偿责任；再如，董事违反忠实义务，擅自与学校进行自我交易，其收入应当归学校所有。

（二）民办学校的法律责任

关联交易应当规范决策，如果学校存在“理事会、董事会或者其他形式决策机构未依法履行职责”的情形，根据新《实施条例》第 63 条、第 64 条的规定，民办学校和学校决策机构负责人、校长及直接责任人都可能承担法律责任。

其中，对学校的处罚包括责令限期改正、退还所收费用后没收违法所得，以及责令停止招生、吊销办学许可证。对学校决策机构负责人、校长及直接责任人的处罚，包括警告和不得新成为民办学校决策机构负责人或者校长。根据情节严重程度的不同，不得新成为民办学校的相关人员的处罚在时间上又可以分为 1 年至 5 年和永久两档。

除了新《实施条例》规定的上述责任外，违法从事关联交易还可能导致其他行政法律责任。根据《关于非营利组织免税资格认定管理有关问题的通知》（财税〔2018〕13 号）的规定，非营利性民办学校符合条件的，可以享受免税资格，但如果学校“通过关联交易或非关联交易和服务活动，变相转移、隐匿、分配”学校财产，损害学校利益，则自该情形发生年度起取消其免税资格。

六、结语

随着新《实施条例》的生效实施，关联交易的合规管理将成为民办教育机构面临的重要课题。民办学校及其举办者应当积极应对，对现有关联交易进行梳理评估，重新审视关联交易的合理性，解决潜在的不合规问题；完善学校章程、关联交易合同文本及基本管理制度，建立健全合规、统一的关联交易决策机制；调整股权架构、优化交易模式，满足各相关政府部门的监管要求，预防并化解合规风险，为民办学校长远发展打下坚实基础。

新形势下非营利性民办学校合规运营之架构搭建

刘永青* 周 浩 戴丽铢

* 作者简介：

刘永青，中伦律师事务所青岛办公室公司业务部合伙人，电邮为：liuyongqing@zhonglun.com。

2018 年修正的《民办教育促进法》(以下简称新《民促法》)规定,除义务教育学段外,民办学校的举办者可以自主选择设立非营利性或者营利性民办学校。2021 年 9 月 1 日生效的《民办教育促进法实施条例》(以下简称新《实施条例》)进一步细化了营利性及非营利性民办学校的分类登记、资产与管理、支持与奖励等方面的规定。

根据教育部发布的《2021 年全国教育事业发展统计公报》,全国共有各级各类民办学校 18.57 万所,占全国各级各类学校总数的 35.08%,其中学前教育、义务教育及高中教育学段的民办学校占全国各类民办学校总数的 98.50%,构成了我国民办教育事业的大半壁江山。① 当前,民办教育事业发展如火如荼,尤其在新《民促法》及新《实施条例》出台后,民办学校的营利及非营利分类登记制度逐步完善,营利及非营利之区分愈加影响举办者的办学选择。尽管义务教育学段以外的民办学校可以依法选择登记为营利性法人,但在办学实践中,诸多举办者出于资产权属、税费承担、优惠政策等因素考虑,仍多选择登记为非营利性民办学校。

在此背景下,本文围绕非营利性民办学校的合规治理这一主题,从出资举办、校内管理、外部投资及收益等角度出发,为非营利性民办学校合规运营框架下的路径选择和架构搭建(见图 1),提供法律视角下的参考方案。

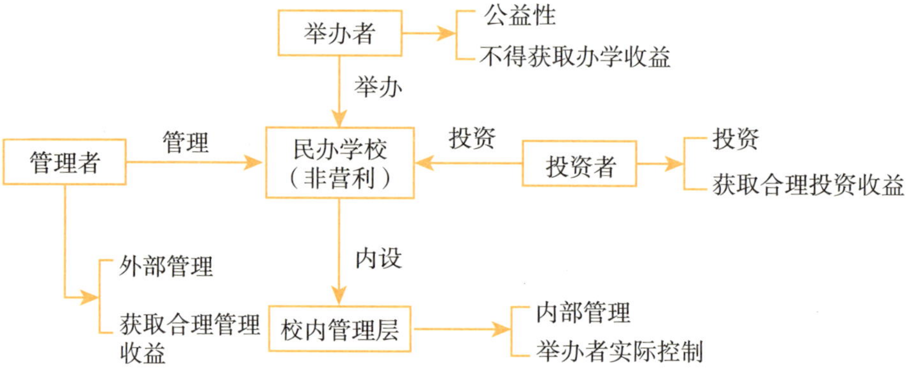

图 1 非营利性民办学校及相关方合规运营

① 参见《2021 年全国教育事业发展统计公报》,载教育部网,http://www.moe.gov.cn/jyb_sjzl/sjzl_fztjgb/202209/t20220914_660850.html。

一、非营利性民办学校及其举办者

（一）举办者的组织形式及限制条件

根据新《民促法》及新《实施条例》的规定，非营利性民办学校的举办者应当满足以下组织形式、主体资格等方面的要求。

1. 非营利性民办学校的举办者可以为社会组织等法人，也可以为自然人，举办者应当有良好的信用状况；举办者可以单独或者联合举办民办学校。

2. 在中国境内设立的外商投资企业以及外方为实际控制人的社会组织不得举办、参与举办或者实际控制实施义务教育的民办学校；举办其他类型民办学校的，应当符合国家有关外商投资的规定。

3. 同时举办或者实际控制多所民办学校的，举办者或者实际控制人应当具备与其所开展办学活动相适应的资金、人员、组织机构等条件与能力。

4. 同时举办或者实际控制多所民办学校的，不得改变所举办或者实际控制的非营利性民办学校的性质，直接或者间接取得办学收益。

5. 同时举办或者实际控制多所民办学校的，不得滥用市场支配地位，排除、限制竞争。

6. 任何社会组织和个人不得通过兼并收购、协议控制等方式控制实施义务教育的民办学校、实施学前教育的非营利性民办学校。

7. 民办学校及其举办者不得以赞助费等名目向学生、学生家长收取或者变相收取与入学关联的费用。

（二）举办者的出资义务

民办学校举办者的出资方式，与《公司法》规定的有限责任公司股东的出资方式基本一致。具体而言，举办民办学校可以用货币出资，也可以用实物、建设用地使用权、知识产权等可以用货币估价并可以依法转让的非货币财产作价出资，法律、行政法规规定不得作为出资的财产除外。

民办学校的举办者对民办学校负有类似于公司法项下的股东足额出资及不得抽逃出资的义务，具体而言，举办者应当按时、足额履行对民办学校的出资义务；民办学校存续期间，举办者不得抽逃出资，不得挪用办学经费。

就举办者出资的标准而言，各地对具体出资金额的要求有所差异。以青岛市为例,《青岛市民办中等及以下学历教育学校设置标准》对民办学校举办者的出资义务、出资用途、出资标准及出资存放管理等事项作了明确规定:“举办者申请筹设、设立民办学校,应当履行相应的出资义务,按时足额缴存注册资金(注册资本),保证日常工作运行和教育教学活动的开展。注册资金(注册资本)数额应当与学校类别、层次、办学规模相适应。小学的注册资金应不低于 400 万元,初级中学的注册资金应不低于 600 万元、普通高级中学和中等职业教育学校的注册资金应不低于 1000 万元(上述均不含征地、建设等费用),存入民办学校基本账户,作为学校的流动资金使用。”

(三)举办者的收益方式

根据新《民促法》的规定,非营利性民办学校的举办者不得取得办学收益,学校的办学结余全部用于办学;营利性民办学校的举办者可以取得办学收益,学校的办学结余依照公司法等有关法律、行政法规的规定处理。尽管非营利性民办学校的举办者不得获取办学结余,但可申领县级以上地方人民政府设立的民办教育发展专项资金中用于奖励举办者的款项。

举办者投身于民办教育事业,往往出于公益初心及教育情怀,在当前非营利性民办学校的举办者不得获取办学收益的大背景下,更是要求举办者回归教育的公益属性,不得将非营利性民办学校作为其营利的手段。因此,在现行法律框架下,非营利性民办学校的举办者获取“收益”的方式主要包括:(1)通过在民办学校任董事或理事等职务获取合理薪酬;(2)通过举办民办学校获取配套商业地产开发机会,实现房地产开发项目的收益和增值。

二、非营利性民办学校及其投资者

(一)举办者、出资人及投资者之关系辨析

在 2016 年《民办教育促进法》出台之前,2013 年《民办教育促进法》及 2002 年《民办教育促进法》同时存在“举办者”和“出资人”两个概念。举办者是经登记获取的身份,确认民办学校举办者身份,是我国法律赋予有关行政主管部门的权力,属行政许可的内容。[①] 出资人是指以货币、资产等方式向民办学校出资的主

① 参见安徽省高级人民法院(2011)皖民二终字第 00093 号,该案例被收录于最高人民法院编纂的《人民法院案例选》2012 年第 2 期。

体，出资人身份无须登记获取。2013年《民办教育促进法》及2002年《民办教育促进法》第51条①规定，出资人可以获取合理回报。在实践中，出资人可能与举办者重合，二者也可能相分离。在二者不重合时，获得合理回报的主体是出资人而非举办者；二者重合时，出资人不会因为其同时具备举办者身份而影响其从民办学校获取盈余分配的权利。②

2016年《民办教育促进法》出台后，出资人的概念已不复存在，新《实施条例》中亦无出资人的相关规定。由于各地对民办学校举办者应当缴纳的开办资金的要求往往较低，而为了满足学校的建设标准和正常运营，需要向民办学校投入大量资金，投资者恰能以提供资产或资金的方式参与民办学校的建设及运营。

在新旧《民办教育促进法》体系下，均无有关投资者的具体规定，但在实践中，投资者通常指以出租、融资租赁、借款等方式向民办学校投资并获取相应收益的营利主体。作为民办教育事业的重要参与主体，投资者如何在当前法律框架下参与非营利性民办学校的投资并如何以合规的方式获取相应收益，已成为民办学校合规运营中的重要问题。

（二）投资者的投资方式

在实践中，投资者通常会通过以下方式对民办学校进行投资：(1)出租土地使用权或房产；(2)出租或以融资租赁方式提供教育设备、教学软件系统等软硬件设施设备；(3)向民办学校提供借款等。

（三）投资行为应当遵循关联交易的相关规定

在进行非营利性民办学校合规运营机制的搭建时，首先应当关注该民办学校的办学学段，根据新《实施条例》第45条的规定，如属于实施义务教育的学校，则一律禁止关联交易；如属于实施非义务教育的学校，则无论非营利性还是营利性均允许关联交易，但需要遵循公开、公平、公允的原则。为了合理甄别可依法参与的涉民办学校交易事项，投资者应当准确判定投资者与民办学校之间是否具有关联关系。

就非营利性民办学校而言，根据《〈民间非营利组织会计制度〉若干问题的解

---

① 2013年《民办教育促进法》及2002年《民办教育促进法》第51条规定："民办学校在扣除办学成本、预留发展基金以及按照国家有关规定提取其他的必需的费用后，出资人可以从办学结余中取得合理回报。取得合理回报的具体办法由国务院规定。"

② 参见最高人民法院(2018)最高法民申2132号。

释》(财会〔2020〕9 号)第 12 条及新《实施条例》第 45 条的规定,非营利性民办学校的关联方如图 2 所示。①

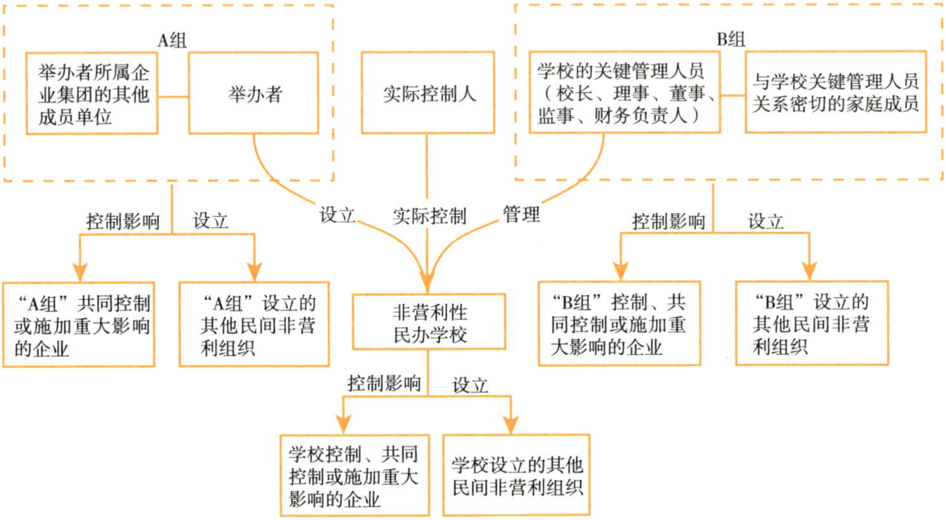

图 2 非营利性民办学校关联方

因此,如投资者与民办学校之间无任何关联关系,则投资者与民办学校之间的交易无禁止性规定的限制;如投资者与民办学校之间存在关联关系,且该民办学校属于实施非义务教育的学校,则在遵循公开、公平、公允原则的前提下,投资者可与民办学校开展关联交易;如投资者与民办学校之间存在关联关系,但该民办学校属于实施义务教育的学校,则投资者不得与民办学校开展任何形式的关联交易。

(四)投资者的收益方式

鉴于投资者有多种投资方式,投资者获取收益的方式也会有所差异,但整体而言,投资者获取的通常是稳定的固定收益。在搭建民办学校运营架构时,可以考虑以投资额为基数,综合市场价格、折旧率、投入回收期限等因素,测算年化固定收益率。

(五)关于投资架构的建议

考虑到投资行为应当遵循关联交易的相关规定,为了尽可能减小关联交易对

① 关于营利性及非营利性民办学校关联方的范围及认定,详见本书第 357 页笔者撰写的《〈民办教育促进法实施条例〉实施后民办学校的合规治理——关联交易》一文。

投资的影响，确保民办学校的合规运营，民办学校及其投资者应当合理筹划交易架构，实现投资者与举办者身份的隔离。避免因投资者与举办者主体同一或者投资者为举办者的关联方，致使投资者对民办学校的投资活动受到关联交易相关规定的限制。

三、非营利性民办学校与管理者

新旧《民办教育促进法》及其实施条例等相关法律法规均无与民办学校管理者相关的规定，管理者不是具有明确法律意义的概念，但《民办教育促进法》《民办教育促进法实施条例》及国务院、各省市的规范性文件中有与管理相关的内容。《民办教育促进法》语境下的管理是指以民办学校的校长为核心、以董事会（理事会）和监事（会）为依托开展的教育教学和行政管理工作，该等管理更侧重于学校内部治理。在民办学校运营实践中，为了提高管理水平及运营效率，民办学校普遍存在大量的外部管理事项：众多民办学校会将教学、培训、招采等管理事务委托第三方代为履行或提供服务。本部分讨论的管理主要围绕该等外部管理事项。

（一）管理者的管理内容及方式

在实践中，管理者具备专业的服务团队，可以高效地实现专人专事、统一管理、统一调配，因此，民办学校通常会将以下事项委托给第三方管理者：(1)教学类，包括课程研发、教案编纂、学研活动设计实施等；(2)培训类，包括新员工培训、教职工进修等；(3)服务类，包括后勤管理（车队、餐厅、超市等）、统一招采（教材、校服、文具等）、装订印刷等。

在市场竞争模式下，为了向民办学校提供优质的管理服务，管理者一般会通过组建专业团队的方式，提供课程研发、信息化服务、培训、餐饮、车队调度等服务。

（二）管理行为应当遵守关联交易相关规定

管理者在提供管理服务过程中，也应当遵守关联交易相关规定，关联方认定、关联交易限制等内容与上文投资者部分一致。

（三）管理者的收益方式

相较于投资者“只投不管”的参与方式，管理者会实际参与民办学校的日常管理事务，其管理服务水平会对民办学校的办学质量产生较大影响，因此，管理者获取收益的方式也与投资者存在一定差异。

通常而言，管理者的收益方式为获取固定收益，该固定收益会根据管理服务内容、市场价格等因素确定。为了充分调动管理者的积极性，尽可能提升管理者的管理服务水平，民办学校的管理者也可以采取"固定收益+结果报酬"的收益方式。结果报酬设置的目的是体现管理者提供的管理服务为民办学校带来的价值增值，认可管理者为民办学校价值增值的贡献。民办学校在每年度结算后，可以将可分配年度结余按照一定比例以奖励金的形式分配给管理者。结果报酬的计取比例应当遵循公平合理的原则，根据管理服务为民办学校带来的价值增值确定，确保"物有所值"，实现结果报酬与增值部分相匹配。

（四）关于管理架构的建议

关于管理者合理筹划交易架构的建议，与上文投资者部分一致。

四、非营利性民办学校与校内管理层

（一）校内管理层的构成及产生方式

民办学校的校内管理层主要包括董事/理事、校长、副校长及教务主任等中高层管理人员，是民办学校内部管理的核心力量，其产生方式及任职要求如下。

1. 学校理事会或者董事会由举办者或者其代表、校长、教职工代表等人员组成，其中 1/3 以上的理事或者董事应当具有五年以上教育教学经验。

2. 学校理事会或者董事会由五人以上组成，设理事长或者董事长一人。理事长、理事或者董事长、董事名单应报审批机关备案。

3. 民办学校参照同级同类公办学校校长任职的条件聘任校长，年龄可以适当放宽；民办学校校长依法独立行使教育教学和行政管理职权。

4. 民办学校内部组织机构的设置方案由校长提出，报理事会、董事会或者其他形式决策机构批准。

5. 民办学校的法定代表人由理事长、董事长或者校长担任。

（二）校内管理层的收益方式

民办学校的校内管理层人员依法由民办学校聘任或雇用，二者之间属于聘任关系或劳动合同关系。作为民办学校的内部管理人员，校内管理层对民办学校的治理水平、办学质量及声誉均会产生直接影响。

为了实现良好的内部治理效果，可以采取"固定薪资+奖金"的薪酬机制激励不同职级的人员。其中,根据人员职务、级别、工作年限等因素,确定管理层人员的固定薪资;民办学校在每年度结算后,可以将可分配年度结余按照一定比例以奖励金的形式分配给校内管理层。

(三)关于内部管理层架构的建议

1. 在确定董事会/理事会人员组成结构时,举办者应当充分考虑学校决策机关的有效运行。在实践中,举办者出资举办了民办学校后,被学校管理层架空、对民办学校失去掌控的情况时有发生。为了避免出现前述风险,可以采取如下办法:(1)举办者应当充分利用法律赋予的合法权利,通过亲自任职或委派代表的方式,担任民办学校的董事/理事;(2)在符合法律规定的前提下,举办者可以占据董事会/理事会的多数席位;(3)在学校章程中,合理设置董事会/理事会职权范围、表决方式等条款,实现举办者对民办学校重大事项的实际控制。

2. 合理安排校长、理事或董事、监事、财务负责人等关键人员的任职。前述关键人员及其关系密切的近亲属以及前述所有人员控制、共同控制或施加重大影响的相关各方,均是民办学校的关联方。投资者、管理者参与民办学校运营中的交易行为,均应当遵循关联交易的相关规定。为了确保民办学校的合规运营,应合理安排校长、理事或董事、监事、财务负责人等关键人员的任职,避免前述人员与投资者、管理者之间存在关联关系,以防出现投资者、管理者参与民办学校运营时受到关联交易限制的不利情况。

五、结语

2022 年《政府工作报告》明确指出,应当进一步促进教育公平和质量提升,切实保障和改善民生,加快发展社会事业。民办教育正是促进教育公平和保障民生的重要参与力量。新《民办教育促进法》及实施条例出台后,非营利性民办学校不得获取办学收益成为民办教育发展的新形势。

在此背景下,非营利性民办学校的合规治理体现在各方主体参与民办学校运营的方方面面。民办学校及其举办者、投资者、管理者及校内管理层,均应当充分了解法律法规的规定,明确自身职责及定位,以合理合规的方式参与运营、获取收益,为我国民办教育事业的长远健康发展贡献力量。